■ 中国·美国与当代世界论丛

# 亚洲新未来

## ——中外学者论国际关系与地区秩序

石 斌 主编

南京大学出版社

**图书在版编目(CIP)数据**

亚洲新未来：中外学者论国际关系与地区秩序 / 石斌主编. -- 南京：南京大学出版社，2016.12

（中国·美国与当代世界论丛）

ISBN 978-7-305-17828-3

Ⅰ．①亚… Ⅱ．①石… Ⅲ．①国际关系-研究-东亚 Ⅳ．①D831

中国版本图书馆 CIP 数据核字(2016)第 262335 号

| | |
|---|---|
| 出版发行 | 南京大学出版社 |
| 社　　址 | 南京市汉口路 22 号　　　　邮　　编　210093 |
| 出 版 人 | 金鑫荣 |
| 丛 书 名 | 中国·美国与当代世界论丛 |
| **书　　名** | **亚洲新未来——中外学者论国际关系与地区秩序** |
| 主　　编 | 石　斌 |
| 责任编辑 | 郭艳娟　施　敏 |
| 照　　排 | 南京南琳图文制作有限公司 |
| 印　　刷 | 江苏凤凰通达印刷有限公司 |
| 开　　本 | 787×960　1/16　印张 27.25　字数 446 千 |
| 版　　次 | 2016 年 12 月第 1 版　2016 年 12 月第 1 次印刷 |
| ISBN | 978-7-305-17828-3 |
| 定　　价 | 80.00 元 |

| | |
|---|---|
| 网　　址 | http://www.njupco.com |
| 官方微博 | http://weibo.com/njupco |
| 官方微信 | njupress |
| 销售咨询热线 | 025-83594756 |

# 总　　序

　　《礼记·学记》有云:"虽有嘉肴,弗食不知其旨也;虽有至道,弗学不知其善也。是故学然后知不足,教然后知困。知不足,然后能自反也;知困,然后能自强也。故曰:教学相长也。"教与学原本一体两面,是师生共同的事业,非独教师单方面的"传道、授业、解惑"。进而言之,教师亦须不断追求新知,一流的教学有赖于一流的研究。

　　育人与问学,乃高等教育的两翼,相辅相成,缺一不可。大学之本是育人,育人之旨,在"养成人格",非徒灌输知识、传授技能;大学之根是学问,学问之道,在"善疑、求真、创获"。两者之上,更需有一灵魂,是为大学之魂。大学之魂乃文化,文化之内核,即人文价值与"大学精神":独立、开放、理性、包容、自由探索、追求真理、秉持理想与信念。大学之为大学,盖因有此三者矣。

　　"南京大学—约翰斯·霍普金斯大学中美文化研究中心",是中国和美国的两所著名大学共同创办的教学与研究机构。它于1982年经国务院批准开始创建,是中国改革开放以来最早建立的高等教育国际合作机构,旨在培养从事中美事务和国际事务的专业精英,专业方向涵盖国际政治、国际经济、国际法、环境—资源—能源、美国研究和中国研究等领域。

　　自1986年以来,联合证书项目已连续招收了28届学生。自2006年以来,联合硕士项目已招收八届学生。来自中国、美国和其他国家的近三千名具有杰出才能的学生从"中心"毕业,他们活跃在中美两国以及世界各地的政府、企业、高校、科研机构、媒体、非政府组织等部门。

　　跨语言、跨文化、跨学科的交流氛围,中外学生共同学习、生活,中外教授联合执教、相互切磋,以及与国际教育体制接轨的管理制度等特征,构成了"中心"迄今在全国仍属独一无二的运行模式。在两校领导人的大力支持下,经过几代人的辛勤耕耘,"中心"如今已成为国际知名的跨国教学与研究机构,被海内外誉为高等教育国际合作的典范。

时光荏苒,物换星移。唯有与时俱进,方能长盛不衰。在"中心"即将"三十而立"之际,为了更好地利用"中心"独特的国际化学术资源,加强对外交流,凝聚研究团队,促进学术发展,展示"中心"师生的学术成果与研究心得,反映南京大学的学术风格与研究水平,"中心"的几位中方教授经反复商讨,决定编辑出版《中国·美国与当代世界论丛》。

海纳百川,有容乃大。办教育、兴学术,蔡元培先生主张"囊括大典,网罗众家,思想自由,兼容并包"。本丛书的编纂,亦将遵循此种方针。

"中国·美国与当代世界"之命题,其义有三:首先,基于"中心"学术架构与办学特色,我们鼓励就中美关系以及中美两国在政治、经济、社会、文化诸领域的各种具体问题展开全方位、多层次、跨学科的研究。其次,鉴于全球化时代世界各国相互依存、各类问题密切关联的现实,我们不但要研究中美两个大国各自的发展状况及其相互关系对当代世界可能产生的影响,更要把中国、美国以及中美关系问题置于当代世界的大环境中加以考察。复次,当今世界各种关乎人类和平与发展的重大问题,无论是全球与地区层次上的政治、经济、贸易、金融问题,还是诸如暴力冲突、武器扩散、恐怖主义、跨国犯罪、移民、难民以及环境、生态、资源、能源等传统与非传统安全议题,乃至国际体系的制度变迁与秩序改良、多元文明的对话与交融,也理当进入我们的研究视野。总之,探讨各类国际与国内问题,考察各种双边与多边国际关系,我们不仅强调中国视角与本土关怀,也倡导全球意识与世界眼光。

我们不仅期待海内外校友惠赐大作、玉汝于成,也欢迎学界同仁不吝赐教,共襄此举。

举凡个人专著、合作成果、优秀论文、会议文集,乃至特色鲜明、裨利教学的精品教材,海外名家、学术前沿的移译之作,只要主题切合,立意新颖,言之有物,均在"网罗"、出版之列。必要时我们还将出版各类专题系列成果。我们希望,将来集腋成裘,或可蔚为大观。

一事之成,端赖众力。让我们携手浇灌我们的精神花园,共赴思想之旅,同铸大学之魂。

论丛编委会

# 目　录

## 下篇　演进中的关键议题

上 篇

# 共创亚洲新未来：理念与政策

# 东亚合作与中国：基本瓶颈、新近困难和调试方向

时殷弘　韩彩珍*

## 引　言

东亚区域合作的增进遭遇一系列基本和深刻的瓶颈问题，它们主要是：组织规模与成事效率之间的悖论；区域合作前景面对的深刻的不平衡；"内部人"与"外部人"之争，或曰大国间相关的基本战略疑惧；严重和多重的"安全禁区/准禁区"问题；东亚各国民族主义的加剧或复兴趋势。

与此同时，与晚近数年来的一系列重大事态相伴，中国在东亚区域合作领域遭遇复杂难解的新困难，其中有些到了令相关的多边合作努力暂时瘫痪的地步，其中包括：中日激烈对抗且持续不已；南海争端甚为凸显且僵持不下；美国在东亚多边主义领域大事伸张；TPP谈判被高调倡导、迅捷发动且进程颇快。

在上述大多经久存在和甚为顽固的瓶颈和困难面前，中国应当尝试透视和反思基本问题，积极而不失审慎地从事方略和政策的调试，在相当程度上扬弃关于东亚区域合作的旧路径，践行以两大要点为主要特征的新路径（即着重于确实可行且对中国有益的一部分多边合作和多边体制建设，尤其是那些"次次区域"性质的，同时着重中国与东亚国家的双边积极关系，包括作为双边合作之前提的双边关系缓和或双边争端缓解），持之以恒地大力加强周边外交和改善周边关系。

---

\* 作者简介：时殷弘，中国人民大学国际关系学院教授，学术委员会主席，中华人民共和国国务院参事；韩彩珍，中国人民大学国际关系学院教授。

# 一、东亚区域合作的基本的瓶颈问题

东亚各国正在从事增进区域和次区域多边合作(特别是经济方面的多边体制性合作或曰一体化)程度的努力,但面临着一系列基本和深刻的瓶颈问题。

**首先,规模与效率之间的悖论。**

组织涵盖的范围越大,成员间潜在和实在的情势差异、利益差异和立场差异就很可能越大越多样,因而组织的效率就很可能相对越低。这是个常识。主要由于美国、澳大利亚、日本、印度等国出自战略/外交私利的鼓动和推进,[①]东亚区域多边机构性安排的地理涵盖范围越来越大,成员越来越多,所涉议题愈益多样,互相重叠、分野不明、使命含糊的组织体制也愈益增多。因而,大凡全区域和跨区域的多边组织(APEC、东亚峰会、东盟安全论坛等)几乎都过于松散,缺乏明确细致的规范、规则和政策制订程序,很难形成真正的效率。例如,历届 APEC 峰会和东亚峰会本身大都仅仅象征性地发表个宣言,大体上没有什么真正实质性的成果和可以贯彻的共同政策。与此同时,大致除东盟和东盟—中国自由贸易区之外,同样由于一些国家的干扰和有关国家间争端或对立的阻碍作用,规模较小、效率则很可能较高的东亚次区域体制性合作与往昔相比,得到的关注和建设努力有所减小。[②]

**其次,区域合作前景面对的深刻的不平衡。**

巨型中国在民族国家规模上远远超过严格意义上东亚的任何其他国家,这与欧洲的情况大相径庭,构成东亚的根本不平衡之一,而如何在区域一体化合作的意义上处理这"自然的"不平衡,则缺乏真正的东亚本地历史

---

① 参见 Edward Cody, "East Asian Summit Marked by Discord," *The Washington Post*, December 14, 2005; Amitav Acharya, "Competing Communities," *Pacific Forum CSIS*, No. 70, October 27, 2009; Tsuyoshi Nojima, "Japan, China at Odds on Summit," *Asahi Shimbun*, April 1, 2005。早在 2005 年年底,马来西亚前总理马哈蒂尔就虽不免激越但颇为有理地说,"东亚会议扩展到包括非亚洲国家和美国的亲近伙伴,这挫败了东亚会议的目的"。Seth Mydans, "As an Asian Century Is Planned, U. S. Power Stays in the Shadows," *The New York Times*, December 13, 2005.

② 有如下述,"原先意义上的东亚多边合作体制建设已经多半停滞,且在可预见的未来时期里大概仍将如此"。

经验。不仅如此，在东亚还有与此相关的国家间实力的大不平衡。特别是，东盟十国即使合在一起集体地衡量，在实力、物质性影响和区域政治能力方面仍相当有限，再加上东盟内部在一些重大问题上的实在和潜在的歧异甚或竞争，令它充当东亚一体化进程的"唯一司机"的曾有的抱负愈益无法实现。与此同时，实力和影响大得多的大国（中国或美国以及将来可能的印度）若要成为这样的角色，却"天然地"会引发较小国家的疑忌，还有区域内外的同等的大国的抵制和为难，而这反过来又可以抑制这样的大国带领一体化努力的意愿。①

**第三，"内部人"与"外部人"之争，或曰大国间相关的基本战略疑惧。**

从地理角度讲，中国天然就是东亚国家，即东亚"内部人"。没有任何人怀疑中国与朝鲜、韩国、日本、蒙古、菲律宾等众多国家一样是东亚国家。然而，按照某些东亚国家的曾经表达或未经表达的真实观点，在起码的地理意义上，其本部或本土远在太平洋彼岸的美国的东亚国家资格至少值得怀疑。② 尤其在许多中国人看来，美国积极地干预东亚区域合作进程和争取在其中的领导作用，主要是为了抑制中国的继续崛起，不让中国得到自己"天然"应有的区域地缘战略/地缘政治经济权利。③

尽管如此，美国在东亚区域体制性合作方面越来越有干预性。可以认为，在美国内心，迅速崛起的中国反倒成了东亚"外部人"。因为，美国自第二次世界大战结束以来，一向自认为是东亚领导者，并且被美国的东亚军事同盟国和外交附庸国认作如此，中国则长期处于美国领导的东亚国际政治、经济和军事安全体系之外，或曰"局外人"。中国近年来的迅速崛起和影响大增被认为以扩展中国的区域势力，进而占据显著优势为最终目的，所谓"局外人"中国的战略和抱负被设想为逐渐将所谓"局内人"美国的势力从东亚排挤出去，尽管中国政府近年来反复宣告欢迎美国在东亚发挥真正建设

---

① 中国政府对此早有敏锐的意识，并且对此一再作了很柔和的旨在释疑避险的表示。特别见 Clarissa Oon, "West Is Welcome in Asean Plus 3: China," *Straits Times*, November 1, 2005;《中美联合声明》，2009 年 11 月 17 日，http://www.china.com.cn/policy/txt/2009-11/17/content_18904837_2.htm。

② 众所周知，日本民主党鸠山内阁的外交大臣冈田克任内也曾公开明确表示东亚共同体不应包括美国。见 Haruko Kgenishi, "Place for U. S. In Regional Bloc: DPJ," *Asahi Shimbun*, October 26, 2009。

③ 参见 Jackie Calmes, "A Marine Base for Australia Irritates China," *The New York Times*, November 17, 2011。

性的作用。① 一句话，仅仅略为夸张地说，中美双方大概实际上都将自己看成"内部人"，而对方是"外部人"，无论它们各自的外交辞令如何。这就是中美彼此间在东亚区域多边主义问题上的根本和深刻的战略疑惧。不仅如此，现在，这对东亚区域内美国的盟国和战略友国的相关态度和政策态势有重大的影响甚或塑造作用，未来对中国在东亚的势必增多的真正战略伙伴也将如此，因而相应地增添东亚区域体制性合作的阻力。

**第四，严重和多重的"安全禁区/准禁区"问题。**

就创设和培育东亚多边合作体制而言，最大最经久的困难在安全领域。由于种种深刻的原因，东亚的区域安全热点问题几乎难以纳入真正的多边讨论框架，更不用说纳入多边体制去解决。例如，朝核问题六方会谈自2008年4月以来一直未能重启，先前也从未产生真正可靠的重大成果。中国历来理所当然地不容任何多边体制讨论哪怕是台海政治/军事问题，也理所当然地不容以多边谈判去处理和解决南海领土争端。至于目前处于中日激烈对抗之中的东海问题，中国和日本一向都不愿将它放到任何多边框架内去处理或讨论。还有，美国从来不容任何东亚多边主义政府间论坛质疑它在东亚的双边军事同盟体系，更谈不上让它们受到任何东亚多边机构的规制。可以说，诸如此类的就是东亚区域主义面对的"安全禁区/准禁区"。② 特别应当强调，如果中美两国之间不进行战略谈判，不澄清、调整和体制性地规范中国与美国在东亚、西太平洋的军事存在的关系，以及中国与美日军事同盟以及美韩军事同盟的关系，那么很少有可能建设起东亚多边安全体制。③

**最后（当然绝非最次要），东亚各国民族主义的强劲、加剧或复兴趋势。**

就民族主义问题而言，东亚的现当代经验与欧洲的大为不同。欧洲人经过两次世界大战惨祸，终于断定过度自傲和排他的民族主义是在当今和未来都应予以否定的东西，从而给欧洲共同体的"后现代"建设奠定了根本

---

① 见前面注释3。

② 2004年时，新加坡国际事务协会主席就撰文强调，亚洲远未具备区域集体安全体制的条件（Simon S. C. Tay, "Asia Isn't Ready for Nato-style Alliance," *Straits Times*, April 21, 2004）。十年后的当今，这方面的情况没有任何实质性改变。

③ Yinhong Shi, "The Trajectory and Implications of China's Rise for Northeast Asian Regional Integration," in L. Gordon Flake ed., *Toward an Ideal Security State for Northeast Asia 2025*, Washington, D. C.: The Maureen and Mike Mansfield Foundation, 2010, pp. 164 – 165.

的认识条件和思想前提。然而，两次世界大战，特别是第二次世界大战，给日本以外东亚各国人民带来的一大根本观念正是现代民族主义，因为这些国家作为现代民族国家的生成或曰解放无不发生于，甚或依赖于两次世界大战。可以说，伴随这些现代民族国家的生成、兴起和发展，民族主义在东亚正方兴未艾，而一些国家的现代化崛起使情形更加如此。更有甚者，在半个多世纪以前招致东亚大惨祸和日本民族大灾难的日本民族主义，也在日本右翼的大力鼓动和其他国内外因素的作用下开始显著地重新抬头，以致引起东亚诸国不同程度的正当警觉或担忧。就东亚共同体的生成而言，有决定性意义的一大问题在于，未来占据优势的究竟是互相对立和竞争的各国民族主义，还是经济互相依赖和安全共同利益？答案仍须拭目以待。①

## 二、中国在东亚区域合作方面新近的困难

多年来，中国是东盟之外东亚区域和次区域多边合作以及多边经济体制创建努力的最重要的推动者。中国率先与东盟达成东盟与区域内一个大经济体的自由贸易区协议（即东盟＋1），还有与某些近邻东南亚国家间的诸项多边经济项目合作，随后又比较积极地尝试创设东北亚三国（中、日、韩）与东盟的自由贸易区安排（即东盟＋3），连同这东北亚三国本身的三边经济体制性合作。不仅如此，在区域安全问题领域，中国还曾是以东南亚为主但超出东南亚范围的东盟安全论坛的主角之一，并且以同样的身份相当显要地参与旨在最终达成《南海行为准则》的多边对话和其他多边外交活动。②

然而，与晚近数年来的一系列重大事态相伴，中国在东亚区域合作领域

---

① Yinhong Shi, "Truth and Reconciliation: Overcoming History Obstacles in the Northeast Asian Community," in Jeju Peace Institute, *Challenge and Response in Northeast Asia*, Jeju and Seoul, ROK: Jeju Peace Institute and Friederich Naumann Foundation for Liberty, 2008, pp. 53 - 54.

② 中国的此类努力连同其他，早就使美国的亚洲问题观察家惊叹"北京之星在整个亚洲腾升"。《纽约时报》资深记者在 2004 年的一篇分析性报道中着力谈论"北京在整个亚太地区积累起来的、对美国的朋友和敌人的新的影响力"。"中国正在用它的经济影响杠杆去支持它的政治偏好。""北京正在争取它可以主宰的区域性政治和经济聚合……它正在以前所未见的方式散播援助……"相比之下，"美国看来是在贸易格局中败着的那方"。"这里（亚洲）的许多人已经坚持认为，未来将属于中国。"Jane Perlez, "Across Asia, Beijing's Star Is in Ascendance," *The New York Times*, August 28, 2004.

面临日益复杂难解的新的困难,其中有些甚至到了令相关的多边合作努力,至少暂时,骤然瘫痪的地步。取其大者而言,这些困难主要是:由于日本非法的钓鱼岛"国有化",中日两国间爆发并维持自第二次世界大战结束以来烈度可谓最甚的对抗;深度牵涉到东盟和美国这两大角色,中国与少数东南亚国家间的南海争端大为凸显且经久僵持;奥巴马美国创新性地在东亚多边主义领域大事伸张,中国至少到目前为止,大致失去东亚多边主义倡导方面的优势和主动权;作为美国朝向亚太的"再平衡"的主要战略性经济举措,其倡议和主导的"跨太平洋伙伴关系"(TPP)给中国造成了一个较难应对的区域性难题。

1. 中日激烈对抗且持续不已

日本政府悍然宣布钓鱼岛"国有化",此后又顽固坚持这全然非法的举措,并且坚持实行与中国近乎全面对立的外交和防务政策,致使中日两国间爆发并经久保持第二次世界大战结束以来可谓最强烈的中日对抗。[①] 这一局面自出现以来,实质上令创设东盟＋3和中、日、韩三边自贸区的努力骤然瘫痪,而且这瘫痪势必持续到庶可预见的未来。如果考虑到中国政府亦将对日激烈斗争当作外交重点之一,赋予它巨大的、往往优先的意义,局面就更加如此。同样必须指出,日本安倍政府出于上述外交和防务政策方向,在所有重大的东亚多边政府级会议上皆以炒作"中国挑衅论"和"中国威胁论"为日本立场重心,严重干扰和损害可有的东亚多边合作讨论,同时多方在东亚太平洋国家做针对中国的外交游说,一样有损于东亚多边合作。

可以认为,只要中日对抗保持下去,东亚多边合作的已有进展和未来潜能就必定有颇大一部分被"锁定"在这对抗之中瘫痪不已,有些甚或毁损殆尽。这当然与中国促进东亚区域和次区域多边合作进展的意愿相悖,与中国在其中的某些重大的经济、政治甚而战略利益相悖。

2. 南海争端甚为凸显且僵持不下

南海争端早已有之,但南海争端大凸显,成为中国周边外交中很大的问题,有其晚近的历史背景。就此而言,第一是美国在亚太的对华战略和外交方向,第二是个别东南亚国家与之相关的躁动,第三是中国大为强化了的、

---

① 这激烈对抗的基本背景之一,在于它爆发当月《华盛顿邮报》所说"日本的新安全关切":"日本新的安全关切的最明显迹象两年前出现,在当时的首相菅直人之下,其时他全面修订它的防务战略,将其主要注意力转向愈益增进的中国海军威胁,要求更甚地监察西南岛链。"Chico Harlan, "With China's Rise, Japan Shifts to the Right," *The Washington Post*, September 21, 2012.

关于南海岛屿领土主权以及海洋权益的政府行动和公众舆论。这里只谈前两个事态。从奥巴马总统上台以来，主要从2010年年初往后，在狭义的战略（即首先与军事有关）的意义上，美国对华基本战略方向已经落定，那主要是钳制一个中远程军力很可能持续强劲崛起的中国；同一个时期里，在区域地缘政治意义上，美国主要围绕中国的基本外交方向，或者说它的东亚太平洋外交方向，也已经落定，根本内涵是与在东亚可能获得经久的外交影响优势的中国加紧竞争，并且减小这影响。在这些方向上，美国政府发动了对南海问题的战略性的密集关注，抛出并坚持一项新的大政策，即针对中国，要求南海争端当事国通过多边框架处理争端，并且经过多边谈判解决争端。在个别东南亚国家看来，这等于是有了一项重大的"背书"，只要就南海岛屿和相关水域与中国吵闹、对立和争夺，就很有可能获得美国的同情、外交声援和战略奖赏；而对美国来说，这些国家在南海问题上的躁动提供了美国争取在战略上钳制中国、增加中国对外关系困难、缩减中国东亚影响的一个重大机会或重大方面。①

　　凸显且僵持着的南海争端给中国—东盟关系增添了新的复杂性和重大困难，而中国—东盟关系以及相关的东亚区域次区域多边合作是中国一向重视、一向着意"关照"的。问题首先在于，东南亚的南海争端当事国与非争端当事国俱为东盟成员国，后者有时不得不使这特殊关系优先于南海问题上东盟与中国的关系。很大程度上出于这个原因，东盟作为一个集体采取并坚持基于《联合国海洋法》处理南海争端。这一立场不能被中国接受，因为非常明显，仅有关海洋权益的《联合国海洋法》不是，也无法作为处理南海领土争端的依据。南海争端越凸显，因这争端而发生的中国与个别东南亚国家的对立或对抗越激烈，中国—东盟关系中的困难和紧张也就可能越厉害；②如此，以东盟和中国为两大积极角色（先前多年是主要积极角色）的东亚区域次区域多边合作进程也就相应地越受损。尽管在过去数年里，中国与东盟双方以及中国与南海争端主要当事国之一越南之间数度做过有重要

---

① 时殷弘，《南海争议与中国战略》，《紫光阁》2012年第9期，第42—43页。
② 几年来，这方面最紧张、最困难的局面发生在2011年11月的东亚峰会闭幕会上，当时中国总理不得不"来而不往非礼也"，以严正和冷静的表态对付美国和大多数与会国（包括柬埔寨和缅甸以外的大多数东盟国家）就南海问题做的某种"围攻"。见 Jackie Calmes, "Obama and Asian Leaders Confront China's Premier," *The New York Times*, November 19, 2011. 又见《温家宝在东亚峰会上就南海问题阐明中方立场》，2011年11月19日，中国广播网。

成效的缓和努力,但是南海争端总的来说僵持不下,①更何况中国与菲律宾的南海领土争端一直相当激烈。因此,即使不考虑美国、日本等国的多方添乱,南海争端给中国—东盟合作和东亚多边合作带来的负面影响也将持续下去,尽管其程度可以争取较显著的减小。

3. 美国在东亚多边主义领域大事伸张

在操作外交/战略政策和行使"灵巧权势"方面,奥巴马政府的区域多边主义表演令人印象深刻,而且具有创新性,因为在它之前,一位著名的美国学者说,"美国传统上一向怀疑出自亚洲的构建多边组织的提议"。② 奥巴马入主白宫后,他的政府就开始在言行两方面显示主动影响亚洲多边主义。从敏锐的战略意识和强劲的伸张性出发,并且依据与东亚多个国家间巩固的或显著改善了的双边关系(那部分地归因于中国与其中某些国家的新近的麻烦),华盛顿在过去几年里积极地参与不同的东亚太平洋区域多边框架,而且一次又一次地采取主动。

华盛顿采取主动的结果,至少是显著加剧了前述规模与效率的悖论,还有"内部人"与"外部人"之争,或曰中美两大国之间相关的基本战略疑惧。不仅如此,美国政府发动对南海问题的战略性的密集关注,抛出并坚持南海争端多边谈判解决的大政策,倡导和推进下面要谈论的 TPP。它们都与美国在东亚多边主义领域的大事伸张密切相关,或更确切地说都是这方面的主要表现。如《纽约时报》在 2011 年 11 月中旬所言,对中国来说,TPP 和其他一些同时的事态"或可使人想到一个经济和军事包围圈"③。中国至少到目前为止,大体上失去东亚多边主义倡导方面的优势和主动权,中国比较偏好的更为实际可行的次区域经贸多边体制的创建或建设,有被边缘化或失能化的危险。

4. TPP 谈判被高调倡导,迅捷发动且进程颇快

2011 年 11 月,在同时宣布一系列亚太"再平衡"举措时,奥巴马高调倡导地理范围比先前广泛得多、"入门条件"相当严格的超大扩展版 TPP,雄

---

① 关于中国—东盟关系中的南海问题僵持,参见《东盟发布南海问题六项原则》,2012 年 7 月 20 日,人民网。

② Francis Fukuyama, "Next U. S. President Should Review E. Asia Security," *The Yomiuri Shimbun*, September 20, 2004.

③ Jackie Calmes, "A Marine Base for Australia Irritates China," *The New York Times*, November 17, 2011.

心勃勃地要涵盖亚太地区的很大部分,但明确宣称只要中国维持其当前的国内基本经济体制,就将被排除在外,尽管中国是亚洲最大的经贸实体。[①]此后,特别是由于日本政府为对抗中国而做重大经济利益"牺牲",谈判以一种当时无人预料的高速度迅捷发动,并且迄今为止进程颇快。

这一形势给中国造成了一大较难应对的区域性难题,在中日对抗及南海争端如前所述,负面影响两大次区域经贸多边体制创设进程的情况下更是如此。可以认为,美国积极推进 TPP 的目的是,要先依凭主导 TPP 谈判来领导亚太区域经济整合进程,然后将实现了的超大扩展版 TPP 作为建立"亚太自由贸易区"(FTAAP)的基础,从而有利于保持和增进美国的经济超级实力地位,恢复美国在亚太的贸易优势,并且同时获取相关的重大外交/战略裨益。美国力图通过 TPP 的谈判和最终确立,起到制衡中国—东盟自由贸易区的作用,将中国偏好的、已建立和想建立的诸项东亚次区域经贸多边体制边缘化或瘫痪化,削弱中国在东亚的经济影响力以及相应的外交影响力。从这个视角看,TPP 的倡导和谈判大概开启了一项历史性博弈——以中国和东盟为中心的东亚区域经济整合与美国主导的亚太区域经济整合之间的博弈,而在这场博弈中,眼下的阶段性优势不在中国和东盟一边。

中国应当如何应对,成为必须认真思考的问题。至今,中国采取很低调回应和不主动参与的态度,但长此以往,显然不利于中国在这轮关于亚太区域经济整合竞争中重获优势。形势需要中国规划和采取更加积极有为的政策和策略,并且不仅着眼于经贸路径,也着眼于外交和战略路径,在可能和可行的限度内对症下药,争取缓解前面谈论的诸项困难或其中的部分困难。经贸路径本身也有多管齐下和有所创新的需要,例如目前关于"欧亚丝绸之路"、"海上丝绸之路"和周边高铁项目的设想和筹划。同时,中国完全可以保留到时候参与 TPP,作为未来可供抉择的路径之一,不仅不被撇在外面以致非同小可地损失利益和威望,还可以通过中国的巨大经贸规模、必定可观的发言权和规范、制定参与权去局部地"改造"TPP。何况,贯彻实行党的十八届三中全会规定的全面深化改革至少能大大缩小中国国内经济体制与TPP"入门条件"之间的差距。

---

① Jackie Calmes, "A Marine Base for Australia Irritates China," *The New York Times*, November 17, 2011.

# 三、中国应有的调试方向

如此,我们已经相当直接地论及了中国应有的调试方向,只不过是就单独一项具体的重大事项而言,即美国倡导和主导的 TPP 正在对中国形成的形势压力或对策挑战。除此之外,还有必要尝试在广泛的"总论"层次上透视和反思基本问题。东亚区域多边合作(特别是体制性合作)尤其在近年来瓶颈凸显,困难多发,以致进展缓慢,甚至局部搁浅。可以说,如此的局面已经将一大深层的道理提示出来,即关于东亚多边合作的旧信仰和争取这合作的旧路径远不尽适切。

东亚有关的理论思想界乃至很大部分政界广泛相信两点:(1) 只有形成东亚区域经济乃至区域安全的体制化整合,才能够实现东亚的长久安定,而其他最多只能产生权宜性的短暂稳定;(2) 东亚各国经济的互相依赖和稠密交织必定导致东亚经济一体化加速发展,以至较迅速地实现,而其必定强有力的"溢出"效应将使区域安全体制相对早日问世。这样的信仰出自先前岁月里的以下三项状况:自由国际主义理念广泛流行;欧洲一体化"榜样"引人诱人;东亚多边主义实践颇有成就,主要是东盟创立和发展以及东盟+1成功实现。由此,就有了上面所说的旧路径,即关于东亚较长远未来的希望、理念、提倡甚而其他努力,大多被置于争取形成东亚多边合作体制上面,而传统的争取缓和、稳定、协调或友好的国际政治路径(特别是以此为要旨的传统的双边外交)遭到程度相应的轻视,并在许多场合被当作设法形成东亚多边合作体制的过渡性权宜。

依据现有的理论或设想,上述第一条信仰确实不无道理,而且按照旧路径行事,也确实产生过可予高度赞赏的切实的重大成就,因此旧信仰和旧路径不可全盘放弃。然而,上面揭示的结构性或长期情势性的基本瓶颈问题,加上如前所述势必为时较久的诸项重大新困难,致使原先意义上的东亚多边合作体制建设已经多半停滞,且在可预见的未来时期里大概仍将如此。因而,有必要树立一种经扬弃旧信仰而来的"新信仰",即相信东亚多边合作的效用和进展可能性实属有限。相应于此,需要在相当程度上扬弃旧路径和践行新路径,那就是着重于:(1) 确实可行且对中国有益的一部分多边合作和多边体制建设,尤其是那些"次次区域"性质的,因为它们范围较小而较易实现和运行，何况中国在其内较易形成和行使主导性影响；(2)中国与东亚国家的双边积极关系，包括作为双边合作之前提的双边关系缓和或双边争端缓解，只要这样的缓和或缓解有其必要，且可行和适时。

说到底，必须着眼大局，经略周边，以在中国的一项项双边关系上的认真切实的努力为基础，持之以恒地大力加强周边外交和改善周边关系。周边战略和周边外交对巨型中国永远紧要，无论古代、现代、当代和未来都如此。当代中国是个有多方面对外基本需要的巨型国家，对外政治/战略/外交关系绝不能只有对美这一个重中之重，而是必须有对周边和对美两个重中之重。否则中国对外政策和战略就会在"内外兼顾"之外缺乏根本的平衡。为此，一定要明确认识周边对我国的极重要战略意义，持之以恒地遵照习主席在2013年10月周边外交工作座谈会上强调的周边外交基本方针，即坚持与邻为善、以邻为伴，坚持睦邻、安邻、富邻，对邻国多做得人心、暖人心的事，增强亲和力、感召力、影响力，争取更多朋友和伙伴。① 这是中国的长远大计，它包含的实践内涵比促进东亚多边合作的努力广泛得多。

---

① 《习近平说开展周边外交要有立体多元跨越时空视角》，2013年10月25日，央视网。

# 和平共处五项原则与中国国际法理论体系的思索①

苏长和*

## 引言

  国际法演变史为理解国际体系转型、全球治理改善和国际秩序变革提供了一条法律的途径。中国与亚非国家共同提出的和平共处五项原则和万隆会议十项原则,在国际法的进化过程中占有重要的地位,也是战后新兴国家对新型国际关系法律基础探索的重要组成部分。

  本文对西方特色的国际法知识进行了概要的回顾,进而对当代国际法酝酿的变革机遇作了分析,最后立足中国与世界关系,对中国的国际法文化资源以及和平共处国际法理论体系建设提出一些展望。作者认为,和平共处国际法理论是新中国立足自身与世界关系的认识基础上,顺应国际关系发展趋势和国际新秩序的建设需求,在与其他国家共同探索和平共处、和平发展、和谐共生的外交实践中积累形成的,并体现了新型国际关系共性的国际法知识体系,它与联合国所致力建设的国际和平目标也是一致和相通的。和平共处五项原则已经成为中国外交价值体系和国际社会规范体系的重要组成部分,也是中国同世界上爱好和平的国家一起,共同引领世界走向和平发展、和谐共生道路的基本价值准则。

---

  \* 作者简介:苏长和,复旦大学国际关系与公共事务学院副院长,外交学系教授,博士生导师。

  \*\* 本文已发表于《世界经济与政治》2014年第6期。

  ① 本文为纪念和平共处五项原则发表60周年而作。论文初稿曾在上海市国际关系学会2014年4月27日举办的"纪念和平共处五项原则发表60周年研讨会"和复旦大学国际关系与公共事务学院2014年校庆报告会上作汇报。本文写作得到2011年度国家社会科学基金重大课题"中国特色外交理论研究"(11&ZD074)的资助,特此致谢。本文也是在为复旦大学本科生开设的"国际法与国际关系"一课教案基础上完成的。感谢《世界经济与政治》杂志匿名评审专家提出的修改意见和建议,文中错漏由笔者负责。

# 一、史久镛的反思对当代中国外交学人的鞭策

本文目的是反思现在流行的国际法学的局限,并在立足亚洲、立足中国与世界关系上思考一种和平共处、和平发展、和谐共生的国际法体系的必要性。2014 年是和平共处五项原则发表 60 周年,2015 年 4 月是万隆会议十项原则发表 60 周年。和平共处五项原则和万隆会议十项原则,都是亚非国家战后对国际法的贡献。尤其是和平共处五项原则,成为与《联合国宪章》并行不悖的国际关系指导性原则和准则,然而,对当代国际关系和国际法学来说,这个被奥地利国际法学家阿尔弗雷德·菲德罗斯(Alfred Verdross)称为"亚洲国际法原则"①的原则,似乎正在为国际知识格局中所谓的主流国际法学界所遗忘,同时一定程度上也为中国国际法研究所轻视。新中国唯一担任过联合国海牙国际法院院长的史久镛法官在回顾新中国国际法发展时不无感慨地说:"这些年里,中国法学界在强调借鉴、接轨的同时,对中国法律人自己独创的一些理论和实践淡漠了,乃至不大提及了。"②与此同时,当代国际关系正在处于急速变化之中,国际关系领域出现较多的与和平共处五项原则以及《联合国宪章》背离的国际法实践现象,这更加彰显了和平共处五项原则国际法的当代意义和价值。

我国同周边国家共同提出和平共处五项原则的年代,是一个亚非国家致力于摆脱殖民体系、政治自觉意识勃兴的年代,民族解放、民族独立、非殖民化运动是当时世界的大义所向。作为当时国际舞台上的新兴国家,中国同印度和缅甸共同提出的和平共处五项原则抓住了世界的大义,顺应了潮流,为新兴国家之间以及新兴国家与传统国家间的共处指明了一条出路,因此赢得了不少国际尊重,可谓中国同一些亚洲国家构建新型国际关系的最初理论和实践探索。今天的世界正在发生深刻的变化,国际关系中既存在冷战思维回潮的一面,也存在发展中国家形成新的一波政治自觉意识的潮流,这波政治自觉意识的核心是和平发展和合作共赢。今天纪念和平共处

---

① 阿·菲德罗斯:《国际法》(上册),李浩培译,北京:商务印书馆 1981 年版,第 117 页。

② 史久镛指出,国际法中的"双边承认说"是中国的一大创造,是中国法律人对国际法理论的贡献,也曾为国际社会所认可,现在我们自己反而不大提及了。见史久镛《中国人对国际法的贡献应该坚持》,载《法制日报》2008 年 12 月 14 日,第 14 版。

五项原则,不只是回顾过去,更重要的是着眼未来。既然和平发展是当今世界大义,这个大义如何指导国际立法,逐步转变为发展和巩固新型国际关系的制度性东西,对于建设和平共处、和平发展、和谐共生的地区和国际秩序以及丰富中国特色外交理论,都具有重要的政治和道义意义。也唯有在纪念的基础上对此不懈推进并有所发展,后代人在纪念其发表100周年的时候,才不会忘记上一代人对于和平共处五项原则理论和实践方面承前启后的意义。

## 二、西方与世界打交道中的国际法学说

要全面理解和平共处国际法理论的地位和意义,有必要对近代以来西方主流国际法理论的贡献和局限以及当代国际法理论的变革趋势,做一概要性的回顾。西方国际法理论和实践是现代国际法知识体系的组成部分,其贡献无须赘述,但其缺陷和局限也极为明显。本文并不着力于对西方国际法实体内容的缺陷作分析,而是放在西方与世界关系的视野下看其国际法理论的局限,这对构建开放包容的和平共处国际法理论体系,有参考意义。

"国际法"本身是一个带有普遍主义色彩的词汇,但是在实践和发展中,经常又是极具国家特色的,与国际政治的时代特征特别是核心国家(集团)的国际观和外交取向有关。就其本质而言,国际法普遍适用于所有国家,但是对国际法的解释和发展,甚至国际法从其诞生以来,就一直深深打上国家的烙印。纵览欧洲国际法从西欧走向世界的历史,大致可以发现其对国际法知识的几次改造。

国际法在西方世界内部最初的含义,是指管理和规范基督教国际社会与非基督教国际社会的法律体系,以至于当今一些西方的国际法史著作,仍然认为"国际法"是基督教文明的产物。三十年宗教战争后的威斯特伐利亚和会确立的主权原则,解决了基督教国际社会内部的共存问题。① 伴随着

---

① 这段国际法史的清晰阐述,参见阿·菲德罗斯《国际法》(上册),李浩培译,第57—87页;刘达人、袁国钦《国际法发达史》,胡娟勘校,北京中国方正出版社2007年版,第40—79页;阿瑟·努斯鲍姆《简明国际法史》,张小平译,北京法律出版社2011年版,第2—4章。

国家体系在西欧的确立以及西方的世界性扩张,国际法叙事模式开始发生变化,即用文明的西方与野蛮的非西方这组对立叙事,替代基督教世界与非基督教世界的关系。认为国际法只是"文明国家所承认的法律的基本原则",只适用于文明的西欧国家之间,而在文明西方与野蛮的非西方之间,国际法的适用程度是有限的。① 在当时,欧洲以外的国家一概被称为蛮族,大致分为三等人:第一等是具有某种程度文明的、稳定而秩序井然的非基督教徒,如土耳其人和中国人;第二等是建立在非法律基础之上的不稳定和无秩序的社会,如秘鲁人和墨西哥人;第三等是毫无社会秩序可言的吃人的生番。这种优越和排他思维在实践中塑造出西方与外部世界广泛存在的不平等条约体系,也使西方特色国际法学说一度在绝大多数亚非拉国家声名狼藉,成为其民族独立和非殖民化运动首先反抗的一个环节。

西方国际法学说叙事模式的最近一次变化,是第二次世界大战尤其是冷战结束以后,将国际法的推广与西方的自由民主理念推广紧密结合在一起。至此,带有殖民主义意识的"文明国家和野蛮国家"叙事逐渐淡出,但是,自由国家与专制国家或者法律国家与不守法或者法外国家的叙事凸显出来。但这种转变并没有根本上改变二元对立的思维。② 按照胡果·格劳修斯(Hugo Grotius)对国际法的理解,对这种或那种政府的优劣比较不应该体现在"万国法"中,但是新近西方国际法学说的趋势却在突破这一底线,试图将国际法的调整范围从国与国关系渗透到所谓不合西方自由民主标准的国家内部,从而为干涉打开口子。③ 在学界熟悉的约翰·罗尔斯(John Rawls)的万民法设想中,就直接将世界上各国划分为自由国家、得体国家、

① 实际上,在中国国内影响较大的英国学派,其分析逻辑仍然是摆在"文明—不文明"的框架下,即假设存在一个文明的"国际社会"和不文明的"国际社会"的区别,后者加入前者的"国际社会",是通过后者接受前者一系列文明规范标准的规训来完成的。

② "自由民主—专制独裁"的叙事与"文明—野蛮"叙事经常交错在一起,隐蔽地出现在媒体和学术论著中,例如,围绕欧盟东扩和最近的中东欧问题,一位学者的评论就很有意味:"当保加利亚和罗马尼亚等尚未做好入盟准备的国家也被批准入盟时,所有人都希望加入欧盟俱乐部能将野蛮人转变成素质良好的自由民主主义者,但事实证明这种愿望是毫无根据的。"参见让-沃纳·米勒《东欧的民主制度陷入困境》,孙西辉编译,载《社会科学报》2014年第1406期,第7版。

③ 对此的综合性评价,见苏珊·马克斯《宪政之谜:国际法、民主和意识形态批判》,上海人民出版社2005年版。有关法律国家与法外国家关系的评述,参见杰里·辛普森《大国与法外国家:国际法律秩序中的不平等主权》,朱利江译,北京大学出版社2008年版。冷战结束前后,西方国际法思潮与政治哲学和外交紧密结合在一起,其支配的逻辑是极为武断的"自由民主—专制独裁"的叙事框架。

法外国家三类,认为前者可以正当地干涉后者。① 北约发动科索沃战争期间,国际法学界曾经围绕罗尔斯的理论展开过激烈的辩论。另一位活跃在国际法和国际关系学界的学者安-玛丽·斯劳特(Anne-Marie Slaughter),强调当前国际法的重要变化是合作的国际法正在取代共存的国际法,共存的国际法是管理、限制和协调国家间外交关系的习惯法和传统法,而后者有向人类普通法发展的趋势,扩展到在人道主义和社会管理领域管理某些国际合作行为,所涉及的问题不是发生在国与国之间,而是发生在国家和公民之间。② 可见,20 世纪 80 年代以来的国际法学说,存在背离和平共处的趋势,与人道主义干涉和西式民主推广的政治结合在一起,从而严重损害了国际法的权威和信誉,导致各种干涉主义实践的盛行。

由此观之,"国际法"在"西方与世界"关系的框架下,就是一部自身与外部世界对立的历史,也是用自己的"国际"法规训外部世界的历史。回顾西方国际法理论的世界观主线,一个鲜明的特点就是内部与外部的二元对立,其用以规范西方世界内部的国际法与西方国家与外部世界打交道的国际法并不是一致的,这正是人们经常批评的西方国际法理论和外交实践中的双重标准问题,其不啻为西方与世界共处的一个文化障碍。二元对立思维是西方文明的基因之一,美国的庄子学家任博克(Brook A. Ziporyn)曾指出,"西方哲学对真理的态度非常强硬,有种排外且唯我独尊的感觉……一定会对无法理解的问题分出对与错,最后都不免落入二元论"。③ 真和正确的对立面是什么? 西方认识论会认为是假和错误,但在中国认识论下,真和正确的对立面不一定是假和错误,可能是模糊、不精确。与西方人的认识论不一样,中国人在讲任何两件东西的关系时,不太会从对立冲突角度去看,而是从关系、对称、对等、共生、阴阳调和角度、中庸辩证角度去看。应该说,今天包括国际法在内的许多社会科学,很大一部分还没有从二元对立的分裂世界中走出来,以文明冲突和国家对立思维指导政治实践,恰恰与多元、多样、多彩文明的世界形成矛盾,但这也正为社会科学知识体系的突破和升格留下了很大的空间。对国际法学说而言,如何从对立冲突的国际法向和平共

---

① 参见约翰·罗尔斯《万民法》,张晓辉等译,长春:吉林人民出版社 2001 年版。

② 安-玛丽·斯劳特:《对世界的管制:多边主义、国际法及新政管制国家的推广》,载约翰·鲁杰编《多边主义》,苏长和等译,杭州:浙江人民出版社 2003 年版,第 145—146 页。

③ 郭晨:《儒释道之契合——访美国汉学家任博克》(上),载《光明日报》2014 年 3 月 22 日,第 8 版。

处国际法过渡,也就是缔造一种学会与他人共处共生的国际法,而不是自视高人一等,以自己的法律来规训他者的国际法,成为新型国际关系和国际新秩序建设的内容之一。

在西方内部国际关系中,政法关系——表现为受国家利益左右的政治与国际法——的冲突也很明显,国际法与现实主义的均势政治始终存在较量。观察国际法在西方国家内部的演变,可以发现国际法为现实政治和实用主义所干扰,很多时候均势政治大于法,而绝不是法大于均势政治,一切问题的根本在于谁有足够的实力来解释国际法。在每一项国际法部门中,同样的事情都可以找到两种对立的且能够成立的解释,这为法律从属于政治解释留下了足够的空间和余地,从而削弱了法律的地位。在论述签订条约问题时,古波斯的尼扎姆·莫尔克(Nizam Al-Mulk)曾说:“国王对敌人应该发动有和谈余地的这类战争,应该签订对战争留有余地的这类合约。对待朋友和敌人,国王应该签订那种可以被撕毁的契约;签订那种撕毁之后又可以修补好的契约。”[①]此论用来比喻近代西方世界内部的国际关系和国际法实践,是非常贴切的。

# 三、新的国际法视角和资源

国际法是人们对自己与世界的关系以及国家间关系认识和实践基础上形成的。从这个意义上,“国际法”既有其一般原理的成分,也有其地域文化的特点,深受某一时代主导性大国政治和法律哲学的影响。如果接受国际法的渊源来自于习惯和条约这一一般说法,那么就习惯而言,其在各个文明地区的来源必然植根于不可割裂的文化、历史和治理传统之中。当国际关系的大家庭或者国际体系的容量早已突破产生西欧国际法的小范围国际体系时,西欧国际法的一些习惯、规则和规范,必然由于其地域局限性而难以胜任更大的国际体系系统的管理要求。在当今国际法实践中,经常出现简单套用西欧的国际法规则和习惯处理一些地区的纷争,不仅不利于纷争解决,甚至加剧纷争的现象。

这就使得走出国际法学说的西方中心主义,或者对西方国际法中不合

---

① 尼扎姆·莫尔克:《治国策》,蓝旗译,北京:商务印书馆 2013 年版,第 329 页。

理成分的改造,成为第二次世界大战结束以来国际关系史中的一条未绝的主线。走出国际法的西方中心主义,并不是否定西方国际法的一切成果,西方国际法本身也有和平共处、和平发展、和谐共生的成分。而是要尽可能地吸纳各个地区的国际法历史资源和实践,在国际法一般原理和各地区国际法实践相结合的基础上,完善现有的国际法,使国际法真正成为代表国际大家庭所有国家最大意志的法,从而形成公道为原则、规则为基础的国际秩序。

第一,人类早期成体系的文明地区均形成了自己管理内部世界和处理与外部世界关系的法律体系。说"国际法"来自西方,说的其实是"国际法"这个名词来自西方,而规范政治单位关系的道德和法,自人类文明诞生以来,就一直存续。① 约翰·威格摩尔(John Wigmore)曾经总结了人类有史以来的十六大法系,指出其中 6 个已经彻底消亡(即埃及法系、美索不达米亚法系、希腊法系、希伯来法系、教会法系、凯尔特法系),5 个经过融合后得以存续(即罗马法系、日耳曼法系、斯拉夫法系、海事法系、日本法系),3 个基本未经融合而生存下来(即中华法系、印度法系、伊斯兰法系),2 个经过了大规模融合更新和再造,但面目全非(即大陆法系和英美法系)。② 与拥有三千年法律文明史的中华文明和印度文明相比,法律史学家哈罗德·伯尔曼(Harold Berman)认为直到公元 1200 年时候,欧洲并没有完备的法律体系,现在流行的大陆法系和英美法系在法律史的长河中,其实是很短暂的。人类各个地区都拥有自身处理与外部世界关系的法律智慧,显然,这些法律智慧、实践,在今天的西方国际法教材中没有得到充分反映。哈希(Amos Hershey)在评论印度学者维斯万纳塔(S. V. Viswanatha)的《古代印度国际法》一书时指出,它"使我们西方人接触到相当大量的知识,足以扩大我们的眼界,并使我们认识到,世界上有许多东西并不是新的,或者说,并不是只属于欧洲或西方的"③。晚清的美国传教士丁韪良(William Martin)在论及古代中国外交和国际法问题时曾说:"国际外交对于中国人来说是一

---

① 显然,我们不能因为"国际法"这个词最早是由边沁使用的,就认为规范国家间关系的那套法律体系内容是从边沁开始的,就如我们研究"人"这个问题的时候,不能因为这个人名字叫"约翰"或"山姆",就认为人的来源或所有特征都是由"约翰"或"山姆"这个人的特征来界定的道理一样。

② 约翰·威格摩尔:《世界法系概览》(上册),何勤华等译,上海:上海人民出版社 2004 年版,前言。

③ 转引自怀效锋、孙玉荣编《古代中国国际法史料》,北京中国政法大学出版社 2000 年版,第10—11 页。

门新的艺术,但却是一门他们能显示出色天才的艺术。我们认为它将会表明,对于中国人来说,它只是一门失传艺术的重新振兴——这是他们可以宣称先于任何现存国家而创建的一门艺术。"①此言不乏恭维,但东方或者中国有自己的国际关系理论和组织国际关系的资源,却是不争的事实。

第二,在一个政治觉醒的时代,新兴国家登上国际舞台为沉闷的、强权主导的、压迫支配的国际关系带来了新气象。进入二十世纪以来,新兴独立国家成为自己土地上的主人,它们面对先入为主的西方国际法体系,进行了艰苦卓绝的废除不平等条约体系和国际法改造过程,这些成就的一部分已经反映到今天的国际法教科书中。拉美国家表现出较强的法律觉醒意识,具有悠久的国际法编纂传统,甚至不乏提出建立拉美国际法的设想;②另外,战后亚非拉国家作为一个集体,在资源主权、海洋法、人权、争取建立国际经济新秩序等领域的努力与合作,丰富了平等互利原则。包括中国在内的亚非国家提出的和平共处五项原则和万隆会议十项原则,也是在这一国际背景下产生的。

第三,社会主义国家的国际法思想和实践在战后国际法知识体系中也占有一席之地。严格来说,在美苏冷战时期,国际社会并不存在一个统一的国际法,国际法实际上是分裂成两个体系的,当时除了西方的国际法体系以外,还存在一个苏联的社会主义国际法体系,两者曾经有过较为激烈的辩论。③ 在列宁国际关系思想的影响下,苏联国际法学家柯罗文(E. A. Korovin)和格里戈里·童金(G. I. Tunkin)等学者撰写的国际法教材,也都将和平共处列为国际法基本原则。可惜的是,苏联后来走向与美国一样的霸权主义之后,等于破坏了和平共处原则。作为自资本主义以来人类最伟大的政治实践,尽管当今世界上的社会主义各式各样,但公正、平等、民主、互惠等是各种社会主义共享的价值观。中国作为世界上人口规模最大的社会主义国家,一直主张以和平共处五项原则来发展国际关系以及建设国际政治经济新秩序,在其60多年的外交和国际法实践中,逐步形成了自己的

---

① 丁韪良:《汉学菁华:中国人的精神世界及其影响力》,沈弘等译,北京:世界图书出版公司2010年,第307页。

② 王孔祥:《拉美国家领土争端中的国际仲裁》,载《国际关系学院学报》2006年第6期,第66页。刘显娅:《拉美国际法之探讨》,载《拉丁美洲研究》2007年第1期,第31—37页。杨泽伟:《国际法史》,北京:高等教育出版社2011年版,第174—175页。

③ 参见汉斯·凯尔森《共产主义的法律理论》,王名扬译,北京中国法制出版社2004年版,第188—237页。

国际法知识体系。①

# 四、当前国际法变革的机遇

当前国际法的实践困境在于大国可以很容易地摆脱国际法的限制,而中小国家难以从国际法中得到保护。国际法发展方向与当今国际关系不确定的走向一样,也处于一个十字路口。强权政治和单边主义败坏了国际政治风气和文化,一些大国以"例外论"为由置身或者孤立于国际法约束之外。② 小布什(George W. Bush)面对人们质问美国外交行动如何遵守国际法这个问题时,有句名言:"国际法? 我得打电话叫下我的律师……我不知道你说的国际法是什么意思?"③在大国与国际法关系上,国际法的问题在于可以被大国随意地解释,在最近的乌克兰问题上,奥巴马嘲笑普京的国际法律师团队,普京讥讽美国到现在才想起国际法。国际法的条文之复杂和矛盾,以至于任何国家在相互争议的一个问题上,都可以从国际法中找出对自己有利的说辞出来。顾炎武在论法制时说:"夫法制繁,则巧滑之徒皆得以法为市,而虽有贤者,不能自用,此国事之所以日非也。""法行则人从法,法败则法从人。"④此论用于形容当代国际关系中的国际法境

---

① 社会主义中国的国际法理论和实践体系,以周鲠生著《国际法》最为系统和最有代表性,遗憾的是,对于这部近半个世纪前诞生的著作,后人至今没有在此基础上做系列补充和修订。对中国在各个国际法部门中的实践主张的系统论述,还可参考朱奇武《中国国际法的理论和实践》,北京法律出版社 1998 年版。

② 在克里米亚问题上,美国在援引国际法问题上所以失语,与美国自身在国际法遵守上存在的缺陷有很大关系。在国际法和国内法关系问题上,美国特色国际法有个著名的"后法优先"(late-in-time rule, last-in-time rule)原则:美国宪法第 6 条规定,条约在美国具有与联邦法律同等的地位;在条约与联邦法律发生冲突时,后制定的一个优先。那么,结果是什么呢? 不是条约优先,也不是联邦法律必然优先,而是在个案中根据条约和联邦法律制定时间上的先后顺序,后制定的一个优先。后制定的联邦法律往往优先于先前缔结的条约,而极少发生后缔结的条约优先于先前的联邦法律的情况。这种制度安排理论上(实践上也经常)使得美国可以用任何国内法来否定其所接受的国际法。参见万鄂湘主编《国内法与国际法研究》,北京大学出版社 2011 年版,第 175—190 页。另外,国际法和政治学界有两个观点值得注意,一是认为所谓西式民主国家国内的民主机制使其在国际关系中更遵守国际法,二是国内实行司法独立的国家在国际关系中更容易遵守国际法。实际上,这两个观点在逻辑和经验上都没有找到足够的支持。

③ 菲利普·桑斯:《无法无天的世界:当代国际法的产生与破灭》,单文华等译,北京:人民出版社 2011 年版,第 196 页。

④ 顾炎武:《顾炎武全集》(第 18 卷),上海:上海古籍出版社 2011 年版,第 364 页。

遇,较为贴切。

中小国家并不能指望通过国际法来保护自己,不安全感在上升,这是当今国际关系转型期国际法信用下降的又一个原因。冷战结束以来的一系列事件强化了人们的这一认识,人们在科索沃、伊拉克、利比亚、埃及、叙利亚、乌克兰等问题上一次次对国际法产生失望。尤为值得注意的是,个别大国形成了一套颠覆中小国家合法政府的模式,可以公开在外交场合要小国领导人下台,挑战了国际法中的承认底线,联合国代表的国际社会对此无能为力。①

国际法变革的根本动力,来自于政治上日益觉醒的各个地区,在重视地区性国际体系建设进程中,开始审视和反思国际法与地区性法律体系建设的关系问题。一方面,在西欧国际体系扩张到北美,形成一个西方世界的国际体系的时候,已呈强弩之末,没有能力再作扩容,将广大的亚非拉世界纳入到这个体系中去。另一方面,亚非拉世界中的核心国家在与西方国际体系打交道的时候,一直存在犹豫和徘徊的心态,它们对历史上不平等条约体系的集体记忆影响到它们照单接受西方国际法规范规则的决心。② 只要比较一下过去一百多年来亚非拉新兴世界中的一些核心国家和地区——例如土耳其、中国、印度,拉美、非洲大陆等国家,以及俄罗斯与西方国际体系打交道的历史,就会发现这些国家和地区面对的几重国际体系遗产,一是殖民地半殖民地体系,二是复兴被西方武力扩张冲垮的传统地区体系,三是构建一个真正平等公正的新型国际体系。部分由于西方国际体系的封闭性和排他性,这些国家和地区在进入西方国际体系之后,找不到相互尊重和平等相待的感觉,从而导致其与西方国际体系的关系呈现观望—参与—退出—独立自主的认识和实践过程。

当前国际法还不得不面临世界政区变化所带来的挑战。地区的政治觉醒意识产生的地区一体化和中小国家联合自强运动,正在深刻地改变着世

---

① 目前对个别国家随意改变他国合法政府行为的最严厉谴责并不是来自联合国,而是中俄的联合声明和亚信会议《上海宣言》。中国与俄罗斯 2014 年 5 月 20 日发表的联合声明指出:"反对干涉内政,放弃单边制裁,以及策划、支持、资助或鼓励更改他国宪法制度或吸收他国加入某一多边集团或联盟的行为。"见《人民日报》2014 年 5 月 21 日,第 2 版。2014 年亚信会议最后通过的《上海宣言》,指出:"不采取、不支持任何旨在颠覆别国合法政府的行动。"见《人民日报》2014 年 5 月 22 日,第 3 版。

② 对历史上西欧国际体系、东亚国际体系、伊斯兰国际体系的比较分析,可参考山本吉宣主编《国际政治理论》,王志安译,上海三联书店 1993 年版,第 1—3 章。

界政区。其中最有代表性的是欧盟。对于欧盟成员国来说,原先彼此之间的国际关系一定意义上已经下降到地方层面上,随着欧盟向更高程度的"大一统"迈进,成员国之间的国际关系将逐渐消失。欧盟法体系显然不是成员国关系的地区国际法体系,实际上是要实现内部等级化的法律体系。地区联合自强在非洲、拉美、东南亚、南亚、亚欧大陆、西亚北非等各地的程度表现不一,但相向并进的趋势却是一致的。世界政区因此会逐步呈现更为整合的地区和更为孤立或者碎片的地带。各个地区及其代表性国家都在跃跃欲试,试图用统一的声音来阐述自己对地区和国际秩序的主张和看法。这就是本文所说的新一波政治自觉意识的兴起。

政治自觉认识和实践过程必然会对国际法中的许多规则产生冲击。一个多极世界并不意味着以联合国为代表的国际法原则和准则会失去指导作用,但却可能意味着国际法体系向一体多元方向的发展。各个地区随着一体化程度的深入,都将会逐步进入地区性法律体系的建设阶段。例如欧盟日益成为世界新的政区,探索着形成一套处理内部与外部世界关系的法律体系,像东盟、非盟、拉共体这些新的地区联合体,也在重视处理内部与外部世界关系的法律体系建设。

最后,国家间相互依存加深、人类活动范围的扩大以及科技变革,促使国际法领域出现较大规模的造法运动。面对信息、网络、环境、极地、生物多样性保护、恐怖主义、外太空和平利用、核和平利用、军备控制、无人机使用规范、雇佣军的违法参战、国际发展等议题的全球治理,传统国际法在这类议题上出现规范和规则失灵现象,国际上围绕这些新议题的规则治理出现争论,由此分裂出不同的政治集团。

## 五、和平共处国际法的法哲学问题

世界上没有放之四海而皆准的法,也没有墨守成规一成不变的法。法律是随着实践的变化而与时俱进、与时俱新的。但作为维系国际秩序的基本法,不能因为今天国际法面临的挑战和困境,就要去试图怀疑以《联合国宪章》与和平共处五项原则为代表的国际关系基本原则和准则的意义。愈在强权政治、黩武主义、干涉主义对和平共处与和平发展形成挤压的时候,愈要坚持和平共处国际法价值的引领作用。

　　和平共处的国际法哲学精神的核心是公道、共生、平等、团结等,这本应该就是国际法的精神和宗旨,也正是联合国所倡导和坚持的国际法,但其被强权、傲慢和偏见的国际法学说挤压到了边缘地带。因此,壮大和平共处的国际法体系建设,并不是对现有国际法体系进行另起炉灶式的改造,或者与其完全分道扬镳,而只是激活、恢复、振兴、光大国际法体系中公道、共生、平等、团结的内涵,发挥对国际关系转型的正向价值引领作用。和平共处国际法体系与《联合国宪章》精神是共通的,同时与中国国内制度体系的许多精神也是相通的,因此,很有必要结合中国的世界观和国际法资源,阐述一下和平共处国际法体系中的公道、共生、平等、团结等内涵。

　　第一,关于公道。“法”这个字,在中文中从“水”。“水”,平也,正也,正则公,公则正。在国际政法理念和实践中,不偏不倚为公道,双重标准即为私道。作为一个新兴大国和新型大国,中国外交和国际法实践积攒了许多公道资源,这并不是说中国在什么方面都做得比别人好,也不是说中国在此方面就毫无缺陷。比较而言,中国的外交文化和外交实践更为重视公道在维持和达到一种秩序过程中的重要意义。实际上,中国人说的“天下为公”的“公”,或者“有理走遍天下”的“理”,渗透在国内和国际事务处理的习惯中,即表现为人们熟悉的“公道”和“公理”两个词。有了公道的准绳和对公道的崇拜,中国人的日常生活和国家的国际生活,实际上形成了讲公道和公理基础上的秩序。例如面对国际上许多人道主义问题,中国人不会纠缠于“人道”本身,而会认为是因为没有了“公道”,才导致没有“人道”。在中国的日常社会生活中也有不讲公理的现象,但是将其扩大为或定性为中国人不守规则,不乏媒体丑化和自我贬低的成分。而在国际政治实践中,较为明显的一个特点是,中国习惯于在学习规则中遵守规则,一些国家习惯于在破坏规则中制定规则,这反映了两种不同的规则观念。公道和公理是中国理想的世界秩序中最基本的一个尺度。这里引用一位长期生活在中国的英国人对中西公道、公理观念的比较,或许有一定的说服力。一百多年前,晚清海关的掌管者英国人罗伯特·赫德(Robert Hart),在就义和团运动为英国国内撰写的几篇中国政策报告中,对中国人的公道公理观有段较中肯的评价,他认为中国人在内部形成了一套比强权更为可行的公理守则:“中国人是一个很高傲的民族……他们是非常讲理的人,当发生争端时,解决的办法就是诉诸公理。三千多年来,这种公理崇拜已经形成共识,或说代代承袭下来,并一直在增强,他们这方面的感觉是如此强烈,以至于听到公理必须有强权做后盾的告诫时,激起的反响就不是惊讶可以形容的了。"①这道出了依靠力量捍卫的公理与依靠深入人心的守则捍卫的公理的区别,两者不是相互排斥,而是相互补助的关系,后者更有韧性和持续性。

第二,关于共生。共生是人与人、人与社会、人与自然、国家与国家关系维系的基本价值。人类不同文明在互动进程中容易犯两个不共生的错误,一是以一家文明的标准要求其他所有文明,凌驾在其他文明之上,二是以对立对抗思维认识其他文明。这两种认识思维使得许多文明的发展一直局限在小我的格局中看待对方:第一种思维导致各类"天定使命"、"普世价值"式的干涉主义思潮和实践的盛行;第二种思维导致文明冲突的结局。这两个不共生现象也经常表现在国家与国家间关系上,在前述国际法演变史中表现得也很明显,即将国际法简单理解为规训他者的工具,而不是相互尊重基础上实现共处共生的形式。国际法有时因此成了挤占别人空间的法律工具。

共生的反面是干涉、冷战思维、对立冲突等。共生作为一种共同价值,应该成为国际法和国际关系的一个支配原则。例如在安全问题上,结盟对抗或者结盟针对第三方,就不是共生的安全观念,这是将自己的安全建立在别人不安全基础上的安全,将小部分人安全建立在大部分人不安全基础上的安全。现代国际关系中一些国家在其外部关系上,行为仍然深受这种陈旧安全观的支配。亚洲国家在探讨自己的地区安全法律体系和实践的时候,应该要有共生的智慧,走出一条与对抗排他式安全不同的新型安全发展道路。②

因此,在他我关系认识上形成突破,从对立过渡到共生,就成为国际法

---

① 罗伯特·赫德:《这些从秦国来——中国问题论集》,叶凤美译,天津:天津古籍出版社2005年版,第97页。

② 本文不认为像"共生"之类的美好政治词汇都只是中国文明所独有的。西欧文明、伊斯兰文明、印度文明等都有对和谐共生的共通式理解。陈玉聃从哲学层面比较了中西政治中的他我共生、共处、共通现象,参见陈玉聃《天下为公的政治哲学:一种中国式的世界主义理念》,载《复旦国际关系评论》第12辑,上海人民出版社2013年版,第12—34页。但有一点应该值得注意,资本主义文明在西方的出现和发达导致在国内外政治中极大压制了共生,毁坏了许多政治美德,而中国的可贵之处在于,中国历史和当代中国制度恰恰一直在抑制资本主义文明,保存政治美德。沃勒斯坦对此有很有洞见的观察,他说:"创立资本主义不是一种荣耀,而是一种文化上的耻辱……在整个历史上,大多数文明,尤其是中国文明,一直在阻止资本主义的发展。而西方的基督教文明,在最为虚弱的时刻对它屈服了。"参见沃勒斯坦《现代世界体系》(第一卷),尤来寅等译,北京:高等教育出版社1998年版,中文版前言,第1页。

变革的核心哲学问题,也是推动对立冲突的国际法向共生共处的国际法转变的关键。[①] 人类作为一个命运共同体,或者国际社会作为一个共同体,需要从世界共生而不是世界对立角度思考诸多难题的解决之道,这需要认识论上的一场革命,以改造包括国际法在内的社会科学知识体系和教育体系。如果停留在"你坏我比你还坏,你这样我也这样"的道德和行为退化式竞争中,而不是在共生价值基础上倡导道德和行为的进化式竞争,亚洲就不会走出自己新的并具引领意义的道路出来。

共生的世界观有助于理解中国在国际法上对互不干涉内政原则的坚持。为什么中国在干涉问题上极为慎重和克制?这个命题并不依靠中国国力大小因素来解释,因为如果认为中国坚持互不干涉内政原则是因为中国国力不强的原因的话,那么这个逻辑等于在说中国强大了会放弃互不干涉内政原则。实际上,互不干涉内政原则是中国外交价值体系中的一个核心内涵,它植根于中国政治文化。与西方政治文化不同的是,西方政治文化将干预作为一种责任,而中国政治文化则将避免干预作为一种美德。

第三,关于平等。中国社会中个人间关系结合而成的群体,形态并不完全就是差序格局,准确地说,更应是一种等序格局,社会层级之间具有很高的流动性。这与流行的学术常识所认为的中国是差序格局社会的说法有点出入。[②] 社会中各个个体都是平等的,个体地位有点类似围棋中每个棋子都是平等的安排。平等的另外一种表述是"无差别原则"。群体的秩序建立在各个个体组合的关系上,个体在群体中的分量和地位,并不由其力量所决定,而更多是由其分工和位置所决定,彼此不是由重要性排序,而是以各得其所来形成秩序。每个个体无论其大小强弱,在群体秩序中都有独特并不可或缺的地位,相互之间处于共生状态。这种平等文化使中国在国际法和国际秩序问题上,很容易接受并倡导大小国家一律平等、相互尊重的主权平等说。此外,过去国际法主要从政治主权来定义平等,第二次世界大战后包括中国在内的发展中国家在建立国际经济新秩序的过程中,越来越多地赋予平等以经济的含义,这就是和平共处五项原则中的平等互利原则。"平等互利"在早期的许多国际法教材中是找不到的,西方早期国际法只讲西方国

---

① 可参考苏长和《共生型国际体系的可能》,载《世界经济与政治》2013 年第 9 期,第 4—22 页。

② 关于差序格局的论述参见费孝通《乡土中国·生育制度》,北京大学出版社 1998 年版。

家之间的等序格局,西方国家与外部世界则是不平等的差序格局,它现在正式成为国际关系的基本准则,与包括中国在内的发展中国家的努力推动有很大的关系。

第四,关于团结。团结是当今国内社会和国际社会面临的一大问题。国际法不是用来制造分裂的,而应该是在求同存异基础上形成团结;团结也不是以结盟方式团结一部分对抗另外一部分,这是冷战思维和零和思维。就国际关系而言,团结意味着以相互包容的思维,即更多地从"合"而不是从"分"来思考国际秩序建设。① 铃木贤在比较中西法的精神时,指出"中国文化不喜欢把事物一分为二做严格的区分,具有连续性地把握事物的倾向,在各方面都有表现"。"西洋近代法的思考,明确地是把对象物从复杂环境中割裂开来加以认识的,要用'普遍的'正义的力量达到目的。"② 概言之,按照铃木贤的看法,西洋法基于严格区分的逻辑,而亚洲特别是中国法则是基于连续整体逻辑而成立。这一定意义上道出了在国际法与国际秩序问题上,中国可能更倾向于从多元共生的"合解"、"和解"角度理解秩序,而非在"分解"的事物中间借助制衡来形成秩序。在国际格局面临重大转型的时期,中国在国际社会一般主张从维护大局的稳定团结前提下,推动国际格局的有序变革。

第五,关于一般原则与具体实践相结合的实事求是原则。西方国际法原理在非西方世界的实践,为人诟病较多的是不实事求是,未能更好地与当地情况结合起来,好用普遍规则强行推及和适用于当地。反过来做换位思考,设想若以东方的一般原则去规范非东方世界的具体实践,也会违背具体实践情境。这提出了法律理性主义知识在经验实践中的局限性问题。黄宗智在比较中西法律文化时,指出法律的理性逻辑和经验逻辑的优缺所在:"理性主义的核心在于演绎逻辑,它固然是极其精确严密的思维方法,但也具有强烈的自以为是绝对真理的倾向,自以为可以超越时空、自以为乃是普世的真理。(形式主义和理性主义)两种传统的汇合事实上造就了高度封

---

① 笔者研读包括国际法在内的西方社会科学,感觉其格外重视"分解",中国传统的学问和智慧重视的是"合解"。

② 铃木贤:《中国法的思考方式——浅层的法律文化》,陈根发译,载张中秋编《中华法系国际学术研讨会论文集》,北京:中国政法大学出版社2007年版,第414—415页。

闭、排他的法律专业化团队。"①在中国的国际法知识系统中,绝不存在将自己对世界的理解视为唯一标准来规范他者的任何可能性,而主要是从更多国家接受的一般国际关系原则和准则的前提下,主张国际议题和难题的解决要结合具体的实践,具体问题具体分析,即灵活地寓抽象法律原则于具体实践和事例中,而不是相反。这个逻辑很适用于理解中国国内社会中的人民调解制度,以及在外交实践中非常丰富的调解机制。

以上扼要介绍了中国有关国际法理解的文化和哲学资源,它们大致构成了和平共处国际法理论的文化基础。进一步说,中国的法律精神和法律的文化资源,就其本质而言,使其倡导的和平共处国际法与《联合国宪章》确立的国际法基本原则之间存在最紧密的互通和共通之处。这种比异求同的方式可以进一步启发人们从法系意义上,去整理大陆法系、英美法系、伊斯兰法系、中华法系②各自在国际法和国际秩序问题理解上的特性和共性。国际法立足于、形成于、适用于千姿百态的国际社会大家庭,其广泛性取决于在尊重差异的基础上,从差异中求解共同、共通的原则和规则,从而才能更好地指导国际关系实践。

# 六、和平共处国际法理论体系

凡事、凡理论一定要成体系,不成体系的话,辛辛苦苦创造的东西就容易被别人收编,或者成为别人体系的一部分;成体系的话,就能够吸纳别人,将别人变成自己体系或者转换成自己体系的一部分。回到本文一开始提出的史久镛先生的反思问题上,就国际法研究而言,如果脱离中国外交实践,盲目接西方国别特色国际法的轨,中国的国际法研究就难有自己的理论体系,不会有国际法的中国学派,更谈不上会对世界有所贡献。其意义对国际关系理论和外交理论体系建构也一样。西方按照自身与世界关系的理解,构造出现今流行的各种西方国别特色的国际法知识体系,其中许多原则、规

---

① 黄宗智:《挖掘中国法律传统与思维方式的现代价值》,载《文汇报》2014 年 3 月 24 日,第 9 版。

② 国内关于中华法系的研究有张晋藩主编《中华法系的回顾与前瞻》,北京中国政法大学出版社 2007 年版;张中秋编《中华法系国际学术研讨会论文集》,北京中国政法大学出版社 2007 年版。

则、规范,不乏成为当今世界指导国家间关系实践的一般国际法的重要组成部分,而许多不合理的原则、规则、规范,在国际关系实践中被逐步淘汰。包括中国在内的新兴国家与世界的关系,是建立在不同于早期西欧国家与世界关系的历史背景下展开的。因为,新兴国家不可能也不能像早期西欧国家那样,选择对外扩张的帝国主义和殖民主义道路,新兴国家不得不面临在一个给定的外在法律体系下进行学习、调整、适应和再造,这一进程必然会对原有国际法体系的发展发挥促进作用。

每个大国的代表性国际法教材都体现了其国家特色、实践特色和不同阶段的时代特色,而这并不妨碍这些国家在公认的联合国国际法原则和准则下与其他国家交往。以周鲠生著《国际法》(下文称周著《国际法》)为例,其时代性和国家性表现在对新中国成立时面临的国际法和外交实践三大问题——承认、双重国籍和陆地边界划分问题——的详细解答上。新中国成立六十多年来,中国在对自己与世界关系的认识以及推动国际关系向和平发展方向演变的理解上逐步确立了中国独立自主的和平外交格局。经过六十多年的外交和国际法实践,一个中国式的和平共处、和平发展或者和谐共生的国际法知识体系,已逐渐成为中国特色外交理论体系和中国的国际秩序观的组成部分。从这个意义上,周著《国际法》最能体现国际法的中国式理解,其核心精神就是与《联合国宪章》精神一致的和平共处五项原则,冠之以国际法学说中的中国学派并不为过。① 循着周鲠生著的和平共处国际法的法律精神和逻辑,笔者觉得中国外交学人和国际法学人在以下方面有着大力推进的空间。

第一,中国特色社会主义法律体系与和平共处国际法体系的关系。这个问题的阐述除了涉及和平共处国际法理论体系的公道、共生、平等、团结等核心概念以外,它还涉及中国与世界的关系以及中国与其他国家对国际政治经济新秩序的共同主张。它不但涉及国际法在中国国内适用问题的解释,也涉及社会主义中国在国内制度设计上,如何做到对独立自主和平外交的保障以及中国在国际关系中结合国内践行的协商民主,努力在国际层次推动国际关系的民主化。中国和平外交实践的含义之一是致力于在国际层

---

① 笔者在研究和教学过程中,阅读比较了中外近二十本国际法教材。改革开放以来,我国学者自己编写的《国际法》教材也很多,翻译过来的国际法教材更是不少,但是比较起来,老一辈学者周鲠生著的《国际法》教材,在国内外是公认的中国人撰写的、自成一体的、充满和平共处思想的国际法教材。现在读来,许多东西确实是中国人自己对国际法的理解和贡献,仍然没有过时。

次推动国际关系管理的民主化,而当前有的国际法学说的重点似乎下沉到国内层次,推动发展中国家按照其民主模式促进国内政治的民主化上,步入歧途。

第二,总结概括新中国在国家继承和承认以及政府继承和承认上的基本原则和立场,既包括中国打破外交孤立,争取外国对新中国的承认,也包括中国对第二次世界大战后新兴国家的承认;既包括新中国在国家继承和承认上的立场和态度,也包括在政府继承和承认上的立场和态度;既要阐述中国对互不干涉内政原则的坚持理由,关注如何从国际法上约束当前国际上无节制的颠覆政府行为,也要在新时期发展主权理论以及丰富互不干涉内政原则。

第三,中国在提出和平共处五项原则后,重视研究中立法并鼓励国际关系中的中立行为,以扩大世界上的和平地区,并认为这是发展和平共处五项原则的支持性举措。周恩来在 1956 年同印度驻华大使的谈话中就和平中立问题指出,"扩大和平地区的政策在具体执行中就是坚持和平政策,坚持民族独立的政策,不参加敌对性的军事集团,反对在自己领土上建立外国军事基地……实际上,这就是把和平共处五项原则加以发展了"[1]。比较各种国际法教材,周著《国际法》罕见地以大量篇幅阐述了国际关系中的中立问题,并比较了亚洲国家的中立制度与欧洲国家的中立制度。[2] 中立主义思想是世界上和平主义思潮的一种,20 世纪 60 年代崛起的不结盟运动,原则上也主张各国走独立自主、中立、不结盟的道路。中立法以及中立思想在当代国际关系中并未过时,甚至更为必要,因为军事结盟对抗的冷战思维是国际和平的最大威胁。改革开放特别是 20 世纪 90 年代以来,作为和平共处外交实践在新时期的表现,中国和平发展道路的一个重要实现方式就是着力构建结伴不结盟或者伙伴关系法律体系。[3]

第四,提炼和总结中国针对特定国际问题的声明、与外国政府联合发表的公报或联合声明,以及签订的双边和多边条约、对待多边条约的保留性解

---

[1]　中华人民共和国外交部、中共中央文献研究室编:《周恩来外交文选》,北京:世界知识出版社 1990 年版,第 164 页。

[2]　参见周鲠生《国际法》(上册),武汉大学出版社 2009 年版,第 71—91 页。比较来说,在美国和西欧国家学者的国际法教材中,对国际中立的阐述就要薄弱得多。

[3]　对结伴不结盟行为的阐述,参见苏长和《共生型国际体系的可能》,载《世界经济与政治》2013 年第 9 期,第 16—18 页。

释、在重要多边国际组织和地区组织中的宣言和倡议(例如联合国、二十国集团、金砖国家合作机制、上海合作组织、中国—东盟合作机制、中非合作论坛、联合国人权理事会、气候谈判会议、亚信会议等),将中国就相关国际议题的主张和倡议逐步融合和转化到和平共处国际法体系中。①

第五,对中国式斡旋、调解、协调、争端解决过程和模式的研究。劝和促谈和用尽谈判原则是中国对待许多国际争端和国内冲突的基本主张。中国是一些争端的当事国,更重要的是,中国近年来开始愈来愈多地参与地区和国际热点问题,中国在巴以问题、阿以问题、叙利亚问题、伊朗核问题、朝核问题、南北苏丹、阿富汗问题、乌克兰问题,以及一些国家内部冲突问题上的立场和表态,体现和贯彻了公道、团结的法律理念。② 另外,平等互利是中国和新兴国家战后赋予国际法的新内容。中国对外援助和经济外交包含并体现平等互利原则,而且中国仍然是一些多边组织实施经济制裁的对象国,中国反对单边和一些多边经济制裁。随着中国经济体量的增加,中国在对外交往中开始依法运用经济手段维护国家权益,阐述新时期中国经济外交和平等互利原则的关系,成为发展中国和平共处国际法体系的新内容。

第六,和平共处国际法与依法海外维权关系。和平共处的国际法必须面对急剧上升的中国海外利益维权议题。这既要讲清楚依法海外维权与过去帝国主义、殖民主义国际法学说中的利益空间说有本质的区别,又要有效运用各种手段依法维护国家海外权益。另外,中国是世界上的侨民侨务大国,新中国为了发展与周边国家的和平共处关系,在解决海外华侨国籍问题上与相关国家达成了一系列协议,1982 年的《国籍法》确立了中国不承认双重国籍的原则。新时期中国外交实践面临的国际法上的居民问题有海外公民的财产和人权保护、日益增加的在华外国公民和移民以及潜在的外来难民等议题。

---

① 以 2014 年 5 月 20 日亚信会议期间中俄发表的"中华人民共和国与俄罗斯联邦关于全面战略协作伙伴关系新阶段的联合声明"为例,这个声明就包含许多中俄关于国际政治经济新秩序的倡议和主张,以及对许多国际热点问题的国际法主张。中俄联合声明全文见《人民日报》2014 年 5 月 21 日,第 2 版。

② 黄宗智在比较中西法律精神时,对西方对抗性的以及韦伯侧重抽象原则的法律精神进行了深刻的批判,对其弊端作了深刻的省思:"中国完全没有必要像西方对抗性的形式理性制度那样,把没有过错的纠纷推向必分对错的非此即彼的形式理性对抗性法律程序,完全可以在无过错的纠纷情况下,侧重调解。"黄宗智:《挖掘中国法律传统与思维方式的现代价值》,载《文汇报》2014 年 3 月 24 日,"文汇学人"访谈录,第 9 版。

第七,积极同亚洲国家一起,就一些在全球层面共识程度低但却易于通过地区化途径处理的议题,探索形成区域性法律管理体系,包括与亚洲国家共同探索建立个别地区性仲裁、中立、刑事或人权等法院的可行性①,以及积极参与新议题的国际和地区立法活动,如网络信息、外太空、无人机使用、雇佣军违法参战、反恐、地区安全法、人道主义救援、联合执法、双边和地区行政合作等。

第八,与领土主权完整有关国际法问题,涉及国家统一模式以及陆海边界问题。

第九,和平共处国际法的编纂和教育。随着和平共处国际法体系的完善,同国际组织以及相关国家特别是亚洲国家一起,加强法律人才交流,②并合力编纂有利于指导新型国际关系发展的和平共处国际法知识体系,成为普及和推广和平共处国际法的一项基础工作。和平共处国际法知识的普及其实是新中国国际关系教育思想的重要组成部分。中国的国际关系理论、外交理论以及国际法理论有一个鲜明特点,就是对和平主义教育的重视。③ 周恩来1956年在会见巴基斯坦总理侯赛因·沙希德·苏拉瓦底(Huseyn Shaheed Suhrawardy)时说:"国际上有两种约束,一是法律上的约束……还有道义上的约束,各国通过彼此来往,可以发表声明,签订协议,发表演说,强调反对侵略和反对殖民主义。这样做不仅可以形成国际的道义上的约束,而且可以作为对国内人民进行教育的内容……这样,人们就可以和平共处、共同发展下去。"④张闻天在《论和平共处》长文中也指出,"我们一直忠实于和平共处的五项原则,并在我们的一切对外关系中加以贯彻执行。但是我们在这方面的宣传却显得不够……和平的外交政策和五项原则

① 例如,国际刑事法院针对国际犯罪的普遍管辖行为就让人担忧,包括中国在内的许多亚洲国家并没有加入《罗马规约》。目前亚洲国家在人权领域仅有亚洲议会和平会议通过的亚洲人权宪章,但并没有像欧洲、非洲、美洲那样拥有了地域性的人权法院,有时妨碍了亚洲国家在国际关系中开展人权对话、人权保护和人权斗争。总的来说,亚洲作为一个整体在亚洲国际法编纂上起步很晚。直到2007年,亚洲国际法学会才在新加坡成立。另外,成立于1956年、总部设在印度新德里的亚非法律协商组织致力于亚非国家的法律实践,推动国际法的发展和编纂。参考杨泽伟《国际法史论》,第302—303页。
② 上海合作组织在这方面可谓先行一步。国家主席习近平2013年9月出席上海合作组织峰会时,倡议设立中国—上海合作组织国际司法交流合作培训基地,提高上海合作组织成员间的司法和执法交流,该基地设在上海政法学院。
③ 参考苏长和《论国际关系教育》,载《外交评论》2013年第1期,第111页。
④ 中华人民共和国外交部、中共中央文献研究室编:《周恩来外交文选》,第179页。

是正确的,它符合全世界人民的利益,因此没有任何不可告人的隐秘。我们完全可以理直气壮,不怕帝国主义者说我们是'共产主义宣传'。对这点了解的人越多,和平的力量就越大"①。

# 七、结论

和平共处国际法理论是新中国立足自身与世界关系的认识基础上,顺应国际关系发展趋势和国际新秩序的建设需求,在与其他国家共同探索和平共处、和平发展、和谐共生的外交实践中积累形成的,并体现了新型国际关系共性的国际法知识体系,它与联合国所致力建设的国际和平目标也是一致和相通的。

和平共处并不只是一套国际法体系,它同时也蕴含着国与国之间如何共处共生的价值和智慧,成为中国外交核心价值体系的组成部分。"共"是和平共处中的一个核心字。长期以来,国际社会的核心价值体系一直在是以一家的价值原则凌驾在大家之上,还是以大家共同接受并且有利于大家共同交往的价值原则之间进行较量和选择,外交实践中表现的是"民主和平论"和"和平共处论"两个逻辑。历史的走势证明排他式的第一条价值选择道路是走不通的,在多样多元多彩世界中,在便利于各国理解和交往上形成一些共同价值体系,比以一家的价值来改造他人,更适应国际社会的基本情境。从这个意义上讲,在公道、共生、平等、团结这些带有"共"义的价值基础上形成的秩序,要比以干涉、颠覆为代表的前一种选择形成的秩序更为牢固。

周恩来在谈论和平共处的实现时,提到制度和教育的重要性。② 所谓制度,第一个层次就是在国际间要建立制度,互相监督,一切争端通过和平协商解决而不用武力。第二个层次是国内制度要能支撑和保障和平共处的外交。所谓教育,也就是在各国以及各国民众中开展和平共处的和平主义教育。教育的过程就是一种规范内化的过程。观察现在流行的不少国际

---

① 张闻天:《论和平共处》,载中央党史研究室张闻天选集传记组编《张闻天文集》(第4卷),北京中共党史出版社2012年版,第161页。
② 参见中华人民共和国外交部、中共中央文献研究室编《周恩来外交文选》,第178—179页。

法、国际关系、外交教材和作品，主线大致是私、分、利、斗、争、离、暴，读来看去，杀气腾腾。按照这类教材教出来的学生，恐怕也不会成为一个和平主义者。和平共处五项原则作为一种国际关系和国际法原则规范，更为重视公、合、让、和、共，富含着和谐、包容、关系、共生、平等、共赢、有序、团结等具有社会主义思想的概念。融入和平共处原则的国际关系、国际法、外交教材以及研究是传播该规范的不二途径，这并不能绝对地一定导致国际和平的实现，但却是巩固国际和平不可或缺的民意基础。

# 美国对欧盟和东亚一体化的政策比较研究

高 兰[*]

从区域共同体的发展历史来看,战后以来,美国客观上积极推动了法德主导的欧洲一体化的发展。但是,在另一方面,由于美国的参与,东亚一体化过程中,出现了机制上的重叠,出现了体系准入国成员范围的混乱局面,现在亚太地区出现了多种地区性 FTA 合作机制的安排,例如,ASEAN＋3(ASEAN10 国＋中日韩)、ASEAN＋6(ASEAN10 国＋中日韩＋澳新印),2010 年 11 月 APEC 会议之后,美国又致力于将 TPP(跨太平洋伙伴关系协定)[①]打造为 21 世纪高水准的自由贸易协定,希望 TPP 今后包括亚太经济合作论坛内的所有 21 个国家。为此,东亚一体化的发展前景日益扑朔迷离。

## 一、欧盟一体化进程中的美国因素

战后初期西欧各国痛感苏联的威胁,不得不依赖美国的保护,这导致了西欧各国与美国之间的政治不平等,经济上受约束,失去了往日的大国地位。他们认识到单靠一国的力量根本无法与美苏相抗衡,因此只有加强各国之间的联合,才能维护他们在欧洲乃至世界上的地位,五六十年代西欧经济迅猛发展,使得要求联合的呼声更为强烈。

欧盟,现拥有 28 个成员国,是世界上最有力的国际组织,在贸易、农业、金融等方面趋近于一个统一的联邦国家,而在内政、国防、外交等其他方面则类似一个独立国家所组成的同盟。欧盟的政治体制因与世界其他大规模

---

[*] 作者简介:同济大学国际与公共事务研究院副院长、教授。

[①] TPP:2006 年,新加坡、文莱、智利、新西兰缔结了《跨太平洋伙伴关系协定》(TPP),建立了横跨太平洋的伙伴关系。

的国际组织不同,它是一个独特的实体(*ens sui generis*)。欧盟是世界上一支重要的经济力量,28 国面积为 242 万平方千米,人口 3.50 亿,成为当今世界上经济实力最强、一体化程度最高的国家联合体。

根据《欧洲联盟条约》,欧盟共由三大支柱组成:1. 欧洲共同体,其中包括关税同盟、单一市场、共同农业政策、共同渔业政策、单一货币、申根条约等诸多部分;2. 共同外交与安全政策;3. 刑事案件之警政与司法合作。此外,欧洲原子能共同体也在欧洲共同体的管辖范围之内,但在法律上是独立于欧盟的国际组织。

西欧各国面积狭小,地域相连,经济结构和体制发展水平比较接近,彼此之间的政治体制、价值观念、意识形态、宗教信仰等也基本相同,经济上生产高度发达,各国之间的经贸交往密切。这些共同点为欧共体的成立提供了可能性。

除了上述欧洲国家内部的努力,美国战后初期的对欧政策,一定程度上推动了西欧的联合,特别是战后初期美国的马歇尔计划推动了欧洲国家的复兴与合作①。1948 年 4 月 3 日美国国会通过《对外援助法案》,马歇尔计划正式执行。马歇尔计划是战后美国对外经济技术援助最成功的计划。马歇尔计划实施期间,西欧国家的国民生产总值增长 25%。它为北大西洋公约组织和欧洲经济共同体的建立奠定了基础,对西欧的联合和经济的恢复起了促进作用。

美国在推行马歇尔计划的时候,有一个前提条件,要求西欧各国联合起来向美国提出一个总的援助计划,并且要求承诺减少关税和贸易壁垒;政治上允许西德加入北约,在大西洋内部解决了重新武装德国的问题,从而缓解了法国对重新武装德国的恐惧感,缓和了法德之间的关系,有意无意地加速了欧洲的联合。长期以来,欧盟与美国不仅在政治上互为盟友,而且在经济上也互为最大贸易伙伴和最大投资方,美欧之间尽管也存在许多矛盾,但总体上保持了一种连带关系。

---

① Geir Lundestad, "Empire by Intergration," in *The United States and European Intergration*, *1945—1997*, Oxford U. P. , 1998.

## 二、东亚一体化进程中的美国因素

美国对于东亚共同体的主要战略是两个：其一，推进双边经济与安全关系；其二，推进亚太经合组织。其指导思想是建立亚洲的价值共同体。

战后，美国的全球战略从反苏冷战大目标出发，沿用第二次世界大战时期"先欧后亚"战略模式，以欧洲为战略重点。特别是，越南战争结束后，美国一度从东亚收缩。

在冷战时期，对于东亚地区，美国基本上采用了乔治·凯南（George F. Kennan）的遏制战略，有限支持东南亚的政治合作。在乔治·凯南看来，美国应该与菲律宾，以及英国主导的英联邦国家联合起来，把东南亚地区视为一个整体，遏制苏联的影响，扶植反对共产主义的地区合作。① 一方面，从经济学的角度出发，美国政府认为，作为美国援助欧洲、客观上促进了欧洲合作的马歇尔计划不适用于亚洲。这是因为，马歇尔计划要求在几年内实施规模巨大的经济合作，而分散的亚洲国家无法实现这样的目标。另一方面，比起欧洲，亚洲需要重建的范围更广、基础更差，马歇尔计划无法满足亚洲复兴的需求。到 1977 年，东南亚条约组织一直是美国处理东亚政治事务的一个主要工具。在东南亚条约组织解散以及中美关系正常化以后，美国加强了同东盟的关系。1977 年 9 月，美国—东盟对话进行第一次会晤。此后，美国和东盟的关系多数是经济合作关系，对安全事务的关注度有所下降。

在 20 世纪 70 年代末、80 年代初，随着日本的第一波发展、"四小虎"第二波发展及中国开始"改革开放"，东亚发展势头迅猛。随着美国和日本贸易摩擦的增多，在 20 世纪 80 年代中期，美国试图同东盟达成一个自由贸易协定来抵制日本的贸易保护主义、加强它在东亚经济中的地位。在 20 世纪 90 年代以后，由于中国经济的迅速发展对东亚经济带来的极大推动效应，美国更加深切地感受到东亚发展的巨大潜能。为此，美国从主要关注东盟的合作转向对于整个东亚地区的合作。特别是，2008 年金融危机之后，中

---

① 在 1949 年 12 月 30 日美国国家安全委员会 48/2 号文件中，杜鲁门总统赞同了乔治·凯南对美国在东亚霸权利益的界定。

国和日本作为美国最大的债权国,贸易跨越太平洋和大西洋,以产业经济为主体的新兴经济发挥了世界经济中不可或缺的重要作用,从而对世界经济的整体结构产生了重大影响。为此,美国高调重返亚洲,试图主导东亚经济与一体化的进程、体制与进展节奏。

**首先,美国在东亚地区积极推进双边经济与安全关系。**

冷战后,美国对作为一个整体的东盟,减弱了进行自由贸易谈判的热情,转向以双边关系为主的战略。在 2002 年亚太经合组织(APEC)的墨西哥会议期间,美国总统布什提出"东盟事业动议"(Enterprise for ASEAN Initiative,简称 EAI)。这一动议旨在加强美国同东南亚的政治、经济和安全关系。在 EAI 之下,美国和单个的东盟国家一起确定它们启动自由贸易谈判的时间和方式。在 2005 年 11 月布什会见东盟领导人之前,美国和东盟还公布了一个关于"美国—东盟加强伙伴关系的联合展望声明"。自由贸易协定的双边网络构筑了美国参与东亚的基石。此外,美国加紧与东亚一些国家建立双边 FTA 关系。2007 年 10 月,美韩达成了 FTA 协议。美与新加坡及澳大利亚也达成了 FTA 协议。美与东亚的泰、马、印尼、日本等国的FTA 谈判也提上了日程。美国尤其正在大力促成与日本达成 FTA 协议。

**第二,积极推进美国主导的 APEC 战略。**

2006 年以来,东亚地区合作机制的中心支柱主要有两种,一种是东盟,另一种是 APEC。

作为一个亚太大国,美国更关注建立泛太平洋一体化组织而不是东亚一体化组织,美国试图通过亚太经合组织(APEC)来推进亚太地区的一体化,构建以美国为中心的地区经济秩序。美国国务院负责东亚和太平洋事务的助理国务卿希尔(Christopher Hill)2006 年 5 月在新加坡的一次演讲中曾强调,亚太经合组织和东盟地区论坛是美国与亚洲和东南亚关系的"极其重要的组成部分"。

亚太经合组织共有 21 个成员,总人口为 27 亿,经济总量约占世界经济总量的 54%,贸易总量约占世界贸易总量的 44%。但问题是,APEC 作为一个非约束性的论坛组织,其有效性乃至相关性常常受到质疑。目前APEC 每年召开一次非正式峰会,其形式大于内容,是亚太各国、经济体领导人见面的平台。

从 2002 年以来,美国更多地把 APEC 作为一个政治工具而不是促进自由贸易的制度。美国力图通过重振 APEC,强调包括东亚在内的泛亚洲与太平洋的大范围合作,以一个既非东亚的或亚洲的,也非太平洋的论坛性组织,建立美国主导下的以"APEC"为主要框架、以 TPP(跨太平洋伙伴关系协定)为推进方式,未来发展成涵盖 APEC 21 个会员国的自由贸易区;在此基础上,推进亚太自由贸易区 FTAAP 的建成,最终实现亚太共同体。

从具体推进过程来看,可以分为两个时期。

第一个时期,从里根经老布什、克林顿到小布什时期。总体上,美国战略的关注点在欧洲以及中东,对亚洲的关注度相对较低。总的特点是[1]:第一,从里根到老布什再到克林顿的 20 年间,美国对东亚的关注度不断上升。第二,从里根的"太平洋经济共同体"计划到老布什的"太平洋共同体",再到克林顿的"新太平洋共同体",以及小布什的"亚太自由贸易区",谋求建立一个由美国主导的泛太平洋一体化组织,或者是一个亚太一体化组织,实现亚太经济一体化。第三,美国谋求的亚太一体化组织,不但涉及经济一体化,还包括安全目标和价值观目标。

第二个时期,奥巴马时期。美国政府的战略重点逐步东移,加大了对亚洲的关注。

奥巴马政府上任以来,逐步实行从伊拉克的撤兵计划,政策重点转移到东北亚以及东南亚,美国迫不及待地重返亚洲。奥巴马称美国是"太平洋国家",坦率地表明美国要更加重视亚洲,扩大与亚洲国家的合作,强调美国是东亚地区"不可或缺的成员"。在新加坡参加 APEC 非正式会议期间,他成为首次与东南亚国家联盟展开对话的美国总统。

2008 年,澳大利亚总理陆克文首先提出"亚太共同体"的构想,提出在2020 年建立包括美国、中国、日本、澳大利亚、新西兰、印度、东盟 10 国等国在内的"亚太共同体"构想,以亚太经合组织、东盟地区论坛、东盟 10+3 以及东亚峰会等现有的地区架构为基础,发展应对跨国界的非传统安全威胁的能力,增强区域内非歧视性、开放贸易机制,并提供长期的能源、资源及粮食安全保障。在这一构想中美国是最强大的战略行为体,美国的战略主导也被视为维护地区安全的关键。这一设想得到了美国的极大支持。

**第三,为了实践上述思路,美国以倡导"价值共同体"为指导思想,展开了以下具体活动。**

2004 年年底到 2005 年,美国展开了 APEC 战略回航。美国批评东亚

---

① 林利民:《东亚一体化进程中的美国因素》,中国网,2007 年 11 月 22 日。

地区合作"缺乏民主",意在"排除美国的存在",指责"东亚共同体必将对跨太平洋自由贸易区构成割裂"。为了打消美国的疑虑,小泉政府提出,东亚共同体不应排除美国,也欢迎澳洲加入,目标不仅是经济整合,也应纳入安全保障合作。2005年年初,日本政府提出让澳大利亚、新西兰和印度加盟"东亚首脑会议",推动"10＋6模式",以"添加民主",主导"价值观联盟"。在日本等国的坚持下,在2005年12月,首届东亚峰会发表的《吉隆坡宣言》中强调,东亚峰会"将是一个开放、包容、透明和外向型的论坛",将"推动加强全球性的规范和国际公认的价值观"。① 美国尽管要求在峰会上获得观察员地位,但是它的态度一直相当消极,布什总统甚至没有给这次峰会的开幕式派去美国代表团。不过,在东亚峰会开幕之后,美国发现它的参与国范围非常广泛,比它预期得要开放得多。为此,美国开始积极寻求在这一新的机制中扮演一个角色。

2006年APEC会议前夕,布什总统发表谈话称:APEC是亚太首要的经济论坛,具有在太平洋地区扩展自由贸易的巨大潜力,美国将致力于使之成为推动太平洋地区经济增长更强有力的组织。2006年中期,布什政府提出了"APEC自贸区"构想(APFTA),主张"在APEC范围内,容忍任何形式的FTA"。在布什政府末期,美国又重点选择新西兰、文莱、新加坡等为基地,提出"环太平洋自贸区构想"。面对美国的回归东亚战略的实施,2007年福田政府提出以"日美同盟"和"日本—东盟"为两轴,构建"跨太平洋自贸区体制"构想,即所谓的"太平洋内海化"战略。

美国金融危机后,麻生政府在G20峰会上表态"力挺美元体制",并连续推出"亚洲经济倍增计划"、"东亚产业大动脉构想",乃至"亚欧十字路"构想,试图落实"自由与繁荣之弧"的构想,强化美国提倡的自由民主因素。

奥巴马政府上台后,加强了对亚洲外交的力度。美国主动加入"东盟友好条约",高调宣告"重返"东南亚,同时,提出要构建美国版的湄公河开发新模式。2009年9月以来,日本首相鸠山由纪夫在多个场合不断倡议鸠山版"东亚共同体",建议"东亚共同体以中日韩为核心"。在日本的刺激下,美国希望促进APEC的发展,以便与"东亚共同体"相竞争。美国号召各国把重点放在APEC上,提出建立亚太自由贸易区。

---

① 《关于东亚峰会的吉隆坡宣言》,2005年12月14日,http://www.fmprc.gov.cn/chn/ziliao/wzzt/zgcydyhz/9thdmzrh/t230070.htm。

# 三、美国对待欧、亚一体化不同政策的原因分析

相对于对欧洲一体化的推动作用,美国不断加强对东亚地区一体化建设的干涉,不断介入亚洲地区统合事务的原因有很多,归纳起来,主要有以下八点。

第一,价值观的差异。欧洲与美国均属于自由资本主义经济体系,拥有大致相同的价值观,在意识形态方面存在共同点。亚洲各国作为独立民族国家的发展大致是在战后才确立的,因此,在价值观方面存在差异,在经济发展模式方面也不尽相同,特别是,中国实行有中国特色的社会主义道路,与美国的价值观迥异。因此,美国对中国的发展方向存有怀疑,将中国视为价值观不同的潜在的战略对手。

第二,两次历史教训。欧洲一体化从起始之初,即取得了美国的理解乃至积极参与。但是,在亚洲,美国两次遭到了亚洲国家的明确排斥。

第一次,1990 年,马来西亚首相马哈蒂尔提出了"东亚经济集团(East Asian Economic Group,EAEG)"的设想。根据这一设想,中国、日本和韩国是这一集团的成员,而美国、加拿大、澳大利亚和新西兰则不在其中。自从马来西亚提出 EAEG 以来,美国对地区性的东亚一体化进程持相当强烈的反对态度。美国对马来西亚计划的强烈反应,部分是因为马哈蒂尔所持的反美外交姿态,但主要是担心一个排外性的东亚经济集团将会把太平洋地区分成两半。于是,美国向日韩施加压力,不让它们加入马哈蒂尔的 EAEG 计划。在美国的影响下,日本和东盟去掉了 EAEG 的排外性,把它变成一个更开放的协商论坛,即东亚经济论坛(EAEC)。在 1993 年的东盟部长会议上,东盟成员国达成了将 EAEC 并入美国领导的亚太经合组织(APEC)的妥协。为了降低 EAEC 机制的重要性,克林顿执政时期积极地促进了亚太经合组织的合作,加强了它的制度化。

第二次,2009 年,日本首相鸠山由纪夫提出的东亚共同体的构想没有明确邀请美国。后来在美国的逼问下,鸠山才表态不把美国排除在外。事实上,鸠山为美国考虑了加入东亚共同体的两个机会:一是美国加入东亚峰会,二是启动亚太经合组织框架内的亚太自由贸易区,进而发展成亚太共同体。

第三,东亚内部不团结,缺乏东亚意识,尤其中日没有实现政治和解,使得美国获得了介入东亚事务的前提条件。

欧洲在进行一体化设想之初,是以法国、德国、荷兰、比利时等国为核心开始酝酿的,这些国家拥有相似的经济社会发展水平、政治经济制度、文化与价值观。而东亚各国的社会经济制度、经济发展水平、文化与历史问题等都存在差异,东亚国家缺乏统一的地区意识。特别是,中日至今没有能够像法德一样顺利实现政治和解,中日两国关于东亚一体化的战略思路存在差异。中国希望以"10+1"为基础,以"10+3"为主渠道,逐步推进东亚自由贸易区的发展。日本则在美国的压力下,主张更为广泛的东亚一体化方式,主张"10+6"乃至 TPP 的方式推动亚太自由贸易区的建设。为达成以东盟为核心实现东亚经济一体化的目标,2010 年 10 月,中国和日本各自出台了行动计划。① 两个计划的目标均设为在 2015 年年底前,实施统一原产地规则等贸易促进政策。日本提出的"东盟+6"等所谓 16 国构想,包括东盟 10 国外加日本、中国、韩国、印度、澳大利亚和新西兰 6 国;而中国提出的"东盟+3"则指东盟加日中韩 3 国。中日分别希望以 16 国或 13 国的方式,缔结自由贸易协定(FTA),从而推动经济一体化。

第四,盟国因素。在欧洲,西欧一体化的主要成员国都是美国的盟友,在亚洲,日韩澳以及东盟一部分国家等是美国盟国,尽管中美关系近年来深度发展,但是中国不是美国的战略盟友,因此,美国对中国的发展始终持有疑虑。

美国力图进一步强化美国在东亚固有的双边军事同盟体系以及拓展与东亚国家的双边 FTA 关系。为此,美国采取一系列措施进一步加强美与日、韩、菲、新等国的军事同盟与合作关系,同时还试图拉日韩澳印与美一道建立一个"亚洲版北约"。

第五,安全因素。在欧洲,由于允许西德加入北约,缓解了法国等欧洲国家对重新武装德国的恐惧感,使法德之间的关系得以缓和,消除了欧洲国家的安全恐惧,从而加速了欧洲的联合。在东亚,缺乏统一的安全机制,没有建立东北亚安全机制,此外,中国与美国的同盟国之间缺乏安全互信。

第六,主导权。在欧洲,法德主导的欧洲一体化尽管与美国在欧洲的战

---

① 陶冶:《外电简报:中日各自提出东亚一体化方案争夺主导权》,2010 年 8 月 20 日,《中国经济网》。

略利益存在一定的摩擦，但总体上获得了美国的认同与支持。在亚洲，美国希望日本在东亚一体化进程中发挥领导作用。但是，由于历史问题，以及在中国崛起背景下日本经济实力的相对下降，日本难以发挥主导作用。[①]为此，美国似乎希望东盟继续主导地区一体化进程，从而削弱中国在东亚逐步上升的影响力。奥巴马政府执政以来，改变了前几届政府的政策，希望由美国来直接主导。但是，美国也开始意识到，这是有限的主导权，美国不得不考虑平衡东盟、中日韩对于地区主导权的利益诉求。

第七，东亚合作机制分散，欧洲较为统一。

欧洲在一体化过程中，形成了高度协调统一的合作机制，从欧洲煤钢联营、欧共体，逐步发展到欧盟。

在东亚地区并存着许多不同种类的组织，如大量的双边条约，东南亚地区的制度化较高的次地区安排，东盟＋中日韩之间的地区安排，以及亚太经济与合作组织和亚欧会议等开放的跨地区论坛。

美国担心，东亚共同体是否会削弱亚太经济合作组织、东盟地区论坛等多边机制。这些机制尽管存在着这样或那样的不足，但是它们不仅是泛太平洋的（即包括美国在内），而且美国也在其中有重要的影响力。

第八，东亚的开放性区域主义，导致地区整合出现混乱，准入成员国问题难以确定。

东亚的区域经济秩序不是排他性的，而是包容性的。这是因为美国在东亚拥有强大的经济战略利益，无论是美国还是日本对东南亚都存在巨大影响，东亚或东南亚国家无法排除他们。同时，除了东北亚和东南亚国家，澳大利亚和新西兰已经成为东亚经济秩序的一部分，印度也毫无疑问属于亚洲国家，这和北美和欧盟排他性的区域主义非常不同。因此，在确定各种合作机制的成员国范围时，出现了多种重叠的现象。

---

① Claude Meyer，*China or Japan*：*Which leader for Asia?* Presses de Sciences Po，Paris，2010，p. 35.

## 四、前景预测与对策分析

如上所述,到目前为止,东亚一体化建设中出现了一定的困境,东亚共同体目前还只是一个概念,尚未形成统一的行动蓝图。但是,2010 年以来,中日韩印新等 5 国与 ASEAN 的 5 个 FTA 基本完成,东亚一体化得到了进一步的发展。

今后,美国将进一步加深与东亚国家的合作,东亚各国无法回避美国将进一步加强在东亚地区存在的强大影响力。

美国在地缘位置上是一个亚太国家,但是其阿留申群岛是在东亚地理范围内,因此,美国出于地缘因素的考虑,对东亚一体化进程有巨大关切。美国在东亚存在巨大的经济政治与安全利益。如今东亚是美国头号贸易伙伴,美国与东亚一些国家的双边军事同盟关系对美国在东亚以及全球的战略地位具有关键意义。因此,美国不可能接受一个把美国排除在外的东亚区域集团。美国不干涉欧盟,却干涉东亚一体化的一个极其重要的原因是,美国对东亚地区存在安全疑虑,为此,进一步加强东北亚安全机制建设,加强中美安全对话机制,将有效地增强各相关国家之间的安全信赖关系,有效地缓解地区安全隐患,保持东亚地区的和平稳定。

今后,需要明确合作路径,尊重亚太经合组织的现实存在,逐步推进"10+3"、"10+6",推进 TPP(跨太平洋伙伴关系协定),直至 FTAAP(亚太自由贸易区)、亚太共同体。由于美国的积极推动,TPP 已成为推动亚太自由贸易区的加速器。

总之,东亚建立共同体是大势所趋,建立基于共同利益基础上的东亚共同体是历史发展的必然。随着科技和经济的不断进步,地区经济政治一体化更加突出。在欧洲,欧盟还在扩展和深化,设置统一的欧盟总统。在北美,美国、加拿大和墨西哥的一体化合作已经形成。在南亚,以印度为核心的南亚共同体正在酝酿。在拉美、非洲等有自己的地区合作组织。亚洲国家期待着美国在东亚地区发挥积极作用,同时,也担心美国如果过度强调价值观,而导致价值体系的混乱和共同体认知基础的削弱。只有尊重多元文化,创造和谐地区环境,东亚共同体构建的进程才能向前推进。

**参考文献**

1. Jean-Marie Colombani，"Nous sommes tous americains，" *Le Monde*，13，Seprembre 2001.

2. "United States Policy toward Southeast Asia，" *Foreign Relations of the United States*（FRUS），Vo. 17，1949，pp. 1128 – 1133. PPS/51。

3.「日」天児慧：『中国　アジア　日本』、第 136 頁、ちくま新書、2006 年出版。

4. Christopher Hill，"The U. S. and Southeast Asia，" Remarks to the Lee Kuan Yew School of Public Policy，Singapore，May 22，2006，http：//www. state. gov/p/eap/rls/rm/66646. htm.

5. 宋伟：《美国霸权和东亚一体化———一种新现实主义的解释》，载《世界经济与政治》2009 年第 2 期。

6. 吴心伯：《美国与东亚一体化》，《国际问题研究》2007 年第 5 期。

7.「日」猪口孝『日本のアジア政策――アジアから見た不信と期待』、第 266 頁、NTT 出版株式会社、2003 年。

8.「日」国分良成：《现代東アジア》，慶応義塾大学出版会，2009 年出版。

9.「日」青木保/佐伯啓思：『アジアの価値』、第 105 頁、株式会社精興社、1998 年。

10. Letters from Ambassador Kirk announcing President Obama's intention to enter into TPP negotiations，2010，http：//www. ustr. gov/webfm_send/1559/。

11.「日」日本内閣官房国家戦略室の新成長戦略実現会議，2010 年，http：//www. npu. go. jp/policy/policy04/archieve02. html。

12.「日」小熊敦郎：「TPP　門前払いの恐れ」、『産経新聞』、2010 年 11 月 7 日。

13.「日」「TPP、2011 年 11 月の妥結目指す　首脳会議で方針確認」. 『日本経済新聞』，2010 – 11 – 14。

14. Ernest Z. Bower，"Heart but No Seoul：Obama Will Leave Korea without KORUS，" PacNet ＃54，November 12，2010，This article was originally published by the Southeast Asia Program，CSIS.

15. Tan Seng Chye，"Big Power Rivalry in East Asia ：Will it Disrupt Regional Cooperation?" *RSIS Commentaries*，No. 144/2010 dated 9 November 2010.

16.「日」日本国際政治学会編：「東アジア新秩序への道程」、『国際政治』158、2009 年出版。

# 西欧在东亚地区主义理论化进程中的作用

张振江[*]

## 引言

东亚地区主义已成为冷战后世界最显著的现象之一,并逐步成为国际关系学术界最为广泛讨论和争辩的话题之一。作为世界上区域化和一体化最成功和最值得称赞的范例,西欧的一体化政策与其理论内涵对于任何政策制定者和区域主义的理论研究者都是非常重要且是不可回避的。东亚和西欧都是由众多民族国家构成的独立地理区域,这两大地区都有着悠久的历史,各国之间人员和商品往来不断,但也存在因冲突和战争而引发的边界变化。西欧的民族国家从冲突到合作,从敌对到友好,从无序到联合,从力量均势到地区一体化的案例,为任何含有敌对国家的地理区域乃至全世界范围内的国际关系树立了榜样。此外,西欧引人注目的成功和成就为世界上其他地区的一体化实践不仅树立了榜样也确立了标准。因此,学者们在研究东亚地区主义时会自然而然地想起西欧一体化。

然而,有些人也许会感到震惊,当他发现东亚地区主义与西欧一体化除了拥有共同主题——区域化研究外,它们的研究是完全分离的。[①] 这一现象在中国尤为典型。许多大学和智库,包括不同级别的社会科学院,均分别设立了欧洲研究与亚洲、东亚或亚太地区的研究中心与机构,其中许多中心和机构都包含地区研究。不过,尽管它们都研究地区主义,但却很少进行学术交流。有两个原因可以解释这一现象。第一,东亚地区主义是一种新现

---

* 作者简介:张振江,暨南大学国际关系学院、华侨华人研究院院长,教授。

** 原为英文,成慧译。

① 此处主要指中国的区域主义研究。然而,即使在国外,区域主义的比较研究也是一项新工作。下一个引用的发表年份表明这项研究是在过去两三年才开始成长的。

象,这个概念于冷战后提出并在 20 世纪 90 年代后期才开始有相关研究。东亚地区主义的学者们在地区主义研究上初来乍到,他们通常忙于描述这个新生的、不稳定的和快速变化的东亚地区主义,而在进一步的比较研究上投入时间较少。第二,研究西欧一体化的学者们认为西欧一体化是最成功的地区主义范例,其他地区很难复制这一模式。相对而言,他们看不起新兴的东亚地区主义和东亚地区主义研究。默里(Murray)极力呼吁这两大地区间的互利,并主张"欧洲和亚洲可以互相学习",尤其是西欧一体化可以学习亚洲开放的区域主义。但他发现关于欧洲如何向亚洲学习的资料少之又少。①

　　幸运的是,随着东亚地区主义的快速和持续发展,这一状况在过去的两三年里正在改变。在国内外学术界中,比较东亚地区主义和西欧一体化的文献越来越多。② 笔者欢迎并呼吁在东亚和西欧的比较研究上有新的进

---

① Philomena Murray, "East Asian Regionalism and EU Studies," *European Integration*, Vol. 32, No. 6, November 2010, pp. 610 - 611.

② 中文文献包括:雷建锋:《东亚合作不必效仿欧洲一体化》,《环球时报》2009 年 9 月 4 号;赵怀普:《欧洲一体化对东亚合作的若干启示》,《外交学院学报》2005 年第 2 期;熊光楷:《东亚合作与欧洲经验》,《区域合作:欧洲经验与东亚》,国际学术研讨会上的主题演讲,2006 年 10 月 10—11 号;张肖雯:《一体化的东亚经验》,《中国社会科学报》2010 年 3 月 17 号;王柯岩、李嵘:《论促成欧洲一体化的因素及对东亚区域合作的启示》,《现代商贸工业》2009 年 02 期;陈玉刚:《欧洲的经验与东亚的合作》,《世界经济与政治》2006 年第 5 期;张振江:《米特兰尼的国际合作思想及其对东亚合作的启示》,《外交评论》2008 年第 2 期。

英文文献包括:Christian Fjader, "Regionalism in Asia and Europe in a Theoretical Perspective: 'Rationalist' and 'Ideational' Approaches," *Asia-Pacific Journal of EU Studies*, Vol. 10 No. 1, pp. 73 - 101, 2012; Philomena Murray, "East Asian Regionalism and EU Studies," *European Integration*, Vol. 32, No. 6, November 2010, pp. 597 - 616, p. 598; S. Levine, "Asian Values and the Asia Pacific Community: Shared Interests and Common Concerns," *Politics and Policy* 35, no. 1, 2007, pp. 102 - 135; G. Capannelli, "Asian Regionalism: How does it Compare to Europe's?" *East Asian Forum*, 21 April, 2009; G. Capellini and C. Filippini, "East Asian and European Economic Integration: A Comparative Analysis," Asian Development Bank, Working Paper Series on Regional Economic Integration No. 29, May, 2009; Y. Hidetaka, "Regional Integration and Business Interests: A Comparative Study of Europe and Southeast Asia," *European Journal of East Asian Studies* 6, no. 2, 2007, pp. 217 - 243; H. Giessmann, "Regionalism and Crisis Prevention in (Western) Europe and (Eastern) Asia: A Systematic Comparison," *Asia-Pacific Review* 14, no. 2, 2007, pp. 62 - 81; P. Murray, "Should Asia Emulate Europe?" in *Regional Integration—Europe and Asia Compared*, eds. by W. Moon, and B. Andreosso-O'Callaghan, Ashgate: Aldershot, 2005, pp. 197 - 215; P. Murray, "The EU's Norm Diffusion in the Promotion of Regional Rntegration in East Asia," Paper presented at the International Conference on the "Transformative Power of Europe", Otto-Suhr-Institute for Political Science, Freie Universität Berlin, 10 - 11 December, 2009; P. Murray, "Comparative Regional Integration in the EU and East Asia: Moving beyond Integration Snobbery," *International Politics* 47, no. 3 - 4, May-July 2010, pp. 308 - 329; T. Okagaki, "Europe as A Model of Regionalism in the Asia-Pacific," *East Asian Forum*, 6 May, 2009, http://www. eastasiaforum. org/2009/05/06/relativising-europe-as-a-model-of-regionalism-for-theasia-pacific; Y. C. Park and C. Wyplosz, "Monetary and financial integration in East Asia: the relevance of European experience," European Commission. European Economy, Economic Papers 329, September, 2008, http://ec. europa. eu/economy_finance/publications。

展。正如以上所提到的,东亚地区主义和西欧一体化都是有关地区主义的案例研究,并且对二者的比较可以加强彼此间的相互理解。然而,正如此前担心没有二者的比较研究,笔者如今担忧存在太多不恰当的东亚地区主义与西欧一体化的比较研究。一位英国学者也表达了同样的想法,他评论道"当谈到构建一个真正的研究区域一体化的比较方法时,如此主导性的存在〔将欧洲联盟视为典型模式〕有多大用处是值得商榷的"①。作为研究东亚的一名学者,笔者更担心的是东亚地区主义从西欧一体化中可以学到什么以及学不到什么。

面对这个兴奋的、崛起的、令人难以满意的发展,本文主要关注的是东亚地区主义与西欧一体化的不同之处,而不是其相似之处。论文的第一部分将简要回顾东亚的地区化进程及其成就。第二部分通过关注国际背景,探讨在东亚区域化和西欧一体化中哪些部分是不可以比较的。在注意到二者不同之处的基础上,论文的第三部分试图就危机驱动型地区主义、开放型地区主义、小国主导型地区主义和竞争型地区主义四个方面,从理论上阐述过去十年的东亚地区化进程。最后,这篇论文呼吁在解释东亚地区主义上的理论创新。

# 一、崛起的东亚地区主义及其成就

第二次世界大战结束后,伴随着西欧经济一体化进程的开展,从 20 世纪 50 年代起,世界呈现出一股地区主义运动的趋势。然而在一定程度上,由于中美双方的对抗和美国的双边军事同盟体系,东亚国家并没有效仿西欧。② 东亚地区主义的最初设想来自马来西亚前总理马哈蒂尔·宾·穆罕默德(Mahathir Bin Mohamad),他在 1990 年提议建立"东亚经济集团"(East Asian Economic Grouping,简称 EAEG),以此应对冷战后在欧洲、北美和亚太地区持续发展的地区主义。然而,包括美国、日本和中国在内的大国都对此设想兴趣索然。在东盟的努力推动下,东亚经济集团改名为"东

---

① Shaun Breslin, "Comparative theory, China, and the future of East Asian regionalism(s)," *Review of International Studies*, 36, 2010, pp. 709 - 729.

② 由东南亚国家联盟(简称东盟,ASEAN)领导的东南亚区域主义是东亚的例外。但仍是冷战的副产品。东盟的直接目标是在大国纷争下保持东南亚地区的独立性。

亚经济论坛"(East Asian Economic Caucus,简称 EAEC),被纳入亚太经合组织(APEC)的议程并每年在东盟(ASEAN)上进行讨论。1997 年东南亚金融危机的爆发成为东亚地区主义的转折点。该年年底,东盟成员国与中国、日本、韩国举行了史无前例的首次领导人峰会,这成为东亚地区主义的标志——东盟 10＋3 峰会的开端。2005 年,首届东亚峰会(East Asian Summit,简称 EAS,"10＋6")在马来西亚首都吉隆坡召开,这意味着东亚地区主义进入了一个新阶段。① 2010 年第五届东亚峰会做出欢迎美国和俄罗斯加入的决定,因此从 2011 年起,东亚峰会参与国由"10＋6"扩大至"10＋8"。②

　　尽管东亚地区主义的进程仍有诸多负面评价,但自从其诞生起,东亚国家间的地区合作就取得了令人瞩目的成就。简而言之,其成就主要有三项。第一项是地区金融合作领域取得的成就。东亚地区主义始于金融危机,其标志性成功是"清迈倡议"(Chiang Mai Initiative,简称 CMI)的签署。"清迈倡议"是一项货币互换协议,是在亚洲金融危机后由 10＋3 建立的双边协议网络,该协议下东盟和中国、日本及韩国之间可以进行货币互换和中央银行外汇储备的回购。③ 尽管许多分析家对此持有疑惑和怀疑,清迈倡议仍取得了巨大的成功。2014 年 3 月 24 号,它由最初的双边互换协议发展为一个多边货币池,即清迈倡议多边化协定(the Chiang Mai Initiative

　　① M. Beeson, "ASEAN Plus Three and the Rise of Reactionary Regionalism," *Contemporary Southeast Asia：A Journal of International & Strategic Affairs*, August 2003, Vol. 25 Issue 2, pp. 251 - 268; E. J. Lincoln, *East Asian Economic Regionalism*, 2004, New York; D. K. Nanto, "East Asian Regional Architecture: New Economic and Security Arrangements and U. S. Policy," CRS Report for Congress, Order Code RL33653, January 4, 2004; C. Roberts, *ASEAN Regionalism：Cooperation, Values and Institutionalization*, 2010, Routledge; Stubbs, R. , "ASEAN Plus three: Emerging East Asian Regionalism," *Asian Survey*, Vol. 42, No. 3, May/June 2002, pp. 440 - 455; D. Webber, "Two funerals and a wedding? The ups and downs of regionalism in East Asia and Asia-Pacific after the Asian crisis," *Pacific Review*, August 2001, Vol. 14, Issue 3, pp. 339 - 372.

　　② http://www. asean. org/asean/external-relations/east-asia-summit-eas.

　　③ 一些学者称之为"东亚区域主义和金融区域主义"。见 Joel Rathus, "The Chiang Mai Initiative: China, Japan and financial regionalism," http://www. eastasiaforum. org/2009/05/11/the-chiang-mai-initiative-china-japan-and-financial-regionalism/; Shintaro Hamanaka, "Reconsidering Asian Financial Regionalism in the 1990s," Working Papers on Regional Economic Integration 26, Asian Development Bank, http://aric. adb. org/pdf/workingpaper/WP26_Reconsidering_Asian_Financial_Regionalism. pdf.

Multilateralization,简称为 CMIM)。亚洲外汇储备池总规模达到了 1200
亿美元。其中,"10＋3"国家中的中国、日本和韩国三国占了 80％,而剩余
的 20％由东盟 10 国分担。在总数额中,日本和中国分别出资 384 亿美元,
而韩国出资 192 亿美元。东盟成员国的出资方主要是印度尼西亚、马来西
亚、泰国、新加坡(各自出资 47.6 亿美元)和菲律宾(出资 36.8 亿美元)。
"清迈倡议多边化协定"(CMIM)取得了巨大的成功,即使对东亚地区主义
最不看好的分析家们也认识到清迈倡议多边化协定"代表的质变(material
qualitative change)可能会带来真正的地区机制的建立"。[1] 许多观察家们
将清迈倡议多边化协定视为"迈向 1997 年倡议创建亚洲货币基金(Asian
Monetary Fund,简称为 AFM)的一大步"和"标志着成熟的'东盟＋3'合作
的一个重要里程碑"[2]。

### 清迈倡议多边化协定:签署国在储备池中的出资额和借款乘数

| Countries | | Financial contribution | | | Multiplier |
|---|---|---|---|---|---|
| | | Billions of U.S. dollars | % | | |
| China | 38.4 | less Hong Kong – 34.2 | 32.0 | 28.5 | 0.5 |
| | | Hong Kong – 4.2 | | 3.5 | 2.5 |
| Japan | | 38.4 | 32.0 | 0.5 | |
| Korea | | 19.2 | 16.0 | 1.0 | |
| Three countries | | 96.0 | 80.0 | – | |
| Indonesia | | 4.77 | 3.97 | 2.5 | |
| Thailand | | 4.77 | 3.97 | 2.5 | |
| Malaysia | | 4.77 | 3.97 | 2.5 | |
| Singapore | | 4.77 | 3.97 | 2.5 | |
| The Philippines | | 3.68 | 3.07 | 2.5 | |
| Vietnam | | 1.0 | 0.83 | 5 | |
| Cambodia | | 0.12 | 0.1 | 5 | |
| Myanmar | | 0.06 | 0.05 | 5 | |
| Brunei | | 0.03 | 0.02 | 5 | |
| Laos | | 0.03 | 0.02 | 5 | |
| **ASEAN** | | **24.0** | **20.0** | – | |
| Total | | 120.0 | 100.0 | | |

资料来源:www. mas. gov. sg/news_room/press_releases/2010/Joint_Press_Release_CMIM_
Comes_Into_Effect. html.

---

[1] Douglas W. Warner, Paul Lelot, Wei Wang, "Assessing East Asian Financial Cooperation And Integration," *Singapore Year Book of International Law and Contributors* 12, 2008, pp. 1 - 42, p. 36.

[2] William W. Grimes, "The Asian Monetary Fund Reborn?: Implications of Chiang Mai Initiative Multilateralization," *Asian Policy*, Number 11, January 2011, pp. 79 - 104, http:// www. nbr. org/publications/asia_policy/AP11/AP11_E_CMI. pdf.

东亚地区主义的第二项成就是自由贸易协定（free trade arrangements）的快速发展。东亚展望小组（East Asian Vision Group，简称为 EAVG）提出建立"东亚自由贸易区"（East Asian Free Trade Area，简称为 EAFTA）的设想，并于 2002 年正式采纳为 10＋3 峰会的目标。① 此后，各种各样的自由贸易协定的建立为东亚自由贸易区奠定了基础，现已基本确立的东盟自由贸易区（ASEAN FTA，简称为 AFTA）的建立就是其中之一。通过《共同有效优惠关税协定》（Common Effective Preferential Tariff，简称为 CEPT）机制，东盟成员国在降低区内关税上取得了显著进展。东盟最初 6 个成员国的"CEPT 列入清单"（Inclusion List，简称为 IL）上，99％以上的产品关税已降低到 0％～5％。四个新会员国（关税协议实现）的截止日期为 2015 年。② 其他可能对建立东亚自由贸易区有用的"敲门砖"是一些复杂的自贸协定网络，包括以东盟为主的自由贸易协定及东盟分别与中国、日本、韩国签署的自由贸易协定，比如中国－东盟自由贸易协定（China-ASEAN FTA）。③ 最近主要的制度合作协议是在第 19 届东亚峰会上由东盟领导人宣布的区域全面经济伙伴关系（Regional Comprehensive Economic Partnership，简称为 RCEP）。它是一项区域自由贸易协定，该计划囊括了十个东盟主要成员国以及与东盟已经签署自由贸易协定的国家，即澳大利亚、中国、印度、日本、韩国和新西兰。区域全面经济伙伴关系的愿景是成为一个高质量的经济互惠伙伴关系协定，并可以扩大和深化当前自由贸易协议中的已有协定。④

---

① *Final Report of the East Asia Study Group*，http://www. aseansec. org/viewpdf. asp? file＝/pdf/easg. pdf

② 东盟自由贸易区协定是在 1992 年 1 月 28 日由文莱、印度尼西亚、马来西亚、菲律宾、新加坡和泰国在新加坡签署，越南于 1995 年加入，老挝和缅甸于 1997 年加入，柬埔寨于 1999 年加入。东盟自贸区的主要目标是通过消除东盟内部的关税及非关税壁垒，提升东盟在世界市场上的作为生产基地的竞争优势，同时吸引更多的外国直接投资。更多细节，见 http://www. aseansec. org/12021. htm。

③ Vincent Wei-cheng Wang, "The Logic of China-ASEAN Free Trade Agreement: Economic Statecraft of 'Peaceful Rise'," paper for "China in the World, the World in China International Conference 'Implications of a Transforming China: Domestic, Regional and Global Impacts'," 5－6 August 2007, Institute of China Studies, University of Malaya. http://web. rollins. edu/～tlairson/mba/chinaaseanfta2. pdf.

④ Frank Frost, "ASEAN and regional cooperation: recent developments and Australia's interests," 8 November 2013, http://www. aph. gov. au/About _ Parliament/Parliamentary _ Departments/Parliamentary_Library/pubs/rp/rp1314/ASEAN＃_Toc370112416.

一项惊人的发现是,相比于世界其他地区,东亚国家在过去的二十多年里签署了更多的双边、多边和地区的特惠贸易协定与自由贸易协定。20世纪90年代初,东亚基本上没有这些协定,但如今,东亚的许多国家及其国家领导人与学者都认为当前的"10+3"自由贸易协议网络将有助于东亚自贸区(EAFTA)成为可能。实际上,一个真正的亚洲共同体正从复杂的自由贸易区网络中浮现出来。①

就事实而言,一项由亚洲开发银行(Asian Development Bank)进行的研究表明,除了贸易与金融合作外,包括直接投资、货币政策合作、人员接触和宏观经济在内的很多指标都表明东亚的合作强度相较于1997年金融危机前在不断增强。②

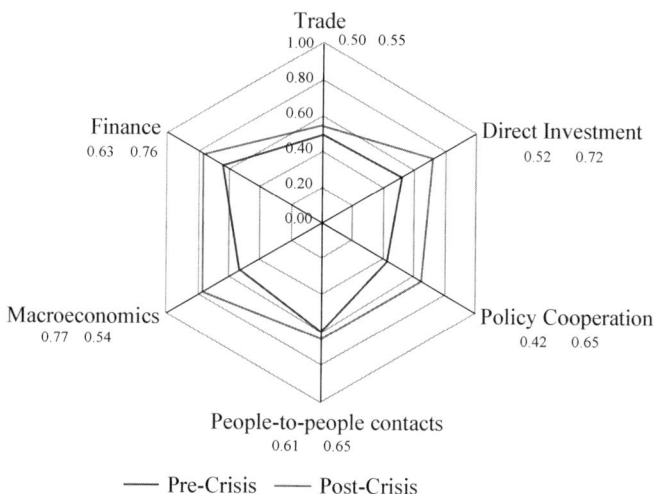

—— Pre-Crisis —— Post-Crisis

东亚地区主义的第三项成就是地区多层合作机制的诞生与迅速发展。东盟10国指的是东南亚国家,3国指的是东北亚的中国、日本与韩国,三个10+3分别指的是东盟—中国,东盟—日本和东盟—韩国,最终,形成"10+3"(东盟加三国)。有趣的是,这六个机制都独立运转,并有自己的独立议程、领导人峰会、部长级会议、高官会议及不同的工作与领导小组。以"10+

① http://www20100324. chula. ac. th/chulaglobal/images/stories/Asean%20Connectivity/Dr.%20Narkesh%20Kumar. pdf.

② Srinivasa Madhur, "Perspective on Asian Regional Cooperation and Integration," ADB-ITD Seminar on Asian Trade and Investment Integration and Implications for Thailand, June 9, 2008, http://www. adb. org/Documents/Presentations/TRM/Perspective-Asian-RCI. pdf.

3"机制为例。"10＋3"合作机制在 1997 年应运而生后迅速扩大并不断深化了地区合作,如今开展了在食品与能源安全、金融合作、贸易便利化、灾害管理、人员交流、缩减发展差距、农村管理与扶贫、贩卖人口、劳工流动、传染性疾病、环境与可持续发展、跨国犯罪与反恐等多领域的合作。截止到 2010年 1 月,共有 64 个机制在协调着"10＋3"合作的进行:1 个峰会,16 个部长级会议,23 个高官会议,1 个理事会,17 个技术层面会议和 6 个其他轨道会议。[①]

除了上述提到的机制外,东亚峰会(East Asian Summit,简称为 EAS)也是东亚合作机制之一。从 2005 年首届峰会以来,东亚峰会,也称为东盟＋6,以论坛的形式,为与东亚相关的以及其他地区与国际事务上的众多战略性问题提供了对话平台。其关注的领域有国际恐怖主义、能源、传染病、可持续发展、削减贫穷及其他问题。2010 年的第五届东亚峰会采纳了邀请俄罗斯与美国加入峰会的提议。从 2011 年起,东亚峰会从"10＋6"扩展为"10＋8"。[②]

## 二、东亚地区主义与西欧一体化的不可比性

在简要回顾东亚地区主义的当前进程后,应当考虑的是我们能从西欧一体化的经验中学到什么。正如之前提到的,在过去五年里,东亚地区主义和西欧一体化的比较研究越来越多。这篇论文的任务并不是去评价这些比较研究的价值和适当性。正如一些人合理地指出"在分析(和预测)世界其他地区一体化时,欧洲一体化的经验日益凸显的事实并不令人惊讶。毕竟,在国家同意先迈向正式的经济合作与协商,再进入更广泛的政治一体化这件事上,西欧是最好的例子"。[③]

然而,笔者的目的在于理清东亚地区主义和西欧一体化之间不可进行

---

① "ASEAN Plus Three Cooperation," http://www. aseansec. org/16580. htm.

② Kor Kian Beng, "Proposal for Asean＋8," *Strait Times*, April 10, 2010, http://www. straitstimes. com/BreakingNews/SEAsia/Story/STIStory_512798. html; "East Asian Summit: the International Politics Implications of Moving from 10＋6 to 10＋8," *China Daily*, Oct. 29, 2010, http://www. chinadaily. cn/hqpl/2010－10/29/content_11474431. htm.

③ Shaun Breslin, "Comparative Theory, China, and the Future of East Asian Regionalism(s)," *Review of International Studies*, 36, 2010, pp. 709－729.

比较的地方,以及有哪些经验是东亚地区主义不可以从中借鉴的。比较研究是可以理解的,笔者的不满在于,在东亚地区主义研究的初始阶段,不是干脆没有对两者的比较研究,就是两地区主义的比较研究是分离的。但是正如所引学者所追问的"当谈到构建一个真正的研究地区一体化的比较方法时,如此主导性的存在有多大用处是值得商榷的"①。

东亚地区主义和西欧一体化存在许多不同之处。最常见的不同之处是其正式的与非正式的制度化,正如一位日本学者所认为的"欧洲的地区合作范围广,有密集的正式机构与法律规范。在欧洲,正式的条约或协商的产生先于国家间的交流——使得欧洲成为政治主导的或者政治诱导的地区主义。相反,亚洲的地区主义是在没有政策协调或政府间谈判的背景下由非正式交往与经济交易驱动的"②。

这两种地区主义的另外一个不同之处是二者的驱动力量。由于特殊的历史与地理因素,欧盟一直以来受政策驱动。相反,东亚地区合作则由市场驱动。③ 此外,东亚的强政府与弱商业传统以及西欧政府一商业间的相对平衡关系也很重要。正如一位学者所认为的"欧洲的经验表明:商业团体有能力制定影响深远的议程并能够通过对国家政府施加压力以实现议程是一体化成功的一个关键因素",而当前的亚洲并不是这样的。④ 阿查亚(A. Acharya)认为西欧地区主义的成功在于它克服了民族主义,但东亚地区主义和民族主义的进程长期以来一直是一种"共生关系"。亚洲民族国家的角色与欧洲明显不同,因为东亚地区主义的一项基本准则是成员国之间互不

① Shaun Breslin, "Comparative Theory, China, and the Future of East Asian Regionalism(s)," *Review of International Studies*, 36, 2010, pp. 709 - 729.

② T. Okagaki, "Europe as A Model of Regionalism in the Asia-Pacific," *East Asian Forum*, 6 May, 2009. http://www. eastasiaforum. org/2009/05/06/relativising-europe-as-a-model-of-regionalism-for-theasia-pacific (accessed 20 September 2009).

③ G. Capannelli, "Asian regionalism: how does it compare to Europe's?" *East Asian Forum*, 21 April, 2009; T. Okagaki, "Europe as A Model of Regionalism in the Asia-Pacific," *East Asian Forum*, 6 May, 2009; D. Nair, "Regionalism in the Asia Pacific/East Asia: a frustrated regionalism?" *Contemporary Southeast Asia* 31, no. 1, 2008, pp. 110 - 142.

④ Y. Hidetaka, "Regional Integration and Business Interests: A Comparative Study of Europe and Southeast Asia," *European Journal of East Asian Studies* 6, no. 2, 2007, pp. 217 - 243, p. 243.

干涉。①

上述提到的西欧一体化与东亚地区主义之间的不同点对于东亚地区主义的理论研究与实践都非常重要且意义非凡。显然,相比西欧而言,东亚国家间存在更大的经济、社会和政治差异,同时也有宗教、文化、经济发展水平、政治结构和规范上的不同,如卡赞斯坦(P. J. Katzenstein)认为亚洲和欧洲存在"地区性特定的、系统性不同的政治与政策模式"。②

显而易见,东亚和西欧的一体化实践差异巨大。然而,关于东亚地区主义和西欧一体化的比较以及"东亚地区主义可以从西欧一体化学习到什么"这个问题,本文坚持认为两地区不同的历史背景是最重要的因素,而这点是无法比较的,也是无法学习和复制的。东亚地区主义和西欧一体化都不是凭空诞生的,而是在特定历史背景下发生的,这决定了东亚地区主义不能复制西欧一体化。这里所说的背景包括不同的国际体系、外部力量的作用,尤其是美国在地区主义中扮演的角色,以及经济全球化的因素。

众所周知,西欧一体化发端于 20 世纪 50 年代,当时正值冷战高峰期,西欧是美苏争斗的前沿阵地。处在美国的保护伞下,同时也为了应对感知到的来自苏联的威胁,法国和德国尽力去解决它们之间的历史宿怨。③ 在当时的情况下,美国和苏联都在西欧的区域倡议中起到了激励性作用,无论是正面积极的方式抑或负面消极的方式。西欧对苏联威胁的感知与来自美国的鼓励,以及马歇尔计划中的资金管理方式,都有利于并最终促成了西欧地区主义及一体化的兴起。约翰·米尔斯海默(John Mearsheimer)关于"冷战对西欧一体化的贡献"的分析就是一个极好的例子。他认为"欧共体(EC)内部关系繁荣的主要原因"并不是经济的相互依赖,而是冷战。冷战"以两种不同的但是相互加强的方式"促进了欧洲一体化(EAI)的进程。西欧国家普遍感受到来自苏联的威胁,"促使西方民主国家联合起来应对共同的威胁。英国、德国和法国不再担心彼此,因为它们都面临着来自苏联的更大威胁。苏联的威胁降低了欧共体成员国对经济合作相对收益的关注,欧

① A. Acharya, "Made in America? Agency and Power in Asian Regionalism, Roundtable: Peter J. Katzenstein's Contributions to the study of East Asian Regionalism," *Journal of East Asian Studies* 3, 2007, pp. 370 - 378, p. 373.

② P. Katzenstein, "Regionalism Reconsidered," *Journal of East Asian Studies* 3, 2007, pp. 395 - 412, p. 396.

③ 因此,欧洲的一体化可以视为"内部"导向的。G. Capannelli, "Asian Regionalism: How does it Compare to Europe's?" *East Asian Forum*, 21 April, 2009.

共体中每个民主国家的既得利益通过其同盟伙伴的逐渐强大得以确保,因为力量的每一次增长都有助于钳制苏联。同时,苏联逐步向东方逼近,准备坐收西方争吵的渔翁之利的举动,给每个国家施加了强有力的激励从而避免了其彼此间的冲突,因此苏联的威胁降低了西欧国家对相对收益的恐惧"。至于美国对西欧一体化的贡献,米尔斯海默认为"美国在北约(NATO,欧共体的军事对应)中的霸权地位减缓了西欧民主国家无政府状态的影响,并促进了它们的合作……美国不仅仅充当了对抗苏联威胁的保护伞,同时也确保欧共体国家不会相互进犯……由于美国充当了守夜人的角色,西欧国家对相对收益的担心由此减缓,此外,这些国家也愿意让它们的经济变得更加紧密的相互依赖"①。

相反,东亚地区主义开始于冷战后时代。美国成了唯一的超级大国。②而其对地区主义的态度和政策在冷战后明显转变,甚至对西欧一体化亦是如此。一些学者发现(冷战后)美国在两地区并不受欢迎。它在两个地区发挥的作用至少在以下两方面是显著不同的,"第一,美国在每个地区回应区域化趋势的本质;第二,它在每个地区的硬实力随着时间推移的变化"③。通常而言,对于冷战后的东亚地区主义,并没有来自大国强权的任何激励性因素。一些学者认为东亚地区主义是在美国忙于反恐期间崛起的。④ 事实上,"当东亚地区主义的倡议初露头角时,美国和亚洲国家间就已经发生了一些小冲突"。⑤ 第一次冲突是1990年美国对马哈蒂尔关于东亚经济集团(EAEG)倡议的否定答复。第二次冲突是1997年对日本提议建立亚洲货币基金(AMF)的强烈反对,因为美国将亚洲货币基金视为对国际货币基金组织(IMF)潜在的致命性威胁。甚至在清迈倡议上,美国继续坚持任何这

① John J. Mearsheimer, "Back to the Future: Instability in Europe after the Cold War," *International Security*, Vol. 15, No. 1, Summer 1990, pp. 5 - 56.

② Charles Krauthammer, "The Unipolar Moment," *Foreign Affairs*, Vol. 70, No. 1, America and the World 1990/91, 1990/1991, pp. 23 - 33; Charles Krauthammer, "The Unipolar Moment Revisited," *National Interest*, volume 70, Winter 2002, pp. 5 - 17; Michael Mastanduno, "Preserving the Unipolar Moment: Realist Theories and U. S. Grand Strategy after the Cold War," *International Security*, Vol. 21, No. 4, Spring 1997, pp. 49 - 88.

③ Philomena Murraya and Nicholas Rees, "European and Asian regionalism: Form and function," *International Politics* (2010) 47, pp. 269 - 275, p. 270.

④ 张振江:《亚太自由贸易区:美国战略与中国应对》,《世界经济与政治》2009年第4期。

⑤ Bergsten, C. F., "China and Economic Integration in East Asia: Implications for the United States," 2007, http://www.iie.com/publications/pb/pb07 - 3.pdf.

样的区域性安排都必须与全球制度秩序保持一致,并且"希望清迈倡议的贷款与国际货币基金组织的项目挂钩,而这种限制条件正是一些亚洲国家想要避免的"。在贸易领域,美国对东亚集团的前景越来越不安,因为它的发展可能会极大影响美国的出口。它的其中一个对策是以美国－新加坡和美国－韩国的双边自由贸易协定来对抗亚洲内部的自由贸易协定。①

从 2005 年第一届东亚峰会起,美国政府不仅反对东亚地区主义(EAR),而且开始与其周旋并试图将东亚地区主义(EAR)纳入美国的领导范围之内。简而言之,美国意图构建自己的亚太倡议并以此来拉拢东亚国家并取代其努力成果。从战略层面上来看,乔治·W·布什在 2006 年的亚太经合组织(APEC)峰会上正式提出建立亚太自由贸易区(FTAAP),由于美国的地位及其努力,亚太自由贸易区(FTAAP)倡议最终列入了亚太经合组织的议事日程并成为一项长远的发展目标。从政策层面上来看,美国在 2009 年开启了关于加入跨太平洋伙伴关系协定(TPP)的谈判,这是美国以进入并主导亚太地区为目标的一种更为现实主义的做法,如今它对现存的东亚地区主义(EAR)构成了巨大的挑战。②

东亚地区主义(EAR)同样也处于经济全球化时代。经济全球化这一新现象始于 20 世纪 70 年代,但冷战后才达到发展顶峰,正如《纽约时报》专栏作家托马斯·弗里德曼说的那样:"(新的经济)世界 10 岁了。"③经济全球化指的是国内市场与囊括了商品、服务、资本和劳动力自由交换的国外市场、地区性市场和全球性市场的一体化。它的先决条件是国际社会中大多数国家的市场经济实践。总之,经济全球化需要民族国家具有全球视野。逻辑上来讲,全球视野与国家和地区视野相互抵触,彼此冲突。显然,经济全球化对东亚地区主义(EAR)的影响是非常重要的。一方面,东亚国家通过地区主义来满足地区内各国之间经济相互依存的需要。此外,地区主义也是应对经济全球化即将带来的挑战的一种途径。实际上,一些学者指出,包括东亚地区主义(EAR)本身在内的新地区主义是应对全球化挑战的一

① Bergsten, C. F., "China and Economic Integration in East Asia: Implications for the United States," 2007. http://www.iie.com/publications/pb/pb07-3.pdf.

② 张振江:《亚太自由贸易区:美国战略与中国应对》,《世界经济与政治》2009 年第 4 期;张振江:《重返亚洲:美国的 TPP 倡议及其对中国的影响》,《东南亚社会与政治问题》第 1 期,2012 年 11 月 2 号,第 103—115 页。

③ Thomas L. Friedman, "Opening Scene: The World Is Ten Years Old," in *The Lexus and the Olive Tree: Understanding Globalization*, New York: Anchor Books, 2000.

种回应。① 与被称为"内向型"经济的欧洲一体化相比,东亚地区主义(EAR)是由"外部"力量驱动的。另一方面,在进行地区主义的同时,经济全球化也要求东亚国家密切留意区域外国家并继续向全球市场开放。②

由此,我们可以发现,西欧和东亚都在寻求地区间的经济布局并以此来应对全球化挑战,但是,它们各自取得的成效却是大相径庭的,这种差异性就在于,西欧基本上完成了区域经济一体化,而与此同时,东亚却在地区内合作和地区间合作上举棋不定。③ 综上所述,经济全球化不仅规定了东亚地区主义(EAR)的职能,而且还决定了东亚地区主义(EAR)的形式。结合美国在世界上扮演的角色,发展于冷战后时代这个新国际背景下的东亚地区主义(EAR)无疑是"开放型"地区主义的一种新形式。

## 三、怎样建立东亚地区主义理论

怎样将兴起于不同国际背景下的东亚地区主义进程理论化? 尽管东亚地区主义的有效性和取得的成就受到学术界激烈的争论,但是其实际发展进程将继续受到世界其他国家的广泛关注,这就向理性思想家和刚正不阿的观察家提出了一个基本问题:什么是东亚地区主义(EAR)以及我们怎样从学术的角度来建立其理论? 当然,如何解释推动东亚地区主义(EAR)发展的力量同等重要。然而,笔者认为,这是下一步要解决的问题。在了解东亚地区主义(EAR)为什么重要之前更有必要先了解它是什么。姑且不论东亚地区主义(EAR)和西欧一体化(WEI)的差异性,本文初步认为,危机驱动型地区主义、开放型地区主义、小国主导型地区主义以及竞争型地区主

---

① 张振江:《区域主义的新旧辨析》,《暨南学报》(哲学社会科学版)2008 年 03 期。

② G. Capannelli, "Asian Regionalism: How does it Compare to Europe's?" *East Asian Forum*, 21 April, 2009.

③ Vinod K. Aggarwal, "Explaining Trends in EU Interregionalism" in Vinod Aggarwal and Edward Fogarty, eds., *European Union Trade Strategies: Between Globalism and Regionalism*, London: Palgrave, 2004; Mathew Doidge, "From Developmental Regionalism to Developmental Inter-regionalism? The European Union Approach," NCRE Working Paper No. 07/01, July 2007. http://www. europe. canterbury. ac. nz/publications/pdf/Doidge _ workingpaper0701 _ developmentalregionalism. pdf.

义可以用来描述和建立当下东亚地区主义的理论。①

1. 危机驱动型区域主义

马来西亚前总理马哈蒂尔·宾·穆罕默德于 1990 年提出了东亚经济集团的概念，以回应世界其他地区兴起的地区主义。从 20 世纪 80 年代末欧洲单一市场建成开始，西欧的地区主义步入了新的阶段，一些学者认为"新的地区主义"即将到来。在这一时期，贸易集团纷纷涌现，其中不仅包括西欧，还有受到热议的诸如北美自由贸易区（NAFTA）和由澳大利亚提出的亚太经济合作组织（APEC）。其他区域性倡议的不断出现向东亚国家构成了挑战。冷战的结束彻底摧毁了来自两极世界的压力并给予了国家和地区发展地区主义的自由，这一历史现象不仅是时代进步的潮流，也带来了一种危机感，即如果其他国家组织在一起，那么东亚就面临被孤立的危险。不幸的是，地区性大国对东亚经济集团这一倡议不是持反对意见就是对此毫无兴趣。然而，东盟（ASEAN）继续讨论并推动了地区主义的发展，它一系列的前期准备为 1997 年东亚地区主义的诞生提供了契机。

1997—1998 年亚洲金融危机是一次深刻的教训，为维持经济增长的活力和地区稳定，亚洲国家应加强自身的地区经济合作。显然，光靠各国加强自身的经济基础远远不够，事实上它们需要全球性或地区性的努力。加强国际经济关系的全球倡议表现差强人意，特别是停滞不前的关税及贸易总协定（GATT）乌拉圭回合谈判阻碍了任何多边协议的制定。与此同时，亚太经合组织和东盟在提出合适的救助措施上犹豫不决并且毫无效率，这严重伤害了东亚各国领导人的信心。因此，亚洲各国的普遍看法是：区域内必须建立自身的"自助"经济管理机制。于是，1997—1998 年亚洲金融危机在一系列的共同挑战下孕育了"区域意识"。② 用一个学者的说法就是，经济

① 当前有许多研究尝试在不同地方从不同视角去回答这些问题。笔者在一些中文的论文里做了一些分析。参见张振江《东盟在东南亚合作进程中的地位与作用》，《东南亚研究》2004 年第 3 期。

② Masahiro Kawai, "Emerging Asian Regionalism: Ten Years after the Crisis," Paper prepared for the International Conference organized by the Asian Development Bank and the Thai Ministry of Finance, in collaboration with the Thai Development Research Institute, in Bangkok, 18 July 2007. http://aric. adb. org/updates/ear％20updates/Bangkok％20conference/session1/Kawai％20EA％20Regionalism％20Ten％20Years％20After％20ADB-ThMOF％20Bangkok％20rev％2007-17-2007. doc.

危机促成了东盟十国与中日韩三国的牵手,却埋葬了东盟和亚太经合组织。①

　　危机不仅催生了东亚地区主义(EAR),而且还推动其发展进程。根据一位学者的调查研究,2003 年非典(SARS)的迅速传播为东亚区域主义注入了新的发展动力,它起初是一场典型的地区性危机而随后发展成为全球性危机。危机期间,一些地区性框架如 10＋3 和东盟,由于各成员国的强烈鼓励而纷纷开始改变消极态度,积极加入到 2003 年 4 月抗击非典的行列中。实际上,在经历了 20 世纪 90 年代末的亚洲金融危机以及 2003 年非典(SARS)危机之后,东盟发现经济因素已不足以给地区内带来更紧密的地区一体化,并由此得出结论:东亚地区主义(EAR)正在从经济驱动型地区主义向危机驱动型地区主义转变②。

　　2008 年爆发的全球性金融危机对世界经济来说是不幸的,但是对东亚地区主义来说却是幸运的,因为危机再次引起了区域内各国对地区金融稳定的关注。很大程度上由于危机本身和危机驱动的地区合作需要,2009 年 2 月召开的财政部长会议上,10＋3 国家最终达成了将长达十年之久的清迈协议中现有的双边互换协议换成 1 200 亿美元的地区外汇储备池"以解决区域内短期的流动性危机和补充现存国际金融安排"③。以清迈倡议多变化协定(CMIM)著称的外汇储备池于 2010 年正式实施。

　　2. 开放型地区主义

　　"开放型地区主义"在 C·佛瑞德·伯格斯坦分析研究之后成为国际政治经济学的流行术语。他声称这个概念本身"是为了确保地区协议为进一步的全球自由化铺垫基石,而不是阻碍其进程"④。从这个意义上讲,东亚地区主义(EAR)是开放型地区主义的一个典型例子。东亚国家的任何地

---

① D. Webber, "Two funerals and a wedding? The ups and downs of regionalism in East Asia and Asia-Pacific after the Asian crisis," *Pacific Review*, August 2001, Vol. 14, Issue 3, pp. 339－372.

② Victor C. M. Chan, "A New Pathway for Regional Governance in East Asia: From Economic-driven Regionalization to Crisis-driven Regionalism," *Ritsumeikan Journal of Asia Pacific Studies*, Volume 21, 2006, pp. 149－161.

③ Joint Media Statement from the Finance Ministers Conference in Phuket, Thailand, "Joint Media Statement-Action Plan to Restore the Economic and Financial Stability in the Asian Region," February 22,2009, http://www. mof. go. jp/english/if/as3_090222. pdf .

④ C.F. Bergsten, "Open regionalism," Institute International Economics, Working Paper 97－3, 1997, http://www. iie. com/publications/wp/wp. cfm? ResearchID＝152♯TABLE1.

区化努力不是阻止而是帮助他们扩大与区域外国家及全球其他行为体的联系。

以亚太经合组织为主要案例,伯格斯坦要求把"开放型地区主义"变成"一项可运作的意义重大的政策计划"。① 文章中,作者用"开放型地区主义"这一术语来描述东亚地区主义(EAR)进程,而这一进程表明东亚地区主义(EAR)不仅向区域外国家开放,同样也应向其自身成员国开放并以此来资助区域内外的双边性的、多边性的、地区性的甚至是全球性的计划。

从理论上讲,任何覆盖整个地区的安排都是不切实际的。然而,地区内大多数现存的东亚地区主义(EAR)安排都是局部性的。东亚自由贸易协议就是一个典型的例子。东亚自由贸易区(EAFTA)很难推进,即使是达成"将它作为一项长期目标"这一共识也花费了多年的时间与努力。不管怎样,许多双边性的、多边性的,以及次区域性的自由贸易协议在东亚地区内不断增加。在过去的十年里,东亚各国的自由贸易协议(FTAs)出现了史无前例的增长。2000年,东亚地区内仅仅只有三项自由贸易协议实施生效(包括东盟自由贸易协议),其中一项还停留在与刚提出的其他三项协议的谈判阶段中。然而,在短短九年的时间里,这些数字增加了十倍之多;2009年2月,东亚处在了世界自由贸易协定活动的最前列,其中37项自由贸易协定的倡议已经实施生效,还有72项处于不同的准备阶段。东亚所有国家都是地区合作的参与者。东亚国家中,日本已经履行了与8个国家的双边经济伙伴关系协议(EPAs)以及与东盟的一般自由贸易协定。此外,日本正在与韩国、越南、印度、澳大利亚磋商以达成贸易协议。中国与韩国也分别于东盟实施了自由贸易协议。在这方面,东盟表现得更为积极。继与中日韩三国实施自由贸易协议以来,东盟最近结束了与印度、澳大利亚和新西兰的FTA谈判,并且正在考虑与欧盟进行谈判。一些东盟成员国,例如泰国和新加坡,正积极寻求建立一系列的双边自由贸易协定。②

东亚自贸协议网路不仅仅局限在东亚地区,还逐渐向全球范围内扩展。东亚与东盟签署自由贸易协议(FTA)是其他国家加入东亚地区主义

---

① C. F. Bergsten, "Open regionalism," Institute International Economics, Working Paper 97－3, 1997, http://www.iie.com/publications/wp/wp.cfm? ResearchID＝152＃TABLE1.

② Masahiro Kawai, Ganeshan Wignaraja, "The Asian 'Noodle Bowl': Is It Serious for Business?" ADBI Working Paper 136, April 2009, http://www.eastasiaforum.org/wp-content/uploads/2009/04/adbi-wp136asiannoodlebowlseriousbusiness.pdf.

(EAR)的一大前提条件,而澳大利亚、新西兰和印度在 2005 年第一届东亚峰会(10+6)上成功地加入了东亚地区主义合作。令人诧异的是,美国和俄罗斯也于 2004 年获得了加入东亚区域主义的门票,10+8 东亚峰会也将于今年年底举行。在这里引用伯格斯坦的概念,就是东亚地区主义的自由贸易协议是通向更为广泛的地区贸易安排甚至是全球贸易安排的跳板。从这一点看,东亚地区主义是非常"开放的"地区主义。

3. 小国主导型地区主义

回顾过去 20 年东亚地区主义的发展历程,其显著的特征是:不管过去还是现在都是由东盟主导——一个小国俱乐部。[①] 从描述性观点而不是规范性观点的角度来看,尽管关于东盟主导地位的有效性和持续性存在许多的争论,但是在过去的 20 年东亚区域主义的发展历程中,确实存在关于东盟发挥主导作用的共识。实际上,有许多各式各样的专业术语总结东盟角色,其中有"领导者"、"驾驶员"、"中心辐射式"、"核心"、"中心"等等。[②]

以下几个方面可以反映东盟在东亚地区主义中的主导作用。首先,东盟是东亚地区主义的发起人。如上所述,东亚集团最初的想法——东亚经济集团是由东盟核心成员国马来西亚于 1990 年提出的。建议无果后,东盟在随后的几年里一直在亚太经合组织会议和东盟会议上呼吁、研究和宣传东亚理念,这一做法一直持续到 1997 年。第二,尽管 10+3 和 10+6 是一般地区性安排,但它们都是由实际生效的双边协议组成,在这些双边协议中,东盟是中心,所有其他大国——中国、日本、韩国、澳大利亚、新西兰、印度、美国是辐条。因此,不管是 10+3 会议还是东亚峰会都不得不由东南亚国家举办,仅仅除了东盟+X 是一年在东南亚举办,下一年在其他国家举办。第三,东盟不仅主持峰会和各种相关会议,而且还设置会议的议事日

---

① 严格而言,一些东盟成员国并非小国,印度尼西亚、马来西亚、泰国属于中等大小的国家。然而,这篇论文的"小国"是相对中国、日本和韩国比较而言。这个概念虽略但广泛使用于国际关系中。

② C. M. Dent, *East Asian Regionalism*, London:Routledge, 2008;Morada, N., "ASEAN at 40:prospects for community building in Southeast Asia," *Asia-Pacific Review* 15, no. 1, 2008, pp. 36 - 55;A. Jetschke, "Institutionalizing ASEAN:Celebrating Europe Through Network Governance," *Cambridge Review of International Affairs* 22, no. 3, 2009, pp. 407 - 426.

程。① 在越南召开的10＋3外长会议准许美俄参与东亚峰会(EAS)是显示会议主席国的议程设置权的一个典型例子。最后也是最重要的是,东盟作为决策者,它为加入东亚地区主义的新成员国设立了三套准则:(1)加入国必须是东盟的对话伙伴;(2)它必须加入东盟友好与合作条约(TAC);(3)它必须和东盟有"实质性关系"。②

由于东盟的主导地位以及它在东亚地区主义中的显著影响,各式各样的地区机制,包括10＋1,10＋3,东亚峰会,东盟地区论坛(ARF),甚至APEC均采用"东盟方式"。东盟方式逐渐变成了"亚洲方式"和"亚太方式"。③

### 4. 竞争型地区主义

"竞争型地区主义"在这里至少涉及了两个方面。一是东亚地区主义在世界范围内的竞争性地区主义中应运而生。众所周知,由于冷战环境下的国际局势,东亚地区主义是地区主义中的后来者。从20世纪80年代末欧洲单一市场建立,随着冷战的结束,新地区主义迅速扩展开来,而东亚地区主义就属于这股新地区主义潮流。新地区主义的特点之一就是它同时在多个地区扩散。所有的地区主义之间相互激励、相互影响,并且掀起了一场全球范围的地区主义新浪潮。"对受排斥的恐惧或者在与欧盟、北美自由贸易区谈判筹码的损失刺激了"东亚地区主义的诞生。而且对这些典型范例的学习也造就了今日的东亚地区主义。④ 许多东亚研究者注意到:不断扩散而又复杂多变的自由贸易协议引起东亚地区内的竞争性地区主义不断增多。⑤

竞争型地区主义也意味着如今在东亚地区内不只存在一种地区主义,而是存在着多个地区主义。10＋3形成于1997年,自那以后,除了1999年

---

① 莫德尔斯基将其界定为大国在国际关系中制定议程的权力。George Modelski, "From leadership to organization: the evolution of global politics," in V. Bornschier and C. Chase-Dunn, eds., *The Future of Global Conflict*, London, 1999, pp. 11 – 39.

② *The Straits Times*, 29 December 2005.

③ Amitav Acharya, "Ideas, Identity, and Institution-Building: From the 'ASEAN Way' to the 'Asia-Pacific Way'," *Pacific Review* 10(3) 1997, pp. 319 – 346.

④ Gregory W. Noble, "Explaining Regionalism: A Brief Overview," 2005, http://project.iss.u-tokyo.ac.jp/crep/pdf/dp/dp1.pdf.

⑤ Shujiro Urata, "An Economic Analysis of Competitive Regionalism in East Asia," paper presented at the symposium on "Competitive Regioanlism: Strategic Dynamic of FTA negotiations in East Asia and Beyond" at Waseda University, Tokyo, Japan, May 30 – 31, 2008, http://www.waseda-giari.jp/sysimg/imgs/wp2008-E-15_Urata.pdf; Mireya Solis, Barbara Stallings and Saori N. Katada, eds., *Competitive Regionalism: FTA Diffusion in the Pacific Rim*, Palgrave Macmillan, 2009.

发表的关于东亚合作的联合声明和在清迈倡议框架下双边互换协议的缓慢发展,东亚地区主义合作没有较大的进展。2002 年,中国与东盟签署了友好合作条约并且中国—东盟宣布它们计划于 2011 年建立中国—东盟自由贸易区。中国—东盟的大胆创新像一枚催化剂一样在东亚区域内引起了迅速的连锁反应。尽管其形式有所区别,日本和韩国如法炮制地迅速加强了与东盟的经济联系。传统意义上,日本和韩国在追求自由贸易的同时,其国内政治中有着很大影响力的农业部门成为它们唯一致命的弱点。① 随着双边性、多边性和区域性的自由贸易协议的迅速扩散,东亚地区主义由此获得了新动力并且其发展也进入了一个新阶段。

大国争夺东盟的努力并没有停止。印度、澳大利亚以及新西兰经过一系列的努力后,终于在 2005 年参加了首届东亚峰会并成功加入东亚地区主义合作,这意味着它们不得不成为东盟的对话伙伴,加入东盟友好合作条约并且与东盟建立实质性关系。② 随着美俄于 2011 年请求参加东亚峰会,大国间的激烈追逐远远没有结束。再加上欧亚会议,如今东亚已成为世界上所有大国的角斗场。在东亚地区主义的大框架下,所有大国都尽自己最大的努力来争夺与东盟的密切关系。从这点来看,东盟不仅仅是东亚地区主义的中心,而且还是整个世界的中心以及世界范围内的大国的中心,就如在东盟地区论坛(ARF)中一样,这些大国不仅争夺自由贸易协议和经济利益,而且还争夺安全和战略利益。

总而言之,由中国—东盟"10+1"引领的"雪球"触发了一场由多层面地区主义组成的东亚"竞争型地区主义",包括 3 国、10 国、"10+1"、"10+3"、"10+6"及未来的"10+8"。

## 结语

首先,在东亚地区主义问题上做出更好的研究是每位学者的责任和义务,特别是亚洲学者,因为西欧一体化已经为地区主义合作提供了许多的经

① Yoichiro Sato,"Free-Trade Agreements in the Asia-Pacific: Competitive Aspects Of Sub-Regional Trade Institution Building," http://www. apcss. org/Publications/Edited%20Volumes/RegionalFinal%20chapters/Chapter14Sato. pdf.

② *The Straits Times*, 29 December 2005.

验和教训。当我们进行东亚地区主义研究时,学者们必须熟知西欧一体化的具体运作,特别是在其理论方面。这些理论是西欧学者一代又一代地在解释地区化实践中持续不断、永无止境的努力和创新中积累的。这让作者想起100多年前,在面临来自西方研究带来的挑战时,中国一位著名的历史学家围绕中国的传统研究方法与西方学者展开了激烈的争论。他声称,对于中国研究和西方研究来说,它们之间的关系是一荣俱荣,一毁俱毁,如今是时候双方研究彼此相互强化,互惠互利了。对于今天的学术界来说,日益衰退的西方研究不可能带来繁荣的中国研究。同样的,不断发展完善的西方研究也不会使中国研究遇上滑铁卢。① 简言之,如果我们想要开展优秀的东亚地区主义研究,就必须充分了解西欧一体化理论。这是东亚地区主义与西欧一体化之间有"丰硕成果"的前提条件。②

第二,做出好的比较研究以及从西欧一体化中学习合适的经验并不是一项容易的任务,相反,是充满了挑战。美国政治科学协会(APSA)比较政治组织部的时任主席艾弗林·胡博(Evelyne Huber),通过呼吁"确立精炼的概念理论以及跨区域比较研究在我们研究设计中的中心地位",从而指出比较不同区域研究的挑战和极大的好处。③ 显然,她的呼吁得到了东亚地区主义研究的回应,尽管这一回应还比较缓慢。综上所述,现如今关于比较东亚地区主义和西欧一体化的研究成果似乎越来越多,在东亚地区主义研究中,西欧一体化经验也得到越来越多的探讨,许多学者主张东亚可以向西欧学习。这类发展应受到极大的鼓励和热烈的欢迎。

第三,在我们开始这项伟大事业之前,了解"什么不能比较以及什么不能照抄照搬"是最重要的。因为已经存在一些不恰当和错误的比较成果了。④ 事实上,过度地依赖西欧一体化标准,使得研究东亚地区主义的学者

---

① 王国维评注,引自余英时《人文·民主·思想》,海豚出版社,2011年版,第21页。

② Philomena Murray, "East Asian Regionalism and EU Studies," *European Integration*, Vol. 32, No. 6, November 2010, pp. 598 – 599, p. 603.

③ Huber, Evelyn, "Letter from the President: The Role of Cross-regional Comparison," *APSA-CP Newletter* 14(2), 2003, pp. 1 – 6, pp. 1 – 3.

④ 比如,莫拉夫奇克(Moravcsik)认为西欧经验与东亚没有不同,事实上,两地区的区域化经验是相同的。安德鲁·莫拉夫奇克中文译本《欧洲的抉择:社会目标和政府权力——从墨西拿到马斯特里赫特》,伊萨卡,纽约:康奈尔大学出版社1998年版,中译本2008。一位中国学者认为 EAR 可以从 WEI 中学习如何处理美国的角色。李东屹:《东亚区域化如何处理与美国的关系——与欧洲一体化的对比分析》,《外交评论》2010年第2期,第82—92页。

不可避免地沉浸在东亚地区主义过去进程的悲伤中,并且对其未来持悲观态度,而且学者们也易于批判东亚地区主义,忽视东亚迥然不同的背景和取得的相对成果。① 可以肯定地说,东亚地区主义和西欧一体化有着不同的发展过程,它们由不同的原因诱发,以不同的方式向前发展,同样也产生了不一样的结果。② 除了这种内部结构的差异,文章讨论了外部环境问题并且主张东亚地区主义不能照抄西欧一体化。我们生活在全球化时代——一个新的历史阶段,同样也是地区主义的时代。正是全球化与区域化并存的时代背景决定了它的产物——东亚地区主义,和产生于冷战但在新时代仍然续存的西欧一体化是非常不同的。从这点来看,"怎样最好地运用西欧经验作为一体化的范例,而不是唯一的经验或者被认定的原始模型"③是一个值得思考的问题。

最后,文章倡导用最初的理论创新来描述和解释东亚地区主义的发展历程、取得的成就、发展动力和存在的问题。当涉及欧洲经验以外的地区主义时,理论极其匮乏仍是事实。④ 文章中诸如危机驱动型地区主义、开放型地区主义、小国主导型地区主义和竞争型地区主义,这些概念是关于地区主义的一次大胆尝试。看到研究西欧一体化理论的学者们通过不懈努力所得出的这些理论成果(包括功能主义、新功能主义、联邦主义、政府间主义以及制度主义等等)是极其鼓舞人心的。考虑到西欧一体化与其他地区研究,借用彼得·J·卡赞斯坦(Peter J. Katzenstein)的一个术语,建立东亚地区主义理论的未来依赖于"分析折中主义"和"实用主义"。⑤ 由此看来,本文只是提出了问题,并没有给出答案。

---

① D. Nair, "Regionalism in the Asia Pacific/East Asia: A Frustrated Regionalism?" *Contemporary Southeast Asia* 31, no. 1, 2008, pp. 110 - 142; H. Katsumata, "Establishment of the ASEAN Regional Forum, Constructing Talking Shop or A 'Norm Brewery'," *The Pacific Review* 19, no. 2, 2006, pp. 181 - 198; He Baogang, "East Asian Ideas of Regionalism: A Normative Critique," *Australian Journal of International Affairs*, 58(1), 2004, pp. 105 - 125.

② P. Murray, "Comparative Regional Integration in the EU and East Asia: Moving beyond Integration Snobbery," *International Politics* 47, no. 3 - 4, May-July, 2010, pp. 308 - 329.

③ Shaun Breslin, "Comparative Theory, China, and the Future of East Asian Regionalism(s)," *Review of International Studies*, 36, 2010, pp. 709 - 729, p. 711.

④ Dario Battistella, *Théories des relations internationales*, Chinese Translation edition 2010, p. 258, footnote 2.

⑤ J. J. Suh, Peter J. Katzenstein, Allen Carlson, eds., *Rethinking Security in East Asia: Identity, Power and Efficiency*, Stanford University Press, 2004; Christian Fjader, "Regionalism in Asia and Europe in a Theoretical Perspective: 'Rationalist' and 'Ideational' Approaches."

# 中美竞争与韩国的战略

全在晟<sup>*</sup>

## 引言

对于 2013 年 6 月的"习奥会",人们用"新型大国关系"这一值得玩味的短语来加以赞扬。两国元首共同表示,希望在重大问题上合作并创造出共同的利益,减少战略不信任带来的大国间竞争。两个大国间的核心利益被解释为兼容的,并能够保证共同和平发展的可能性。

对于因两个大国在几乎所有领域都有可能发生冲突而惴惴不安的东亚国家来说,它们十分欢迎两大国的这一积极举措。不过,中美关系的未来之路还不太确定,特别是在最关键的领土完整问题上它们不会有任何让步,在这一问题上两个国家可能会有不妥协的对抗行为。美国不太会直接受到领土争端的影响,却一直陷入来自同盟国领土问题的威胁。在南中国海和中国东海,中国和美国的盟国共同分享海洋领土会危及美国和中国的新型关系,还会导致美国更新和加强与盟国的关系。

这篇文章分析了美国和中国关系的演变以及后续合作的前景,同时考察了东北亚国际关系的本质,以及变化的中美关系对东北亚国家形势的启示。还探讨了理想的韩国外交政策的问题。

---

    \* 作者简介:全在晟(Chaesung Chun),韩国首尔国立大学国际关系学系教授、东亚研究所国际安全研究项目主任。

    \*\* 赵冬倩译,张舒君校。

# 一、中美关系的演变

东亚有很多历史遗留问题。由于不完整的现代过渡,我们有领土争端问题、历史教育问题还有政治记忆问题。主权争议问题只能通过完成民族和国家建构过程以及对主权规范的共同尊重得到解决。

就均势的现代逻辑来讲,最重要的安全挑战是中美之间的对抗。源于中国崛起以及中美关系变化的最重要特性是不确定性。两个大国之间的关系一直在纯粹的竞争和多层次合作之间波动。潜在的对抗性导火索有韩朝关系、海峡两岸问题、南中国海问题以及其他领土争端问题,这些都增加了东亚国家的忧虑。最近美国国防部长帕内塔(Panneta)在新加坡讲话中提到了从军事方面包围中国的问题。

我们知道,经济增长以及与此相关的中国实力在政治军事领域和社会文化领域的扩展将会继续,那么仍然是全球领导者的美国和中国的均势状态也将随时发生改变。然而,我们不知道的是美国和中国是否会交换领导地位,中国崛起的结果又是什么,两个大国是否会有剧烈冲突,以及不只是两国之间而是在这一区域内是否会有新的合作基础。

导致高度不确定性的原因有以下几点:在单元层次,美国和中国都是独特的,两者相较,前者是实力超群的霸权国家,而后者则是有着丰富自然及人口资源,有着深厚历史底蕴的国家;在结构层次,此次权力转移有具体的特征,比如软实力和制度等新的权力领域的兴起,国际政治的后威斯特伐利亚转型以及全球化。

对未来的不确定导致了众多事情中有两个有趣的现象:关于未来的理论数量太多、种类多样,我称其为过度理论化现象(overtheorizing);两个国家的保守主义都有所加强,因为他们都在为将来最坏的情况做准备。如果把这两个现象结合起来,我们会发现保守主义的过度理论化现象。对美中双边关系的未来有很多过度理论化的悲观主义,它们是基于事实分析的不确定性以及为未来可能出现的对抗而提升安全警备级别的需要。

从韩国角度说,无论是两个大国最终走向冲突,还是长期在混乱中寻找共同战略合作的过程都是令人痛苦的。位于两国的前沿,韩国不但要忍受全面的最后对峙,还要忍受基于战略不信任产生的琐碎的、程序性的分歧。

对于韩国来说,更多的问题在于它的无法作为,或者说是对中美两国关系的发展没有能力施加重大影响。这个困境对很多相对弱小的中国邻国来说是很普遍的。

美中关系从21世纪伊始可以被划分为几个阶段。在2008年经济危机以前,中国似乎着力采取快速全面发展经济的国家战略,并推动形成有利的国际环境。2008年经济危机以后出于进一步发挥中国作用的期待,中国在区域和全球层面都扮演了更加重要的角色。现在中国在区域和全球架构内更坚定地提高了声音,这也导致了其与美国更加不和。比如,中国在倡导以通用另一种货币来解决美元体系带来的问题时,在指出现有环境机制的不足时和在试图扩大在邻国的地缘战略利益时不再那么犹豫不前了。这加剧了华盛顿和北京之间的战略不信任,最终导致了在下一阶段要缓和双方的不信任和减轻竞争性的思维模式。美国认为中国作为一个大国没有意愿履行全球和区域责任,要求中国在重大问题上负起应有的责任。中国的自信也引发了邻国高度警惕中国"和平崛起"[1]这一修辞的真实性。

中美关系随着两国各自对外战略的演变也一直在变化,如美国的再平衡战略和中国的"和平发展"战略。就再平衡战略而言,它似乎有三个最核心的部分。第一是美国对中国的政策。在国际政治领域,当两国实力差距缩小时,现有实力大国通常不会坐等到挑战国实力上升到与其平等的水平。根据权力转移理论,当上升国家的实力增长到和主导国整体力量相差正负百分之二十左右后,会引起主导国家的不满,就会出现霸权战争。就这点而言,霸权国家会首先采取行动并干涉,甚至充当修正主义国家[2]。在经历了中美两国集团(G2)这一措辞引起的困惑后,奥巴马政府在与中国建立关系时似乎更加坚定。借用国务卿希拉里·克林顿(Hilary Clinton)在2012年3月美国和平研究所的讲话,美国希望通过上升国家和既有主导国家的共存来挑战霸权冲突的历史趋势。"大国之间的新型关系"正在变为一个新术语。但这也有要求,中国需要尊重既有的游戏规则。全球秩序能一直维持

---

① 对于"中国自信"的解读,参见 Alastair Iain Johnston,"How New and Assertive Is China's New Assertiveness?" *International Security*,Vol. 37,No. 4(Spring 2013),pp. 7 - 48;并参见 Michael Swaine,"Perceptions of an Assertive China," *China Leadership Monitor*,No. 32(May 2010).

② Steve Chan,*China，the U. S.，and the Power-Transition Theory：A Critique*,New York,Routledge,2008.

是由于美国的霸权角色给全球和地区提供了公共产品,中国如果不尊重这些规则,不遵守分担责任的承诺做一个负责任的大国的话,它就无法成为领袖。软实力要求在不断地彰显,这意味着一个大国要想得到霸权地位,必须使自己在人权、自由贸易和民主领域成为一个有价值标准和行为规范的领袖。现在的较量不仅局限于军事实力或经济影响力,还涉及游戏规则,正在变成一种元游戏,这导致了一个时期的模糊状态。在这方面,美国作为一个游戏规则改变者回归了。

第二是经济利益。2000 年以来,亚洲成为美国最大的进口区域,也是排在南美之后的第二大出口区域。作为世界上人口最多、经济增长最快的区域,亚洲对美国经济的未来更加重要。这就是为什么奥巴马政府一直致力于推动跨太平洋合作关系,目标是把亚洲国家作为它国内出口的主要对象。① 回顾过去十年的发展趋势,东亚经济的重要性非常明显。2010 年亚洲成为全球商品贸易区域份额中排名第二的区域,美国商品贸易中亚洲的出口份额比例从 2000 年的 22％上升到 2010 年的 23.5％,进口比例从 2000 年的百分之 28.9％上升到 2010 年的百分之 32.2％,使亚洲成为仅次于北美的第二大贸易出口区域。随着结构性的联系以及美亚经济总量的增加,对于美国更难离开这一区域的期待也更大。这也意味着对美国来说它将来会发挥更多的作用。

第三是安全结构。很明显美国再平衡战略的重点之一就是对华政策,即如何反击中国政府的区域性拒止和反介入战略。其基本动机似乎不在于遏制中国,而是为了建立一个更加有效的安全结构,以使美国能够和平应对权力转移。美国反复声明,它的双边联盟是它改进单边及多边机构的作用以保障安全结构的关键。发展多方面、多层次的争端解决机制对于防止冲突升级为重大军事交锋而言至关重要。迄今为止,美国在这一区域一直保持所谓的轴心辐射状的安全结构,这似乎在转型中的安全环境里显得不足。美国过去的辐射模式逐步让位于由其在东亚不同的战略同盟组成的更复杂的网状结构。其他因素也很必要,比如内部轮辐合作、美国与盟国的合作,还有多中心的网状合作。这些"关键环节"让美国重要的盟国秉承集体认同

---

① Mark E. Manyin, Stephen Daggett, Ben Dolven, Susan V. Lawrence, Michael F. Martin, Ronald O'Rourke, Bruce Vaughn, *Pivot to the Pacific*? *The Obama Administration's "Rebalancing" Toward Asia*, Congressional Research Service, March 28, 2012.

和共同价值,担起重要责任。

另一方面,每次提到发展战略时,中国总是围绕"核心利益"这一概念。从 2003 年起中国政府官员们就开始对核心利益发表声明。众所周知,在 2009 年 7 月中美战略经济对话闭幕的讲话中,时任中国国务委员的戴秉国对中国的核心利益进行了罗列和排序。他说:"中国的核心利益第一是维护基本制度和国家安全,其次是国家主权和领土完整,第三是经济社会的持续稳定发展。"2011 年以"中国和平发展"为标题的白皮书重申了国务委员戴秉国列出的原则,并且是针对中国核心利益基本原则的最权威表述。

# 二、新型大国关系?

2011 年 1 月奥巴马总统和胡主席之间的峰会开启了基于两国需要和各自利益更加现实的合作的新篇章。中国接受美国是一个亚太国家,作为交换,美国尊重中国的核心利益。

习近平主席在他的任期内提出了一个非常有意义的短语来定义中美关系。习主席在 2012 年 2 月访问美国时开始提出"新型大国关系"这一概念。他当时的意思是:(1)"坚定推进互相理解和战略互信";(2)"尊重彼此的核心利益和重大关切";(3)"努力加深共同利益合作";(4)"坚定推动在国际事务和全球领域的协调以及合作"。

习主席和中国政府想用这个概念达到什么效果还不能确定。但可以确定的是这个概念和习主席努力创造中国扩大经济和战略利益的良好环境紧密相关。

在有了官方关于"新型"的表述之后,许多中国官员更灵活地界定了这一概念。共同的含义可以总结如下:

- 如果有危机出现时,要不断增进深化有弹性的交流渠道以增进两国共同应对危机的能力。
- 给美国施加压力,使其尊重中国的"核心利益",而核心利益被中国政府定义为中国的政治制度和国家安全、国家主权和领土完整、经济社会发展。
- 提升中国作为一个寻求解决地区热点及全球性问题上的建设性角色的形象。

- 声明中国在和美国积极主动地建设和平合作的关系，并没有从军事上挑战美国的意图和能力。

- 向美国施压，使其停止军事侦察和在中国专属经济区内进行勘察活动，减少对台军售，放松对双边军事合作的限制，尤其是 2000 年国防授权法案涉及的内容。①

美国对习主席一直是审慎地正面回应。在奥巴马第一个任期内，美国官员们表达了他们希望中国和美国能够避免先前的霸权竞争模式，以及权力转移时期的全面战争。根据巴德（Bader）的回忆录，奥巴马总统的主要外交政策顾问试图扭转低估东亚重要性的趋势。他们意识到了前布什政府太过于强调反恐和国家安全的隐患。②

有着稳定的环境，经济维持开放和尊重人权的地区秩序，华盛顿欢迎习主席提出的"新型"关系。这一态度在习主席和奥巴马总统会晤时达到顶峰。习主席宣布："现在，中美关系到了新的历史起点。我们两国有很多共同利益的交汇点，从推进各自国内经济增长到维持世界经济的稳定；从应对国际和区域热点问题到各种各样全球挑战。在所有这些问题中，我们两个国家需要增加交流与合作。双方应该推动双方人民的基本利益，并且心怀人类发展和进步。我们需要创造性的设想，积极的行动，通过共同合作建立起新型大国关系。"③

美国方面做出了回应。奥巴马总统说："不可避免的，我们两国在有些领域有分歧，但是我在过去四年中得知中国人民和美国人民都想要强有力的合作关系，我想我和习主席都强烈地认识到了我们的共同利益，是一起合作来应对我们面临的全球挑战。我非常盼望这一点成为我们接下来几年要建立的新型合作关系的坚定的基石。"④峰会之后，美国国家安全顾问汤姆·多尼伦（Tom Donilon）回忆起两国元首"热切希望为两国关系变为现实规划一条路径，以实现习主席和奥巴马总统所说的新型大国关系"⑤。

如果我们聚焦于中美关系的合作方面，不可否认的是它给其他亚洲国

---

① U. S. -China Economic and Security Review Commission, "China Seeks a 'New Type of Major-Country Relationship' with the United States," June 25, 2013, p. 2.

② Jeffrey A. Bader, *Obama and China's Rise: An Insider's Account of America's Asia Strategy*, Washington D. C. : Brookings Institution Press, 2012.

③ 2013 年 6 月 7 日奥巴马总统和习近平主席在双边会议之前的讲话。

④ 同上。

⑤ 2013 年 6 月 8 日国家安全顾问汤姆·多尼伦在新闻发布会上的讲话。

家创造了很多的机会，使它们能去追求自己的国家利益而不用担心两个大国的冲突。然而，这并不是中美关系的全部。随着 2011 年以来两大国的权力再平衡，两个国家都采取了防范战略：华盛顿继续保持与中国的友好关系，巩固它传统的和新的军事同盟关系以制衡中国的军力上升；中国政府一方面寻求与美国的合作，另一方面快速实现内部平衡，即军事现代化，逐步引导中国与其他亚洲国家建立起战略联系。如果新型大国关系意味着两个大国会用其他手段提升制衡的级别，那么其他亚洲国家也需要承担起责任。比如，日本预期会和中国有更多冲突，为了制衡中国，改革传统军事角色，重新解读宪法，允许日本自卫队扩充，以承担更多的责任。当两个大国再平衡并且互相防范时，对其他国家来说自我保护的空间就更小了，只能受制于两个大国选择特定的角色。①

最近，有声音质疑再平衡战略的可持续性，特别是对奥巴马政府在第二任期内对中东和东欧（比如克里米亚）的"再再平衡"政策颇为怀疑。再平衡带来了以下的问题：美国收缩在其他地区的安全事务，影响了美国对亚洲盟友承诺的可信性。美国的同盟国因为美中的新型合作承诺感觉到了背叛，日本利用中国声明防空识别区表达了这一看法。美国给同盟国太多可以操纵的空间而使自己因为过度的内讧掉入了陷阱。美国与盟国之间对于盟国的角色与合作的理解也随之有了分歧。当美国加强和盟国的联系时，中国对美国的意图产生了怀疑。

为了解决再平衡战略带来的问题，美国试图通过对不同问题的安全承诺向同盟伙伴展示自己的承诺，比如美日安保条约覆盖钓鱼岛问题，华盛顿在首尔的提议下再次推迟作战指挥权的移交。美国也尽力协调同盟伙伴之间的关系，比如在韩国和日本之间的调停。美国的确努力想要使中美新型关系可操作化。不过，美国的行为在中国看来是为了解决再平衡战略带来的问题并积极地包围中国，因此这种新型关系将来是否牢固还有待观察。

---

① E. Goh, "Institutions and the great power bargain in East Asia: ASEAN's limited 'brokerage' Role," *International Relations of the Asia-Pacific*, Volume 11 (2011), pp. 373 - 401; idem, "Understanding 'Hedging' in Asia-Pacific security," *Pacnet* No. 43, (31 August, 2006), available at: http://csis. org/files/media/csis/pubs/pac0643. pdf. ; Goh, E, "Southeast Asian perspectives on the China challenge," *Journal of Strategic Studies*, 30. 4(2007), pp. 809 - 832.

## 三、中美关系的未来及相关解读

### 1. 中美关系的未来

美国的再平衡战略和中国的和平发展战略相遇会怎么发展仍有待观察。如果未来双边关系被定义为霸权竞争,全面竞争就无法避免。如果可以预见的竞争和合作的稳定模式可以成功建立起来,我们可以看到或好或坏的变化。不同领域的问题会带来特定的合作和竞争逻辑,这也很重要。在美国的再平衡战略和中国的发展战略之下,至少在经济领域似乎会出现强烈的一致。然而,经济互相依赖和军事竞争以及相互平衡逻辑是共生的。尽管两个国家不打算因为领土问题而对峙,中国和美国盟国之间关系的恶化将导致两国关系的恶化以及加强军备建设。

中美在不同权力游戏里的关系

|  | 霸权竞争 | 大国竞赛 | 大国参与/合作 |
|---|---|---|---|
| 美国 | 保持霸权;<br>阻止中国的崛起 | 保护关键利益;<br>在竞争中巩固位置 | 在重要利益方面建立密切关系;<br>建立合作机制 |
| 中国 | 挑战美国主导的管理体制;<br>争夺核心利益 | 在重大问题上竞争并拥有主导权 | 在美国主导的体制下崛起;<br>建立未来发展的机制 |

美国和中国直接的海洋对抗来自于专属经济区(EEZs)问题。中国和美国对于沿海国家有权利勘探和开发、养护和管理专属经济区的自然资源持有相同的观点。然而,中国声明在自己的专属经济区内有权利管制外国军事活动,不管是演习、军事调查、侦察或其他军事行动。美国则坚持认为沿海国家共同拥有这些权利。对海洋权利还有航行自由的不同解读可能导致双边矛盾,并使其他领土和军事相关问题恶化。

美国和中国的新型大国关系是否会在未来缓和军事竞争还不明朗。尽管两国目前已达成共识要互相尊重核心利益,为共同发展找到共同的基础,为经济一体化建立基础,但是挥之不去的战略不确定会加速持续的军备建设,为可能的海洋冲突做好军力准备。

随着时间推移,中国不但会增加它的反介入优势,而且还会把这种优势扩大到太平洋、东北亚直到东南亚地区。另外,中国网络和反卫星能力可能迟早会打乱美国自动化指挥系统 C4ISR,然后损坏其直接的防御体系。总之,美国前方作战军队可能更加脆弱。①

美国再平衡战略也不意味着它会削弱在亚洲的军事准备。华盛顿改变计划,把部署的 11 艘航空母舰缩减为 10 艘。并且它也支持继续制造攻击性潜艇,在制造方面仅有临时的减慢,并且支持发展可以被大量安放到潜艇上的新巡航导弹。另外,它号召继续制造更多类型的舰艇,包括相对"高端"的装载雷达的宙斯盾(Aegis)驱逐舰,还包括尽管数量在减少的濒海战斗舰(LCS),这是一种相对较小、操作灵活的多功能小型舰艇。最后它还包括为了维持海军陆战队设想的全部数量的 33 艘水陆两栖战舰。有人号召更多的军舰——例如海军陆战队的目标是 38 艘战舰——但是目前一直都是 33 艘,现行计划也仍旧是 33 艘。②

2. 不同的解读

从现在开始局势会怎么演化,部分取决于两国人民对未来关系的设想。这是喜忧参半的。在美国,进攻性现实主义者比如米尔斯海默认为,中美关系可以被定义为大国关系。理论假定是大国通过国家权力最大化来追求国家安全,美国和中国实力差距的缩小注定了会在 20 或 30 年以后带来激烈的安全竞争。在这个思维逻辑下,有一个重要的假设是不管其他国家(包括美国在内)的战略是什么,中国的崛起会继续,因为国力由人口和财富代表。中国比美国多四倍的人口,快速发展的经济会变成军事实力,能挑战美国主导的国际政治。安全竞争是无政府逻辑规则下大国的本质,美国将没有选择余地,只能应对来自中国的最终会导致霸权竞争的挑战。③

这些基于对过去霸权竞争轨迹的观察所产生的有意义的预言相当有启迪性。然而,对过去的重复却因为下列理由值得怀疑。首先,中国不可能强大到可以挑战美国的霸权,仅仅这样假定也会对现有政策的制定蒙上对未

① James Dobbins, "War with China," *Survival: Global Politics and Strategy*, 54: 4 (2012), pp. 7 - 24.

② Mark E. Manyin, Stephen Daggett, Ben Dolven, Susan V. Lawrence, Michael F. Martin, Ronald O'Rourke, Bruce Vaughn, *Pivot to the Pacific? The Obama Administration's "Rebalancing" Toward Asia*, Congressional Research Service, March 28, 2012.

③ John Mearsheimer, *The Tragedy of Great Power Politics*, New York: W. W. Norton & Company, 2001; Zbigniew Brzezinski and John Mearsheimer, "Clash of the Titans," *Foreign Policy*, Jan/Feb 2005, Issue 146.

来悲观的持久阴影。有很多方法可以预见未来中国的国力,如用一些指标比如 GDP 的增长。然而,中国在不断崛起的过程中也会面临各种难题。中国会明智地控制这些问题,而且意识到需要稳定的外部环境,特别是和大国的良好关系,比如美国。中国有可能会发展成区域性主导国,而不是一个世界霸权国,将中国视为世界竞争者将会使政策选择变得狭窄,不仅对美国如此,对中国的周边国家亦如此。为了避免进攻性现实主义自我实现不良预言,更多地采取以进程为导向的方法是必要的。

第二,中国崛起的现象会持续,但是中国未来的形态还不能确定。在美国缔造的自由国际政治经济框架内中国能保持继续发展经济。可以确定的是中国实际上在很多重要经济领域内,比如金融和贸易,把自己变得符合国际标准,更不用说市民社会中的很多团体了。至少到现在世界还是单极的条件下,当中国不可避免地"参与式崛起"(engaged rise)时,结构性的规则会使中国显示出相似的模式。如果中国的参与和中国对美国领导下的国际体系输入双重增强的话,那么米尔斯海默认为的不可避免的冲突是无法确定的。会有更多的机制处理特定领域的冲突,以免直接升级为战略性对抗。在中国的崛起过程中,更多的冲突会帮助阻止最终毁灭性的冲突的发生。

中国悲观主义的最佳代表为阎学通。他认为中国和美国的双边关系经历了长时间的起伏,这主要是由于冲突和利益的不一致。即使在后冷战时代,这一事实也很难改变。他说执迷不悟、一厢情愿地相信真正的友谊,会阻碍务实地处理双边关系。基于所谓的"表面友谊理论",他做了如下总结:第一,从心理上准备好另一方可能做出不友好或不受欢迎的决定,可以减轻冲突升级的危险。第二,增加双方威慑战略的可信性,会使双方产生更多防御性的安全合作。第三,减少对另一方的不切实际的期待,会令他们的关系更加稳固。第四,可以根据其关系的特定方面用不同的原则来稳步推进他们的关系。①

在两个国家,乐观主义在自由主义国际关系的表述中还是有效的,它相信经济相互依赖的力量、国际制度、民主和平等各种理念。有些自由主义者认为双边经济关系创造共同利益能在国家间营造良好的关系。两国的贸易

---

① Yan Xuetong, "The Instability of China-US Relations," *The Chinese Journal of International Politics*, Vol. 3, 2010, p. 292;Also see Yan Xuetong, "The Rise of China and its Power Status," in Sun Xuefeng, Matt Ferchen and M. Taylor Fravel, eds., *Rethinking China's Rise:A Reader*, Oxford:Oxford University Press, 2010.

额和投资额越多,两国中会有更多的群体因为自身利益来避免冲突,保持和平。[①] 除了相信经济导致的相互依赖是和平的工具以外,自由乐观主义者把更多的期待放到各种国际机构的角色上。这些国际机构可以帮助增进国家间的联系,减少关于意图的不确定性,增强政府互信、相互负责的能力。这样做,它们可以帮助安抚或抵消国际无政府的危害,为更高层次的合作和信任铺平道路,如果没有它们的话,这将无法达成。

民主和平论者也表示,希望中国政治既有发展又能跟美国有更良好的关系。在中国的政治改革过程中,很大一部分受经济发展影响,中国更为开放的贸易相应地加速推动政治改革。

# 四、韩国的战略

作为区域的弱国,韩国在大国竞争问题上的选择相对有限。韩国需要记住下列事项。

第一,过度理论化以及对大国关系太过草率的悲观,将会对弱势利益相关国产生更糟糕的效果,比如对位于关系前沿位置的韩国。然而,在特定的过渡时期,更重要的是国际政治性质的改变能给韩国更大的操作空间。它可以努力减轻美国和中国之间的战略不信任,可以提供针对具体问题的争端解决机制,促进合作制度化,承担召集者与合作促进者的角色。还有,作为一个全球中等国家,韩国在该地区其他中立国家或地区(东盟、澳大利亚、中国台湾,可能还有日本)的帮助下能促使其采取国际规范来解决地区问题。

第二,韩国需要推进东亚体系的灵活性。在国际政治中国家实力的不平衡发展是不可避免的,最重要的是体系是否有灵活性和权力分布调整是否有适应性。增进体系灵活性指的是:(1)阻止大国间战争或者区域大国的军事冲突;(2)和平处理大国竞争导致的棘手的区域问题;(3)建立权力转移之外的普适的国际准则;(4)增强中立国的角色来降低大国间的战略

---

① Zachary Karabell, *Superfusion: How China and America Became One Economy and Why the World's Prosperity Depends on It*, New York: Simon & Schuster, 2009; Steve Chan, *Money Politics: International Credit / Debt as Credible Commitment*, East Asia Institute Fellows Program Working Paper No. 28, February 2011.

不信任,特别是中国和美国之间。

第三,关键任务是发展韩美中三角关系的新等式。最困难的挑战是如何与美国和中国同时保持战略关系,并且在权力转移的过程中对该过程的平稳做出贡献。韩国一直在巧妙地转变韩美同盟。21世纪的同盟不仅是用来反对预先设定的对手的军事伙伴。新角色将包括处理不确定的安全威胁,还有基于普适价值和准则之上的安全问题。那么,21世纪韩美战略结盟的概念包括共同价值、信任还有规范等未来结盟的重要元素。当共同的准则支撑联盟的基础时,它在地区和全球的作用会获得多个国家包括中国的支持。

价值和准则中,例如核不扩散、持久和平、现代化失败的国家还有解决安全问题都是最突出的例子,因为韩国的市民社会可以简单地用过去的经验来处理朝鲜和东北亚的安全问题。当这些特定经验的普适价值以联盟的形式实现时,新联盟的作用将不会引起不必要的误解。

韩国与中国的战略性合作在很多领域都是必不可少的,不仅是指双边问题,还在朝鲜问题、区域问题和全球问题上。中国是韩国的第一大贸易伙伴,在解决朝核问题和半岛和平问题上是最重要的一分子,和韩国一样有着很多共同的传统的和现代的价值观,和韩国有着很多相同的战略利益。而且韩国和中国都不希望地区有任何的冲突,都同意将地区秩序和平地向更加和平、成熟、负责的方向转变,在许多问题领域可以合作。在东北亚中部的区域关系中,韩国应该和中国有平衡的互惠互利关系,这对韩国国家利益至关重要。

如果罗列一些韩国与中国有关的利益的话,韩国需要增进经济合作以及寻找良好的环境来解决经济纠纷。其他目的还包括:发展社会经济交流以增进对彼此的理解,比如文化交流、各种层次的人员交流;发展多层次官方交流和各种战略对话会议以促进政治合作;找到更好的途径用共同价值来遏制地区内的民族主义,比如经济发展和繁荣、地区合作、民主、新后现代文明、人权以及和平地解决重大问题;建立多边东北亚国家合作机制,并增强开放和透明来解决至关重要的区域问题,比如环境问题、难民问题和核扩散问题;在全球领域合作,比如气候变化、能源安全、环境保护、贫穷、传染性疾病以及其他全球性问题。

第四,韩国需要充分利用全球性变化给予非政府行为体一定权利,比如市民社会、国际制度,使国际准则和东亚多层次合作网络地方化。伴随着美国和中国以及东亚其他国家在多层次行为体的网络中联系更加紧密,中美关系中会有更多的利益相关方。而且在全球层面和区域层面上制度背景和准则的密切交流将在东亚架构和全球治理产生关联效应。比如,当韩国处理与朝鲜问题时,不仅仅要从东亚国家的关系背景来看,还要从全球规范、核不扩散框架或者非法国家正常化来看,所有的大国别无选择只能遵守。这样把纯粹的权力导向型权力转移到有更多行为体和不同层次的以准则为导向的路径之上的过程会更灵活。

第五,韩国需要发展针对特别问题的战略。有趣的是中美关系在不同问题领域有很多不同的逻辑在起作用。它们在军事和安全问题上竞争激烈,而在经济问题上就相对缓和,在社会文化领域几乎没有冲突。从地缘战略角度把竞争不那么激烈的经济和社会文化问题安全化是非常草率和危险的。培育在不同领域的合作的可能性时,我们可以遏制危险因素的外溢,甚至把重大问题去安全化。

第六,韩国可以在美国和中国的关系中发展"中等国家外交"的大战略概念。在其他中等国家帮助下,在东亚建立复杂的网络结构以超越均势机制带来的两难境地,是区域中等国家取得主动权的动因。因此韩国需要建立有凝聚力的国内社会来支持这一范式,并让韩国作为一个全球中型国家为全球治理发展做出贡献。

# 韩国的信任外交与东北亚

辛星昊<sup>*</sup>

## 一、东北亚地区的结构变化

  21世纪东北亚地区的地缘政治发生了根本性的改变,比20世纪90年代冷战环境下的困境还要复杂。从某种意义上说,这种变化和19世纪后期的巨变一样激烈,几个世纪以来以中国为中心的传统秩序被西方帝国主义的到来和日本的崛起所推翻。在约100年前的那次权力转移中,朝鲜半岛处于中心位置。在21世纪这一次权力转移中,朝鲜民族再次发现了自己的中心地位。但是,目前的地缘政治环境特性与以往都不同。

  首先,东北亚的平衡因中国的崛起而发生了改变。许多专家都关注的问题是,中国的经济实力是否以及何时将超过美国。但很少有人注意到,在2010年中国已经在经济规模方面超越日本。中国正在回归其地区霸主的地位,其失去这个地位是在大约100年前,19世纪末的中日甲午战争中的惨败。中国的国防开支在2005年已经超过了日本,到2013年达到1 143亿美元的国防预算,是日本508亿国防预算的两倍。到2015年中国的国防开支预计将是日本的四倍,预计将达到2 382亿美元。这个总数超过亚洲地区12个国家的国防支出总和。今年中国的国防开支将从美国的20%上升至美国的50%。美国在全球投射其军事力量,在区域范围内按照国防开支考虑的话,中国正在迅速赶上美国的防御能力。近日,中国的军事战略重点是培育反介入和区域拒止(A2/AD)能力,这将阻止区域外国家挑战中国的领土或主权权利,北京方面认为这是中国在亚洲地区的核心利益。美国

---

  \* 作者简介:辛星昊(Seongho Sheen),韩国首尔国立大学国际问题研究生院副教授。
  \*\* 朱玲译,王爱娟校。

国防部关于中国日益增长的军力报告声称,中国不仅努力提高了军队的规模,同时也提高其质量,尤其是,一直专注于尖端的隐形战机、核潜艇、反卫星激光武器、反舰弹道导弹的发展。此外,2012 年中国推出首个航母,虽然是从俄罗斯买来经过翻新的,但可以看作中国对加强亚洲以外的力量投射能力的努力的一部分。与此同时,由于陷入经济和金融危机,美国在 2012 年宣布,计划在未来 10 年里将削减 10%的国防开支。政治现实主义者们警告说,中国的崛起将使得其与周边国家的关系紧张和对立,包括美国在内,从而加剧区域内的矛盾和纠纷,并最终导致霸权战争。[①]

其次,也有一些学者相信,尽管中国崛起和地区权力结构转型,但在东北亚地区再发生一次像 19 世纪末期那样的霸权战争的可能性相当遥远。2012 年新上任的习近平,继续强调中国的和平崛起与和谐的外交关系。然而,中国与日本和东南亚一些国家的领土争端,让外界对中国迅速崛起又增加了新的担忧。某些专家还提请人们注意这样一个事实,即中国和日本之间的冲突,涉及了民族主义的领土争端,伴随着两国力量平衡的逆转过程。现在的情况与第一次世界大战发生前和第二次世界大战发生前有许多相似之处。但是,哈佛大学的斯蒂芬·M·沃尔特(Stephen M. Walt)指出,虽然中国与这些国家之间的小范围小规模冲突的可能性是存在的,但是世界上的超级大国之间爆发全面战争的可能性仍然很低。[②] 这是因为崛起的中国并不具有领土野心和掠夺邻国的欲望,与 19 世纪末期的日本和 20 世纪初期的德国不同。同时,东亚国家,包括中国,都明确强调其目的是经济发展。因此,他们都敏锐地意识到,确保一个和平的环境是最重要的。此外,核武器的存在也已经使得东亚国家之间全面战争的可能性降低。在这方面,强国之间的传统霸权竞争的性质已经不可避免地被 20 世纪出现的核武器和 21 世纪的全球化趋势改变了。因此,即使如现实主义者所说东北亚地区正在进行权力转移,但在这一地区全面范围的霸权战争似乎不太可能。更重要的是,美国继续扮演离岸平衡手的角色。奥巴马政府最近强调了他

① John J. Mearsheimer, *The Tragedy of Great Power Politics*, New York: W. W. Norton & Company, 2001, pp. 1 - 28, 360 - 402; "The Gathering Storm: China's Challenge to US Power in Asia," *The Chinese Journal of International Politics*, Vol. 3, (2010), pp. 381 - 396.

② Stephen M. Walt, "Good News: World War I is over and will not happen again," *Foreign Policy*, February 8. 2013, http://walt. foreignpolicy. com/posts/2013/02/08/good_news_world_war_is_over_and_will_not_happen_again.

的"重返亚太"政策。美国的亚洲再平衡信号表明,美国愿意采取必要的措施来约束任何国家,特别是中国,同时由于其经济拮据而努力减少军费负担。

第三,东北亚地缘政治局势相对稳定,但可能会因为北朝鲜问题的发展而遭到破坏。最近的一系列事件使朝鲜的威胁提高到一个新的水平。朝鲜成功发射了远程导弹后,又进行了第三次核试验,深化了其大规模杀伤性武器的能力和威胁。朝鲜于2013年2月12日进行的第三次核试验,表明朝鲜的核能力已经达到一个新的水平。尽管缺乏数据,以确认核试验的实际规模和特点,但似乎这最新一轮的测试在规模和能力方面更先进。此外,如果这个实验是利用浓缩铀的话,许多核专家预测朝鲜的核武器能力超越单纯象征性的阶段。[1] 本次测试,并结合2012年12月成功发射的远程导弹,许多人得出结论,朝鲜在成为实际的核国家方面迈出了显著的一步。这是一个里程碑式的转变,不仅改变了南北朝鲜之间的军事平衡,而且改变了整个东北亚地区的安全形势。

平壤的领导层正在经历关键过渡。未来朝鲜具有不确定性。朝鲜经济没有任何大的改善迹象,随着时间的推移只会进一步加剧朝鲜内在的不稳定性。朝鲜最近的核试验,将进一步破坏经济改革,由于国际社会加强了给朝鲜的制裁,便阻断了朝鲜体制赖以生存的关键。因此,朝鲜核能力的进步已经在本质上成为一种工具,以抵消现有的朝鲜体制的弱点。不过,这种情况加剧了矛盾,其中随着近年来核能力的加强,朝鲜的经济随却遭到了进一步的削弱。朝鲜半岛上的政治、军事和经济的不稳定或朝鲜政权的崩溃,甚至比朝鲜核武器的潜在威胁更为严重。

第四,韩国提供了一个非常不同的途径。19世纪的朝鲜半岛和当今的朝鲜半岛之间最重要的区别在于韩国的全球能力和地位显著提升。虽然它在地缘政治上仍然被强大力量所包围,但到2013年韩国已经成为世界第十五大经济体和第十大军事强国。[2] 作为一个拥有5000万人口的经济发达

---

① David Sanger, "North Korea Confirms It Conducted 3ʳᵈ Nuclear Test," *New York Times*, February 11, 2013, http://www. nytimes. com/2013/02/12/world/asia/north-korea-nuclear-test. html? pagewanted=all&_r=0.

② 2013年世界银行数据 http://en. wikipedia. org/wiki/List_of_countries_by_GDP_ (nominal) 与2013年斯德哥尔摩国际和平研究所数据 http://en. wikipedia. org/wiki/List_of_countries_by_military_expenditures。

国家,人均国民收入为 2 万美元,韩国也是世界上的技术引领者,尤其在高新技术领域和电子、通讯、半导体、汽车、造船、钢铁和建筑等重点行业。韩国军队是由 60 万人组成的拥有高昂斗志和尖端武器系统的精锐部队。除了保卫朝鲜半岛,韩国军队积极参与维和行动为世界和平和稳定贡献力量,自 1991 年海湾战争第一次派遣部队以来,已经在世界各地超过 20 个国家参与过维和行动。近来,韩国电影、戏剧和流行音乐在世界范围内引发韩流,已经明显地提升了韩国在国际社会的软实力。韩国在过去半个世纪里发生了显著转变,其中包括从受援国转变为援助捐助国,拥有成熟的民主和非凡的经济发展,吸引了许多发展中国家领导人向韩国寻求学习。韩国的情况与混乱黑暗的李氏朝鲜末期有很大的不同。2005 年韩国釜山成功举办了高规格的 APEC 峰会,2010 年二十国集团首尔峰会,2012 年核安全峰会,都显示了 21 世纪韩国从外围高调转向新的国际秩序的中心。韩国的快速发展意味着它现在有能力与其他大国一起,在促进朝鲜半岛和世界和平与稳定中发挥积极作用。

## 二、朴槿惠总统的信任外交

作为韩国现代史上第一位女性总统,像大多数其他大国领导人一样,朴槿惠面临的是解决国内问题和外交事务的挑战。在她竞选期间,朴槿惠强调在全球经济危机中和日益扩大的经济不平等的状况下,要加强穷人和弱势群体的社会安全体系建设。她希望通过振兴韩国经济,实现"汉江第二奇迹"。她的政策也将通过协调大小企业以实现"经济民主化"。[①]

至于外交政策,朴槿惠总统承诺将与邻国采取新的信任外交举措。被称为"信任政治"的政策,旨在通过以信任为基础的更高层次的合作促进朝鲜半岛和东北亚的和平与繁荣。信任是总统的政治哲学的核心价值,是促进个体乃至国家合作的不可缺少的资产。信任被定义为"国际合作的资产和公共基础设施,没有它,持续的真正的和平是不可能实现

---

① 总统候选人朴槿惠的"政策简报"(Policy Briefing)。

的"①。既不是一个乌托邦式的理想主义,也不是一个天真的政治浪漫主义,信任政治来自韩国独特的历史经验,以及朝鲜半岛和东北亚地区的政治现实,因为这里信任非常稀缺。由于韩朝之间的对峙,朝鲜的大规模杀伤性武器的进程更使得朝鲜半岛内及周边的冲突的性质复杂化。建立信任也是解决"亚洲悖论"的途径,它道出了经济相互依存、落后的政治和安全合作之间的失衡。②

朴槿惠的信任政治旨在解决韩朝对抗和东北亚的安全问题。为此,朴槿惠政府追求朝鲜半岛信任构建(KPTBP)和东北亚和平与合作倡议(NAPCI)。首先,建立信任被视为打破朝鲜挑衅—补偿—再挑衅这种恶性循环的基本要素。建立信任的过程会首先确保和平,对朝鲜的任何挑衅都会采取坚定和果断的安全态势。同时,将努力促进国际关系的稳定发展。而不是要么轻易接受、要么无奈忍受朝鲜的自我放纵行为,而是坚持一贯立场,即朝鲜必须遵守国际标准和规范并信守诺言,对于失信则需支付违约金。其次,建立信任也是应对东北亚安全动态的关键,其原因则是日益加深的经济相互依存,与历史和领土问题上的争端正在加剧之间的不平衡。东北亚和平与合作倡议旨在把现存的不信任以更柔和的方式转化为信任和合作,这些更柔和但同样重要的问题包括,气候变化,环境,救灾和核安全。该倡议旨在逐步培养区域内国家合作的习惯,所以它最终可能会有助于解决更严重的安全问题,如领土和历史纠纷。③

朴槿惠政府认为朝鲜半岛和东北亚地区的问题是密切相关的。朝鲜半岛信任的构建和东北亚和平与合作的倡议相得益彰。④ 他们知道建立信任是不容易的。只是单方的努力不可能建立信任。为了建设更持久的信任,一方必须清楚地表明意愿,那就是对违反协议的另一方将使用有效可靠的威慑,同时不排除建设性合作的可能性。在政治现实面前需要时间和耐心去坚持运用信任政治的原则。

---

① Yun Byung-se, "Park Geun-hye's Trustpolitik: A New Framework for South Korea's Foreign Policy," *Global Asia* Vol. 8, No. 3 (Fall 2013), pp. 11 - 12.

② Ibid.

③ Ibid.

④ Ibid.

# 三、在朝鲜半岛信任构建(KPTBP)

朴槿惠总统强调有必要重建与朝鲜的信任,把开展与朝鲜对话作为她的朝鲜政策的一部分。在竞选期间,朴槿惠承诺结束李明博的强硬政策以结束朝韩紧张局势。在他的5年任期内,李明博总统对朝鲜的核试验采取不妥协的政策,坚持无核化优先于朝韩接触。然而,李明博的做法激怒了平壤,使其进行了两次核试验和三次远程导弹试验。与此同时,朝韩紧张局势达到了一个新的高度,朝鲜军方击沉韩国军舰,并在2010年炮击延坪岛。

在承诺对朝鲜的挑衅保持强大的防御姿态和报复能力的同时,朴槿惠呼吁与朝鲜领导层对话和缓和敌意。为了做到这一点,朴槿惠强调以信任为基础的外交。她指出,缺乏信任长期破坏着朝鲜和韩国之间的真正和解的尝试,朴槿惠提出了首尔会采取"信任政治政策",希望基于全球规范建立相互制约的机制。① 然而首尔必须对平壤的军事政策和核政策做出反应,此外还必须保持开放以改善双方的关系。信任可以建立在增量收益上,如以加强经济合作为目的的合作项目、人道主义援助及新的贸易和投资机会。对于这种情况,建议采取积极措施增进互信。例如,人道主义问题将同政治问题分开,如对婴幼儿的援助等。韩国也将扩大基础设施建设,改善朝鲜的电力、交通、通信网络,支持朝鲜加入国际金融机构,加强对韩国—朝鲜—中国,韩国—朝鲜—俄罗斯的三边经济合作,帮助开城工业园区实现国际化,共同开发朝鲜的自然资源,提升社会和文化交流。为了推动这种工作层面的交流,朴槿惠提出建立"韩朝交流合作处"。② 为了讨论这些建议,她还建议韩朝首脑进行会晤。

然而,一旦当选,新总统很快就发现自己面临着来自平壤—朝鲜的核试验和军事危机的挑战。2012年12月在朴槿惠当选前一个星期,朝鲜成功发射了卫星运载火箭。在朴槿惠就职典礼的前两周,朝鲜进行了地下第三次核试验。这些事件加剧了朝鲜半岛的紧张局势,也对朴槿惠政府恢复朝

---

① Park Geunhye, "A New Kind of Korea: Building Trust Between Seoul and Pyongyang," *Foreign Affairs*, 90(5), 2011, pp. 13 – 18.

② 总统候选人朴槿惠的"政策简报"(Policy Briefing)。

韩对话日程造成挑战。在她的就职演说中,朴槿惠称朝鲜的最新核试验"挑战朝鲜人民的生存和未来",并表示朝鲜将是"最大的受害者"。朴槿惠也警告平壤,她将"不会容忍威胁生命的任何行动"。新总统在首尔呼吁朝鲜停止把资源浪费在核武器和导弹开发上,承诺"一步一步地往前走,在可信的威慑力基础上打造南北之间的信任"①。

没多久平壤就对韩国还击。在2013年3月初,朝鲜半岛和平统一北方委员会(CPRK)宣称,"朝鲜废除南北之间达成的有关互不侵犯的所有协议"。此外,"完全取消1992年朝鲜半岛无核化的联合声明"。② 今年四月,朝鲜当局暂停开城工业园区(KIC)建设,撤回所有员工。经过数月谈判,朝鲜同意在九月重开开城工业园区(KIC)项目。到年底张成泽被处决后,朝鲜当局的结论是朴槿惠的(信任)政策比李明博政权更狡猾和恶毒。③

2014年3月在德国德累斯顿,朴槿惠提出通过经济交流和人道主义援助为和平统一奠定基础,她的信任外交达到了一个新的高度。把德国的统一模式作为样板,朴槿惠总统敦促朝鲜扩大离散家属团聚和增加双边经济文化交流。她建议,韩国将投资于朝鲜的交通运输和电信基础设施建设。为此,她建议朝韩双方将共同建立"南北交流合作办公室"④。不过,朴槿惠总统的建议,被朝鲜严厉批评为"心理变态的白日梦"。朝鲜国防委员会(NDC)发言人表示,德国统一是因为西方吞并东方,并指责朴槿惠乞求外国帮助韩国吞并朝鲜。他谴责朴槿惠的建议,称"德累斯顿宣言"(Dresden Declaration)为"无稽之谈",充斥着"虚伪和欺骗"。他在平壤官方媒体发表的一项声明还说,"朴槿惠在那个特定的地方谈统一,暴露了她的阴暗心理"。⑤

---

① Korea Net, "Full Text of the 18th Presidential Inauguration Speech," Feb 25, 2013, http://www. korea. net/Government/Briefing-Room/Presidential-Speeches/view? articleId = 105853.

② "DPRK Says to server hot lines with S. Korea, nullify non-aggression pact," *Global Times* March 8, 2013, http://www. globaltimes. cn/content/766845. shtml.

③ Aidan Foster Carter, *"Will a 'Good Season' ever Come?" Comparative Connection* January 2014, CSIS, http://csis. org/files/publication/1303qnk_sk. pdf.

④ "Full Text of Park's Speech on North Korea," *Korea Times*, March 28, 2014, http:// www. koreaherald. com/view. php? ud=20140328001400.

⑤ Park Chan-kyung, "North Korea Blasts Reunification offer as 'psycopath's daydream,'" April 11, 2014, http://news. yahoo. com/n-korea-blasts-reunification-offer-psychopaths-daydream-031617683. html.

自 2014 年 2 月韩国推出与美国年度联合军事演习以来,朝鲜半岛的局势依然紧张,被平壤形容为一个入侵朝鲜的演习。为了表达对演习的抗议,平壤进行了一系列的火箭和导弹发射,其中包括 3 月 26 日的中程导弹测试,这是自 2009 年以来的首次类似测试。朝鲜在朝鲜半岛西部海域进行海上射击演练,3 月 31 日两国在边界海域交火。朝鲜威胁它可能进行"新形式的"核试验——极有可能是以铀为基础的设备或小型化弹头以适应弹道导弹。①

问题是,在核问题上南北之间存在很大的分歧。平壤认为其核计划是对抗美国军事威胁和其政权生存的最终保障。因此,核问题应该而且只能与华盛顿讨论。首尔认为,朝鲜的核计划是国家安全的威胁。首尔想一劳永逸地解决平壤核问题,认为这能够促进朝韩两国真正的和平和重新结合。但是,首尔解决核问题的愿望已被平壤忽略了,平壤只寻求与美国的双边会谈。然而,华盛顿无意承认朝鲜为有核国家,而这正是朝鲜想要的东西。朝鲜的核问题只会增加来自美国的更多制裁,这使得核谈判更加困难。除非朝鲜和韩国改变其在核问题上的立场,朝韩建立信任的前景依然黯淡。

截至 4 月 29 日,朝鲜在西部海域北方界线(NLL)附近海域进行射击演练,发射另外 50 发炮弹。专家认为,金正恩在寻求与韩国的全面战争。最近的挑衅行为可能是他为了巩固政治地位,应付人们对日益恶化的经济状况的不满。平壤知道,它的前苏联式的军队敌不过美韩联合部队。毕竟,朝鲜政权不会自取灭亡。但仍有误判的风险。金正恩和他的军事顾问也认为,现有的核能力和导弹,足以阻止韩美同盟的报复。年轻的金正恩经验不足,加之军中将领斗争,可能会引发对韩国鲁莽的挑衅。即使是很小的军事挑衅行为也可以很容易地升级到朝鲜半岛的战争,因为韩国由美国支持,现在已经明确表示将对朝鲜的攻击进行还击。最近,首尔曾表示,如果威胁被判定为迫在眉睫的话将考虑在军事上先发制人。因此,总部设在布鲁塞尔的国际危机组织,发出警告说:"在最坏的情况下,任何一方的军事演习或故

---

① Choe, Sang-Hun, "North Korea Vows to Use 'New Form' of Nuclear Test," *New York Times*, March 30, 2014, http://www. nytimes. com/2014/03/31/world/asia/north-korea-promises-new-form-of-nuclear-test. html? _r=0.

意军事挑衅,而另一方做出的报复性反应会迅速导致战争和成千上万的伤亡。"①

## 四、东北亚和平与合作倡议(NAPCI)

### 1. 韩美:信任中亦有忧虑

朴槿惠总统的信任政治政策的另一个支柱是与东北亚国家建立信任外交。迄今为止韩国与美国、中国和日本的信赖外交取得的成就不同。从韩国的领导层换届以来,韩美关系仍然比较扎实。李明博政府时期,韩美关系也不错。朴槿惠总统和奥巴马总统之间的首次首脑会晤,标志着共同安全同盟建立60周年,两国领导人宣布,"我们将继续加强和调整我们的联盟,作为亚太和平与稳定的关键去迎接21世纪的安全挑战"。② 在奥巴马总统最近访问首尔时,他重申美国保卫韩国的安全承诺,警告朝鲜,进行导弹和核试验的挑衅行为今后将只会进一步孤立平壤。两国领导人还决定提高应对朝鲜核威胁的能力,并提高韩国导弹防御系统(KAMD)的互用性。③ 奥巴马总统也同意朴槿惠总统的德累斯顿愿景(Dresden vision),"人们在整个半岛都可以享受像韩国一样的政治和经济自由"。与此同时,两位领导人通过批准韩美FTA认可深化双方经济关系,在朝鲜半岛以外首尔和华盛顿合作开展抢险救灾,人道主义援助,发展援助和气候变化等项目。④

双边关系更有前景的表现是,悬而未决的问题没有任何摩擦地得到解

① International Crisis Group, Alerts, "The Korean Peninsula: Flirting With Conflict," 13, March 2013, http://www. crisisgroup. org/en/publication-type/alerts/2013/north-korea-the-korean-peninsula-flirting-with-conflict. aspx.

② The White House, "Joint Declaration in Commemoration of the 60th Anniversary of the Alliance between the Republic of Korea and the United States," May 7, 2013, http://www. whitehouse. gov/the-press-office/2013/05/07/joint-declaration-commemoration-60th-anniversary-alliance-between-republ.

③ Lander, Mark, "Obama Offers Support to South Korea at a Moment of Trauma and Tension," *The New York Times*, April 25, 2014, http://www. nytimes. com/2014/04/26/world/asia/obama-asia. html? _r=0&assetType=nyt_now.

④ The White House, "Press Conference with President Obama and President Park of Republic of Korea," Blue House, Seoul South Korea, April 25, 2014, http://www. whitehouse. gov/the-press-office/2014/04/25/press-conference-president-obama-and-president-park-republic-korea.

决。首先,防御责任分担的问题已经最终确定。2013 年,为了确定 2014 年和 2018 年之间韩国的财政支持水平,两国之间进行一系列谈判,但是未能达成一致。但是在 2014 年年初,两国圆满结束谈判,韩国同意提供 9 200 亿,这大约比上年多 8.66 亿美元,增长了 5.8%。① 韩国的国民议会打破了长期的政治僵局,于 2014 年 4 月 16 日批准了修订后的 SMA。② 其次,两国重新考虑作战控制权转移问题。虽然这两个国家认识到,作战控制权的移交标志着新的同盟关系的开始,移交后韩国在军事上将起着主导作用。安全环境现状阻碍了作战控制权移交。朝鲜针对天安舰的鱼雷攻击和延坪岛炮击事件,让原定于 2012 年的作战控制权移交推后了。③ 2013 年朝鲜第三次核试验,韩国要求进一步推迟作战控制权移交,华盛顿没有做出正式回应。然而,在这次访问期间,奥巴马总统明确表示,如果平壤继续进行核威胁的话,即使必须讨论移交时间和具体条件,华盛顿也同意首尔再次推迟的请求。④

然而,华盛顿似乎对首尔和北京之间的关系越来越不安。2013 年 12 月副总统拜登同朴槿惠总统会晤时说,"对抗美国从来都不是一个好的选择。而美国将继续支持韩国"⑤。该言论给韩国外交制造了麻烦,很难给予那些质疑美韩合作伙伴关系地位的人以满意的回答。但后来,美国总统奥巴马也给首尔制造了另一个焦虑,他告诉韩国一家报纸说,"虽然他欢迎朴槿惠总统加强与中国的经济合作,然而美国是韩国安全与繁荣的基础"。该评论,连同他的另一份声明中说的"美国是世界上唯一的超级大国"这句话,被解释为是对首尔的警告,原因则是首尔过于接近中国。⑥

---

① U. S. Embassy in Seoul, "United States and Republic of Korea Finalize New Special Measures Agreement,"January 12, 2014, http://seoul. usembassy. gov/p_pr_011214. html.

② Arirang News, "National Assembly ratifies Special Measures Agreement," April 17, 2014, http://www. arirang. co. kr/news/News_View. asp? nseq=160897.

③ Yonhap News, "S. Korea, U. S. reschedule OPCON transfer after N. Korea's provocation," June 27, 2010, http://english. yonhapnews. co. kr/northkorea/2010/06/27/82/0401000000AEN20100627001400315F. HTML.

④ The White House, "Press Conference with President Obama and President Park of the Republic of Korea," April 25, 2014, http://www. whitehouse. gov/photos-and-video/video/2014/04/25/president-obama-s-holds-press-conference-president-park-republic-k#transcript.

⑤ Kim Tae-gyu, "Was Biden Taken out of context?" *Korea Times*, December 19, 2013, http://www. koreatimes. co. kr/www/news/nation/2013/12/120_147685. html.

⑥ Park Sung-Hee, "Obama's Straightforward Warning," *JoongAng Daily*, April 28, 2014, http://koreajoongangdaily. joins. com/news/article/article. aspx? aid=2988512.

2. 韩中：信任但没有足够的利益

韩国正在变得越来越依赖中国，自2004年以来中国成为韩国最大的贸易伙伴和境外投资的首选目的地。① 据中国官方统计，自1992年外交正常化以来，每年的贸易额飙升了近50倍，在2012年达2650亿美元。② 两国继续致力于自由贸易协定（FTA），预计两国之间的贸易会进一步增加。2012年自由贸易协定（FTA）已正式开始谈判。谈判过程包括讨价还价式的谈判和议价。在2013年9月，双方完成讨价还价式的谈判。在第一阶段达成的协议基础上，两国将讨论自由贸易的具体商品的范围。然而，韩国农民发动抗议活动，如果中国渔民继续非法在韩国海域捕鱼，韩国希望建立一个禁止从中国进口鱼类的条款。不过，作为两国领导人呼吁进行更广泛互动的体现，两国都在继续努力进行谈判。针对朝鲜和韩国—中国自由贸易区的合作措施，是朴槿惠总统和习近平主席的两次峰会中讨论的主要问题：一次是2013年6月27日至30日在中国，另一次是2014年3月23日在海牙。这两个峰会被认为是成功的，加强了韩国和中国之间的关系。

至于朝鲜，朴槿惠总统说，首尔和平壤之间的对话仍然开放，但韩国仍然会以"严厉"的警告回应朝鲜的"挑衅"。如果朝鲜积极响应国际社会的要求，"首尔将加倍努力，提供协助，实现这两个国家的共同繁荣"。③ 据新华社报道，在朴槿惠为期四天的中国之行中，习近平在会见朴槿惠时说，"中国坚决维护朝鲜半岛和本地区的和平与稳定，反对任何一方破坏这种和平与稳定，坚持通过对话与谈判的方式解决问题"。韩联社引述朴槿惠的话说，"在任何情况下都不能容忍朝鲜拥有核武器"。④ 本次海牙峰会后，中国外交部发言人洪磊对记者说，"我们高度称赞习近平主席与韩国总统朴槿惠在海牙的会晤"。"我们相信，这次会议将推动中韩关系的发展。""韩国和中国需要对地区事务加强协调与合作，共同维护区域内外的和平与稳定。"⑤

至于朝鲜问题，尽管两国领导人的公开声明一致认为，朝鲜的核计划对

① Chung, J. H., *Between Ally and Partner: Korea-China Relations and the U. S.*, New York: Columbia University Press, 2007, p. 94.

② Wang, Haiqing, "Park Opens new chapter in Sino-S. Korean ties," *Xinhua*, June 27, 2013.

③ Li Xiaokun, Wu Jiao and Jiao Xiaoli, "Park sees blueprints for ties," *China Daily*, June 27, 2013.

④ Xi Yuhuan Ling, "Park Share nuke position," *Global Times*, June 28, 2013.

⑤ "China hails Park-Xi summit in The Hague," *Yonhap News*, March 24, 2014.

地区稳定构成威胁,两国应密切合作以解决朝鲜带来的困境,但韩国和中国似乎对朝鲜半岛统一有不同的看法。此外,中国似乎对美国和韩国之间的军事合作关系感到不安。关于韩美针对平壤的军事演习,中国驻韩国大使邱国红说:"我希望华盛顿和首尔将避免进行军事演习,这些演习应该不是针对第三国的。相反,我希望他们对本地区的和平与稳定发挥积极的影响作用。"①

尽管在社会和政治以及经济领域的关系日益密切,但是当涉及核心战略利益时,北京似乎并不足够信任首尔。随着联系越来越紧密,北京一直十分重视与韩国的关系,但仍不能够代替其与平壤传统联盟的关系。尽管如此,他们对平壤的鲁莽和危险更为关注,中国领导人仍把朝鲜作为其应对(如果不是韩国的话)美国和日本等潜在对手的战略资产。②

3. 韩日:只要彼此可以信任

在国际关系中,韩日关系的关键问题就是信任问题。韩国和日本在经济发展、政治自由化、文化—社会交流方面有共同之处,这本应该使他们成为彼此的理想合作伙伴。然而,历史上日本的殖民统治与经常性的历史和领土纠纷加强相互猜疑,双方陷入失望和仇恨的恶行循环之中,其代价便是牺牲巨大的相互合作和建立信任的机会。韩日关系经常被描述为希腊神话中的西西弗斯,注定要永远做无意义的工作,重蹈覆辙地推巨石上山,然后只能眼看着它再次滚下去。③

从朴槿惠任总统初期,韩日关系陷入危机。总统就职典礼后的两个月,2013年4月21日副首相麻生太郎参拜了靖国神社。为此韩国外长尹炳世取消了原定的日本之行,这本来是朴槿惠总统和安倍政府的就职典礼后两国的高规格会晤。2013年4月22在参议院预算委员会上日本首相安倍晋三表示,"就村山谈话,他的内阁不会完全继承",④暗示可能会修订该谈话,

① "New China Envoy Urges Restraint in S. Korea-U. S. Drills," *Chosun Ilbo*, April 29, 2014.

② Jonathan Pollack, "Why Does China Coddle North Korea?" *New York Times*, January 13, 2014, http://www.nytimes.com/2014/01/13/opinion/why-does-china-coddle-north-korea.html.

③ Editorial, The Asahi Shimbun, April 29, 2013, http://ajw.asahi.com/article/views/editorial/AJ201304290029.

④ Murayama Statement and Kono Statement 1993 are two statements issued by Japan offering apologies for Japan's colonialism, wartime aggression and comfort women, http://csis.org/files/publication/1302qjapan_china.pdf.

导致两国之间的关系进一步恶化。第二天也就是在 4 月 23 日，安倍晋三说"侵略的定义在学术界和国际社会还没有定论。这属于国与国之间的关系，取决于看待这个问题的是哪一方"①。接下来在十二月，安倍参拜靖国神社毁灭了恢复首尔—东京关系的希望。这一连串的挑衅行为激怒了韩国民众，并加剧本已严峻的双边关系。自那时起，韩国政府几乎停止了与日本的所有联系。在 2013 年在印尼巴厘岛的 APEC 峰会在印尼巴厘岛和紧随其后的文莱东盟＋3 峰会上表现最为明显，朴槿惠总统和首相安倍晋三都出席了峰会，但两位领导人几乎没有任何互动，更不用提双边峰会的倡议。

2014 年 3 月迎来破冰时刻，安倍首相在参议院预算会议时显示出沿袭村山谈话的意愿，他说"安倍内阁将继承历代内阁的立场"。② 在奥巴马协调下，朴槿惠总统和安倍首相终于在海牙核安全峰会期间参加了美日韩三国峰会。③ 这两个事件，打开了日本和韩国之间的高级别会晤之门，讨论棘手的"慰安妇"问题。第一次高级别会议在 4 月 16 日举行，然而仍有许多挥之不去的障碍，因为韩国坚持只谈判"慰安妇"问题，而日本则想把竹岛/独岛的领土争端也列入谈判之中。此外如军事情报保护协定（GSOMIA）和应对朝鲜的导弹和核武器问题等仍有待解决。

## 结论

朴槿惠总统的信任政治政策，目的是为朝鲜半岛和东北亚地区带来和平与稳定。尽管经济联系增多，但该地区已成为冷战后在地缘政治上来说最危险的地方，朝鲜频繁的大规模杀伤性武器活动以及中国崛起带来的权力转移都是诱因。扩军，再加上挥之不去的历史和领土纠纷只能加深该地区成员国之间的猜疑和不信任。信任是最需要的，至少是安全动力学中的基本要素。朴槿惠总统的信任外交，迄今为止在朝鲜半岛和东北亚国家之

---

① Kazuo Yamagishi, "Abe stands firm on definition of 'aggression' amid international outcry," *Asahi Shimbun Asia & Japan Watch*, May 10, 2013, http://ajw. asahi. com/article/behind_news/politics/AJ201305100092.

② http://www. mofa. go. jp/a_o/rp/page3e_000155. html.

③ "Abe, Park focus on North to stop ties going south," *Japan Times*, March 26, 2014, http://www. japantimes. co. jp/news/2014/03/26/national/politics-diplomacy/abe-park-meet-for-first-time-at-u-s-brokered-talks-focus-on-north-nukes/＃. U2YYZb-KCM8.

间取得了不同的成果。最重要的是,朝韩关系和以前一样持续紧张,而韩日关系短期内也没有复苏的迹象。朴槿惠总统说,信任是不容易的事情,它需要很多时间和耐心。韩国将从与平壤建立信任开始,试着与邻国建立信任。朝韩双方需要重新谈判。韩国应该起带头作用。朴槿惠的个人背景在处理朝鲜问题上有一定的优势。朝鲜权力从金正日传到金正恩,朴槿惠总统是朴正熙总统的女儿,朴正熙与朝鲜开国元勋金日成都对朝鲜半岛有影响力。在冷战时期,朴正熙派韩国中央情报部部长李厚洛先生,在 20 世纪 70 年代初去平壤秘密会见金日成。这次会议很快就达成了朝鲜半岛和平统一的南北联合声明。事实上,2002 年朴槿惠以平民身份访问平壤,并与金正日会面。尽管与平壤紧张关系升级,2013 年 3 月朴槿惠政府批准私人组织给朝鲜提供人道主义援助,符合她对朝鲜的政策。据统一部说,医疗救助包可以帮助治疗朝鲜 500 名结核病患者。韩国政府发言人说:"我们期待着这一措施,以帮助建立南北之间的信任。"[①]平壤将何时以及如何对韩国呼吁对话做出回应目前尚不清楚。然而,有一件事是清楚的。正如温斯顿·丘吉尔所说,"吵吵闹闹总比战争好"。

①　Sarah Kim, "First aid to North allowed under Park," *Korea JoongAng Daily*, March 23, 2013, http://koreajoongangdaily. joins. com/news/article/article. aspx? aid＝2969022.

# 印度的"东向政策"及其在东亚日益增长的作用

马恒德拉·高尔　西尔维娅·米什拉[*]

"我必须赞扬我们的东亚和东南亚邻国在全球化中贡献自己的智慧和应对方法。——这不仅是外部的经济政策,也是印度的战略转变以及印度在不断变化的全球经济中的地位。"

——印度总理曼莫汉·辛格(Manmohan Singh)在 2006 年 3 月 18 日孟买召开的第 16 届亚洲合作会议(the 16th Asia Society Corporate Conference)上的发言。[①]

## 一、今天的东亚

冷战后的单极格局正在转向东亚多极化格局。这种转变是令人不安的,因为不确定是否会免于冲突和紧张局势,因此使本地区保持和平与稳定的一个前提条件是持续的经济活力和发展。在任何情况下,毫无疑问东亚地区是全球的焦点。[②] 东亚地区的崛起代表了整个地区的崛起。因此,它在全球事务中的影响也显著增加,这里的发展将会对世界其他地区产生重大影响。此外,拥有 18 亿人口的东盟地区,占地球总人口的四分之一,GDP为 3.8 万亿美元,经济景况非常好。"今天印度是东亚地区一个不可缺少的一部分,它在区域内的作用不断扩大。这表示该地区正在经历深刻而根本的转变。"[③]东亚是印度的国家安全战略优先考虑的地方,因为印度与东亚

---

　＊ 作者简介:马恒德拉·高尔(Mahendra Gaur),印度新德里外交政策研究中心主任;西尔维娅·米什拉(Sylvia Mishra),印度新德里外交政策研究中心编辑。

　＊＊ 朱玲译,王爱娟校。

　① http://pmindia. gov. in/speech-details. php? nodeid＝287.

　② Henry A. Kissinger,"The Three Revolutions," *Washington Post*, 27 April 2008.

　③ Dr. GVC Naidu, *Perceptions*, Volume XVIII, Number 1, Spring 2013, pp. 53 - 74.

的贸易占到三分之一,并且该地区安全问题对印度有长期影响。

## 二、充满矛盾的东亚地区:经济活力与岌岌可危的和平

东亚正日益成为一个矛盾的区域。一方面,它已成为全球关注的中心,由于该地区日益重要,全球经济与全球政治重心转向东亚。

另一方面,外交紧张局势和一些领土问题争端使该地区未来的和平与稳定充满变数。事实上,东亚领土争端已成为更加关注东亚这一整体之未来的导火索。换句话说,东亚的和平仍岌岌可危;繁荣不能被视为理所当然。

如果不能以正确的和有节制的方式进行管理,这些领土纠纷将严重破坏东亚地区的和平、稳定和繁荣。"东南亚和东北亚的争端各方都需要认识到,亚洲世纪太宝贵了,不能因领土冲突而被削弱。"①

能源因素几乎是所有这些纠纷(北方领土除外)的一个重要因素。中国东海和南海有大量未开发的海上油田和天然气田,谁优先探索和开发就能带来财富。据估计,在中国东海有 6 千万到 1 亿桶石油,有 1 万亿到 2 万亿立方英尺天然气储量,在南海大约有 110 亿桶石油和 190 万亿立方英尺天然气储量。②

印度和美国扮演至关重要的角色。作为其"东向政策"的一部分,新德里希望通过加强与东南亚国家,特别是与越南的关系,解决印度对能源不断增长的渴求,并帮助东南亚国家开发油气资源。③

## 三、印度的"东向政策"

东亚是印度外交政策的重要场所。印度独立前尼赫鲁前往东亚将印度的命运与亚洲人民联系在一起。作为印度首任总理,在他的领导下,印度重

---

① Rizal Sukma, *The Jakarta Post*, 29 August, 2012.
② http://www.eia.gov/countries/regions-topics.cfm? fips=ECS.
③ Schuyler Null, *New Security Beat*, March 19, 2013.

新融入东亚。1947 年 4 月 2 日在新德里举行的亚洲关系会议（The Asian Relations Conference），是泛亚洲身份的最早尝试之一。但冷战时期，印度的当务之急是关注边界安全。印度在 20 世纪 90 年代初发起了"东向政策"，不仅仅是作为其对外经济政策，也是其战略转移到亚洲，是印度合作能力的一种体现。这一政策本身在印度被大多数利益集团广泛接受，被新的政党坚持执行，而且被作为印度外交政策的基石之一。①

1. LEP-印度的战略转移

"东向"政策有不同的解释。有人说这是政策上的非常大的变化，而其他人认为这是更专注于在此之前没有受到应有关注的区域：

- 毫无疑问，印度的未来在东方而不是西方。（A. P. Venkateswaran，前外交大臣）
- 在现代化背景下恢复印度传统的商业、思想和文化联系真的是一种尝试，东亚地区人口稠密，与印度在历史上、社会上、文化上有紧密的联系。（C. V Ranganathan，大使）
- "东向"政策代表印度对该地区新的和不断变化的战略环境的回应。（Ranjit Gupta，大使）
- 然而，从更宽广的历史角度看，"这不是一个新的变化，因为这又回到了我们的过去，第一任总理尼赫鲁有远见地告诉我们，我们的命运是塑造亚洲身份和团结"。（Rajiv Bhatia，大使）
- 东向政策不是牺牲其他利益而实行的战略转移，而是更专注于在此之前没有受到应有关注的区域。因此这是"更具有包容性的参与而不是排外"。（Pradeep Kaushiva，退役海军中将）
- "这是政策上的非常大的变化，几乎是 180 度的转身。"东向政策和经济自由化，是总理纳拉辛哈·拉奥（Narasimha Rao）在 1990 年代初提出的，是对瞬息万变的全球形势（包括亚洲）的适应与认可。（D. R. Sardesai，加利福尼亚大学洛杉矶分校荣休教授）
- 与冷战时期的外交政策相比，东向政策代表了印度的战略转移。但是我们应该注意到，20 世纪 40 年代尼赫鲁已经提出"太平洋有可能取代大西洋成为未来世界的神经中枢。虽然不是太平洋国家，但是印度将不可避免地发挥重要影响"，因此在某些方面"这种影

---

① Guo Suiyan, *FPRC Journal*, No. 8, 2011, pp. 127 - 131.

响已经存在"。(Walter C. Ladwig III)①

2. 东向政策的范围扩大

进入 21 世纪,印度更是雄心勃勃地把眼光放在南亚地区以外,经过 20 多年的演变,东向政策在内涵和外延两方面发展都非常好,并已成为印度最成功的一个外部政策。在不久的将来,它可能会被丰富和调整,以覆盖更广泛的区域,特别是整个亚太地区及其周边地区。再加上与亚太地区国家合作的新举措,在不久的将来印度可能会宣布东向政策进入第三阶段。②

# 四、印度和亚洲大国的关系

在未来数年,亚洲的安全将取决于美国与中国的关系。美国的盟友与中国发展了建设性的经济合作伙伴关系,但他们继续依赖华盛顿的安全承诺。中国与美国开展经济合作,以维持其经济增长的重要性,但存在与美国在亚洲争夺霸权的问题。目前,"美国惊慌的是中国可能谋求成为亚洲霸主,中国的焦虑是美国有意限制中国实力的增长",这种态势将塑造未来几年亚洲战略格局。③ 观察家警告说,"重返亚太"很可能陷入与中国的冷战,而这是中国不希望看到的。除非美国愿意跟中国发生重大武装冲突(美国公众未必支持),否则美国就必须找到一种方式与中国和平相处。④

建立一个新的东亚架构或共同体应考虑大国关系这个背景。竞争与合作是现实的不同方面。亚洲国家认识到稳定是本地区经济持续增长的前提。因此,近几十年来建立了各种区域集团和对话机制来处理这些多层面的关系,推动区域一体化和化解潜在的矛盾。而侧重点不同,所有这些区域集团存在的根本理由是管理大国之间日益复杂的关系。

1. 印度—中国

两者都是文明古国,都有着深厚的文化记忆和巨大的抱负。虽然双方

---

① 采访见 FPRC Journal, No. 8,2011, pp. 05 - 40.

② Guo Suiyan, FPRC Journal, No. 8, 2011, pp. 127 - 131.

③ Chintamani Mahapatra, "US-China Cold Confrontation: New Paradigm Of Asian Security," http://www. ipcs. org/article/china/us-china-cold-confrontation-new-paradigm-of-asian-security-4333. html.

④ RobertE. Kelly, http://thediplomat. com/2014/04/unintended-consequences-of-us-alliances-in-asia/, April 7, 2014.

有着一些不愉快的经历,但这并没有停止双方的合作。双方都采取了务实的态度,并学会了管控分歧,同时寻求互惠互利的合作。例如,两国贸易继续快速扩大。目前双边贸易达到654亿7千万美元(2005年为150亿美元),希望到2015年双边贸易将达到一千亿美元的目标,中国已经是印度最大的贸易伙伴。① 这两个大国之间的能源和原材料的竞争很可能加剧,但是有令人鼓舞的迹象表明双方都希望避免冲突,注重经济发展。

**中国称印度的"东向"政策失败**

印度东向政策"起源于印度左右逢源的冷战战略的失败","今天,印度正老调重弹,但应明智地避免走调……"②

中国对印度的东向政策解释如下:中国知道从长期来看印度是可能挑战其亚洲主导地位的唯一国家。"这一切不能不使中国谨防印度的崛起。"事实是,这两个国家有竞争的现实因素:"印度想要一个多极亚洲和多极世界,而中国似乎更喜欢一个单极亚洲和一个两极的世界。""印度东向政策的成功似乎使中国感到自己的后院受到威胁。"中国对印度的东向政策持怀疑态度,印度在亚洲可能不会局限于贸易和投资的经济效益,新德里可能会寻求美国的援助,阻挠中国在该地区的影响力。"由于经济增长速度和国防开支情况的不同,一般来说中国分析家不把印度太当回事。然而,最近的东向政策的军事合作已引发了一些关注。"③

历届印度人民党和国大党领导的印度政府都支持东向政策,已经扩大到包括亚太地区的其他国家,东向政策已经制度化,作为印度外交政策的优先方向。即使在2014年5月的大规模选举过程中有迹象显示,外交举措可能变化,执政党希望"在我们的经济合作和多边合作不断发展壮大的时候,继续与中国共同努力解决边界分歧和边境实际控制线(LAC)问题"④;主要反对党的总理候选人纳伦德拉·莫迪(Narendra Modi),敦促中国"为了共同发展要采取更加平和的心态"。⑤

① *The Hindu*,March 18,2014.
② www. inc. in/English_ manifesto_for_Web. pdf.
③ www. inc. in/English_ manifesto_for_Web. pdf.
④ www. inc. in/English_ manifesto_for_Web. pdf.
⑤ Narendra Modi on China and Pakistan, "Foreign Policy Stance or Electioneering Rhetoric?" 26 February 2014,www. futuredirections. org. au/publications/indian-ocean/29-indian-ocean-swa/1543.

2. 印度—美国

- 美国国务卿希拉里·克林顿,她在 2011 年 7 月 20 日访问印度期间,表示赞成东向政策。
- 美国负责东亚和太平洋事务的助理国务卿,库尔特·坎贝尔(Kurt Campbell)(新德里,2012 年 4 月 17 日)劝告印度要"思考和采取东向政策",并说:"我们亚太地区战略最重要的环节是帮助印度发挥在亚太地区的重要作用。"
- 美国南亚和中亚事务助理国务卿尼莎·德赛·比斯瓦尔(Nisha Desai Biswal)(新德里 2014 年 3 月 6 日)重申:"其实我想说的是,东向政策已经超越了它本身的内涵,这是一个可喜的发展。"

**为什么在东亚美国有意与印度紧密合作?**

据分析,原因有以下几点。

(1)"美国对印度在亚洲发挥更大作用的期待,应该从 21 世纪初印度与主要大国和主要区域集团大大改善关系的背景来看待。"

(2)"美国希望鼓励尽可能多的国家制定有利于保护美国地区利益的政策。"印度在该地区有自己的切身利益,在某种程度上来说它们是兼容的,两者之间展开多维合作是可取的,不可避免的,完全可以理解。

(3)"美国和印度利益的趋同;美国和中国,以及中国和印度也出现利益趋同。亚洲的外交一向复杂,又是以利己为唯一目的。印度无意给亚洲带来新冷战。"

(4)美国正在寻求印度的帮助,探索亚太地区"区域架构"的可能性,这将有助于执行国际标准,确保集体安全,尤其是海上安全,并帮助打击海盗。

(5)加强印度的地区义务与地区联系,并支持印度遏制中国,符合美国的利益。

(6)"从华盛顿的角度来看,印度是一个维持现状的力量。他们承认印度肯定会在区域决策中拥有更大的发言权,但新德里没有兴趣破坏或倾覆已有的稳定的和经济繁荣的亚洲区域秩序。"

(7)"印度保持独立的政策更合适,而不是与美国或西方国家牵扯在一起,因为这样可能只会导致印度的不幸。"①

---

① 对 Dr. Deepa M. Ollapally 的采访,*FPRC Journal*,2014 (1),pp. 07 - 09。

**印度"东向"是为了"西向"美国吗？**

在过去 20 年间印度与东南亚和东亚地区国家的互动显著扩大，涵盖所有可能的领域。印度日益参与美国在全球范围内的活动。印度没有必要通过东向政策讨好美国！东向政策的范围可能会也可能不会增加，但西方列强都肯定看到它所带来的好处。在过去十年中，在变化的地缘政治情况下，较小的东南亚国家也期待印度发挥地区平衡的作用。印度的东向政策可以说已经升级到 2.0 版本，开始与东盟地区发展贸易和投资联系，现在的重点是更深层次的经济关系和安全磋商问题。印度也涉及了更广泛的东亚（亚太）地区及太平洋航运（南太平洋）。事实上，出于经济原因美国计划在该地区削减其义务，华盛顿很高兴印度承担一些消耗中国的责任。2003 年东向政策的"第二阶段"涵盖更广泛的亚太地区，也从经济领域扩大到了政治和战略领域。作为一个主要的地区力量，参与美国在亚洲的存在，自然是源于印度的东向政策。

在什么情况下新德里将为了美国与中国决裂仍有待观察。比如，当美国国防部长莱昂·帕内塔（Leon Panetta）在访问新德里时声称，印度是美国在东亚地区"再平衡战略"的关键，新德里的恐慌是很明显的，因为这可能会导致它丧失自己所珍视的"战略自主权"。此外，"印度不参与安全结盟"也"不直接针对另一个国家"。[①]

**美国拒绝与印度谈论中国**

有理由相信美国在亚太地区或东南亚的利益和作用没有下降。[②] 美印携手具有战略意义，除了核问题两者之间没有利益冲突。但印度要当心美国的"战略意图"问题。在过去的一年里美国一直拒绝与印度举行东亚对话。通过东亚对话，美国和印度讨论了有关中国问题及其他问题，而在南亚对话中则与中国讨论印度和南亚问题。2013 年有消息称，美国一直在拖延所有东亚对话的尝试。印度官员甚至提出在第三国会晤，但助理国务卿丹尼尔·拉塞尔（Daniel Russell）以沉默应对。印度将此描述为奥巴马政府的"战略意图"。美国和印度交往总还有一个日本作为第三方。不过如果日本和印度不保持努力的话也不能持久。"美国想寻找通过启动与印度的关系与中国进行三边对话。但北京认为这没有任何价值。不过北京并不反对

---

① 对 Dr. Deepa M. Ollapally 的采访，*FPRC Journal*，2014 (1)，pp. 07 - 09。

② 对 Dr. Satu P. Limaye 的采访，*FPRC Journal*，2014 (1)，pp. 04 - 06。

在阿富汗问题上与印度和俄罗斯保持三边对话。"①对于中国来说,"到目前
为止,美国平衡安全和经济关系的策略、言行、盟友和合作伙伴仍然不确定。
美国应该认识到东盟在东亚区域合作中的中心地位和领导作用"。②

3. 印度—日本

**建设东亚共同体**

印度的对外关系中最重要的地区仍然是亚洲,因其处于印度和日本之
间。把印度和日本之间的关系发展成决定性的伙伴关系,这种可能性是极
大的。东亚共同体建设中日本和印度的合作是特别重要的。基于对东亚地
区主义的历史贡献,"最发达的国家和亚洲最大的民主国家"之间展开合作,
目标是必须在目前的区域建设中发挥核心作用。③

全球趋势,大国战略关系的互动,中国的崛起,以及互补的经济利益,驱
动印度和日本走向更紧密的合作伙伴关系。目前正在稳步扩大政治参与、
经济互补性和安全合作。印度和日本建立对抗中国或任何其他国家的安全
同盟是不可能的。"遏制中国不是关键。"④"互惠互利"的关系对于亚洲地区
主义的新浪潮意义重大,而亚洲地区主义似乎正从"亚太"转而聚焦于"更广
泛的东亚"。

印度与美国和日本的战略合作伙伴关系得到了加强,虽然转变过程有
些混乱,但"战略自主"已经显现。印度需要加强与世界领先大国的紧密联
系,以加强其单独一极力量的地位。但印度不能孤立地创造"新的和替代性
的普遍性"或"不结盟2.0版本",它必须准备在国际体系中承担更多的
责任。

新德里应该小心不要与日本纠结于争夺区域权力,正如绝不能因为所
谓中国因素而影响印度与其他国家在该地区的关系。

① Indrani Bagchi,*US refuses to talk China with India*-TNN | Feb 17,2014.

② Dr. Zhou Shixin, "India and ASEAN," *FPRC Journal*,2014(1),pp. 10 - 15.

③ 总理曼莫汉·辛格(Manmohan Singh)在日本国会的演讲,2006年12月15日。

④ Dr. David Arase, "India-Japan Strategic Partnership in Southeast Asia," *FPRC Journal*
2012 (4),pp. 57 - 82.

## 五、印度与东亚的战略合作

处理好当前的过渡时期并创建一个新的东亚安全秩序是至关重要的，这正是印度发挥重要作用的地方。大多数国家希望印度在安全方面特别是海上安全方面发挥作用，并且希望印度在大国平衡中贡献力量。在大国重新调整其东亚战略的时候，印度在地区安全事务中的作用是显著的。当然，美国重返亚太备受瞩目，但同样值得注意的是安倍晋三的新再平衡战略和中国在该地区的抱负。另一方面，印度也想重返东亚。如今，印度已成为地区事务的关键一员。这可以通过其与大多数国家在该地区的安全合作得以证明。

印度与东亚的战略合作既是多边的也是双边的。在双边层面上前景是广阔的。印度加强了与整个东亚地区(除朝鲜外)的防御和战略联系。与安全相关的多边框架，如东盟地区论坛(ARF)和六方会谈(Six-Party Talks)，一直因为缺乏相互信任而遗憾至今。一个更可靠的安全框架是时刻都需要的。印度在东亚的平衡作用将是非常显著的。

2014年印度感觉东亚不及几年前和谐。原因如下：(1)几个大国同时出现给区域的新的平衡和均势带来压力；(2)过去几十年经济的快速增长，使该地区一些国家在军事上强化了自己；(3)技术和政治已经消除了大国之间的距离和分离；(4)一个新近出现的现象是消除了使用武力或威胁使用武力的意识形态制约。在该地区持续的不确定性或对抗显然对任何人都是不利的。我们需要的是在该地区建立一个开放的、包容性的安全架构。当然，这会是具有亚洲特色的安全架构，开放的相互关联的经济秩序已使地区受益，地区安全问题尤其是海洋问题纠纷要服从集体解决方案。[①]  对于印度来说，地区安全框架的指导原则是：没有遏制，没有霸权，没有共管。赞成一切以对话为主要方式的外交政策。

### 印度在东亚的作用

在过去的二十年里，学者们对印度的东方政策已经进行了深入分析和

---

① 在第16界亚洲安全会议(the 16th Asian Security Conference)上国家安全顾问的"亚洲战略趋势"(Asian Strategic Trends)的报告，IDSA，February 21, 2014。

广泛评论。他们认为新德里在外交、经济和军事上都努力推行了东向政策。印度可以扮演"外部平衡者","有能力的大国","参与者",一个多元的大国和一个"稳定力量"的角色。然而,印度的"外交姿态"需要"包容性,包括所有大国——与亚洲安全有关的区域内和区域外国家"。但在中国南海,印度突然停止与越南的联合石油勘探,这无疑对其在该地区平衡作用的可信性和可持续性问题提出了质疑。

### 印度的选择

预计美国的影响力会下降,日本已经开始与区域其他国家(最引人注目的是与印度)建立经济和军事区域合作伙伴关系。但分析家们对日本、印度和中国之间的东亚地区合作潜力表示怀疑,原因如下:印度与东亚的经济一体化程度有限,中国和美国之间的争端,中国对被围困的担忧和对国外媒体舆论的误解。印度有限的外交表明无法实现其良好愿望。为了实现真正的权力和影响力,印度需要优先发展与东亚的外交关系,并致力于行动。

另一种看法是,与 20 年前对比,印度参与东亚的大量机构表明印度希望在国际上发挥更大的作用,特别是随着与东亚贸易的增长,假以时日印度对多边合作也会有大的贡献。由于其在东亚历史上作用有限,印度要努力"追赶",也需要区域内其他成员的支持。但是,中国不希望印度参与东亚事务,怀疑"印度不能起到真正的地区平衡的作用"。随着与中国经济和军事差距的扩大,印度必须依赖美国和日本的伙伴关系,以保持战略平衡和保护自己的利益。[①]

## 六、印度与东亚关系的前途

### 印度是亚洲大国

一些分析人士对此结论持有异议。其他一些人则认为印度绝对是一个区域外的大国。美国已经清楚表明它试图与印度在更多的区域寻求合作关系。"美国和印度之间越来越多的合作,印度和美国的亚洲盟国之间的合

---

① 会议报道"Asian Security Challenges",January 9-10,2011,New Delhi,http://web. mit. edu/cis/act_asc. html.

作,如日本和澳大利亚,显然表明美国承认印度在亚洲的地位。"①无论是能力、经济、政治、军事,还是在东亚的作用方面,印度在所有的大国中也许是具有最大成长空间的国家。即使目前印度可能是活跃在东南亚的最弱的大国,但它已经显示出力量的增长,正在承担起美国、澳大利亚以及东盟国家所期待的地区安全的责任。似乎很清楚,印度已经是一个亚洲大国,但是如果它要提高其国内和国际的能力和责任就必须更加努力。毋庸置疑,印度可以说是建立了一个积极的机制去完成其策略。即使印度只是断断续续地发展了其整体战略的能力,由于其切身利益在亚洲,因此才增加了在那里的参与度。②

人们经常感叹说印度是一个缺乏自信的大国。这强调的其实是,"印度一直非常审慎地与外国打交道"。"到目前为止,我们已拒绝以'负责任'的名义要求我们做别人希望我们做的事情。这说明我们清楚自己的力量和潜力,清楚我们的利益和我们的目标之间的优先次序。""甚至在解释现实政治方面,其他人告诉我们,我们的政策是规范的、道德的和学术的。我们甚至被称为'说教'!理解印度外交政策的关键是印度对权力的用途、范围和性质的理解。"③

然而,只有该地区国家或者在该地区发挥影响力的国家认识到印度的参与与他们的需求有关,印度在该地区才能发挥作用。因此,这些"挑战"极大地限制了印度的行动范围;这更多地取决于该地区各国和在该地区发挥作用的国家在多大程度上让印度牵涉进来。通过"东向"政策,印度释放了其重新融入东亚的愿望。此后,该地区各国建立更多的机制,印度也积极参与其中。在处理南亚和东南亚出现的新情况中,中国因素无疑起到了显著的作用,但该地区其他国家也担心中国的强大。④

① 南亚和中亚事务助理国务卿罗伯特·布莱克(Robert O. Blake)在众议院外交事务委员会的证词,亚太小组委员会(Subcommittee on Asia and the Pacific),华盛顿(Washington, D. C.),2013年2月26日。

② Stephen Blank, *FPRC Journal*, 2014(1), pp. 19 - 26.

③ 见国家安全顾问 Shiv Shankar Menon 的演讲,New Delhi, December 11, 2013, http://www. mea. gov. in/Speeches-Statements. htm? dtl/22632/。

④ Dr. GVC Naidu, *Perceptions*, Volume XVIII, Number 1, Spring 2013, pp. 53 - 74.

# 七、印度和东亚——2014 年后

2014 年 5 月上任后不久,印度总理纳伦德拉·莫迪(Narendra Modi)曾与日本、中国和美国的领导人举行峰会。会议标志着印度与日本、中国和美国开始实质性的经济合作,因为莫迪政府把经济和贸易作为其外交政策的基石。在重振印度的东向政策方面,印度外交部部长斯瓦拉杰(Sushma Swaraj)曾表示,印度不仅要"向东看",也要有实际行动。这进一步表明印度想参与进这一地区的愿望。印度在该地区不是谋求霸主地位,而是代表着和平与发展合作。

**对当前情景的几点看法:**

1. 东亚在印度经济复苏中的分量。

印度的复苏可能进一步扩大印度在全球舞台上的作用,她的经济恢复将对亚洲经济增长产生积极的影响。

2. 印度占据东亚外交博弈的有利位置。

由于中日之间领土争端的紧张局势不断升级,美国坚定地致力于维护其盟国日本的国家安全。美国正在努力维持美日联盟和与中国进行接触之间的微妙平衡。

3. 印度希望通过更多的与中国和日本合作,使经济得到快速发展,不削弱自己的核心利益。印度最大的贸易伙伴是中国,作为亚洲两个最大的国家,印度认为两国一起可能会带来亚洲经济转型,也有助于世界和平。然而,印度反对"扩张主义心态",并将通过更坚定的确保边界安全来维护自己的利益。

有学者指出,日本可能是亚洲游戏规则的改变者。印日战略伙伴关系可能会改变该地区的地缘政治格局。在莫迪访问日本期间,日本承诺在印度的制造业和基础设施领域大量投资,但目前不愿意去支持民用核协议。

4. 有人担心,印度与日本建立战略伙伴关系,美国正在推动对中国的包围之势。中国学者认为,印度应避免与美国和日本合作遏制中国。但关键的问题是:美国是这样想的吗? 实际情况表明,美国对中国—印度冲突没有兴趣,也不会推动印度与中国的任何对抗。但是同样实事求是地说,印度的东向受到美国在东亚作用的影响。①

要注意的是,印度在领土争端问题上不选边站。而印度与美国和日本的战略伙伴关系是多维的:外交、政治、经济和文化。印度的外交政策是由它的安全和经济利益决定的。印度的政策制定者不懈地努力去加强印度与美国、日本和中国的双边关系。

# 八、结论

总之,印度仍然致力于进一步加强与这一地区的关系。追求区域经济一体化,强调南南合作,推动通过文化合作和教育交流的社会联系,以及更加注重安全合作,对付威胁国家安全的事件,仍将是印度融入东亚地区的重要举措。

由于历史、文化、政治以及经济等原因,印度离不开东亚。其中关键一步是在亚洲恢复和建立印度的历史和文化遗产,并且不以寻求霸权为目标。

作为一个占世界人口五分之一的新兴大国,印度显然会在亚洲发挥重要作用,在不断变化的全球政治和经济秩序中也会发挥重要作用。但它需要解决一些困难的挑战,以确保其在全球舞台上的影响力与其战略潜力相匹配。没有简单的解决方案,印度只有制定政策来应对。如果在这些领域取得进展,印度将相应地提高其全球地位。这些努力需要时间、耐心和毅力,印度的古代文明并不缺乏这些美德。

---

① 见 Daniel Twinning 文章的第三部分。http://www.gmfus.org/archives/indias-new-leadership-and-east-asia-1/.

# 澳大利亚通往亚太区域主义的中等强国路径<sup>①</sup>

## 托马斯·威尔金斯<sup>*</sup>

## 引言

  本文关注的主要内容是,澳大利亚作为东亚一体化进程中的"局外人",如何协调它自己的泛亚太观念和来自亚洲国家相对狭隘的亚太观。为了平衡它深度参与亚洲事务的愿望,同时让其主要的太平洋盟友美国也加入其中,堪培拉一直在亚太区域一体化的问题中扮演着一种过大的角色。这种角色大多数情况下在"中等强国行动主义"(middle power activism)的旗号下得以实施。

  在本文中,我认为自由制度主义者最准确地完成对澳大利亚自我定位的"中等强国"外交政策的阐述,抓住了澳大利亚通往亚太区域主义路径的特点。这些澳大利亚"中等强国身份"的自由制度主义观念(尤其是在工党政府执政时期)最好地说明了堪培拉对于区域一体化所带来的挑战之解读与应对措施:它考察了前总理陆克文(Kevin Rudd)领导之下的澳大利亚政府是如何多次运用中等强国身份,通过地区交流和制度化来创建"亚太共同体"的。虽然陆克文的倡议后来陷入僵局,它仍体现了前工党政府为推动亚太一体化所做出的巨大努力。另外,为了探讨和评估澳大利亚对区域化态度和政策动议,本文同时揭示了"中等强国"和"区域化"的概念如何引发显著的协同效应,尤其是在澳大利亚案例中。这项发现将有助于我们理解一

---

  \* 作者简介:托马斯·威尔金斯博士(Dr. Thomas S. Wilkins),澳大利亚悉尼大学国际安全研究中心高级讲师。

  \*\* 邱涛译,张舒君校。

  作者在这里要感谢 David Arase 教授邀请自己参加此次南京会议,感谢出席会议的成员。另外,作者还要感谢他的调研实习生 Jiye Kim 女士。

  ① 使用术语的说明:本文使用了宽泛的"亚太"一词而不是地理范围更为有限的"东亚"。因为前者能同时反映澳大利亚的政策偏好和学术讨论。文章的主体部分对这一问题做了详细论述。

个重新焕发生机的中等强国概念以及理解这些国家在推动亚太区域一体化过程中所发挥的作用。

按照狭义的定义①,澳大利亚经常被视为东亚区域一体化的"局外人"。然而,为了确保它自身及美国、印度等盟友在区域一体化动向②中的地位,澳大利亚一直努力突破狭隘的地域限制,寻求将这一区域重新定义为更宽泛也更具包容性的"亚太地区"。事实上,基于宽泛的亚太区域概念,澳大利亚一直寻求利用它的"中等强国"身份在区域一体化问题上发挥更大作用,并希望确保自己在任何涉及区域制度设计的问题上都能获得"一席之地"。就此,何包钢教授(Baogang He)证实"澳大利亚一直都是东亚区域一体化的推动者"③。

区域主义仍然是一个宽泛、复杂且多面的概念,在不同学者和政策制定者之间也尚未形成共识。④ 在本文中,"区域主义"指的是覆盖并界定某一

---

① 见 Mark Beeson, Hidetaka Yoshimatsu, "Asia's Odd Men Out: Australia, Japan, and the Politics of Regionalism," *International Relations of the Asia-Pacific* 7, no. 2 (2007), pp. 228.

② 对本文所使用的各种区域表述词的界定,请参见 UN geoscheme. United Nations Statistics Division, "Geographical region and composition," revised October 31, 2013, http://unstats. un. org/unsd/methods/m49/m49regin. htm.

③ Baogang He, "The Awkwardness of Australian Engagement with Asia: The Dilemmas of Australian Idea of Regionalism," *Japanese Journal of Political Science* 12, no. 2 (2011), p. 268. 澳大利亚人在关于亚洲区域主义的政策形成和学术探讨方面也一直有重要影响,比如 John Crawford, Bob Hawke, Paul Keating, Gareth Evans, Kevin Rudd, Hugh White 及其他相关学者。

④ 值得注意的是,本文中其余部分所使用的术语是存在争议的,在学术领域和政策领域都存在被放大概念、误用甚至乱用的情况,例如"区域": T. J. Pempel, eds., *Remapping East Asia: The Construction of a Region*, New York: Cornell University Press, 2005; "区域主义": Christopher Dent, *East Asian Regionalism*, London; New York: Routledge, 2008; Barry Buzan, Ole Wæver, *Regions and Powers: The Structure of International Security*, Cambridge Studies in International Relations, Cambridge; New York: Cambridge University Press, 2003; "区域化": Naoko Munakata, "The State of Regionalization," in *Transforming East Asia: The Evolution of Regional Economic Integration*, Naoko Munakata, Tokyo; Washington, DC: Research Institute of Economy Brookings Institution Press, 2006; "亚洲/亚太": Mark Borthwick, *Pacific Century: The Emergence of Modern Pacific Asia*, Boulder, CO: Westview Press, 2007; "中等强国": 见插入的提示语 XX; "秩序": T. V. Paul, John Hall, *International Order and the Future of World Politics*, Cambridge; New York: Cambridge University Press, 1999; Etel Solingen, *Regional Orders at Century's Dawn: Global and Domestic Influences on Grand Strategy*, Princeton Studies in International History and Politics, Princeton, NJ: Princeton University Press, 1998; "安全": Barry Buzan, Ole Wæver, and Jaap Wilde, *Security: A New Framework for Analysis*, Boulder, CO: Lynne Rienner Publishers, 1998; "安全架构": William Tow, Brendan Taylor, "What Is Asian Security Architecture?" *Review of International Studies* 36, no. 1 (2010), pp. 95 - 116, etc. 受篇幅限制,不能将所有术语在此进行完全界定。

特定地区的政治、策略和经济领域的宏观过程。① 因此,它包含着一系列的挑战,这些挑战来自于从传统/非传统安全威胁到经济/政治一体化和"复合型相互依赖"(随着经济因素的刺激,这一过程常常被称为"区域化")的多个方面。② 同时我们也必须注意它的常规维度,正如何包钢和猪口孝(Takashi Inoguchi)所指出的:

> 不同的行为体将各自的区域观兜售给其他行为体,为自己的观念寻求支撑,同时与竞争性观念抗衡。虽然区域主义常常看起来只是隐藏在国家利益之下的浅薄表述,但亚洲所面临的一个重要问题是区域观是否可以跨越狭隘的国家利益而形成一种普遍的共同体意识。针对区域主义,并没有一个统一的亚洲概念。③

因此,一个独特的澳大利亚区域主义观念才显得如此重要。面对着多种多样的区域主义挑战,陆克文和茱莉亚·吉拉德(Julia Gillard)(2007—2013)领导下的澳大利亚工党政府一直利用自身的中等强国平台去推进其独特的"亚太共同体"愿景。④ 因此,本文尤其关注澳大利亚实现基于稳固多边制度之区域共同体的抱负(一般被称为"安全体系")。⑤ 后述的补充强调是十分恰当的,正如肯尼斯·布廷(Kenneth Boutin)所言,"区域主义尚

---

① Mark Beeson, *Regionalism and Globalization in East Asia*: *Politics*, *Security and Economic Development*, London: Palgrave Macmillan, 2007.

② Satoshi Amako, Shunji Matsuoka, and Kenji Horiuchi, *Regional Integration in East Asia*: *Theoretical and Historical Perspectives*, Tokyo: United Nations University Press, 2013; Miles Kahler, Andrew MacIntyre, eds., *Integrating Regions*: *Asia in Comparative Context*, Stanford, CA: Stanford University Press, 2013; Peter Katzenstein, Takashi Shiraishi, eds., *Network Power*: *Japan and Asia*, Ithaca: Cornell University Press, 1997.

③ Baogang He, Takashi Inoguchi, "Introduction to Ideas of Asian Regionalism," *Japanese Journal of Political Science* 12, no. 2 (2011), p. 165.

④ 陆克文作为首相的第一个任期是从 2007 年 12 月 3 日到 2010 年 6 月 24 日。此后,他被吉拉德所接替而继续担任外交部部长一职,2013 年 6 月 27 日至 2013 年 9 月 18 日的简短时间内又重新担任首相职务。亚太共同体的概念(APC concept)几乎是与陆克文完全相关的,因此我们在讨论他对此概念的推动作用时,将主要考虑他作为首相而非外交部部长的身份。

⑤ William Tow, Brendan Taylor, "What Is Asian Security Architecture?" *Review of International Studies*, Vol. 36, No. 1 (2010).

未完全成形，尤其是在安全问题领域"①。

为了给澳大利亚之亚洲区域主义政策的相关讨论增加一些概念性提示，我引用了中等强国理论中的一些内容，但仅涉及其中自由制度主义的方面。这一系列根植于多边机构和共同标准的中等强国理论，十分有助于阐明目标在于建立一个稳固区域秩序的"中等强国外交"政策。事实上，根据詹姆斯·马尼康（James Manicom）和杰弗里·里夫斯（Jeffrey Reeves）的理论，澳大利亚的"中等强国行动"首先应被定义为"为推进东亚地区一体化和培育区域强权角色而做的努力"。② 正如我们所知，"中等强国"的概念完全被前总理陆克文引用为"创造性的中等强国外交（creative middle power diplomacy）"政策的一部分，并在建造"亚太共同体"的努力中得到实践。

另外，这一概念也"将成为"澳大利亚外交政策研究的学术理论基础。在卡尔·昂格雷尔（Carl Ungerer）看来，"中等强国概念是澳大利亚提出的最具自觉意识的外交政策理论了"。③ 尤其值得注意的是：正如本文所说明的那样，中等强国的概念和区域主义如此紧密相连，使得前者成为对后者进行理论研究的有效途径。堪培拉早期提出"亚太共同体"动议的理由之一便是澳大利亚作为一个中等强国能够提出"善意的"区域主义议题，而强权国家所提出的议题都会因为被疑为霸权制度而遭到抵制。④

还有，随着学者们对中国崛起所带来的挑战及其对地区活力之影响的讨论，中等强权理论正变得越来越有吸引力。目前，中国崛起是地区政治中最突出的问题，这引起了澳大利亚国内外的政治界、学术界的共同热烈讨

① Kenneth Boutin, "Balancing Act: Competition and Cooperation in Us Asia-Pacific Regionalism," *Japanese Journal of Political Science*, Vol. 12, No. 2 (2011).

② James Manicom, Jeffrey Reeves, "Locating Middle Powers in International Relations Theory and Power Transitions," in *Middle Powers and the Rise of China*, ed. Bruce Gilley, Andrew O'Neil, Washington: Georgetown University Press, 2014, p. 31.

③ Carl Ungerer, "The 'Middle Power' Concept in Australian Foreign Policy," *Australian Journal of Politics and History*, Vol. 53, No. 4 (2007), p. 550.

④ Richard Woolcott, "Address to the AIIA," Sydney, June 9, 2009, http://www.newyork.usa.embassy.gov.au/nycg/files/Address to the AIIA-Richard Woolcott.pdf.

论。① 将这一理论应用到与亚洲区域主义相关的概念中,我们同样可以从侧面发现堪培拉与北京之间的重要关系。布鲁斯·吉利(Bruce Gilley)引用中国学者的观念指出,"中澳关系是从澳大利亚方面得以推进的,澳大利亚利用'中等强国需要维持现状'的国际机制将中国的崛起控制在中等强权的范式内"②。

　　本文的文章结构如下:在简要回溯澳大利亚的区域主义(根据澳方对"区域"的界定)发展途径之后,概述"中等强权"的核心概念。"区域主义"和"中等强国"的概念是紧密相连的,尤其是在澳大利亚一例中。文章主体分析部分为澳大利亚的当代区域主义路径提供了一个自由制度主义的解读。本文以宽泛的视角看待澳大利亚对区域主义问题的参与,然而重点关注共同体的建构和相关区域机制(或"安全机制")的构成,至于经济和法律方面的解读将会由相关专家学者进行。受篇幅限制,本文仅能从澳大利亚的视角提出一些经过挑选的重要见解,大致地规划出这个国家在"亚太区域一体化"问题中的位置、实现路径以及过去已经取得和将来可能取得的成果。虽然最近澳大利亚政府对"印度—太平洋"区域的关注有些令人困惑,但"印度—太平洋"区域应被视为宽泛的"亚太区域"的次区域。③

---

① David Kang, *China Rising: Peace, Power, and Order in East Asia*, New York: Columbia University Press, 2010; Denny Roy, *Return of the Dragon: Rising China and Regional Security*, Contemporary Asia in the World, New York: Columbia University Press, 2013; Hugh White, "Power Shift: Australia's Future between Washington and Beijing," *Quarterly Essay*, no. 39 (2010); Hugh White, *The China Choice: Why We Should Share Power*, New York, NY: Oxford University Press, 2013.

② James Manicom, Jeffrey Reeves, "Locating Middle Powers in International Relations Theory and Power Transitions," in *Middle Powers and the Rise of China*, ed. Bruce Gilley, Andrew O'Neil, Washington: Georgetown University Press, 2014, p. 48.

③ 令人有些困惑的是,2013 年国防白皮书将"*Indo-Pacific*"一词接纳为官方术语(看似有利于"Asia Pacific"概念)。这最应该被理解为是整个亚太地区的一种"次区域(sub-regional)"视角。见澳大利亚政府国防部,2013 年国防白皮书(Canberra: Department of Defence, 2013), http://www.defence.gov.au/whitepaper2013/docs/WP_2013_web.pdf, and David Brewster, "India and Australia in Indo-Pacific Security," in *The Indian Ocean Region: Security, Stability and Sustainability in the 21st Century-Report of the Australia India Institute Task Force on Indian Ocean Security*, ed. Dennis Rumley, Melbourne: Australia India Institute, 2011, pp. 96 – 119.

## 一、目前为止的澳大利亚和亚洲区域主义

为了精确地定位澳大利亚最近朝区域主义所做的各种努力，有必要重新审视一下澳大利亚在这一区域内所处位置的历史根源。① 在被亚洲团体明确接纳之前，澳大利亚曾经历过一些历史困境，这种审视工作可以揭示出它的政策，甚至（在某种程度上）其身份在过去的一代中如何进行了激烈的重新定位。② 安·卡普林(Ann Capling)指出，"在过去的二十年里，'与亚洲结合'曾经是澳大利亚公共政策和关于澳大利亚在世界中位置的公共讨论的核心议题"③。因此，本文回溯了澳大利亚区域主义背后的文化、社会和政治要素，同时揭示了澳大利亚区域主义建构路线是如何在偏理想主义、积极主动的工党政府和偏保守、低调参与的联合党派之间来回摇摆的。

自从 1788 年第一舰队到达之后，数量较少的盎格鲁人(Anglo-population)就敏锐地意识到了他们与亚洲邻居之间的巨大文化差异和孤立地位。④ 作为定居在大陆岛屿岸边的白人殖民者，他们对北方的当地人产生了一些不信任的、矛盾的或者恐惧的心理。正如内维尔·米尼(Neville Meaney)指出的，"澳大利亚人为将他们的欧洲历史背景和亚太地理位置联系起来而做的努力是一个漫长并充满曲折的故事"⑤。这种在一

---

① 见如下文章：Ann Capling, "Twenty Years of Australia's Engagement with Asia," *The Pacific Review*, Vol. 21, No. 5 (2008)；David Goldsworthy, eds. , *Facing North：A Century of Australian Engagement with Asia*, Volume 1, 1901 to the 1970s, Melbourne University Press, 2001；Rawdon Dalrymple, *Continental Drift：Australia's Search for a Regional Identity*, Burlington, VT：Ashgate, 2003.

② Michael Wesley, "The Politics of Exclusion：Australia, Turkey and Definitions of Regionalism," *The Pacific Review*, Vol. 10, No. 4 (1997), pp. 523 - 555.

③ Ann Capling, "Twenty Years of Australia's Engagement with Asia," *The Pacific Review*, Vol. 21, No. 5 (2008), p. 601.

④ A. W. Stargardt, *Australia's Asian Policies：The History of a Debate, 1839—1972*, Hamburg：Institute of Asian Affairs in Hamburg, 1977.

⑤ Neville Meaney, Trevor Matthews, Solomon Encel, *The Japanese Connection：A Survey of Australian Leaders' Attitudes Towards Japan and the Australia-Japan Relationship*, Melbourne：Longman Cheshire, 1988, p. 50.

个自然区域内部分被接纳又部分被排斥的状况被称为"阈限(liminality)"。① 在此基础上,萨缪尔·亨廷顿(Samuel Huntington)曾将澳大利亚归类为"撕裂中的国家(torn country)"(在自身欧洲文化与身份与其亚洲地理位置之间无所适从)。② 澳大利亚国内政策,如 1901 年移民限制法案(Immigration Restriction Act 1901),曾试图将可能到来的亚洲入侵者挡在门外,狂热地捍卫一个"白人的澳大利亚(White Australia)"。上述政策直到 1973 年才被正式废止。第二次世界大战中的残暴事件——主要是在日本人手中所遭受的暴行——进一步地破坏了澳大利亚对亚洲的印象。③ 但是在战争结束之后,随着亚洲移民的进入,澳大利亚将欧洲人和美洲人当作"自己人"而将异于自己的亚洲人当作"外人"的观念逐渐消退。同时,随着与母国——英国的经济纽带的丧失以及转型与亚洲进行贸易的模式,澳大利亚经济(和社会)不得不转而与亚洲结盟。这些转型在 20 世纪70 年代变得越来越明显,但直到 80 年代才在澳大利亚的实际政策中反映出来。20 世纪80、90 年代,米尼指出"绝大多数澳大利亚领导人相信澳大利亚的未来在亚太地区"。④

在鲍勃·霍克(1983—1991)工党政府的领导下,澳大利亚开始有意识地,或者说一开始是非常谨慎地开放自己,更深入地融入亚洲。这项活动是由一个致力于加深与北方邻居互动的国内经济、财政全面重构方案开始的。⑤ 在随后接任的保罗·基廷(Paul Keating)(1991—1996)和他积极的外交部部长加雷斯·埃文斯(Gareth Evans)的带领下,"融入亚洲"变成了一项优先政策(在"新区域主义"的旗号下)。⑥ 卡普林指出,"在 20 世纪 90

---

① Richard Higgott, Kim Nossal, "The International Politics of Liminality: Relocating Australia in the Asia Pacific," *Australian Journal of Political Science*, Vol. 32, No. 2 (1997).

② Samuel Huntington, "The Clash of Civilizations?" *Foreign Affairs*, Vol. 72, no. 3 (1993), p. 42.

③ Laurence Rees, *Horror in the East: Japan and the Atrocities of World War II*, Cambridge, MA: Da Capo Press, 2002.

④ Neville Meaney, Trevor Matthews, Solomon Encel, *The Japanese Connection: A Survey of Australian Leaders' Attitudes Towards Japan and the Australia-Japan Relationship*, Melbourne: Longman Cheshire, 1988, p. 50.

⑤ Ross Garnaut, *Australia and the Northeast Asian Ascendancy: Report to the Prime Minister and the Minister for Foreign Affairs and Trade*, Canberra: Australian Government Publishing Service, 1989.

⑥ Paul Keating, *Australia, Asia and the New Regionalism: Singapore Lecture 1996*, Singapore: Institute of Southeast Asian Studies, 1996.

年代早期……澳大利亚努力让自己被接纳为这个区域里完全平等的一员"①。事实上,通过区域制度建构的努力,再加上澳大利亚加速促进"区域一体化"的角色(通过十分雄心勃勃的新自由主义经济政策),基廷政府坚定地寻求"将融入亚洲政策与重塑澳大利亚身份这一更宏大的政策目标结合起来"。②澳大利亚希望新塑造的"亚洲化(Asianized)"的身份能帮助它越过"阈限(liminality)",进而更加顺利地融入这一区域内。

逆转传统的孤立政策标志着澳大利亚外交政策的一个分水岭。③澳大利亚政府迎来了与亚洲更深入的贸易和政治联系,并且寻求在国内社会层面(包括重要的移民问题)确认这种明显的"亚洲化(Asianization)"。斯图尔特·弗斯(Stewart Firth)指出,"埃文斯和基廷反复强调澳大利亚的经济和战略未来存在于亚洲这一主题"④,关键的议题之一是通过某种泛区域的制度模式将澳大利亚绑定在这一地区。正是始于经济领域开始的制度模式最终让 APEC(Asia-Pacific Economic Cooperation)得以形成(在下文中将会进一步讨论)。自此之后,澳大利亚不再是"从亚洲(from Asia)"寻求安全,而是"在亚洲(in Asia)"或"与亚洲一起(with Asia)"获得安全。⑤这种思想在堪培拉参与东盟(ASEAN)地区论坛的建立中有所表现。随后,澳大利亚开始与东南亚国家一起努力建造泛区域的安全对话。

事实上,我们在此时可以非常恰当地说,这一政策重点已与澳大利亚作为"中等强国"的概念紧密地结合起来了。虽然战后初期的澳大利亚人(例如外事部长伊瓦特,H. V. Evatt)已经定义了"中等强国"的概念,埃文斯寻求让"中等强国地位"的政策获得新生——通过"一系列的高调政策动议,从保护南极生态环境、在柬埔寨重建和平到军事控制和非武装化,澳大利亚自

① Ann Capling, "Twenty Years of Australia's Engagement with Asia," *The Pacific Review*, Vol. 21, No. 5 (2008), p. 608.

② Ann Capling, "Twenty Years of Australia's Engagement with Asia," *The Pacific Review*, Vol. 21, No. 5 (2008), p. 603.

③ James Cotton, John Ravenhill, "Australia's 'Engagement with Asia'," in *Seeking Asian Engagement: Australia in World Affairs, 1991—1995*, ed. James Cotton and John Ravenhill, Melbourne: Oxford University Press, 1997, p. 116.

④ Stewart Firth, *Australia in International Politics: An Introduction to Australian Foreign Policy*, 3rd ed. Sydney, NSW: Allen & Unwin, 2011, p. 37.

⑤ 保罗·基廷(Paul Keating)将这一观点总结为"澳大利亚必须在亚洲之内,而不是从亚洲寻求安全"。引自 Allan Gyngell 和 Michael Wesley 的著述 *Making Australian Foreign Policy*, 2nd ed. Cambridge; New York: Cambridge University Press, 2007, p. 11.

我定位的中等强国地位获得了广泛的国际认可和支持"①。中等强国外交政策和澳大利亚努力实现区域主义之间的重要关联,在安德鲁·库珀(Andrew Cooper)和其他人员的创造性工作中,得到了很好的表述:在《重新定位中等强国》(Relocating Middle Powers)一书中,作者们比较了冷战之后的加拿大和澳大利亚的姿态转换。②

这些从澳大利亚方面展露出来的区域主义努力既遭到了抵制也获得了支持。一方面,马来西亚总理马哈蒂尔(Mahathir Mohamad)直白地拒绝承认澳大利亚是亚洲的一员,同时提出了一个更为狭义和民族化的"亚洲"定义以将澳大利亚排除在外。马哈蒂尔提议建立东亚经济论坛(East Asian Economic Caucus,EAEC),然而这一提议由于美国的反对而被搁置,后者(当然)更倾向于建立 APEC。相反的,日本(声称自己是亚洲的"局外人")尤其希望在地区论坛中加入澳大利亚、美国和印度,东京对 APEC 和 ARF 的建立都给予了全心全意的配合。

工党政府领导下的澳大利亚面向亚洲的激烈政策变革在随后的联合政府(1996—2007)时期被中断。为了服务于澳大利亚的"国家利益(national interest)",首相约翰·霍华德(John Howard)和他的外交部部长亚历山大·唐纳(Alexander Downer)明确地否认了将自己的国家归类为中等强国,并让脱离了中等强国含义的亚洲区域主义和亚洲身份变成了一种外交说辞。③ 为了让自己与工党特色的政策内容有所区别,新的联合政府根据1997 年国防白皮书将政策重点转回澳大利亚与美国、英国等西方伙伴方面,强调双边合作而非多边合作才是区域主义的"基石(building blocks)"。④ 正如詹姆斯·科顿(James Cotton)指出的:

> 在霍华德-唐纳(Howard-Downer)时期,政府从现实主义的前提假设出发,仍然在某种程度上对各种制度化和规范化的"亚洲

① Carl Ungerer, "The 'Middle Power' Concept in Australian Foreign Policy," *Australian Journal of Politics & History* 53, no. 4 (2007), p. 538.

② Andrew Cooper, Richard Higgott, Kim Nossal, *Relocating Middle Powers: Australia and Canada in a Changing World Order*, Melbourne: Melbourne University Press, 1993.

③ James Cotton, John Ravenhill, *The National Interest in a Global Era: Australia in World Affairs, 1996—2000*, Oxford: Oxford University Press, 2001.

④ Department of Foreign Affairs and Trade, *In the National Interest: Australia's Foreign and Trade Policy: White Paper*, Canberra: Department of Foreign Affairs and Trade, 1997.

（Asia)"实体持批评态度,并表明了对双边主义的偏好(先是经济领域的双边主义,后来又发展到战略层面的双边主义)。①

联合政府同样也从基廷所过度使用的"亚洲化说辞(Asianization rhetoric)"中倒退回去,因为这种说法明显已经严重地超越了大众观点。抛弃了前工党政府"情绪化的区域主义(emotional regionalism)",联合政府转而追求以澳大利亚利益而不是身份认同来定义的"务实区域主义(practical regionalism)"[以及通往多边主义的"可选路径(selective approach)"]。②

最开始,霍华德的政策行为威胁要将澳大利亚排除在不断加强的亚洲区域一体化进程之外。马哈蒂尔再次反对将澳大利亚纳入 2005 年东亚峰会(East Asia Summit,EAS)(该峰会被当作建立"东亚共同体"的跳板),并且获得了中国的支持,后者希望将会议成员限制在 ASEAN＋3(东盟＋中日韩)国家之内。虽然这些担忧最后都被证明是毫无根据的。迈克尔·韦斯利(Michael Wesley)在他定义的"霍华德悖论(Howard paradox)"中表示,虽然联盟政府的政策被广泛认为会导致澳大利亚与亚洲之间堑壕(estrangement)的形成,他们在事实上却是非常成功的。③ 明确地将自己定位为"西方"国家不但没有给澳大利亚带来任何危害,它的经济和制度化整合反而都得以飞快进行:澳大利亚加入了 ARF,EAS 并(极不情愿地)签署东南亚友好合作条约(ASEAN's Treaty of Amity and Cooperation)(以及加入其他特别协议,如防扩散安全动议等)。马来西亚总理马哈蒂尔的持续敌视,1997 至 1998 年的亚洲经济危机,保丽娜·汉森(Pauline Hanson)对一党制(One Nation Party)的憎恶,对东帝汶的军事干涉[随后被指控为充当美国在南太平洋地区实施"预防原则(preemption)"的"治安副官(Deputy Sheriff)"],这些都没有造成长期的不利影响。虽然堪培拉自己并未寻求支持高调的地方主义者动议,区域主义和区域化进程直到 2008 年霍华德的第二个任期都并未减弱。事实上与之相反,卡普林证实,到这时"澳大利亚

① James Cotton, "Asian Regionalism and the Australian Policy Response in the Howard Era," *Journal of Australian Studies*, Vol. 32, No. 1 (2008), p. 115.

② Alexander Downer, "China: Asia Leaders' Forum-Mr. Downer's Opening Speech," speech delivered at the opening reception and dinner of the Asia Leaders' Forum, Beijing, April 23, 2000, http://www.foreignminister.gov.au/speeches/2000/000423_alf.html.

③ Michael Wesley, *The Howard Paradox: Australian Diplomacy in Asia, 1996—2006*, Sydney: ABC Books, 2007.

已毫无争议地融入了东亚地区的任何领域"。①

通过上述区域政策的变化,我们可以看出澳大利亚自身是如何理解"区域"的。随着他们认识到"'亚洲—太平洋(Asia-Pacific)'和'东亚'是构建不同地域身份的两个核心概念"②,澳大利亚人无疑将"东亚"作为一种可识别的地理或政治区域,但是绝大多数的国家话语都有意识地优先使用"亚太(Asia Pacific)"一词来描述他们所处的自然地理和政治地理环境。科顿指出,

> 虽然"我们的区域(our region)"一词常常出现在保罗·基廷的演讲中,它准确的地理范围却并没有被很好地进行界定。即便如此,他也非常注意不将"太平洋一翼(Pacific wing)"(以此来暗示与美国的关系)排除在澳大利亚的经济和安全关系网络之外。③

这的确以一种巧妙的方式将政治话语塑造得更有利于让澳大利亚获得一种包容的区域边界——不管是从制度层面还是其他层面。这种"包容性(inclusive)"解读的另一个目的是巩固堪培拉的盎格鲁联盟地位:否则美国就会成为一个"区域外(extra-regional)"行为体,新西兰也是如此,即使澳大利亚几乎不与其他的美洲国家进行互动(比如加拿大)。印度作为一个重要的战略伙伴,同样可以利用这个框架方便地参与其中。这种所谓的"开放式区域主义(open-regionalism)"目的是反对任何将澳大利亚和新西兰,以及美国(还有印度)排除在外的制度安排。何包钢总结到,"澳大利亚总是倾向于一个宽泛的、以海洋为中心的亚太地区概念。太平洋主义(Pacificism)承认美国的重要地位,但是尽量避免澳大利亚在区域内的身份这一敏感话题"④。

---

① Ann Capling, "Twenty Years of Australia's Engagement with Asia," *The Pacific Review*, Vol. 21, No. 5 (2008), p. 613.

② Baogang He, "A Concert of Powers and Hybrid Regionalism in Asia," *Australian Journal of Political Science*, Vol. 47, No. 4 (2012), p. 685.

③ James Cotton, "Asian Regionalism and the Australian Policy Response in the Howard Era," *Journal of Australian Studies*, Vol. 32, No. 1 (2008), p. 117.

④ Baogang He, "The Awkwardness of Australian Engagement with Asia: The Dilemmas of Australian Idea of Regionalism," *Japanese Journal of Political Science*, Vol. 12, No. 2 (2011), p. 274.

# 二、中等强国

虽然工党政府和联合政府在接纳或拒绝"中等强国(middle power)"概念时表现出了明显的区别,这一描述符号(descriptor)却被广泛地用来描述澳大利亚的地位和外交风格。丹尼尔·鲍迪诺(Daniel Baldino)等人坚称,"中等强国的框架是界定国家利益的重要工具,它决定了国际体系的总体形象并以服务于国家利益的方式影响地区与国际反应"[1]。比如,澳大利亚国际事务研究所(the Australian Institute for International Affairs)将 2006 至 2010 年外交政策进展的五年报告命名为《中等强国梦》(*Middle Power Dreaming*),这五年是澳大利亚政府实施"中等强国行动主义(middle power activism)"的鼎盛时期。[2] 那么当澳大利亚人或其他谈话人使用"中等强国"这一术语时,他们表达的到底是什么意思呢?

学者们仍然在努力解决这一熟悉的,但本质上充满争议的中等强国概念问题。随着"新兴的"(或"正在出现的")中等强国,如巴西、印度尼西亚和南非等逐步加入既有的或"传统的"中等强国,如澳大利亚、加拿大和韩国等的队伍,这一概念开始复兴起来,虽然此前学者们曾对这一概念的持续有用性有过质疑。[3] 即使如此,在一个当代的致力于解释这一术语的研究中,布鲁斯·吉利和安德鲁·奥尼尔(Andrew O'Neil)宣称,"中等强国一词在现实世界的政治争论和外交政策中被持续使用,说明它有一种基于客观特点的相关性和有效性"[4]。这里并不适合对这一术语做所有定义上和理论上

---

① Daniel Baldino et al. , *Contemporary Challenges to Australian Security*, London: Palgrave Macmillan, 2011, p. 118.

② James Cotton, John Ravenhill, eds. , *Middle Power Dreaming: Australia in World Affairs 2006—2010*, South Melbourne, VIC: Oxford University Press in association with the Australian Institute of International Affairs, 2012.

③ Jennifer Welsh, "Canada in the 21st Century: Beyond Dominion and Middle Power," *The Round Table: The Commonwealth Journal of International Affairs*, Vol. 93, No. 376 (2004); Adam Chapnick, "The Canadian Middle Power Myth," *International Journal: Canada's Journal of Global Policy Analysis*, Vol. 55, No. 2 (2000).

④ Bruce Gilley, Andrew O'Neil, "China's Rise through the Prism of Middle Powers," in *Middle Powers and the Rise of China*, ed. Bruce Gilley, Andrew O'Neil (Washington, DC: Georgetown University Press, 2014), p. 4.

的深入探究,原本用于解释这一概念的语义系谱如今也由于上文中所列出的"第二代"中等强国的出现而被扩大了。① 我会在宽泛的学术知识之内挑选一些内容来解答眼前的问题——通向亚洲区域一体化的澳大利亚路径。

对于这一术语最新的解释来源于吉利和奥尼尔:"中等强国是指那些现实能力弱于超级大国但仍然远超过世界体系中大多数二等国家的那些国家。"②粗略的量化标志(qualitative marker)将中等强国界定为经济排名从 6—8 名(排名以上的被认为是超级大国)到 20—30 名左右的国家。③

随着中等强国一词理论化的加强,它的概念可以从三个主流国际关系理论的角度分别进行解读:首先,源于现实主义理论"地位分析(positional approach)"更多的是关于能力的定量分析,一定程度的能力赋予了一个国家中等强国的称号。与之相对的行为主义路径(Behavioral approach)根植于自由制度主义的传统,关注"中等强国外交"的典型模式。这是下一节的理论基础(见下文)。最后,"身份路径(identity approach)"基于建构主义并且试图寻找"决定一个国家可以被国内的智囊或外交精英定位为中等强国

---

① Carsten Holbraad, "The Role of Middle Powers," *Cooperation and Conflict* 6, no. 1 (1971), pp. 77 - 90. 随后又有一项更为宽泛的研究:Carsten Holbraad, *Middle Powers in International Politics* (London: Macmillan, 1984); John Holmes, "Most Safety in the Middle," *International Journal: Canada's Journal of Global Policy Analysis*, Vol. 39, No. 2 (1984), pp. 366 - 388; Bernard Wood, *The Middle Powers and the General Interest*, Ottawa: North-South Institute, 1988; Robert Cox, "Middlepowermanship, Japan, and Future World Order," *International Journal: Canada's Journal of Global Policy Analysis*, Vol. 44, No. 4 (1989), pp. 823 - 862; John Ravenhill, "Cycles of Middle Power Activism: Constraint and Choice in Australian and Canadian Foreign Policies," *Australian Journal of International Affairs*, Vol. 52, No. 3 (1998), pp. 309 - 327; Carl Ungerer, "The 'Middle Power' Concept in Australian Foreign Policy," *Australian Journal of Politics & History*, Vol. 53, No. 4 (2007); Nelson Michaud and Louis Bélanger, "Canadian Institutional Strategies: New Orientations for a Middle Power Foreign Policy?" *Australian Journal of International Affairs*, Vol. 54, No. 1 (2000).

② Bruce Gilley, Andrew O'Neil, "China's Rise through the Prism of Middle Powers," in *Middle Powers and the Rise of China*, ed. Bruce Gilley, Andrew O'Neil, Washington, DC: Georgetown University Press, 2014, p. 2. [Italic added]

③ Bruce Gilley, Andrew O'Neil, eds. , *Middle Powers and the Rise of China*, Washington, DC: Georgetown University Press, 2014.

的标准"。① 这些标准很明显地在某种程度上相互依存、彼此交错。毫无疑问,在安德鲁·卡尔(Andrew Carr)、马尼康、里夫斯以及作者自己用来分析澳大利亚作为中等强国的复合术语中,这三种中等强国的形象一直被结合起来使用。②

本文主要关注其中的第二种形象——即基于自由制度主义的"行为主义路径(Behavioral approach)"——因为它通过共同体和制度建构的方式最恰当地抓住了澳大利亚区域主义动议的重点(见下文)。正如上文所表明的,结合了三种理论的总体概念对于区域互动的研究仍然是十分贴切的,吉利和奥尼尔都指出,"在大多数情况下,中等强国在他们的地区内扮演着言过其实的角色"③。换句话说,包括澳大利亚在内的许多中等强国,虽然并不是全部(例如尼日利亚、埃塞俄比亚、加拿大等),同样也被视为"地区强国(regional powers)"。④

## 三、澳大利亚区域主义中的自由制度主义:中等强国路径

詹姆斯·理查森(James Richardson)证实,"澳大利亚政策思想在很大

---

① Bruce Gilley, Andrew O'Neil, "China's Rise through the Prism of Middle Powers," in *Middle Powers and the Rise of China*, ed. Bruce Gilley, Andrew O'Neil, Washington, DC: Georgetown University Press, 2014, p. 15.

② Andrew Carr, "Is Australia a Middle Power? A Systemic Impact Approach," *Australian Journal of International Affairs*, Vol. 68, No. 1 (2013); James Manicom, Jeffrey Reeves, "Locating Middle Powers in International Relations Theory and Power Transitions," in *Middle Powers and the Rise of China*, ed. Bruce Gilley, Andrew O'Neil, Washington: Georgetown University Press, 2014; Thomas Wilkins, "Australia: A Traditional Middle Power Faces the Asian Century," in *Middle Powers and the Rise of China*, ed. Bruce Gilley, Andrew O'Neil, Washington: Georgetown University Press, 2014.

③ Bruce Gilley, Andrew O'Neil, "China's Rise through the Prism of Middle Powers," in *Middle Powers and the Rise of China*, ed. Bruce Gilley, Andrew O'Neil, Washington, DC: Georgetown University Press, 2014, p. 6.

④ Daniel Flemes, *Conceptualising Regional Power in International Relations: Lessons from the South African Case*, Giga Working Papers No. 53, Hamburg: German Institute of Global and Area Studies, June 2007.

程度上是支持自由制度主义的"①。然而不容置疑的是,澳大利亚外交政策中存在着长久的现实主义倾向,这些倾向在联合政府时期就已经崭露头角。根据米尼的说法,"在外交政策中强调权力和国家利益的作用的现实主义国际关系观念在澳大利亚历史中拥有深厚基础"②。值得注意的是,基于自身的能力大小和对现实主义政治的偏好[虽然这也可以颇具讽刺意味地被描述为对中等强国概念的"定位(positional)"或现实主义解读],联合政府曾努力让澳大利亚外交政策辞令从"中等强国"框架中解脱出来,试图将澳大利亚身份重铸为"重要国家(considerable nation)"或"关键力量(pivotal power)"③。虽然如此,现实主义范式并不能很好地分析澳大利亚在区域主义中所做的努力,正如基于现实主义假设的联合政府却并不积极地推进相应政策一样。同时,现实主义强调本土的军事力量和拥有强大外部盟友的防御联盟。因此,联合政府的区域主义路径严重地依赖于美国"旧金山体系(San Francisco System)"的区域双边安全条约。④ 自由制度主义与现实主义/联合政府的路径相对,它指向了确保澳大利亚在区域内获得安全的其他道路。事实上,约翰·伊肯伯里(John Ikenberry)和迈克尔·马斯坦杜诺(Michael Mastanduno)将制度主义视为获得安全的(自由主义)"通道"。⑤

一般来说,自由主义风格的(Liberalist-styled)中等强国外交政策采取了一条通往国际政治的独特道路。根据马尼康和里夫斯的观点:

> 传统意义上界定的中等强国外交政策行为包括多极偏好,信奉调解或确保和平的行动,在制定和遵守规则时充当良好的国际

---

① James Richardson, "Liberalism," in *An Introduction to International Relations: Australian Perspectives*, ed. Richard Devetak, et al., Cambridge: Cambridge University Press, 2007, p. 48.

② Neville Meaney, Trevor Matthews, Solomon Encel, *The Japanese Connection: A Survey of Australian Leaders' Attitudes Towards Japan and the Australia-Japan Relationship*, Melbourne: Longman Cheshire, 1988, p. 41.

③ Daniel Baldino et al., *Contemporary Challenges to Australian Security*, London: Palgrave Macmillan, 2011, p. 115.

④ Kent Calder, "Securing Security through Prosperity: The San Francisco System in Comparative Perspective," *The Pacific Review* 17, no. 1 (2004); Kenneth Boutin, "Balancing Act: Competition and Cooperation in Us Asia-Pacific Regionalism," *Japanese Journal of Political Science*, Vol. 12, No. 2 (2011).

⑤ John Ikenberry, Michael Mastanduno, eds., *International Relations Theory and the Asia-Pacific*, New York: Columbia University Press, 2003, Chapter X.

公民，并且这些行为都在健康程度的自利引导之下。①

简要来说，自由制度主义的中等强国概念强调以下几个维度。首先，"为了加强他们在国际政治中的相对地位，中等强国努力增加他们在多边机制中的影响力，这是不言自明的"。② 这与区域共同体和制度的建构有着直接关系。正如布廷所主张的那样，"区域主义不一定与多边主义是同义词，但它们密切相关，区域主义的实践多通过多边主义的方式"③。进一步说，中等强国是典型的"积极组建联盟者"，④同时他们也积极地参与所谓的"利基外交(niche diplomacy)"⑤——通过如军备控制和人权保障等的公益条款。另外，它包含着一种"桥梁(bridging)"或"中介(intermediatory)"角色——"提供良好的会谈场所或在地区战争、核心冲突中调解紧张局势"⑥。上述方面令中等强国行为的细微差异之处增多，下文将会进行详细分析。值得注意的是，随着外交辞令不断引入"中等强国"的标识和相关身份说法来为上述行为提出例证，规范的自由制度主义路径已在某种程度上融入了建构主义的中等强权概念。

本文将讨论限制在区域议题之内，而不是在全球范围内进行综述〔因为这也是南京研讨会（Nanjing workshop）的核心关注点〕。正如里基·克斯腾（Rikki Kersten）所指出的，"陆克文领导之下的澳大利亚在区域和全球范

---

① James Manicom，Jeffrey Reeves，"Locating Middle Powers in International Relations Theory and Power Transitions," in *Middle Powers and the Rise of China*，ed. Bruce Gilley，Andrew O'Neil，Washington：Georgetown University Press，2014，p. 28.

② Matthew Sussex，"The Impotence of Being Earnest? Avoiding the Pitfalls of 'Creative Middle Power Diplomacy'," *Australian Journal of International Affairs*，Vol. 65，no. 5 (2011)，p. 545.

③ Kenneth Boutin，"Balancing Act：Competition and Cooperation in Us Asia-Pacific Regionalism," *Japanese Journal of Political Science*，Vol. 12，no. 2 (2011)，p. 180.

④ Andrew Cooper，Richard Higgott，and Kim Nossal，*Relocating Middle Powers：Australia and Canada in a Changing World Order*，Melbourne：Melbourne University Press，1993，p. 117.

⑤ Andrew Cooper，eds.，*Niche Diplomacy：Middle Powers after the Cold War*，Studies in Diplomacy，New York：St. Martin's Press，1997.

⑥ Carsten Holbraad，*Middle Powers in International Politics*，London：Macmillan，1984，p. 207.

围内追求更大的中等强国存在感"①。虽然澳大利亚也通过 G20、联合国非常任理事国地位或"凯恩斯集团（Cairns Group）"等机构在世界范围内施展它的中等强国力量（middle powermanship），本文主要关注的是它在亚太地区的作为。在这一区域内，澳大利亚的中等强国外交具有很大的影响力，同时也反映了它作为一个典型的中等强国处理与崛起中国关系的方式。后面的分析主要针对，但不局限于 2007—2013 年陆克文（还有茱莉亚·吉拉德，Julia Gillard）领导的工党政府。根据马克·比森（Mark Beeson）的说法，陆克文首相所推动的中等强国行为暗示着他相信"中等强国的时机"已经到来。因此他评价说，"陆克文政府的外交政策和目标，正如他们所言是关于所谓的中等强国尤其是澳大利亚面临的机遇和挑战"②。

我们可以使用自由制度主义的中等强国路径中，那些与澳大利亚区域主义相关的关键因素，来建构下文的分析结构。这些因素大致可以被归类到以下三个标题中：（1）区域共同体的建构；（2）"安全架构（security architecture）"[多边制度主义，包括辅助的"联盟建造（coalition-building）"行为]，以及（3）秩序或规范的强化。这些类别之间的相互关联性和互相支撑性将在下文的讨论中很明显地表现出来。

1. 建造一个区域性的"亚太共同体"

何包钢（He）和猪口孝（Inoguchi）宣称，

区域主义的理念为区域共同体的大体形式，以及创建、组织区域共同体时应设定怎样的指导原则这些问题提供了建设性的视角。它们涉及组建什么样的区域组织，如何组建和如何运转等基本问题。③

以澳大利亚前首相陆克文在 2008 年开展的"亚太共同体（Asia Pacific Community，APC）"整合计划为中心的一系列促进共同体建设的行动将这

---

① Rikki Kersten, "Australia and Japan: Mobilising the Bilateral Relationship," in *Middle Power Dreaming: Australia in World Affairs 2006—2010*, ed. James Cotton, John Ravenhill, Melbourne, VIC: Oxford University Press, 2012, p. 97.

② Mark Beeson, "Can Australia Save the World? The Limits and Possibilities of Middle Power Diplomacy," *Australian Journal of International Affairs*, Vol. 65, No. 5 (2011), p. 563.

③ Baogang He, Takashi Inoguchi, "Introduction to Ideas of Asian Regionalism," *Japanese Journal of Political Science*, Vol. 12, No. 2 (2011), p. 167.

些问题十分清楚地呈现了出来，这也代表了自由制度主义的中等强国对多边方案(multilateral solutions)和公共物品供给(provision of public goods)的强调。① 陆克文很明显地受到了东南亚国家努力建立区域共同体行为的启发（ASEAN 政治和安全共同体，Asean Political and Security Community）；而该共同体则源于已有的欧洲模型。② 为了实现这个愿景，陆克文使用了"亚太世纪"的宏大辞令[该词起源于现有的"太平洋世纪(Pacific Century)"一词，同时受到"太平洋共同体(Pacific Community)"的启发]。③ 霍克和基廷领导工党时期采取了很多类似的区域主义路径，陆克文肯定也曾将自己视为他们"参与亚洲(Asian engagement)"和"重新定位(relocating)"政策的后继者，这些政策在他的任期中将得到拓展（陆克文明确地将这项政策称为"创造性的中等强国外交"）。

正如前文讨论澳大利亚的"区域(region)"倾向时所预计的那样，"陆克文的亚太共同体(APC)建议表明，相对于亚洲观念，澳大利亚一直更偏向于太平洋观念下的区域主义。这是一种以太平洋为中心的，宏观看待亚洲地理区域的观念"④。虽然陆克文并没有寻求修改澳大利亚的核心国家利益，但他确实曾力劝澳大利亚人以积极的态度变成具有"亚洲文化(Asia literate)"⑤的西方国家[这在杰拉德的白皮书《亚洲世纪的澳大利亚》(Australia in the Asian Century)中得到重申]。⑥ 他的政策愿景在于寻求

① Frank Frost, "Australia's Proposal for an 'Asia Pacific Community': Issues and Prospects," Research Paper, Canberra: Parliament of Australia, Department of Parliamentary Services, December 1, 2009, http://wopared. parl. net/library/pubs/RP/2009 - 10/10rp13. pdf.

② Emanuel Adler, Michael Barnett, *Security Communities*, Cambridge Studies in International Relations, Cambridge, UK; New York: Cambridge University Press, 1998; Amitav Acharya, *Constructing a Security Community in Southeast Asia: ASEAN and the Problem of Regional Order*, New York: Routledge, 2009.

③ Thomas Wilkins, "The New 'Pacific Century' and the Rise of China: An International Relations Perspective," *Australian Journal of International Affairs* 64, no. 4 (August 2010); Hillary Clinton, "America's Pacific Century," *Foreign Policy*, Vol. 189, No. 1 (2011).

④ Baogang He, "The Awkwardness of Australian Engagement with Asia: The Dilemmas of Australian Idea of Regionalism," *Japanese Journal of Political Science* Vol. 12, No. 2 (2011), p. 269.

⑤ Kevin Rudd, "Creating an Asia-Literate Australia," in *Living with Dragons: Australia Confronts Its Asian Destiny*, ed. Greg Sheridan, Sydney, NSW: Allen and Unwin, 1995.

⑥ Australian Government, *White Paper: Australia in the Asian Century*, Canberra: Australian Government, 2012. 有趣的是，到了陆克文时，"亚太"已经失去了"太平洋"元素。

解决多种多样的区域主义挑战：包括建立开放贸易体制和打造应对诸如恐怖主义、自然灾害、疾病、能源和食物安全等传统和非传统安全挑战的能力。① 换句话说，陆克文政府寻求将解决诸如区域安全、身份认同和利益问题的各种努力具体整合起来。总体而言，这位前首相致力于"增强安全共同体意识"②，他希望在 2020 年完成建立像 ASEAN 这样的安全共同体。③ 他的特使理查德·伍尔科特（Richard Woolcott）强调采取一条积极路线的必要性，不应该"形势消极地发展，却简单地期盼最好的结果"。④

陆克文的大胆提案确实反映了"区域主义是一项鼓舞人心的事业"这一格言。⑤ 比森却悲观地指出，"然而令人伤心的是，正如很多世界性理论一样，陆克文政府擅长理论，但实际应用方面十分不足"⑥。这样一个共同体到底应该采取何种形式仍然是十分不清晰的——比如它包括哪些成员？（如何界定"亚太"成员？），它的主旨（substance）是什么？陆克文在这个宏大方案的具体细节方面显得非常简略。他宣称，"现存的机构虽然能服务于特殊目的，但是却不足以应对这个区域面临的可能挑战"⑦。他的特使不久之后便展露了所有现存机构的不足之处。⑧ 放弃早期的资本化共同体（capitalization of Community），即欧盟形式的区域整合（虽然他意不在此），

---

① Kevin Rudd, "Address to the Asia Society Australasia Centre, Sydney: It is Time to Build an Asia-Pacific Community," speech to the Asia Society Australasia Centre, Sydney, June 4, 2008, http://www.pm.gov.au/media/speech/2008/speech_0286.cfm.

② Kevin Rudd, "Address to the Asia Society Australasia Centre, Sydney: It is Time to Build an Asia-Pacific Community," speech to the Asia Society Australasia Centre, Sydney, June 4, 2008, http://www.pm.gov.au/media/speech/2008/speech_0286.cfm.

③ Amitav Acharya, *Constructing a Security Community in Southeast Asia: ASEAN and the Problem of Regional Order*, New York: Routledge, 2009.

④ Richard Woolcott, "Towards an Asia Pacific Community," *The Asialink Essays*, no. 9, November, 2009, p. 2.

⑤ Baogang He, Takashi Inoguchi, "Introduction to Ideas of Asian Regionalism," *Japanese Journal of Political Science*, Vol. 12, no. 2 (2011), p. 166.

⑥ Mark Beeson, "Can Australia Save the World? The Limits and Possibilities of Middle Power Diplomacy," *Australian Journal of International Affairs* Vol. 65, No. 5 (2011), p. 566.

⑦ Richard Woolcott, "Asia-Pacific Community Could Be Rudd's Golden Legacy," *The Sydney Morning Herald*, January 20, 2011, http://www.smh.com.au/federal-politics/political-opinion/asiapacific-community-could-be-rudds-golden-legacy-20110119-19wj1.html.

⑧ Richard Woolcott, "Towards an Asia Pacific Community," *The Asialink Essays*, no. 9, November, 2009, http://asialink.unimelb.edu.au/__data/assets/pdf_file/0019/407206/woolcott_essay9.pdf.

陆克文声称他渴望"一个能够将对话、合作、政治经济相关行为以及涉及安全的未来挑战等全部领域都包含在内的区域机构"。① 十分明确的是,任何理想的设计都必须通过现实途径来实现。陆克文非常希望能够"为亚太区域建构展现一个长期愿景"。② 但如何将所有这些整合到一个单一的论坛中还不明确。

由于陆克文的设计存在明显缺陷并缺乏连贯性,虽然伍尔科特十分努力地弥补这些缺陷,亚太共同体却仍然只得到了微弱的支持并且遭到了大量批评(既有来自澳大利亚国内,也有来自国外的)。首先,虽然陆克文非常注意雄心壮志的言辞,但他忽视了与区域内其他国家进行前期协商来夯实自己动议的基础。除非是作为假设,否则诸如澳大利亚一般的"外部"势力不大可能会被当作整合亚洲分散文化的合适人选。《时代报》(The Age)杂志中有一篇文章警告说"区域内国家可能会认为陆克文的动议过于骄傲自大"。③ 东盟国家对于任何想要夺取他们在区域共同体建造中主导地位(driving seat)的行为都是特别敏感的——虽然陆克文确实承认"ASEAN＋"(ASEAN-plus)的努力成果。另外,东盟国家还担心澳大利亚所提出那些动议只是维护美国利益的"障眼法",因此应该谨慎对待(比如 APEC)。④第二,伍尔科特准确地指出:"目前在亚太地区尚不存在一个具有全面解决经济、战略挑战资格和强制力的单一机构。"⑤同时,即使有一个这样规模庞大的单一机构,它也会因为包含着许多互为对手的强权国家而不能在任何重要问题上达成共识(类似于联合国)。由此,伍尔科特并没有看到"任何在

① Kevin Rudd, "Address to the Asia Society Australasia Centre, Sydney: It is Time to Build an Asia-Pacific Community," speech to the Asia Society Australasia Centre, Sydney, June 4, 2008, http://www. pm. gov. au/media/speech/2008/speech_0286. cfm.

② Kevin Rudd, "Address to the Asia Society Australasia Centre, Sydney: It is Time to Build an Asia-Pacific Community," speech to the Asia Society Australasia Centre, Sydney, June 4, 2008, http://www. pm. gov. au/media/speech/2008/speech_0286. cfm.

③ Michelle Grattan, "The Danger of Taking on Too Much," The Age, June 6, 2008, http://www. theage. com. au/news/opinion/the-danger-of-taking-on-too-much/2008/06/05/1212259003737. html.

④ John Ravenhill, APEC and the Construction of Pacific Rim Regionalism, Cambridge Asia-Pacific Studies, New York: Cambridge University Press, 2001.

⑤ Richard Woolcott, "Towards an Asia Pacific Community," The Asialink Essays, no. 9, November, 2009, p. 2.

现有论坛基础上创建新机构的欲望"。① 亚太共同体如何为一个已经高度机制化的区域(见下文)带来新的价值是不明确的。第三,伍尔科特声称,"相信某种形式的亚太共同体已经迎来了适当的时机"②。事实也许如此,但澳大利亚的时机已经过去了。由于与日本首相鸠山(Hatoyama)的"东亚共同体(East Asia Community)"概念十分类似但又相互冲突,澳大利亚的"亚太共同体"概念变得更为复杂而难以被人接受。③

基于上文中提到的联合政府偏好,当时的"影子外交部长(shadow Foreign Minister)"朱莉·毕晓普毫不令人感到意外地将亚太共同体称为是一个"在亚太地区建立欧盟型机构的失败尝试",是一件"徒劳无功的事"。④ 由于收到了冷淡的回应,建立亚太共同体的愿景被降级为一个"展开对话"的尝试,而非一项具体的设计。当时的评论人员称这项计划已经"搁浅",随之而来的批评也毫不留情地说它是一个"失败"。⑤ 陆克文也许可以说,2011年扩大的东亚峰会将美国、印度和俄罗斯包括在内之时,上述愿景就已经实现了,但这并不十分具有说服力。⑥

2. 致力于打造区域安全架构

虽然在成员众多且各不相同的亚太地区建立一个紧密共同体的宏图大志失败了,堪培拉在组织和参与区域制度化的活动中却一直十分积极主动(陆克文将这些行动预想为亚太共同体建立的基石)。⑦ 从中不难看出,"区

① Richard Woolcott, "Towards an Asia Pacific Community," *The Asialink Essays*, no. 9, November, 2009, p. 3.

② Richard Woolcott, "Asia-Pacific Community Could Be Rudd's Golden Legacy," *The Sydney Morning Herald*, January 20, 2011, http://www.smh.com.au/federal-politics/political-opinion/asiapacific-community-could-be-rudds-golden-legacy-20110119-19wj1.html.

③ Yukio Hatoyama, "A new path for Japan," *The New York Times*, August 27, 2009, http://www.nytimes.com/2009/08/27/opinion/27iht-edhatoyama.html.

④ Julie Bishop, "Rudd Must Halt Wild Goose Chases," Media Release, March 18, 2009, http://www.liberal.org.au/news.php? Id=2771.

⑤ Baogang He, Takashi Inoguchi, "Introduction to Ideas of Asian Regionalism," *Japanese Journal of Political Science* Vol. 12, No. 2, 2011, p. 172.

⑥ Liam Cochrane, "Kevin Rudd Claims Asia-Pacific Community Success," *Radio Australia*, April 17, 2012, http://www.radioaustralia.net.au/international/radio/program/asia-pacific/kevin-rudd-claims-asiapacific-community-success/914668.

⑦ Kevin Rudd, "Address to the Asia Society Australasia Centre, Sydney: It is Time to Build an Asia-Pacific Community," speech to the Asia Society Australasia Centre, Sydney, June 4, 2008, http://www.pm.gov.au/media/speech/2008/speech_0286.cfm.

域共同体"的理想化概念虽然总是处于各种伪装之中,但是它也总得以某些实际的机构形式表现出来。"安全共同体"作为一个兼具学术和政治含义的术语,同样也作为典型被预测将会出现在 NATO、EU 及 ASEAN 等机构中。[①] 陆克文自己好像开始(缓慢地)意识到,任何区域共同体都是现存制度机构的具体化。为了推进这一进程,澳大利大一直都是一个主要的行动者。东盟前秘书长比素万(Surin Pitsuwan)评论道,"澳大利亚在过去一直是那些区域架构与合作的催化剂和支柱"[②]。

布雷丹·泰勒(Brendan Taylor)和威廉·托(William Tow)在一项专门的研究中将"区域安全架构"定义为"某一地理范围内总体、连贯并且全面的安全结构,它服务于地区政策关切的解决以及地区安全目标的实现"[③]。亚太地区的这一安全结构是由一系列广泛的机构组成的(包括一些双边或多边防御联盟,比如 ANZUS 和 FPDA 等,澳大利亚也是联盟中的一员)。由于其他部分已经对这些机构进行了说明,这里没有必要再进行一一列举,本文希望做的是检验澳大利亚对区域安全制度化所做的贡献,评估其中的收益,并且指出这些机构的不足之处。[④] 伍尔科特有根据地指出,所有的区域安全机构,"近来没有任何一个拥有强大凝聚力,能组织一个区域内关键国家领导人都参与的峰会来解决各种地区热点问题"[⑤]。按照维克托·查(Victor Cha)的说法,我们现在拥有的不是一个真正包容并有凝聚力的安全架构,而是若干势力范围(remits)和成员相互重叠的众多区域组织的"复杂拼凑物(complex patchwork)",其中很多机构都隶属于宽泛的"ASEAN

---

① Karl Deutsch, *Political Community and the North Atlantic Area: International Organization in the Light of Historical Experience*, Princeton: Princeton University Press, 1957; Emanuel Adler and Michael Barnett, *Security Communities*, Cambridge: Cambridge University Press, 1998.

② Surin Pitsuwan, "ASEAN Secretary-General's Welcoming Speech on the Occasion of the Visit of the Hon. Kevin Michael Rudd, Prime Minister of Australia," speech delivered to ASEAN Secretariat, Jakarta, June 13, 2008.

③ William Tow, Brendan Taylor, "What Is Asian Security Architecture?" *Review of International Studies* Vol. 36, No. 1, 2010, p. 96.

④ Mark Beeson, *Institutions of the Asia-Pacific: ASEAN, APEC, and Beyond*, London: Routledge, 2009; Nick Bisley, *Building Asia's Security*, Adelphi Series, London: Routledge for the International Institute for Strategic Studies, 2009.

⑤ Richard Woolcott, "Towards an Asia Pacific Community," *The Asialink Essays*, no. 9, November, 2009, p. 2.

+"体系。① 这些机构有时被讽刺地称为区域内的"字母汤(alphabet soup)"或"意大利面碗(noodle bowl)",它们五花八门,且不总能奏效。事实上,与前面的讨论相符,弗兰克·弗罗斯特(Frank Frost)提示我们说"理解'区域'的不同方式一直是组织和对话不断增多的原因之一"。②

然而,正如人们对一个中等大国的预期一样,澳大利亚的政策制定者深深地卷入到了推动和参与区域机构化的大环境中去。费洛梅娜·默里(Philomena Murray)称,"澳大利亚一直寻求实现一个新区域架构的概念。这个架构体系将会包括安全合作、经济和政治合作,同时寻求重塑区域内权力平衡"③。理查德·希戈特(Richard Higgott)和金·诺萨尔(Kim Nossal)补充说道,"在重新定位自己的亚洲地位过程中,澳大利亚通过PECC、APEC、CSCAP和ARF等平台,一直处在努力加速亚太跨区域经营互动的前线"④。20世纪80年代,堪培拉和东京一起,为建立一个泛区域的经济论坛而努力。澳大利亚和日本的两位前首相马尔科姆·弗雷泽(Malcolm Fraser)和大平正芳(Masayoshi Ohira)成功地建立了太平洋经济合作委员会(Pacific Economic Cooperation Council,PECC)——一个成员寻求协调经济政策的包容性的区域国家组织。澳大利亚打造全面区域架构的政策,被后来继任的首相霍克和与其同期的日本首相坚持下来,并在1989年形成了APEC。虽然近些年APEC的光芒变得有些黯淡,且澳大利亚也没能成功地遵循美国利益为论坛制订出一个以安全为重心的议程,但它的成立仍然可以被看作堪培拉的中等强国行动主义的区域主义道路。⑤澳大利亚也一直很热心地在美国主导的跨太平洋伙伴关系(Trans-Pacific

---

① Victor Cha, "Complex Patchworks: Us Alliances as Part of Asia's Regional Architecture," *Asia Policy*, Vol. 11, No. 1, 2011.

② Frank Frost, *Australia's Proposal for an "Asia Pacific Community": Issues and Prospects*, Research Paper, Canberra: Parliament of Australia, Department of Parliamentary Services, December 1, 2009, p. 4, http://wopared. parl. net/library/pubs/RP/2009-10/10rp13. pdf.

③ Philomena Murray, "Regionalism and Community: Australia's Options in the Asia-Pacific," *ASPI Strategy Paper*, November 2010, p. 5.

④ Richard Higgott, Kim Nossal, "The International Politics of Liminality: Relocating Australia in the Asia Pacific," *Australian Journal of Political Science*, Vol. 32, No. 2, 1997, p. 172.

⑤ John Ravenhill, "Mission Creep or Mission Impossible? APEC and Security," in *Reassessing Security Cooperation in the Asia-Pacific: Competition, Congruence, and Transformation*, ed. Amitav Acharya, Evelyn Goh, Cambridge: MIT Press, 2007.

Partnership，TPP)中继续推动区域贸易自由化的进程(将中国排除在外)，然而它还同时获得了区域全面经济伙伴关系(Regional Comprehensive Economic Partnership，RCEP)的成员身份，这与一直以来的太平洋偏好相对：RCEP 包括了中国却排除了美国。① 从一个有意思的侧面来看，这似乎暗示着华盛顿和北京正在为争取澳大利亚这个中等强国的忠诚而竞争，也暗示了堪培拉在平衡它和这两个强国关系中的艰难境地(将会在下一部分讨论)。在安全方面，澳大利亚是 1994 年(基廷/埃文斯政府领导下)ASEAN 区域论坛——一个泛亚太区域的安全论坛(以及 ADMM＋会议)的成立者之一，它曾持续参与亚太地区的安全合作会议(Council for Security Cooperation in the Asia Pacific，CSCAP)，还是第二轮跨区域对话的东道国。这些又构成了安全架构的另一层面。②

堪培拉一直都大力支持以东盟为中心的区域建设路径，虽然它也曾寻求拓宽许多论坛的范围以将美国及印度等盟友国纳入其中。当霍华德政府意识到澳大利亚可能会被一个重要的区域论坛——东亚峰会(2005)排除在外的时候，它开始变得十分警觉。据雷文希尔(Ravenhill)称，这迫使霍华德采取了一些措施，比如，"澳大利亚政府曾经拒绝签订 TAC，但是它如今意识到自己除此之外别无选择(如果想要被邀请参加第一次东亚峰会)，然而它要求在'所有条约下的义务都被完全说明'的情况下才寻求加入"③。在明显不能超越诸如 ARF 等其他机构的情况下，并且为了让堪培拉满意，2011 年 EAS 成员范围被扩大到将美国包含在内(还有俄罗斯)，这使得它与澳大利亚所偏好的开放区域主义更加吻合(并且略有争议地验证了陆克文的总体亚太共同体概念)。

威廉·托暗示出了强调建立亚太机制的动机——"澳大利亚参与宽泛的多边安全合作机制的好处是显而易见的：中等强国常常可以在这些集团

---

① Australian Government，Department of Foreign Affairs and Trade，"Background to the Regional Comprehensive Economic Partnership (RCEP) Initiative," December 2012，https://www.dfat.gov.au/fta/rcep/downloads/rcep-background-paper-background.pdf.

② See Seng Tan，*The Making of the Asia Pacific：Knowledge Brokers and the Politics of Representation*，Amsterdam：Amsterdam University Press，2013.

③ John Ravenhill，"East Asian Regionalism：Much Ado About Nothing?" *Review of International Studies*，Vol. 35，Supplement S1，February 2009，p. 224.

内发挥重要的调解作用"①。事实上,堪培拉希望积极地引领区域主义的塑造过程。正如伊曼纽尔·阿德勒(Emanuel Adler)和迈克尔·巴尼特(Michael Barnett)所证实的,"澳大利亚向它的邻居们说明开放区域主义、多边主义以及市场引导的一体化之好处的行为,同样也可以被理解为一种重新界定政治参数以使亚洲对它更加安全的尝试(虽然并不是非常成功)"。② 为了保护并增加澳大利亚的利益,它必须努力避免在权力政治主导的环境中被大国所支配(关于操控区域秩序的努力见下文)。

但是由于威廉·托所说的"竞争多边体(competing geometries)"的存在,制度领域也并不是不受限制的合作。③ 他反对建立一个和平的区域共同体,并表示,"一些亚洲国家并不将一个新的区域架构看作是一种合作性的尝试,而是作为竞争性的行为"④。他指出,"如今,区域主义已经变成了可能影响中美之间战略竞争的一个新的因素"⑤。雷文希尔补充说道,"中日之间的竞争已经外溢到对'区域'一词的不同理解,并且影响了将来可能与彼此进行竞争的区域机构的建立"⑥。另外,正如此前所提到的,澳大利亚的区域主义野心有些时候会遭遇直接的反对:比如马来西亚努力将它排除在 EAEC(后来是 EAS)之外。格雷格·谢里登(Greg Sheridan)指出,"基廷—马哈蒂尔之间的竞争以及二者都希望组建机构生活(institutional life)的愿景证明了区域机构可能会成为不同国家和单个领导人之间的权力

---

① Tow William, *Tangled Webs: Security Architecture in Asia*, Barton ACT: The Australian Strategic Policy Institute, July 2008, p. 4.

② Michael Barnett, Emanuel Adler, "Studying Security Communities in Theory, Comparison, and History," in *Security Communities*, ed. Emanuel Adler, Michael Barnett, Cambridge: Cambridge University Press, 1998, p. 425.

③ Tow William, *Tangled Webs: Security Architecture in Asia*, Barton ACT: The Australian Strategic Policy Institute, July 2008.

④ Baogang He, "The Awkwardness of Australian Engagement with Asia: The Dilemmas of Australian Idea of Regionalism," *Japanese Journal of Political Science*, Vol. 12, No. 2 (2011), p. 279.

⑤ Baogang He, "A Concert of Powers and Hybrid Regionalism in Asia," *Australian Journal of Political Science* Vol. 47, No. 4 (2012), p. 682.

⑥ John Ravenhill, "East Asian Regionalism: Much Ado About Nothing?" *Review of International Studies* Vol. 35, Supplement S1 (February 2009), p. 230.

争夺点"①。区域内国家对不同机构论坛有选择地依附或抵制(adherence/resistance)不但影响了机构的效率,而且使得建立一个泛区域共同体的前景变得十分暗淡。

另外,澳大利亚路线和一些东盟领导的论坛在形式上也有所区别。据何包钢(He)所言,"东盟领导的区域主义是一种分享权力的机制,一种基于规则和灵活参与的一致性联合管理安排"②。基于一致性和信心而构建的"东盟路线(The ASEAN way)"是这些机构的指导原则,它们如今已被贴上了"软区域主义(soft regionalism)"的标签。③ 堪培拉(以及美国)更倾向于功能导向的(functionally orientated)、"基于结果(outcome-based)"而不是"基于过程(process-based)"的机构,这为澳大利亚方面带来了一些麻烦。④

澳大利亚寻求在区域背景中维护其中等强国地位的另一条附加路线是通过"联盟建造(coalition-building)"来巩固自己的行为能力。默里指出,"澳大利亚可以建立自己作为'诚实的掮客(honest broker)'的身份,通过组织宽泛的联盟——正如它在APEC和凯恩斯集团(Cairns Group)中所做的那样——以吸引正式和非正式的讨论"⑤。近来澳大利亚将目光放在了与想法相似的其他中等强国合作的可能性之上,因为这些国家能分享澳大利亚在区域共同体、组织和制度强化中的利益。类似于KIA(韩国、印度/印度尼西亚、澳大利亚)(同时也有世界范围内的"MIKTA")的组织形式已经被权威人士提出来讨论。⑥ 根据2010年IISS的研究,"澳大利亚、印度尼西

---

① Greg Sheridan, "Australia's Pragmatic Approach to Asian Regionalism," in *Asia's New Multilateralism: Cooperation, Competition, and the Search for Community*, ed. Michael Green and Bates Gill, New York: Columbia University Press, 2009, p. 162.

② Baogang He, "A Concert of Powers and Hybrid Regionalism in Asia," *Australian Journal of Political Science*, Vol. 47, No. 4 (2012), p. 679.

③ Christopher Roberts, *ASEAN Regionalism: Cooperation, Values and Institutionalisation*, Routledge Security in Asia Pacific Series, New York: Routledge, 2012.

④ Amitav Acharya, *Whose Ideas Matter? Agency and Power in Asian Regionalism*, Cornell Studies in Political Economy, Ithaca: Cornell University Press, 2009.

⑤ Philomena Murray, "Regionalism and Community: Australia's Options in the Asia-Pacific," *ASPI Strategy Paper* (November 2010), p. 30.

⑥ Jonas Parello-Plesner, "KIA-Asia's Middle Powers on the Rise?" *East Asia Forum*, August 10, 2009, http://www.eastasiaforum.org/2009/08/10/kia-asias-middle-powers-on-the-rise; Scott Snyder, "Korean Middle Power Diplomacy: The Establishment of MIKTA," *Asia Unbound*, Council on Foreign Relations, October 1, 2013, http://blogs.cfr.org/asia/2013/10/01/korean-middle-power-diplomacy-the-establishment-of-mikta.

亚和韩国似乎对于中等强国磋商会的形式非常感兴趣,想以此来保障他们在一个多极亚洲中的利益"①。罗里梅德·卡夫(Rory Medcalf)和C.拉贾·默汉( C. Raja Mohan)已经指出了澳大利亚—印度之间中等强国合作的可能性。作为对长期存在的堪培拉和东京双边合作的补充(当日本施展"中等强国外交"②之时),澳大利亚和印度的合作也许意在建立一个中等强国"联盟",整合资源和外交能力来追求实现与上文中描述的、澳大利亚希望独自实现的那些愿景相类似的目标。③

3. 建立稳固、持久区域秩序的挑战

澳大利亚的区域主义路径也可以从区域秩序的角度进行分析和解读。这也许可以被理解为上文中讨论的区域共同体或区域制度主义的"终点(end point)"或理想"结果(outcome)"。穆西亚·阿拉加帕(Muthiah Alagappa)将其定义为"规则主导的互动带来国际交往中的可预测性、稳定性和非暴力型转变"④。中等强国的语义预测这些国家会对区域秩序的波动非常敏感,同时会以"基于规则的国际秩序的倡导者和拥护者的身份"寻求塑造和支持区域秩序。⑤ 吉利和奥尼尔指出,"总体而言,一个具有自主化和多样化倾向的典型中等强国会寻求维持一个有秩序的国际体系"⑥。在澳大利亚案例中,这已经得到了肯定的证明。因此,陆克文宣称,"澳大利亚希望通过有创造性的中等强国外交政策来巩固一个基于规则的国际秩

---

① IISS, *Strategic Survey* 2010: *The Annual Review of World Affairs*, London: The International Institute for Strategic Studies, September 2010.

② Yoshihide Soeya, "Prospects for Japan as a Middle Power," *East Asia Forum*, July 29, 2013, http://www. eastasiaforum. org/2013/07/29/prospects-for-japan-as-a-middle-power.

③ Rory Medcalf, Raja Mohan, *Responding to Indo-Pacific Rivalry*: *Australia*, *India and Middle Power Coalitions*, Analysis, Sydney: Lowy Institute, August 2014, http://www. lowyinstitute. org/publications/responding-to-Indo-Pacific-rivalry.

④ Muthiah Alagappa, *Asian Security Order*: *Instrumental and Normative Features*, Stanford, CA: Stanford University Press, 2003, p. 24.

⑤ Bruce Gilley, Andrew O'Neil, "China's Rise through the Prism of Middle Powers," in *Middle Powers and the Rise of China*, ed. Bruce Gilley, Andrew O'Neil, Washington, DC: Georgetown University Press, 2014, p. 13.

⑥ Bruce Gilley, Andrew O'Neil, "China's Rise through the Prism of Middle Powers," in *Middle Powers and the Rise of China*, ed. Bruce Gilley, Andrew O'Neil, Washington, DC: Georgetown University Press, 2014, p. 2.

序"①。

正如它建造区域共同体和设计制度以支撑前者的行为已经证明的那样,澳大利亚希望保障美国在区域内的存在,同时适应崛起中的中国以及其他的中小国家的抱负。就此而言,澳大利亚一直积极地寻求引导建立一个公正的、基于规则的并且持续稳固的区域秩序,但是在此之中,澳大利亚的利益(还有其他盟国及合作伙伴的利益)必须得到保障。事实上,"中等强国为人所广泛知晓的外交动议特点是,强调限制大国通过'规则和机构'来施展强权"②。伊夫林·戈(Evelyn Goh)指出了"ASEAN+"的路径和澳大利亚的中等强国路径之间的共同点,即他们都希望在一个全面制度化和标准化的环境中"羁绊(enmeshing)"大国权力,同时维护中小国家的利益。③马尼康和里夫斯证实,"与志同道合的国家一起努力,这些中等强国可以通过将大国和霸权国家羁绊在规则和制度之内来限制强权的过分施展"④。

在寻求削弱一种更具工具性的、中美等大国可以在其中主导中小国家的"权力政治"区域主义路径之时,澳大利亚还希望"抵制那些会破坏国际秩序并致使基于规则的国际体系失效的行为"。⑤ 外交部长朱莉·毕晓普最近谴责中国政府单方面建立覆盖韩日双方领空(争议区域)的防空识别区(Air Defence Identification Zone,ADIZ)就是一个很好的例证。她宣称,"在目前紧张的区域局势中,中国发表公告的时间和方式都无助于维护区域

① Kevin Rudd,"The Rise of the Asia Pacific and the Role of Creative Middle Power Diplomacy"(2011年5月19日在挪威奥斯陆大学演讲),http://www.foreignminister.gov.au/speeches/Pages/2011/kr_sp_110519.aspx? ministerid=2。

② Bruce Gilley, Andrew O'Neil, "China's Rise through the Prism of Middle Powers," in *Middle Powers and the Rise of China*, ed. Bruce Gilley, Andrew O'Neil, Washington, DC: Georgetown University Press, 2014, p. 12.

③ Evelyn Goh, "Great Powers and Hierarchical Order in Southeast Asia: Analyzing Regional Security Strategies," *International Security* 32, no. 3, Winter 2007/08.

④ James Manicom, Jeffrey Reeves, "Locating Middle Powers in International Relations Theory and Power Transitions," in *Middle Powers and the Rise of China*, ed. Bruce Gilley, Andrew O'Neil, Washington: Georgetown University Press, 2014, p. 23.

⑤ Manning Clark House, the Australian Institute of International Affairs, *A Colloquium: Australia as a Middle Power*, Forrest ACT: Deakin ACT: Manning Clark House and the Australian Institute of International Affairs, September 2007, p. 8.

的稳定"①。虽然受到了来自北京的尖锐斥责,但澳大利亚仍然坚持了自己的立场。②

对于堪培拉是否应当利用它中等强国的"良好会谈场所"来调解中美关系这一问题的论辩,与澳大利亚建立稳定区域秩序的努力同样是相符的,这个秩序不但包括了它的美国盟友,而且符合中国崛起的关切。③ 事实上,何包钢从这一方面出发而认为,"陆克文建立亚太共同体的建议是他尝试适应中国在区域内崛起的重要组成部分"④。考虑到休・怀特(Hugh White)在《中国的选择》(China Choice)一书中对上述问题的强调(我们在这里会稍微提及此书),这已成为澳大利亚学术和政治圈内广泛讨论的一部分。怀特表示,对澳大利亚来说,最好的事情就是美国和中国能够通过某种"协调(concert)"在区域内共享权力、避免冲突(正如 1815 年的维也纳和会那样)。(奇怪的是)即使如澳大利亚这样的中等强国不会成为"G2"和会的主角,它的(中等强国)中介地位似乎也并不稳固,彼得・詹宁斯(Peter Jennings)等学者却相信堪培拉可以利用它在北京和华盛顿双方中的信用来协助提升二者的战略对话。⑤ 但由于美国和中国拥有对立的区域主义路径,虽然上文中例证了许多"搭桥"的努力,澳大利亚能将他们会聚在一起的

---

① 澳大利亚外交部,"China's announcement of an air-defence identification zone over the East China Sea," November 26, 2013, http://www. foreignminister. gov. au/releases/Pages/2013/jb_mr_131126a. aspx? ministerid=4。

② Scott Murdoch, "Angry China Rebukes Julie Bishop over East China Sea Dispute," *The Australian*, December 7, 2013, http://www. theaustralian. com. au/national-affairs/foreign-affairs/angry-china-rebukes-julie-bishop-over-east-china-sea-dispute/story-fn59nm2j-1226777522342.

③ James Manicom, Andrew O'Neil, "Accommodation, Realignment, or Business as Usual? Australia's Response to a Rising China," *The Pacific Review*, Vol. 23, No. 1 (2010).

④ Baogang He, "The Awkwardness of Australian Engagement with Asia: The Dilemmas of Australian Idea of Regionalism," *Japanese Journal of Political Science*, Vol. 12, No. 2 (2011), p. 273.

⑤ Peter Jennings, *Getting China Right: Australia's Policy Options for Dealing with China*, Strategic Insights, Barton ACT: The Australian Strategic Policy Institute, October 5, 2005, https://www. aspi. org. au/publications/strategic-insights-19-getting-china-right-australias-policy-options-for-dealing-with-china.

空间也是非常有限的。① 正如何包钢总结的,"澳大利亚被置于了一个尴尬的位置:一个亚洲版本的区域主义符合中国利益但却对美国不利,而一个太平洋版本的区域主义符合美国利益却对中国不利"②。

# 结论

从一个中等强国或自由制度主义者的角度,来分析澳大利亚对亚太区域主义的介入,为我们带来了三个重要的结论。

首先,在中等强国行动主义(middle power activism)的旗帜之下,澳大利亚工党明显地寻求推动并全面介入区域主义的进程。正如何包钢和猪口孝所证实的,"常常是中等强国主导亚洲的区域化,因为这能增强他们在区域内对大国的地位和影响"③。指出"中等强国"和"区域主义"两个概念在外交实践与学术运用层面的相关性,是一个具有启示性的发现。考虑到国家的"阈限(liminal)"身份,澳大利亚案例的特殊之处就在于它尝试调和区域主义路径中的"亚洲"和"太平洋"两大因素。马修·萨塞克斯(Matthew Sussex)说到,"亚太共同体建立在一个值得称赞的目标之上:精简亚太地区那些不能有效发挥作用,但又能为美澳提供席位的各种峰会、安排和双轨对话(Track-II dialogues)"④。这不但反映了堪培拉持久的区域主义问题,而且还说明上文中所描述的陆克文的宏观愿景并不是全新的思想。根据何包钢的说法,"20 世纪 90 年代,保罗·基廷在发展、促进和建立亚太共同体上

---

① Kenneth Boutin, "Balancing Act: Competition and Cooperation in Us Asia-Pacific Regionalism," *Japanese Journal of Political Science*, Vol. 12, No. 2 (2011); Daniel Rosen, "China and the Impracticality of Closed Regionalism," in *East Asian Multilateralism: Prospects for Regional Stability*, ed. Kent Calder, Francis Fukuyama, Baltimore: Johns Hopkins University Press, 2008.

② Baogang He, "The Awkwardness of Australian Engagement with Asia: The Dilemmas of Australian Idea of Regionalism," *Japanese Journal of Political Science*, Vol. 12, No. 2 (2011), p. 273.

③ Baogang He, Takashi Inoguchi, "Introduction to Ideas of Asian Regionalism," *Japanese Journal of Political Science*, Vol. 12, No. 2 (2011), p. 169.

④ Matthew Sussex, "The Impotence of Being Earnest? Avoiding the Pitfalls of 'Creative Middle Power Diplomacy'," *Australian Journal of International Affairs*, Vol. 65, no. 5 (2011), p. 556.

做出了开创性的进展"。① 可以说,基廷在建立一个重要的泛区域经济机构
(APEC)方面是更加成功的,而陆克文专注于将区域内国家联结为一个(安
全)"共同体"(APC)的努力却并未成功。

不论上文中做出的评价如何,我们必须承认建立一个紧密而和平的共
同体是一项令人敬畏的事业。陆克文的亚太共同体动议失败的原因之一,
在于堪培拉试图单方面完成这一壮举的行为既不可行也不明智。也许仅仅
是因为这超越了一个中等强国应有的外交政策,即使是最有技巧性的中等
强国。对此,何包钢表示,"澳大利亚缺乏塑造区域准则的资源和能力"②。
另一方面,陆克文面临着来自其他持有不同观点和各自制度偏好的中小国
家的竞争,而他几乎不与这些国家进行协商。何包钢(He)总结到,"APEC
的失败大体上是由于这个概念是对以东盟为中心的亚太区域主义路径的根
本挑战"③。单独的澳大利亚式的和"ASEAN+"式的区域主义都必须跨越
艰难的障碍,考虑到二者的许多目标的一致性,因而相较于彼此竞争,他们
相互协调可能会使这些目标得以更好的实现。上述的合作方式被何包钢称
为"混杂的区域主义(hybrid regionalism)"。按照这种方式,"亚洲的混杂区
域主义不是被大国所支配,而是会被中小国家支配"④。

无论是单独的或是团结在一起,中等国家寻求整合一个区域的努力面
临着无法抗拒的问题:规整或取代目前所有机构组成的复杂拼接物
(patchwork)。卡普宁就此指出,"如何为这样的雄心壮志寻找到合适的实
现途径仍然有待深思"⑤。区域内方方面面的多样性,文化/种族同质性的
缺失,加上(相较于欧洲)泛亚洲或泛亚太"共同情感(we feeling)"的薄弱,

① Baogang He, "The Awkwardness of Australian Engagement with Asia: The Dilemmas of Australian Idea of Regionalism," *Japanese Journal of Political Science*, Vol. 12, no. 2 (2011), p. 271.

② Baogang He, "The Awkwardness of Australian Engagement with Asia: The Dilemmas of Australian Idea of Regionalism," *Japanese Journal of Political Science*, Vol. 12, no. 2 (2011), p. 272.

③ Baogang He, "The Awkwardness of Australian Engagement with Asia: The Dilemmas of Australian Idea of Regionalism," *Japanese Journal of Political Science*, Vol. 12, no. 2 (2011), p. 268.

④ Baogang He, "A Concert of Powers and Hybrid Regionalism in Asia," *Australian Journal of Political Science*, Vol. 47, no. 4 (2012), p. 688.

⑤ Ann Capling, "Twenty Years of Australia's Engagement with Asia," *The Pacific Review* 21, no. 5 (2008), p. 606.

所有这些让亚太共同体的建立成了一个几乎不能完成的任务。弗罗斯特又从另一方面指出,"许多国家之间都存在长期的历史差异、领土纠纷和政治对抗,它们会损害作为多边合作基础的信心和信任程度"①。这些不但是澳大利亚成功建立区域共同体的重要障碍,也是其他国家所需要克服的问题。

---

① Frank Frost, *Australia's Proposal for an "Asia Pacific Community": Issues and Prospects*, Research Paper, Canberra: Parliament of Australia, Department of Parliamentary Services, December 1, 2009, p. 5, http://wopared. parl. net/library/pubs/RP/2009 – 10/10rp13. pdf.

# 亚洲地区秩序愿景

艾大伟[*]

## 一、地区合作的需要

目前,亚洲是世界上发展最快的地区,占世界年均增长率的40%。经济增长的预测显示,到2050年,亚洲将占全球GDP的一半以上——鉴于在1950年它大概只占世界GDP的10%,这一增长的确是疾速的。然而,这光明的前景并非确定无疑,该地区仍面临着许多挑战和潜在的陷阱。

全球治理可以应对亚洲的持续增长吗?目前,联合国在力争合理地代表并有效地服务其194个成员国。每个成员国都在努力推进自身的国家利益,总体上,他们面临着一个充满新的非传统安全威胁的前所未有的复杂世界。毫不奇怪,194个成员的多样化集合很难在一些问题的应对上达成共识,如核武器,日益恶化的全球环境问题,日益增长的食品、淡水和能源匮乏,可持续发展的需求以及公正平等发展的需求。联合国安理会、G7和WTO之类的全球论坛往往关注紧急危机或是有限的功能性议程。联合国安理会当前集中于解决伊朗的核发展计划以及乌克兰和中东地区的冲突。在经济领域,G7一直在忧虑欧元区问题,而WTO则陷入无休止的谈判之中。这些论坛并没有义务来满足亚洲的发展愿望——促进区域贸易和投资的措施;基础设施的发展;合作应对淡水匮乏、食品安全、能源安全和货币稳定问题;不断增长的战略不信任以及具体的领土冲突的管理。

如果亚洲各国政府仅以其狭隘的国家利益行事,同样无法成功应对这

---

　*　作者简介:艾大伟(David Arase),南京大学-约翰斯·霍普金斯大学中美文化研究中心国际政治学教授。

　**　陈晔、何晓跃译。

些地区利益。若每个国家都以其狭隘的自我利益行事,它的邻国将以同样的方式回应。那么这个相互依存的地区将会变成不信任国家的集合,它们原本可以经由合作而共享的安全和发展也将荡然无存。

尽管地区的共同努力是确保亚洲未来的最可靠方式,但亚洲仍然缺乏一个包含其主要成员在内的,以创建经济、传统和非传统安全领域的地区行为规则为主旨的正式机制。如果缺乏这种区域治理的能力,整个地区,及其任何成员国,都将很难享受和平、安全和持续的发展。

## 二、市场的区域治理

思考区域治理的一种方式是:假设只有哪里有需求,哪里才会有供给。在亚洲存在着区域治理的需求(即指导邻国之间关系的行为规则)。在贸易和投资领域,区域治理已经出现并得到发展。20 世纪 60 到 80 年代,在东亚,由日本主导,开始了快速的出口导向型经济增长,因而产生治理的需求,以便巩固跨太平洋贸易开放和促进贸易的进一步增长。满足这种需求的想法出现在 60 年代末,在 PBEC 和 PAFTAD 等论坛上,北美、日本、澳大利亚和新西兰提出建立“太平洋地区共同体”(Pacific Basin Community)的建议。这一跨太平洋的构想在 80 年代通过 PECC 论坛涵盖了工业化进程中的东亚,最终在 1989 年促成 APEC 亚太经合组织政府间论坛。APEC 目前拥有从澳大利亚到智利的环太平洋沿岸的 21 个成员。它的设立是为了促进贸易自由化,但目前其实际的工作是贸易便利化。

1990 年,马来西亚总理马哈蒂尔·宾·穆罕默德(Mahathir bin Mohamed)提出由东盟成员国、中国、日本和韩国组成的东亚经济集团(East Asian Economic Group)。这个构想是将南南合作集团集中于发展政策的成果,而非建立深化贸易和投资自由化的新的具有法律约束力的条约。然而,由于它排除了美国,徒有需求并不足以保证制度的表达。但在亚洲金融危机凸显了这些国家之间货币互换的潜在价值之后,这种分组作为东盟“10＋3”再次出现,创立了著名的“清迈倡议”。

区域全面经济伙伴关系拓展了东亚合作的想法,将南亚和澳大拉西亚包含进来。这个以东盟为中心的理念展望了东盟与日本、中国、韩国、印度、澳大利亚和新西兰自贸区协议的多边化。谈判开始于 2012 年 11 月,计划到 2015 年年底完成。

亚洲存在着深化贸易和投资自由化的需求,但这一进展在全球层面上被 WTO 所搁置。因此,美国将这一议程带到区域层面,提出了 TPP 倡议。跨太平洋伙伴关系是 APEC 构想的一个变种。它并非要求成员国对环太平洋的任意一个国家开放,而是让区域成员根据他们的意愿自主选择对一套具有法律约束力的规则做出承诺,这套规则将以前所未有的和充满争议的方式进一步开放经济对外贸易和投资。TPP 排除了中国,因为其经济体制的性质使它无法做出必要的会员承诺。

2013 年,在日本同意加入谈判之后,TPP 也仅获得了地区重要性。通过自贸区协定,日本和美国的联合创造出转移亚洲经济重心的潜力,并在实质上深化了成员之间的经济一体化。TPP 最初是 2006 年生效的智利、文莱、新加坡和新西兰之间的贸易协定。2008 年,美国加入并主导其跨太平洋成员的扩展,深化了一体化条款,重新制定了外贸和投资的许多政策领域的法律、行动和规则。今天,TPP 谈判涉及美国、澳大利亚、文莱、加拿大、智利、日本、马来西亚、墨西哥、新西兰、秘鲁、新加坡和越南。他们在 2013 年年底做出决定,但目前仍在继续。

可见,不同的设想都在回应亚洲区域治理的需求,以便更好地支持其贸易和发展。三个主要的建议是:以东盟为中心的"印度—太平洋 RCEP"(the Indo-Pacific RCEP);同样以东盟为中心的"东亚 APT"(the East Asian APT);以美国和日本为中心的"跨太平洋 TPP"(the Trans-Pacific TPP)。由于拥有不同的成员和不同的促进贸易开放的方法,这些倡议共存于分离的路径,虽有共同的源起,却指向不同的方向。

## 三、构建真正的区域共同体

构建区域经济治理的努力是令人鼓舞的,但对一个区域共同体来说,仅仅分享贸易规则是不够的。共同体以共同的安全、认同和利益为基础。一个自我维系的共同体需要三个元素齐备,因为这些元素是相互依存的。每一个都需要平衡他者,其中一个发生改变亦会影响其他。

### 1. 安全

共同体的最明显的需求是安全,起码要有和平解决邻国之间的分歧的信心。更广泛地说,在一个共同体中,一国安全的增加并不以邻国为代价,而是与邻国共享。

一旦安全建立起来,共同体的其他基础也可以得到增强。邻国可以投资于共同利益的发展。邻国联手建立共同未来的经验将发展出身份的认同。相反,如果一个共享安全的共同体发现来自内部的行动使其安全弱化,他们共享的价值观和利益也会遭到质疑。

在亚洲,军事优势,双边联盟,对贸易自由、航行自由以及美国的国际法律原则的可预见承诺,已经提供了足够的安全感来防止战争。因而该地区可以集中于贸易和发展,这促成了之前所讨论的区域经济治理的观念。尤其是东盟成员国感到足够安全,专注于他们的内部发展,创造自由贸易协定,并在提升印度—太平洋地区区域经济治理中处于主导地位。

到目前为止,由美国霸权秩序的规范和制度所提供的地区安全已被视为理所当然。如果地区安全的这一基础现在遭到反对,就需要新的相互接受的规范和制度来保障国家摆脱武装侵略的恐惧并允许他们对邻国开放。否则,我们可能会看到地区秩序建设的进展发生逆转,并削弱亚洲的持续上升的前景。在一种新的安全制度的构建中,由于所有区域成员都利益攸关,要想取得最佳效果,这种努力必须是多边的和包容性的。

2. 认同

共同体另一个最明显的需求是共同的认同感。这是分享生活经历和对彼此间如何行事达成共识的人们所拥有的"我们"(we-ness)意识。这种意识把共同体成员联合在一起并带给他们共同命运的感觉。如果共同体认同缺失,很难发展出共同体共享安全和利益的基础。但如果存在共同的安全和利益,则有可能创造出共同的认同。

在印度—太平洋地区这样广阔和多样化的区域,共同认同的基础不会是语言或土生土长的本土文化的神话。本土赋予其与众不同之处并定义其核心认同。但本土认同是一个有多重层面的弹性概念。例如,一个人的本土认同可以是洛杉矶、加利福尼亚州、美国、北美、西半球,或是地球——甚至是以上全部!值得注意的是,国家认同只是个体所能拥有的多种本土认同中的一个层面。在更大的领域中,每一层认同都是由相应的社会结构和文化关系构建的。

这一观察表明,要构建亚洲区域的认同,需要首先构建一个具有社会和文化关系背景的有意义的区域范围而非一个更宽泛的关系领域,例如,印度—太平洋地区不同于欧洲、中东或非洲。

然而,亚洲是由仍在努力争取政治合法性和制度能力的后殖民国家构成的。为此,他们积极提倡民族主义,而对于增进其他层面认同的兴趣不大。事实上,这些国家也许会发现利用对邻国的敌意是加强国内的忠诚度、民族认同和政治合法性的权宜之计。但这种政策将阻碍构建区域认同、区域安全共同体和确保共同利益的区域合作的集体努力。

### 3. 利益

当参与者试图合作时,如果预先存在的共同认同减弱或消失,如果不信任离间了他们,那么,诉诸物质利益来构建地区秩序将是合理的策略。如果人们合作的目的是挣钱,当其他条件相同时,这一策略可以奏效。如上所述,合作的制度化可能(但不必然)发展出共同体在安全领域的基础(通过建立信任),正如认同一样(通过建立共同的经历、价值观和愿望)。构建一个区域共同体所面临的挑战是制度化其经济合作并以此作为基础来发展区域共同体中的其他元素,即共同安全和共同认同。

亚洲经济的区域化,以及使其保持下去的愿望,提供了足够的物质利益来尝试区域经济治理。如果取得成功,这一努力可以产生信任、合作的习惯以及发现"溢出"到相关问题领域的新的合作机会,新的规范和制度也许可以由此建立。因此,在共同利益的基础上,治理有可能在包含安全在内的各种问题领域展开。例如,在打击海盗和航行安全领域的非传统安全合作,可以保护区域贸易的增长,从而提升安全环境。加强政治和经济互动可以在可辨识的区域范围内定义新的社会群体,并且增加该地区居民在新的层面上的认同。

然而,建立共同利益并非构建区域共同体的万应良药。它仅仅是一种理论上的可能性,取决于安全和认同领域不出现消极的事态发展。如果参与者选择制造一种恐惧或分裂的氛围,合作能力将会降低,而如果冲突爆发,使区域建设没有任何理论和实践基础,合作能力将终止。区域建设的前进道路要求各国保持克制,在谋求为区域共同体现有合作形式创造更广泛的基础的过程中,避免意气用事和对抗。

# 四、设想亚洲地区秩序

今天的亚洲汇集了五种地区秩序的愿景。它们反映了主导参与者所持的不同的价值观、利益需求和社会关系，而且参与者希望将其投射到更广泛的地区。然而，这也导致区域成员不得不在不同的前景和行动议程上进行调解。

## 1. 门户开放

门户开放是美国对亚洲秩序所持的持久愿景，其名称源于 1899 年和 1900 年门户开放照会，这一照会标志着在亚洲地区发展问题上独特的美国愿景的开启。最初的门户开放照会表明，美国希望所有外国列强在中国遵守无差别自由贸易原则，尊重中国的主权和领土，以防止中国被列强瓜分为不同的殖民地。如此，美国的利益便可以畅行无阻地进入亚洲市场。

美国在亚洲拓展其存在的愿望并不局限于贸易往来的物质欲望。由于美国起源于一片新大陆，其宗教、经济和政治实践都打破了古老欧洲的传统，在自由中成长，因此美国希望和世界其他国家共享它关于宗教、经济和政治生活的愿景。美国人坚信，在国内取得的巨大成功使他们拥有特殊的使命向世界别国展示一种更好的生活方式。而为了保护美国在亚洲不断扩展的贸易利益和不断蔓延的影响力，美国开始在亚洲建立军事基地，这一过程首先从 1898 年美西战争之后美国从西班牙手中获得的菲律宾开始。

这一美国愿景的重点包括：连接美国到亚洲的跨太平洋的地理维度；不受政府管制的开放市场；美国海军力量保障的航行自由以及民主和人权的提升。

## 2. 雁行理论

雁行理论(Flying Geese Model)是一种日本的亚洲发展愿景，该理论于 20 世纪 80 年代由日本著名经济学家和政治官员大来佐武郎（Saburo Okita)提出而广为人知。雁行理论认为，处于工业化进程不同阶段的亚洲各国在产业发展方面呈雁阵模式，不同国家因工业化程度的不同而处于雁阵的不同梯次。这其中，日本是投资资本、产业技术和政府发展援助的主要提供者，在雁阵中扮演了领导者的角色。虽然美国在雁行理论中的地位并不突出，但其作为亚洲国家的重要出口市场和区域安全的提供者，是雁行理论得以实践的基础性影响因素。

日本经济在 20 世纪 90 年代经历了"失去的十年",伴随日本经济长期停滞不前的是中国经济的飞速发展,在此背景下,日本作为地区发展领头雁的光环开始衰退。同时,日本放弃了以贸易和产业政策来整合亚洲经济发展的初衷,代之以对自由贸易协定和新自由经济政策的追求。虽然日本依然把亚洲视为由日本企业生产网络整合起来的由不同发展阶段国家组成的集合体,但事实并非如此。除了在日本大型跨国企业的总部,人们依然认为日本有能力扮演亚洲经济发展领头雁的角色外,在其他场合该种观点已经变得了无意义。出于对亚洲地区秩序的框架性考量,日本和美国结盟一道寻求构建跨太平洋亚洲共同体的路径,同时也在努力实践"印度—太平洋"愿景(Indo-Pacific vision)。在日本的地区发展观中,美国始终是区域安全公共产品的提供者和亚洲经济发展所依赖的产品市场。

在传统安全领域,日本正加速涉入地区安全事务。反战情绪在日本公众中深入人心,但中日之间围绕钓鱼岛主权争端的冲突升级使日本的不安全感与日俱增,而美国在争端中不愿意选边站的做法使日本感觉在与敌意情绪日增的邻国竞争中未能受到"保护"。作为不安全感导致的结果,日本基于自助原则加大了军备建设的力度,通过修改和平宪法来拓展签定军事同盟协定的空间以增进国家安全,但日本的上述做法在国内外充满争议。与此同时,日本首相安倍晋三与美国及其他有相似战略利益的国家之间加强了安全合作。

3. 东盟的中心地位

东盟建设地区共同体的愿景依赖于东盟中心地位(ASEAN Centrality)的维系和实践,这意味着东盟成员国在处理东南亚事务和亚洲其他事务时须采取集体行动,维护各成员国的共同利益。东盟成员国集体行动的重要性在东盟借助联合国的功能来解决柬埔寨冲突的进程中得到有力证明,也为冷战的结束发挥了重要作用。随后,东盟吸收柬埔寨、老挝、越南和缅甸成为成员国,在致力于实现东南亚地区一体化的同时也在努力提升东盟在亚洲地区秩序构建中的作用。

东盟各国希望亚洲各国相处能够遵循平等、合作与互不干涉内政原则,以此维护地区的和平与稳定从而为东盟各国专注于国内经济和政治建设创造条件。实际上,东盟也致力于运用东盟峰会和对话伙伴国机制来发展与地区内主要大国的关系,努力构建如"东盟＋3"、东亚峰会等地区性框架性机制,签署了《东南亚友好合作条约》和《南海各方行为宣言》等促进地区和平稳定的多边声明。此外,东盟推动和举办东盟地区论坛、东盟防长扩大会议来磋商地区安全事务,与中国、日本、韩国、印度、澳大利亚和新西兰单独进行自由贸易协定谈判,并牵头组建区域全面经济伙伴关系(RCEP)。

冷战后东盟在塑造地区议程方面是成功的,其主要源于两个方面的原因:一是各成员国能够在相关关键议题上保持步调一致,同时各成员国意识到集体行动对于维护地区和平稳定的重要性,这是各成员国的共同利益。二是地区内主要大国没有把东盟的集体行为视为一种阻碍或者威胁从而加以阻挠,事实上,美国、中国、日本和印度等域内主要大国对于东盟增进地区和平与稳定的努力持支持态度,对于东盟提出或主导的贸易、投资方面的倡议和机制也做出积极的反应。

然而,2012年的东盟部长会议没有发表联合声明,这是东盟中心地位面临挑战的一个象征性信号。东盟各成员国在南海主权争端中对于如何处理与中国的关系立场各异,这是个不祥的征兆。目前东盟面临的挑战是在大国分化成员国的情况下,东盟作为一个整体能否维系在塑造亚洲未来地区秩序方面的共同意愿和一致性。

### 4. 印度"向东看"战略

自1991年提出"向东看"(Look East)战略始,印度便寻求加强与东盟和亚太各国在经济和文化方面的联系,以此积极促进本国经济自由化及对外贸易投资往来。在当时背景下,印度"向东看"战略的意图之一是抵消缅甸因被西方孤立而导致的中国在缅甸日益增长的影响力。①

推进"向东看"战略的外交主线之一是提升印度与东盟之间的关系水平。1992年印度成为东盟的部分领域对话伙伴国,1995年成为全面对话伙伴国,1996年印度成为东盟地区论坛成员国,2002年成为东盟峰会伙伴国。印度于2003年签署了《东南亚友好合作条约》,2005年参加了第一届东亚峰会,同时也是区域全面经济伙伴关系谈判的关键成员国。

中印关系是印度推进"向东看"战略的另一条外交主线。1962年中印边境冲突对于双方的战略互信造成了严重的负面影响。1993年,双方同意发展信任构建措施(confidence-building measures)来缓解紧张的双边关系;

---

① Renaud Egreteau, "India's Ambitions in Burma: More Frustration Than Success?" *Asian Survey*, 48:6, November/December 2008, pp. 936-957.

2006 年时任中国国家主席胡锦涛访问印度期间发表了关于中印关系的 10 点声明,这为双方拓展各领域的关系打下了基础,但中印之间的领土争端并没有解决。

随着印度与亚太各国贸易量的增长,印度将近一半的海运需通过马六甲海峡,与东盟各成员国以及亚太地区的其他贸易伙伴(包括新加坡、越南、菲律宾、韩国和日本)加强战略合作符合印度国家利益。此外,印度相较于以往更加支持联合国海洋法公约(UNCLOS)所阐述的关于航海自由、海运发展等方面的基本原则。

南亚和东亚之间基础设施的互联互通是印度是否能够成功推进"向东看"战略的关键影响因素。孟加拉国和印度东部省份基础设施的落后是个极大的问题,此外,缅甸由于军政府主政下长期经济孤立导致的基础设施落后,同时在地缘上是"向东看"战略的重要节点,因而缅甸也是印度关注的焦点之一。"向东看"战略的若干重要项目,如印度与东盟之间的自由贸易协定(India-ASEAN FTA)项目、孟加拉湾多部门技术经济合作计划(Bay of Bengal Initiative for Multi-Sectoral and Technical Cooperation)项目以及湄公河—恒河合作(Mekong-Ganga Cooperation)项目都依赖于畅通的地缘通道所带来的低成本且可靠的交通运输。2012 年 5 月时任印度总理辛格访问缅甸后,印度和缅甸之间开始诸多领域的合作。[1] 这其中,印缅泰三方共同建设的公路项目是一个优先议程,该条公路始于印度经济较发达地区,连接印度东部内陆贫困地区,经由缅甸、泰国再通至南海。[2] 印度政府给缅甸政府提供的 5 亿美元贷款包含了对这一项目的资金支持,[3]当项目完工时,印缅泰三国共建的该公路体系预计长达 3200 公里左右。

此外,中缅印之间的交通运输走廊对于印度的"向东看"战略而言也十

① Udai Bhanu Singh, "An Assessment of Manmohan Singh's Visit to Myanmar," *IDSA Issue Brief*, June 1, 2012, http://idsa. in/issuebrief/An Assessment of Manmohan Singhs Visitto Myanmar.

② Shristi Pukhrem, "The Significance of Connectivity in India-Myanmar Relations," *IDSA Comment*, July 6, 2012, http://idsa. in/idsacomments/The Significanceof ConnectivityinIndia Myanmar Relations_spukhrem_230512 Arvind Gupta; "Myanmar's critical role in boosting India's Look East Policy," *IDSA Comment*, February 2, 2012, http://idsa. in/idsacomments/MyanmarsCriticalRoleinBolsteringIndiasLookEastPolicy_agupta_020212.

③ "The term 'Asean connectivity' has become a new buzzword in this part of the world as the 10 member countries of the Association of Southeast Asian Nations (Asean) are set to form the Asean Economic Community in 2015," *The Nation* (Thailand), August 25, 2012.

分重要。目前,从孟加拉湾海岸皎漂港口(Kyaukpyu port)到中国昆明的能源管道和公路项目已经在建;中印缅孟经济走廊(China-India-Myanmar-Bangladesh Economic Corridor)倡议推动建设的连接中国昆明和印度加尔各答的长达2800公里的公路网络,为沿线国家共商共建特殊海关和自由贸易区提供了前提条件;①此外,从孟加拉湾海岸土瓦(Dawei)到泰国边境的公路将会动工,该公路网络配有海关设施,建成后可连接曼谷、胡志明市、金边和归仁(Quy Nhon)等城市。②

5. 命运共同体

习近平领导下的中国提出了在亚洲建设"命运共同体"(Community of Common Destiny)的理念。"命运共同体"理念代表了中国与众不同的亚洲地区主义愿景,该理念的产生是中国对于国际体系认知的一种回应,即国际体系处于历时性的转型阶段,如,冷战后的国际体系正由美国主导下的"单级"格局重新转回到"两极"格局。随着中国的周边邻国日渐依赖于中国的贸易、资本和GDP增长(更不用说中国的战略行为),中国正致力于构建有别于其他国家的、以中国为中心的地区主义愿景及其实践路径。

中国地区主义愿景的实践路径基于不对称政治经济关系所形成的辐射型结构。中国依托对双边关系中环境、能力、需求和利益的特殊平衡,成为经营周边关系的绝对性中心力量。这种以中国为中心的地区秩序观,伴随着当今习近平领导下的中国清晰地呈现出的对于儒家思想的重新尊崇和对于中华民族复兴的渴望,使人们重新想起"天下"观,即以儒家文化主导的、以中国为中心的理想化的国际体系观。这种"天下"观,在国内表现为"天子"(皇帝)统治的中央集权官僚体制下的协调性等级秩序,对外呈现为通过谨慎的、有区别的政治经济联系从而与邻国形成的非对称性依赖关系。

"命运共同体"的提出始于胡锦涛执政的后半期,他在谈及两岸关系和

---

① "Bangladesh-China-India-Myanmar Economic Corridor Builds Steam," *Asia Briefing*, October 25, 2013, http://www. asiabriefing. com/news/2013/10/bangladesh-china-india-myanmar-economic-corridor-builds-steam/, accessed March 21, 2014; " The Bangladesh-China-India-Myanmar Trade Corridor," *Asia Briefing*, June 7, 2013, http://www. asiabriefing. com/news/2013/06/the-bangladesh-china-india-myanmar-trade-corridor/, accessed March 21, 2014.

② Asian Development Bank, *Initial Assessments of Road Transport Infrastructure and Transport and Logistic Services for Trade Facilitation in the GMS Countries*, Manila, May 4, 2012, p. 2.

上海合作组织问题时曾使用了这个概念。① 习近平在 2013 年 10 月初访问东盟成员国时重点强调了"命运共同体"理念,期望本着双赢和互惠互利原则来增进中国与东盟之间的安全与经济关系;②但在 2013 年 10 月 24 至 25 日中国召开的周边外交工作座谈会上③,习近平运用"命运共同体"概念来表述关于中国与周边国家未来关系的框架性愿景④,习近平指出:"把中国梦同周边各国人民过上美好生活的愿望、同地区发展前景对接起来,让命运共同体意识在周边国家落地生根。"⑤

北京的战略是运用中国经济发展的吸引力来辐射周边区域,从而形成以中国为中心的经济相互依存关系。该战略的达成依赖于中国的地缘中心地位(geographical centrality)、庞大的市场、推动巨额资本输出的能力、在基础设施建设方面的创新性技术以及外交工作的运筹帷幄。在具体的实施路径方面,中国正致力于建设由若干重要边境省份辐射中国周边国家的经济走廊;回顾中国到目前为止所做的事情,中国在建设经济走廊建设方面是卓有成效的,其经济和战略辐射面已经拓展至亚洲边境和欧亚接壤地区。中国能否成功在亚洲地区构建更广范围的地缘政治影响力,地缘经济走廊的作用举足轻重,其会影响到中国实践亚洲地区主义观其他方面的努力。

---

① Jin Kai, "Can China Build a Community of Common Destiny?" *The Diplomat*, November 28, 2013, http://thediplomat. com/2013/11/can-china-build-a-community-of-common-destiny/, accessed March 21, 2014.

② "China vows to build community of common destiny with ASEAN," *Xinhua*, October 3, 2013, http://news. xinhuanet. com/english/china/2013 - 10/03/c _ 132770494. htm, accessed March 21, 2014.

③ Prashanth Parameswaran, "Beijing Unveils New Strategy for ASEAN-China Relations," *China Brief* 13: 21 (October 24, 2013), http://www. jamestown. org/programs/chinabrief/single/? tx_ttnews%5Btt_news%5D＝41526&tx_ttnews%5BbackPid%5D＝688&no_cache＝1, accessed March 21, 2014.

④ "Xi Jinping: Let the Sense of Community of Common Destiny Take Deep Root in Neighbouring Countries," Ministry of Foreign Affairs of the People's Republic of China, October 25, 2013, http://www. fmprc. gov. cn/mfa_chn/zyxw_602251/t1093113. shtml, accessed March 21, 2014; Zhao Kejin, "Common destiny needs stability," *China Daily*, December 31, 2013, http://www. china. org. cn/opinion/2013 - 12/31/content_31050741_2. htm, accessed March 21, 2014.

⑤ "Xi Jinping makes an important speech at the Work Forum on Diplomacy toward the Periphery," *Xinhua*, October 25, 2013, http://www. chinanews. com/gn/2013/10 - 25/5427062. shtml, accessed March 21, 2014.

# 五、结论

上述五种地区秩序愿景内容各异，但也并非注定相互冲突。亚洲各国可以通过创新性的对话机制来协调各方立场并达成新的集体愿景，或是五种愿景仅仅在各个层面持续性的相互共存，也可能实践证明其中的一种比其余的四种更加符合亚洲地区的实际情况。我们处于一个国际体系大变革的时代，亚洲各国需要分享和理解彼此的观点和立场来寻求向前发展的路径。当然，这其中牵涉到各国的重大利益，耐心的磋商和成功的相互妥协会让亚洲地区朝着更加光明的未来前进，而焦躁导致的对抗和冲突则会分裂亚洲地区，减少域内各国对于地区安全和繁荣能够实现的预期。

中 篇

# 大国关系与地区秩序新态势

# 中美在东亚的战略共识与分歧<sup>*</sup>

石　斌<sup>**</sup>

本文试图表达这样几个观点：(1) 1949 年以来的中美关系自进入第四个二十年以后，随着中国在东亚地区影响力的提升和美国"转向亚洲"战略的展开，中美结构性矛盾与信任赤字均呈上升趋势，在政治、军事、经济等领域存在着程度不同的认知差距或政策分歧。(2) 中美双边关系最大的难题在于政治互信与军事互信的缺失，最大的共同利益来源于经济上的深度相互依存与地区稳定所提供的共同发展机遇。(3) 作为两个巨型国家，中美关系选择合作而非对抗范式符合两国和东亚各国的共同利益，同时也具备若干有利条件。(4) 如果双方决策层都有政治决心和战略眼光，充分利用现有合作基础，努力克服国内外制约，在战略层面上就彼此的目标与角色定位形成共识、增进互信，在功能性领域通过双边协调与多边对话，寻求合作共赢，并共同管控危机；在思想观念上求同存异、相互包容、摒弃意识形态偏见，中美两国完全有可能与其他国家一道，为东亚地区创造一个和平、共赢的未来。

## 一、中美战略合作对东亚的重要性及其结构性困难

### 1. 东亚战略格局的变化

当今世界政治中的一个具有历史意义的事态发展，是中美两个大国的力量在亚太地区的交汇。中国迅速崛起于亚太，美国正以前所未有的高姿

---

　＊　本文为国家社科基金重点项目"中国及新兴大国群体在国际秩序变革中的地位和作用研究"（项目编号 15AZD027）、江苏省高校哲学社会科学研究重大项目"新兴大国在国际秩序变革中的机遇与作用研究"（项目编号 2013ZDAXM007）的阶段性成果。

　＊＊　作者简介：石斌，南京大学-约翰斯·霍普金斯大学中美文化研究中心教授；南京大学政府管理学院双聘教授。

态致力于"重返"亚太。

**首先,中国崛起于亚太。**

中国(以及中国为代表的一批新兴市场经济国家)已成为亚太乃至世界经济增长的重要推动力和影响国际事务的重要力量,在全球治理机制变革尤其是国际金融制度改革、世贸组织谈判以及应对气候变化、反恐、防扩散等全球性议题上,参与度和影响力不断增强,客观上对现有国际体系与秩序构成了冲击。从 2000 年开始,中国已取代美国成为几乎每个亚洲国家以及澳大利亚的最大贸易伙伴国。目前已超过美国成为世界上多数国家的第一贸易伙伴。大多数亚洲国家同时也直接投资于中国经济,不断参与和利用中国的经济增长。

2010 年中国 GDP 超过日本成为世界第二。自金融危机以来,中美经济实力的差距进一步缩小。2007 年,美国的经济总量是中国的 4 倍,而 2012 年仅有 2 倍。未来十年内中国还有可能替代美国,成为世界头号经济体。从 20 世纪 90 年代中期开始,中国国防开支每年以两位数的速度增长,军力得到显著改善。最重要的改观是军事投射能力,特别是海军、空军和导弹部队的能力也有提高。

与此同时,中国通过调整外交战略,更加积极、主动地参与塑造国际秩序。近年来中国政府根据国内外形势的变化,做出了一系列重大战略决策与战略部署,特别是倡导"一带一路"建设,发起建立亚洲基础设施投资银行,设立丝路基金,推动建立金砖国家开发银行,等等,引起举世瞩目。中国的战略调整与外交态势对国际关系和世界秩序所构成的直接或潜在影响,已成为国际社会的一个关注热点。

应该指出的是,尽管中国不断走向世界,全球影响力越来越大,然而其地缘政治、经济重心仍在亚洲或者说"周边地区"。可以说,中国日益扩大的影响力首先体现在亚太地区,中国崛起于亚太。

**其次,美国"重返亚太"。**

奥巴马政府上台以来,出于经济状况不佳、海外义务压力、地缘战略失衡等原因,逐步调整全球战略:在欧洲、中东和西亚进行战略收缩,在亚太则采取积极参与的态势。2011 年 11 月,奥巴马政府公开宣布要"重返亚洲",要投入必要资源维持在亚洲的领导地位。2012 年年初,美国开始从伊拉克撤军,同时按日程表从阿富汗脱身,并且对亚太政策进行再平衡调整。

政治上,美国全面参与东亚现有多边国际合作机制。2009 年和 2010

年美国相继加入了《东南亚友好合作条约》和东亚峰会。

经济上，美国积极推进跨太平洋伙伴关系(TPP)，试图建立一个以美国为中心的泛太平洋经济合作圈。

军事上，美国积极巩固与日本、韩国、澳大利亚、泰国和菲律宾的同盟关系，同时寻找新的伙伴关系，包括与越南、印度、印尼、新加坡等国建立某种准军事关系。

这反映了奥巴马总统的基本观点(他甚至自称"第一位太平洋总统")：对美国的未来而言，亚洲是世界上最重要的地区，因此维持并巩固美国在亚洲的领导地位至关重要。

总之，中国迅速崛起于亚太，而美国也决心"重返亚太"，显示世界的重心正越来越向亚洲转移。近些年来海外还出现了所谓"北京共识"、"中美共治(Chimerica)"、"两国集团(G2)"等提法或议论。由于中国是正在崛起的大国，美国是头号强国，因此(用基辛格的话说)"中美秩序观的异同和互动"，已成为当今世界秩序发展演进中最为核心的问题之一，世界秩序正处在某种历史转折点上。

东亚乃至亚太战略态势的上述变化，进一步凸显了中美战略关系的重要性，并使两国之间的战略稳定问题，尤其是看来正在增加的战略互疑问题成为一种核心关切，[1]同时也引发了亚洲各国对中美各自在该地区的战略动机、意图和未来角色的关注。

如果联系中美关系的发展历程，可以进一步看出，中美关系正在进入一个更为复杂的新阶段。

2. 中美关系的四个阶段

自新中国成立至今 65 年里，中美战略与安全关系一直在"冲突"与"合作"之间摇摆。有时以冲突为主，有时以合作为主，但两者始终并存。

第一个 20 年(1949—1969)，中美是"完全敌对与冲突"的关系。其间，美国奉行对华全面遏制政策，中美在朝鲜、越南进行过两场军事较量，双方

---

① 关于中美战略互信问题的一项全面分析，参见王缉思、李侃如《中美战略互疑：解析与应对》，北京大学国际战略研究中心 2012 年 3 月。

都为此付出了巨大代价。[①]

第二个 20 年(1969—1989),中美是"合作大于竞争"的关系。中国摆脱了与美国和西方的冷战对抗关系,顶住了苏联的压力,国际战略环境大大改善,为改革开放与和平发展战略的实施创造了有利条件。

第三个 20 年(1989—2009),除了 1989—1992 年的低谷,中美是一种"竞争与合作并存"的关系,两者的比重在不同年份此消彼长,很难说哪方面分量更重。在此期间,中美之间各种冲突不断,如美国阻止中国申办奥运会、"银河号"事件、老布什政府大幅增加对台军售、"误炸"中国驻南使馆、2001 年"撞机事件"、2009 年南海"无瑕"号事件,等等。但中美并未因此完全走向敌对,官方正常关系仍然得以维系,中美关系保持了总体稳定。

与此同时,中国的崛起进程不断加快。这一方面得益于中国在面对苏东剧变、冷战结束等重大国际格局变迁时,始终奉行"冷静观察"、"稳住阵脚"、"沉着应付"的基本方针,坚持以经济建设为中心,并致力于中美关系的"改善和发展";[②]另一方面,客观上也是由于美国遇到了一系列困难,如先后经历海湾战争、"9·11"袭击并因此陷入伊拉克战争和阿富汗战争,乃至"百年一遇"的金融危机,以至美国国势走向相对衰退。[③]

如果对上述 60 年的中美关系史做一个整体观察,不难得出两个基本结论:其一,"合作"符合中美两国的根本利益,"冲突"则使两国都付出巨大代价,正所谓"合则两利,斗则俱伤"。其二,中美关系的战略基础或战略"互信"对于保持两国关系稳定至关重要。

第一个结论容易理解,第二个结论需要稍加说明。

总体来讲,自中美缓和以来,除了 1989—1992 年的短暂动荡外,双方先后经历了两个长期稳定的、基于明确角色定位或者说具有明确战略基础的广泛合作阶段。

---

① 例如,朝鲜战争期间,中国军队伤亡 42.62 万人,战费开支达 62 亿元人民币,各种作战物资消耗达 560 余万吨(沈志华:《毛泽东、斯大林与朝鲜战争》,广东人民出版社 2004 年版,第 358—359 页)。美军战死 54 246 人,另有 8 000 人失踪,受伤人数为 103 284 人,伤亡总数超过 16 万人([美]莫里斯·艾泽曼:《美国人眼中的朝鲜战争》,陈昱澍译,当代中国出版社 2006 年版,第 129、131 页)。在越南战争中,美军伤亡人数高达 30 余万([美]莫里斯·艾泽曼:《美国人眼中的越南战争》,孙宝寅译,当代中国出版社 2006 年版,第 178 页)。

② 参见邓小平《改革开放政策稳定,中国大有希望》、《中美关系终归要好起来才行》,《邓小平文选》第三卷,人民出版社 1993 年版,第 321、351 页。

③ Edward Luce, "The reality of American decline," *Financial Times*, February 6, 2012.

第一个阶段是从 1971—1972 年基辛格、尼克松相继访华到 1989 年,这个时期双方的战略基础在于共同应对来自苏联的威胁。这个阶段的中美战略合作以及由此造成的所谓"大三角"关系,对于中美关系的改善、美苏关系的缓和乃至全球格局的发展产生了非常积极和深远的影响。

第二阶段是从 1992 年到 2009 年,这一时期双方的战略定位也很清晰,并逐步形成了某种"融入—接纳"模式。中国努力谋求融入由美国主导的国际体系,2001 年中国加入 WTO 是一个重要标志。中方的目标非常明确,就是要进一步深化改革开放,在国内推行市场化,在外部融入并拓展国际市场。美国则愿意接纳并试图塑造中国成为全球化进程中的重要伙伴。美国国内虽然经常出现"中国威胁论"、"中国崩溃论"等杂音,但大体上也还是乐见中国加入它所主导建立的一系列国际体制之中。双方在这一阶段的战略合作是双赢的。中国"搭"上了美国推动的全球化"便车"(甚至被一些人认为是全球化的"最大受益者"),实力与国际地位迅速提升。

由于两国在重大战略利益方面存在基本共识,各自的角色定位比较明确,自正常化以来,中美之间虽然合作与竞争并存,甚至出现一些严重的突发事件或较为尖锐的矛盾,但并未因此走向完全敌对;相反,两国关系最终总能够走出低谷,中美关系基本稳定的大局能够得到维持。

第四个 20 年(2009—2029):然而,自 2009 年以来,情况似乎正在发生一些微妙的变化,中美关系进入了一个更为复杂的局面。到目前为止,大致情形是:合作与竞争并存的关系态势得以延续,但两国关系没有出现不断改善和提升的理想趋势;正面冲突或对抗虽然暂时得以避免,但彼此战略疑虑有增无减,强硬派观点在两国均有所上扬。[1] 这就意味着,如果出现严重突发事件,是否还会像第三个阶段那样得到有效控制,抑或导致较为严重的政治危机,使双边关系出现显著倒退,看来大有疑问。

中美关系的一个"转折点",大概是 2009 年 12 月的哥本哈根气候变化大会。这次会议很失败,但也很特别。以中国为主要代言人的"基础四国"及 77 国集团(实为 131 国),与美国带领的"伞形集团"和欧盟等发达国家发生了阵线分明的正面对峙。西方媒体认为中国是搅乱大会的祸首,而中国则感觉这场大会更像是"富国集团"遏制中国发展的阴谋。

---

① 参见王缉思、李侃如《中美战略互疑:解析与应对》,北京大学国际战略研究中心 2012 年 3 月。

2010 年,美国宣布新的对台军售、谷歌事件、奥巴马会见达赖喇嘛、美国炒作人民币汇率问题、贸易摩擦等相继发生,引发了中美关系自 2001 年南海撞机事件以来最严重的政治风波。

与此同时,在应对自 2008 年开始的全球金融危机的过程中,中美无论是在发展模式还是对未来国际经济秩序的主张方面,都已出现明显差异。对美国来说,这意味着一种可能性:即中国可能不再简单认可美国所主导的国际规则,或不再满足于"融入—接纳"模式,而是试图充当一批发展中国家,特别是新兴市场经济国家的领头羊,与美国抗衡。如果美国(更不要说双方)这样看问题,此前以"融入—接纳"模式为核心的战略基础和角色定位就可能发生动摇,相互猜疑就会增多。

这就是说,中美这对重要的战略性关系,看来已经出现了"信任赤字"问题。基本战略互信的丧失,很大程度上是由于双方战略基础的缺失和战略定位的模糊而造成的。在中国快速崛起的背景下这种"信任赤字"日益明显,两国的民众与部分精英之间都有一种深刻的不信任态度。例如,据 CNN2010 年 1 月的民调报告显示,58％的美国民众认为拥有强大军事和经济实力的中国是美国的巨大威胁,而这一数字在 2000 年仅为 35％。在 2011 年年初,权威民调显示美国对中国的发展感到反感的人群达 50％,而这一数字在上世纪末不到 20％。2012 年 3 月的拉斯姆森民调显示,74％的美国成年民众把中国看作至少是经济方面的巨大威胁,其中 25％的人甚至把中国描述为"敌人"。再看中国方面,网上各种论坛上总能看到对所谓"美分党"、"带路党"的攻讦,甚至有部分人把赞赏美国文明成就的言论视同"崇美"心态甚至"卖国"行为。

虽然这些数据和网上言论未必代表主流民意,却在一定程度上折射出两国民众当中相当一部分政治积极分子的态度,并对两国政治构成影响。无论美国还是中国,民粹的力量都在抬头,只不过美国的民粹政治是产生于社会经济困难的大背景下,而中国方面则是缘于民族自信与自尊的某种膨胀。

3. 当前中美之间的"结构性矛盾"

当前中美关系中的各种困难,一般被认为与崛起国家与守成大国之间的一种结构性矛盾有关。这种矛盾过去通常被称为"安全困境",现在的流行说法是"修昔底德陷阱"。

在那些对中国的实力和影响力发展前景较有信心的评论者看来,问题的实质,其实就是国际体系中的"老大和老二"如何相处的问题,即现存国际秩序领导者和最具潜力的接班人之间的关系。不过,对于这个问题的复杂性,或者说对于中国当前所处国际地位的微妙性质,中国国内与国际社会之间存在着某种认知差距。在中国知识界与舆论界,多数人还是倾向于合理看待中国"GDP 第二"这一事实,认为中国在许多方面与发达国家还有较大差距,应该谦虚谨慎,不可盲目自大。

与此同时,尽管外部世界的看法也不尽相同,但确有相当一部分舆论倾向于高估或放大中国的发展速度和水平,认为中国正在成为"超级大国"。国际上的一种主流观点还认为,中国经济总量将在 2020 年前后超过美国;中国贸易总量将在 2015 年前后超过美国。换言之,今后 10 年间,中国最少在经济及贸易总量两个主要领域替代美国。至少就国际权势的经济基础而言,中国可望从世界"老二"上升为"老大"。[①] 较之过去中国赶超德国、日本,这种"冠军换位"更容易引起战略紧张和误判,使中美关系的变数更大。[②] 对此中国人应有全面的理解和体认,并做出合理回应,不能仅仅满足于自我谦虚与自我克制,哪怕这确实出于客观、真诚的自我认识。因为,国家间关系具有互动性,如果缺乏有效沟通和充分理解,也许你越谦虚别人反倒越困惑、越紧张(正如"韬光养晦"、"战略机遇期"等提法曾引起某些误解一样)。

事实上,对于未来中美关系的发展趋向与性质,国内外都有多种看法,其中既有"悲观论"、"中美冲突论",也有"乐观论"、"中美合作论"。[③] 长期以来,两国决策层以及对中美关系的历史与现状有较深理解的精英层,在承认中美关系存在冲突因素的同时,一般都对中美关系持谨慎乐观态度,并以

① F/A Response, "The Great China Debate: Will Beijing Rule the World?" *Foreign Affairs*, January/Feburary, 2012, p. 173, p. 176; Edward Luce, "The reality of American Decline," *Financial Times*, February 6, 2012; Lionel Barber, "In search of a new Metterich for the Pacific century," *Financial Times*, November 19/November 20, 2011.

② Geoff Dyer, "A Less Pacific Ocean," *Financial Times*, February 13, 2012.

③ 习近平:《共创中美合作伙伴关系的美好明天》,《人民日报》,2012 年 2 月 17 日;Yan Xuetong, "How China Can Defeat America," *International Herald Tribune*, November 21, 2011; Stephen M. Walt, "The End of the American Era," *The National Interest*, No. 116, November/December, 2011, pp. 6 - 16; Aaron L. Friedberg, "Hegemony With Chinese Characteristics," *The National Interest*, July/August, 2011, pp. 18 - 27; Robert Ross, "Chinese Nationalism and Its Discontents," *The National Interest*, No. 116, November/December, 2011, pp. 45 - 51.

积极推进中美合作、互信为基调。① 但目前无论是在美国还是在中国,媒体、普通民众及部分知识界和政界精英,对中美关系持"悲观论"、"冲突论"观点呈上升趋势。

在整体战略基础欠缺、结构性矛盾上升的情况下,中美关系事实上处于一种"权力转移"情境或语境下的战略"敏感期",各自的合理行为很容易被对方误读为具有进攻性。西方媒体把中国外交的许多言行认定为"咄咄逼人的";中国许多舆论则把美国"重返亚太"的政策以及在中日等周边争端中所持的立场,视为"遏制"、"包围"中国的阴谋。两国社会中对未来中美关系持悲观态度的人有增无减,华盛顿一些政治精英的对华立场似乎也趋于强硬。

无须赘言,中美关系不但对于中国而言是最重要的双边关系,对美国以及对全世界也是如此。② 当然,强调中美两国在东亚地区的关键作用并不是排斥、否定其他国家如日本、韩国、印度、东盟的作用。但东亚目前缺乏全区域集体安全体系或机制,只有一些(在安全目标上并不一致甚至矛盾的)次区域机制,在这种形势下,中美如何在合作与冲突之间做出"范式"选择,不仅深刻影响中国与周边国家的关系,直接影响美国在东亚的地位、作用与实际利益,也事关东亚的和平、稳定与繁荣。历史上,从一战前的英德到冷战时的美苏,这种关系从来都很难处理。但中美两国在领土与人口规模,军事、经济、技术等综合指标方面的"超大性",决定了它们必须设法确立基本的合作关系而不是对抗关系,否则给东亚和整个世界带来的后果难以预料。

## 二、中美在几个关键问题上的认知差距与政策分歧

中美都是"洲级"超大型国家,因此两国关系所牵涉的问题肯定比一般大国关系要多。在中美这两个"纠缠的大国"③之间,有一些长期存在的分

① Zbigniew Brzezinski, "Balancing the East, Upgrading the West," *Foreign Affairs*, Vol. 91, No. 1, January/February, 2012, pp. 97 - 100; Henry A. Kissinger, "The Future of U. S.-Chinese Relations: Conflict Is a Choice, Not a Necessity," *Foreign Affairs*, March/April, 2012, pp. 44 - 55; Hillary Clinton, "America's Pacific Century," *Foreign Policy*, November, 2011, pp. 58 - 61.

② Philip Stephens, "The danger in Xi's Rebuff to Obama," *Financial Times*, March 2, 2012.

③ 沈大伟主编:《纠缠的大国:中美关系的未来》,丁超等译,新华出版社 2015 年版。

歧或争议性议题(如所谓 3T 或 4T 问题,即台湾、西藏、贸易、技术),随着形势的发展也出现了一些新问题(如地区领导权竞争,中国军事现代化对美构成的压力,中国科技现代化导致的太空、电子、网络等无形空间竞争,中国的产业升级和人民币国际化带来的新的贸易摩擦,中国国内政治与社会的多元化导致对美政策缺乏共识,以及众多涉及第三方的问题①),某些老问题则可能有新的表现形式。对于当前和未来相当长时期可能影响中美关系的众多问题,我们在此无法做详细讨论,只能对其主要方面做一个简要的概括和描述。

1. 所谓"修昔底德陷阱"与亚太"领导权"之争

当前颇为流行的一种代表性观点,是中美正面临所谓"修昔底德陷阱"(Thusidedies Trap)。例如,阿隆·弗雷德博格在《中国特色的霸权》②一文中认为:

> 早在公元前五世纪,修昔底德(Thucydides)就指出,伯罗奔尼撒战争最深刻、最真实的起因是雅典势力的增长和这种增长在斯巴达引起的恐惧。
>
> 美国和中国正陷入一场静悄悄的,然而越来越激烈的争夺权力和势力范围的斗争中,不仅在亚洲而且在全世界。
>
> 正在形成的中美争夺似乎不仅仅是错误认识或错误政策的结果,相反,它受制于国际体系的结构性变革。
>
> 从历史上看,老牌强国和新兴国家之间……往往充满激烈的对抗。地位已经巩固的大国倾向于把自己看作国际秩序的维护者,它不仅帮助确立了这个秩序,还从中继续获得利益,而新兴大国则感到现有秩序的限制甚至欺骗,因此要反对现有秩序,以便获得自己觉得理所应当的权利。
>
> 由此造成的双方利益冲突很少可以通过和平方式解决。认识到新兴国家对自己地位日益严重的威胁,老牌强国(或者现状国家联盟)偶尔会在挑战者越来越强、成为真正的威胁之前试图攻击它

① 金灿荣:《未来十年中美关系存在三类问题》,http://news.xinhuanet.com/world/2013-06/25/c_124906687.htm? prolongation=1.

② Aaron L. Friedberg, "Hegemony with Chinese Characteristics," *The National Interest*, July/August, 2011, pp. 18-27.

或者干掉它。

但中国人并不认为这种"历史经验"具有绝对、普遍的意义。2014年1月21日,习近平主席在接受美国《赫芬顿邮报》记者专访(原标题:How The World's Most Powerful Leader Thinks)中指出,中国不会落入两个"陷阱":中国不会落入"中等收入陷阱",并且将在未来10—20年保持高速增长的势头;崛起的中国将努力避免"修昔底德陷阱",以往强国追求霸权的主张不适用于中国,中国没有实施这种行动的基因。

但中国的崛起不可避免地使美国产生了危机感。中国目前已超过美国成为世界上多数国家的第一贸易伙伴。在中国的周边邻国中,中国是其中18个国家的第一贸易伙伴。当前整个东亚地区都是经济上依赖中国,安全上倚靠美国,这种形势十分微妙。

尽管中美在客观上可能形成地区影响力的竞争,但中国没有任何主观意图要把美国赶出亚洲。事实上,自冷战结束以来,中国领导人一直坚持"增加信任,减少麻烦,发展合作,不搞对抗"的对美关系原则。一旦发现美国担心中国的战略意图,北京总是试图向华盛顿说明,中国不会寻求挑战或者代替美国的世界地位。许多时候,中国政府甚至宁愿主动采取措施管理大众舆论,以减少对美民族主义情绪。另一方面,尽管由于历史原因,中国对美国也不乏战略疑虑,但自1989年以后的20年里,三代领导人一直采取谨慎而非对抗的对美方针。因此在北京看来,中美之间的"信任赤字"主要是美国的政策行为或者对华误解所导致的。

2. 中美在事关中国主权问题上的政治分歧

这主要涉及台湾和西藏这两个地区。

(1)中国台湾:虽然由于近年来两岸的缓和,台湾问题当前暂不构成中美改善关系的主要障碍,但不能低估台湾问题在中美关系中的重要性,必须始终关注台海形势和美台关系的发展。中美两国每年都要围绕"对台军售"展开争论。美国的一些政治分析家指出,美国实际上将售台武器视为"关键利益",类似于中国的"核心利益",对台售武事关美国对于亚太安全同盟的承诺,美不会做出让步。① 此外,长期而言,美国仍将是我国完成统一大业

---

① 王勇:《中美当前热点问题及双边关系的新特点》,《国际战略研究简报》(北京大学国际战略研究中心主办),第46期,2010年5月10日。

的主要外部干扰。

(2)西藏:美国等西方国家从未放弃借西藏问题炒作、批评和攻击中国的人权状况,甚至借此妖魔化中国现政府。美国在西藏问题上做文章,既可以达到在现实政治层面适度干扰中国稳定与发展的目的,还可以满足美国人"替天行道"的"使命感"。因此该问题仍将在中美关系中长期存在。不过,美国政府关注西藏问题的热情,与中美关系的起伏有关。美国一般不再孤立看待西藏问题,而是将其作为必要时"敲打"中国的工具。

值得注意的是,2014年2月21日,奥巴马在白宫会见了达赖喇嘛;3月奥巴马夫人米歇尔访华。尽管此行以教育与文化交流为主题,但最后一天(26日)美方却刻意选择到隶属于中国西藏自治区政府驻成都办事处的西藏饭店用午餐,其用意自不待言。据《纽约时报》报道,米歇尔的工作人员事后坦承,这是为了委婉表达支持藏人权利和"宗教自由"的政治立场。

3. 中美在军事安全上的不同关切

自改革开放以来,中国"以经济建设为中心",曾长期自我克制了作为一个大国应有的军事力量发展。因此近年来从战机到航母等军力建设水平的加速发展,很大程度上只是多年压抑之后的自然释放或"补课"。

例如,李克强总理2014年3月宣布,该年的军事预算将提升12.2%,总值达到1316亿美元(8082亿人民币)。但他同时强调,中国军费预算的增幅与经济增长速度大致相符。对此,简氏防务(IHS Defence)、斯德哥尔摩国际和平研究所(Stockholm International Peace Research Institute)的军事专家也认定,中国军费预算"虽然每年都在增长,但与经济增速相适应",考虑到通胀因素,只是略高于中国GDP的增长速度。

但是,中国军事现代化的进程和中美军事实力差距缩小的趋势,加深了美方的战略忧虑。美国所持的"一山不容二虎"的心态,以及中国工业生产总值已经超过美国,从而为军事现代化提供了强大工业基础的事实,也使得这个问题更加复杂化。

中美在军事安全方面出现了许多认知差距,表现出不同的安全关切。在美方看来,中国不断增加军费,优先发展特别针对美国作战平台的武器系统,最近又获得了反航母导弹、隐形战斗机和航空母舰,增强了在西太平洋的战力投射能力,对美军在西太平洋的战略地位与灵活性构成了威胁;由于中美军事互动与军事互信的欠缺,美方担心这些事态发展将来会危害美国的联盟关系以及外交和商业利益。美国还担心,解放军希望控制邻近海域的强烈愿望,可能对美国在公海的行动自由构成挑战。①

随着中国科技的发展,中美竞争开始扩展到太空、电子、网络等领域。美方认为中国空间技术的发展已经足以对美国的新空间安全构成较大威胁,并指责中国在网络空间开始了对美的敌对行动。在最新一轮"战略与经济对话"中,美国表现出对网络安全和信息知识产权保护的强烈兴趣,并向中国施加压力。

但中国方面对美国的作为也有一系列的困惑。例如,自2008年5月国民党上台后海峡两岸关系已经大幅改善,但美国仍坚持向台出售先进武器;尽管奥巴马政府宣称没有遏制中国的打算,但美国海、空军对中国沿海的近岸军事侦察以及明显针对中国的军事活动有增无减,而在当今世界恐怕只有中国受到这样的军事压力。因此,中国军方将进一步加强对美国的警惕和防范措施。中美军方实质性交流与互信合作的前景也不容乐观,双方的戒备心理都在增强。

此外,美国亚洲政策"再平衡"或"战略重心在亚洲"的说法,使中国愈加怀疑美国已把中国视为最大安全威胁。美国近些年在亚洲的一些实际举措强化了这种怀疑,例如:美国与其亚洲盟国不断加强联合军事演习;在澳大利亚的达尔文港轮流部署美国海军陆战队;加强与菲律宾的军事联系;美国加强了与中国许多周边国家的安全关系,包括鼓励缅甸放松国内政治控制,加强与印度和越南的关系(这两国都与中国存在领土争端并发生过边境战争。美国称印度为"世界上最大的民主国家",在中国看来这具有言外之意);近几年美国插手南中国海领土争议,为有关国家撑腰打气,更使中国产生了强烈的受困感;虽然美方一再声称在中日领土争端中不选边占队,但在中方看来,其政策的两面性乃至偏袒日方的目的昭然若揭。众所周知的一个最近例子是,2014年4月,奥巴马访日,美日发表联合声明,宣称《美日安保条约》适用于所有日本施政下的区域(暗指包括钓鱼岛);声明还对中国划设东海防空识别区一事表示"强烈关注"。安倍事后表示,这是一个具有"划时代意义"的共同声明,表明了美日将为确保亚太和平与稳定发挥"主导"作用。

而中方的立场系众所周知:钓鱼岛及其附属岛屿是中国的固有领土。

---

① 参见王缉思、李侃如《中美战略互疑:解析与应对》,北京大学国际战略研究中心2012年3月。

《美日安保条约》是冷战时期的产物,无法改变钓鱼岛属于中国这一事实。划设东海防空识别区是中国作为主权国家的应有权利,完全符合国际法和国际惯例。美国、日本几十年前就划设了自己的防空识别区,他们根本没有资格对中方此举说三道四。中方还认为,利用《美日安保条约》来强化集团政治、损害第三方利益的做法,不仅不合时宜,而且违反国际关系基本准则。

4. 经济、贸易与金融领域的问题

中美互为第二大贸易伙伴,经济相互依存度还在上升,美国对中国市场的依赖程度上升更快。双方经贸合作空间还很大,美国在扩大出口,积极引进外资,而中国在扩大内需,推动资本输出。与此同时,中美在经贸领域的摩擦已成为一种"常态",这不足为奇。问题在于,中国经济发展方式的转变尚待时日;美国则试图通过出口倍增计划增加财政收入,减少赤字。因此两国在人民币汇率问题上存在结构性矛盾。两国在出口补贴、政府采购、知识产权保护、稀土出口、开放金融市场等问题上也存在分歧。中国国企在美投资、并购美国企业,遇到相当多的政治障碍;一些美资企业则抱怨在华投资和经营环境正在恶化。

同样,中美在经贸问题上也有许多政策分歧或认知差距。例如:

美国担心中国的重商主义政策将损害美国经济复苏的机会;中国则认为美国利用美元作为储备货币的优势,采取保护主义措施,对中国经济造成不利影响。美国指责中国盗窃知识产权、把人民币价格控制在低于市场水平、对市场准入的严格限制,认为这直接损害了美国的经济成本。中方则认为,美国迫使中国人民币升值,是以中国经济和中国劳动力为代价、服务于美国利益的一种霸道行为;中美贸易逆差很大程度上是其对华政治偏见导致对华出口管制造成的。①

美国总体上不再认为中国是一个发展中国家,尤其是考虑到中国的GDP 总量和雄厚的外汇储备,因此认为中国不能只重视贸易、资源、现实利益,希望中国承担更多国际责任,真正展示和平崛起的功效、善意、好处。但中国国内普遍还觉得中国很穷,不应该也不能够为全球提供那么多的公共物品。

2011 年 11 月以来,奥巴马政府决定扩大跨太平洋伙伴关系(TPP),其"门槛"很高,地理范围比原先更广,并明确宣称只要中国维持当前国内经济

---

① 参见王缉思、李侃如《中美战略五疑:解析与应对》。

体制,将被排除在外。[①] 在中国看来,美国积极推进 TPP 的目的是要恢复美国在亚太的贸易优势,同时削弱中国的经济和外交影响力,并限制人民币的流通。随着 TPP 谈判进程的加快,以中国和东盟为中心的东亚区域经济整合与美国主导的亚太区域经济整合之间的竞争趋势日益明显。

从长远看,中美经济摩擦还可能出现新内容。目前中美经济关系中的摩擦主要停留在传统的贸易、汇率和债务等方面。随着中国产业结构升级的加速进行、人民币国际化步伐加快,中美贸易关系可能逐渐从互补性走向竞争性,从而出现中美产业的结构性矛盾。总之,中国工业和资本力量的迅速增长可能给中美经济关系结构带来巨大冲击,这是双方都需要设法适应的一种趋势。

5. 意识形态领域的现实与潜在冲突

政治现实主义者(无论真诚的还是自封的),往往倾向于贬低或忽视意识形态对国家间关系的影响。然而,不管我们是否喜欢,在中美关系中,包括政治、文化与宗教价值观在内的广义意识形态因素的影响,不仅是显而易见的,而且是广泛和深刻的。

对此,阿隆·弗雷德博格倒是直言不讳:"与某些现实主义者宣称的观点相反,意识形态至少和决定国家关系的国家实力同样重要。"中美政治制度和意识形态的差异已成为两国建立稳定的合作关系的障碍,"成为造成互相敌视和猜疑的根源"。他甚至认为,"实际上,意识形态比纯粹的战略考虑使美国对中国具有更多的怀疑和仇视"。[②]

中美两国政治制度、价值理念、意识形态不同,历史上有过战争与冲突,两国都一度把对方视为主要敌国,敌对主张在两国均有一定的情感基础、民众基础及政策基础。两国国内迄今都存在影响颇大的所谓"鹰派"、"极端派"或"悲观派",主张把对方视为敌国,采取强硬的、对抗式的政策,甚至认为中美必有一战,不惜准备中美一战。[③]

在中国方面,近年来以《货币战争》、《中国不高兴》等书籍为代表,褒扬

---

① Jackie Calmes,"A Marine Base for Australia Irritates China," *The New York Times*, November 17, 2011.

② 他以台湾为例,认为台湾的民主转型是 90 年代以来美国继续支持台湾的原因。但他忽视了一个事实,即此前美国一直在支持台湾。

③ 林利民:《未来 10 年中美关系的'范式'选择与中国对美战略》,《国际关系学院学报》2012年第 2 期。

"中国模式"、批判美国模式、抵制美国政治文化影响的观点日益上扬。否定"韬光养晦"外交思想和质疑和平发展道路的论调,在国内媒体中也屡见不鲜。

国内普遍认为中国外交太软,一味忍耐迁就。但在国际层面,美国等许多国家却倾向于认为中国变得比较强硬和武断,在气候问题、大国博弈、周边海洋争端、全球话语权等方面莫不如此。近年来,美国舆论界除了继续谈论"中国威胁论"之外,又出现了"中国傲慢论",渲染中国外交的"过分自信"(Assertiveness)。这一结构性反差非常大,对双方领导层的战略谋划与政策选择都构成了挑战。

网络等舆情显示,中国社会舆论、价值观正日益多元化。而中国没有类似于美国那样的中产阶层,社会核心价值观也处于转型、重建时期,要在对美决策上,乃至更广泛的国际问题上形成广泛共识比过去更加困难。中国社会阶层和公众舆论的多元化趋势,也被美国的一些观察家视为社会缺乏稳定性和凝聚力的表现。

此外,尽管中国政府并不使用"中国模式"来概括中国的发展道路,而且,有没有所谓"中国模式"(即建立强有力的政治领导,对社会和经济事务进行有效管理;其表现形式简言之就是政治稳定加经济增长),该模式是否具有普遍意义,在国内外学术界也一直有争议。然而西方媒体却日益频繁地使用这个概念。

但中国的成就为发展中国家提供了西方民主及市场经济模式之外的另一种选择,与那些出现"颜色革命"导致国家分裂、西方侵犯其主权的国家形成鲜明对比。这也经常被解读为对美国所倡导的"普世价值"的一种挑战。例如阿隆·弗雷德博格就认为:"至少从现在看,中国大陆成功地把权威统治和市场经济结合起来了。如果这个模式逐渐被看作发展的另外一条途径,中国在权威体制下的继续增长,就可能使美国延缓在全球推广自由民主制度的长期努力,并使其变得复杂化。"[1]

6. 中美安全关系中的多边国际因素与第三方问题

中国在亚太地区的经济影响力已超过美国,同周边国家的关系大体稳定。但是,中国同某些邻国的领土领海争端,印度、日本、越南、菲律宾、韩国

---

[1] Aaron L. Friedberg, "Hegemony with Chinese Characteristics," *The National Interest*, July/August, 2011, pp. 18 - 27.

等国对中国崛起的疑虑,都给美国提供了可乘之机。随着美国对华防范心理加强,中国周边某些与中国有矛盾的国家也会设法利用中美矛盾。

近年来,中国周边海洋问题的升温,就体现了美国与其东亚盟友们在对华战略上的相互利用,体现了外部对中国崛起的焦虑与不适。日本、菲律宾、韩国等美国东亚盟友,在羡慕、忌惮中国的同时,又想借助美国的力量来牵制中国,趁中国羽翼未丰之际伸张自身利益。美国的"再平衡"战略,一定程度上也是应这些国家的"邀请"。一些东盟国家甚至曾公开表示,为平衡日益强大的中国,东南亚地区欢迎美国更强有力的存在。[①] 美国则对盟国采取成本—收益比最佳的"放纵"策略,通过默许、暗助它们在中国周边制造麻烦,让中国疲于应对,便于保持美国操控局面。

作为具有漫长海岸线的陆海复合型国家,作为经济和军力发展的自然结果,中国走向久被忽视的海洋是一个不大可能逆转的历史趋势。对此美国一时难以"适应"。美国一向认为自己是海洋国家,海洋是其传统势力范围,而把中国看作陆地国家。冷战后美国依靠三条岛链牢牢掌握着西太平洋的制海权,因此对中国开始发展海洋力量非常敏感,认为这是对秩序和现状的挑战。

当然,中国应该与邻国处理好关系,因为一个与邻国争吵不休的国家难以成为一个让世界放心的大国。但与此同时,其他国家也应该避免戴着有色眼镜来看中国、将中国的合理举动理解为对区域安全的威胁。

美国并非东海还是南海问题的直接相关方,只要中国没有把美国挤出亚洲的计划和行为,美国不大可能公然代理某个亚洲国家与中国直接对抗。实际上,中美两国在维护航海自由和海洋公共安全等问题上并无分歧,在处理索马里海盗问题上双方都出力保障了印度洋的航海安全。中美两国也应当在涉及中国的海洋问题上达成相关共识,共同促进相关各方协商沟通,从而保障各方利益,管控分歧和纠纷。

7. 中美东亚安全策略的差异

上一个问题实际上还表明,在东亚安全合作中,同时并存着两种进程,即以双边主义为特征的美国亚太同盟体系,以及以伙伴关系战略和多边主义为特征的东亚地区主义。这两种进程并非泾渭分明,而是呈现出互相交

---

① Kishore Mahbubani, "Peaceful rise or a new Cold War?" *The Security Times*, January 31, 2014, p. 15.

织的趋势。

中国一向在倡导东亚多边主义方面拥有较多主动权,但在东海、南海争端以及台海关系等事关主权的问题上,中国不能接受通过多边谈判去解决;美国一方面不允许其东亚双边军事同盟体系受到任何多边机制的制约,另一方面又开始主动介入东亚多边主义进程。

美国的全球基本战略,仍然是政治上倚重欧盟和东盟,军事上巩固北约和美日韩同盟,经济上推动 G20 合作。美国的东亚安全战略,仍然是以双边联盟为基础,着力巩固与日本、韩国、澳大利亚、泰国和菲律宾的同盟关系。全面提升与日韩和澳大利亚的盟友关系,包括在澳大利亚驻军。其中与日韩的同盟关系是重点。美日同盟更是美国亚洲政策的基石。奥巴马和希拉里都将首次亚洲之行的首站选在日本。与此同时,美国又试图建立新的伙伴关系,包括与越南、印度、印尼、新加坡等国建立某种准军事关系。

但美国在坚持双边联盟的同时,也开始主动介入和利用亚洲多边主义进程。例如,美国坚持通过多边谈判解决南海争端,试图用多边框架来约束中国。[①]

因此,中美通过战略对话,厘清、调整并规范彼此在东亚的战略关系、战略目标与安全策略,对于东亚安全合作的有效开展以及集体安全体制的建设具有关键意义。


## 三、中美建立新兴大国关系、摆脱“大国政治悲剧”的可能性

当前中美关系确实面临诸多困难和严峻考验,其复杂性、新颖性恐怕是两国在历史上都不曾经历过的。不过,事情总有两面,从另一个角度看,中美两国如果决心建立以合作为基调的新型大国关系,也有许多历史上的大国不具备的有利条件。

---

① Yinhong Shi, "The Trajectory and Implications of China's Rise for Northeast Asian Regional Integration," in L. Gordon Flake, ed., *Toward an Ideal Security State for Northeast Asia* 2025, Washington, D. C. : The Maureen and Mike Mansfield Foundation, 2010, pp. 164 - 165.

1. 中美发展合作关系的有利条件

**首先,在国家层面上,中美两国都拥有一些有助于合作共赢的主体特性:**

(1) 中美两国都是巨型国家和文明代表型国家。两国都拥有雄厚的物质硬实力和文化软实力,这不仅意味着冲突代价巨大以至于没有"胜者"可言,也意味着权力竞争可以通过文明的多元性、深厚性和包容性而得到调节,能够在功能性领域以多种途径、方式来寻求谅解与合作。

(2) 中美两国文化都有与外来文明融合的丰富历史经验,两国社会都有较强的包容性,而且都是平民社会,两国民众实际上都信奉物质主义和实用主义,这些都是合作与妥协的有利基础。中美两国在文化价值观方面的差异,并不构成难以调和的"文明冲突",相反,各自独特的历史、文化对对方民众都有很大吸引力。

(3) 中国传统战略文化的主流是防御性的,迥异于西方的殖民文化。中国传统里没有西方基督教传统的弥赛亚传教士情结。中国是世界上唯一公开承诺不首先使用核武器的核大国。中国确实希望与美国在互相尊重的基础上,共同建设"新型大国关系"。

**其次,在双边关系层面上,中美关系内容广泛、深刻,相对比较成熟。**

两国有广泛的利益捆绑和战略共同利益。双方当前在经济、社会、政治领域都已建起进一步合作的良好基础。

在经济领域,5300亿的中美贸易总额以及中国1.3万亿的美国国债持有,都表明中美已形成"相互确保的经济摧毁","合则两利,斗则两伤"并非虚言,双方乃至全世界都经不起中美"新冷战"。

在功能性领域,如反恐、打击跨国犯罪、应对气候变化以及全球公共健康等领域,双方拥有广泛的合作空间。在G20等全球治理机制中,两国的合作实际上大于摩擦。

在社会联系上,除了数额庞大的相互直接投资外,两国民众的联系、交往日益增多。如每年有数百万人员往来,双方建立了220多对友好省州和友好城市。中国有近19万学生在美留学,美国有2万多学生在华留学。因此建设中美新型大国关系具有深厚民意基础。

在政治领域,双边关系基本建成了各个层面的机制化、专业化磋商。双方已有近百个双边多层次对话机制,其中包括最高级别的战略与经济对话以及军事防务磋商。

两国领导人及高层官员交往频繁,了解彼此在所有重大问题上的立场,清楚哪些问题比较容易达成共识,哪些问题则可能带来分歧。例如,从2012年1月开始,胡锦涛与奥巴马已有10余次会面,并经常通电话。习近平与奥巴马也成功会面。中美政府官员每年举行60多次正式对话。

最重要的是,在东亚安全的根本目标,两国关系的基本性质与长远目标,以及政治、经济与安全领域的众多具体问题上,中美之间实际上都不乏共识。

(1)双方都有维护东亚"和平、稳定、繁荣"大局的共同目标。

主观上,中美双方都希望从东亚地区稳定、和平与繁荣中获益,这决定了中美在维护地区政治稳定、保持经济增长与市场繁荣、消除朝鲜半岛核扩散、阻止日本右翼政治的极端政策动向等问题上具有重要的合作利益。两国领导人都不希望陷入类似美苏那样的一场冷战,更不要说真正的战争,包括中国与亚洲邻国的战争。

美国人应该很清楚,中国一旦和亚洲国家,尤其是美国的盟国发生战争,美国将会陷入两难境地:不卷入,美国在亚洲甚至全球的信誉会受到严重损害;卷入,则会冒着和另一个核大国发生战争的风险。因此,美国既不希望中国对邻国动武,也不希亚洲国家主动挑衅中国。

中国根本没有像第二次世界大战前的德国、日本那样的扩张计划,更没有像前苏联和美国那样的称霸全球的计划。中国只是想维护自己的核心利益。而即使这些较少妥协空间的核心利益问题上,中国也保持了一定的灵活性。例如在南中国海问题上,中国已经把海上航道安全和岛屿主权纠纷区分开来,并且表示愿意积极参与有关南中国海共同行为准则的讨论和谈判。再者,尽管随着中国在亚洲的崛起客观上形成了某种中美战略竞争的态势,但中国实际上并没有任何计划把美国的力量挤出亚洲;相反,中国早已经意识到,美国力量在亚洲的存在,无论对自己还是对亚洲其他国家都有其积极的一面。[①]

(2)双方都希望发展一种长远的、建设性伙伴关系。

事实上,两国领导人都反复强调,发展合作关系对未来意义重大。例如:2012年2月,习近平(时任国家副主席)访美,就如何建设好中美合作伙

---

① 郑永年:《中国如何建设性地平衡美国?》《联合早报网》2014年04月15日。http://www.zaobao.com/forum/expert/zheng-yong-nian/story20140415-332598.

伴关系提出四点看法：一要镜鉴历史。40年来中美关系发展有4条历史经验：双方共同利益是内生动力；中美三个联合公报是制度保障；相互了解和战略信任是重要前提；与时俱进的开创精神是前进推力。二要登高望远。中美建设合作伙伴关系是当今世界大国关系的一次伟大尝试，事关两国人民福祉和世界前途命运。三要互尊互信。中方坚定不移走和平发展道路，中国发展对美关系的意愿是坦荡的、真诚的、一贯的。希望美方客观理性看待中国，慎重妥善处理涉及中方核心利益的问题。四要互利共赢。两国经贸合作具有优势互补、互利双赢的本质特征。①

奥巴马连任后，鉴于"再平衡"战略对中美关系的负面影响，美国朝野出现要求"再再平衡"（rebalance within rebalance）的呼声。2013年1月17日，美国头号智库布鲁金斯学会发布题为《大赌注与黑天鹅》的报告，为奥巴马第二任期提供政策建言。其中，前白宫亚洲政策高级主任李侃如等建议对"亚太再平衡"战略进行微调，建议奥巴马尽早同习近平建立稳固的私人关系，采取主动措施巩固和加强中美关系，"把中国拉回来"。

2013年6月7—8日，习近平和奥巴马举行了"庄园会晤"，双方同意共同努力构建新型大国关系，相互尊重，合作共赢。

奥巴马在2014年4月访问日本和菲律宾等国期间，也多次表示："我们欢迎中国持续稳定、繁荣与和平地崛起，并在国际事务中扮演负责任的角色"，"我们和中国之间具建设性的关系。我们的目标并非是要反制（counter）中国，我们的目标也并非要遏制（contain）中国。我们的目标是确保国际规则及规范得到尊重"。

（3）中美双方领导人都多次强调，两国在振兴全球经济、保护环境、应对气候变化、抗击重大疫情、反恐、防扩散等众多领域拥有广泛的共同利益和广阔的合作空间。例如，奥巴马在2014年4月在菲律宾的讲话中就提到，华盛顿和北京可在双方拥有共同利益的课题，如推动全球经济发展、协助朝鲜实现无核化等方面进行合作。2014年11月12日习近平主席在与奥巴马会谈时也指出，面对当前复杂多变的国际形势，中美应该合作，能够合作的领域更加广阔。

**第三，在国际体系的层面上，国际环境中的众多历史性变化，也决定了**

---

① 《习近平就中美关系谈四点看法》，http://news.sina.com.cn/w/2012 - 02 - 15/034823934191.shtml。

**中美发展合作关系是唯一正确的选择**。

西方对华强硬派总以一战前的英德关系来类比今天的中美关系，这种脱离时代背景的历史类比过于简单化。

（1）在核时代，"安全相互依赖"是一种现实。大国武力冲突的危险性和危害性不言自明。中美都是核大国，双方领导人（或者说任何理性的、负责任的政治家）都不会轻易选择用武力来解决彼此间的分歧。

（2）在全球化时代，各国的经济联系日益紧密，一荣俱荣、一损俱损，"经济相互依赖"也是一个不争的事实。

（3）在工业化与现代大众政治的时代，外交与内政关系密切。随着市民社会的兴起和民众政治意识觉醒，大国之间很难以非和平、对抗的方式来实现政治目标。伊战和阿富汗战争在美国国内引起的震荡就是例子（且对象都是中小国家）。

（4）当今国际制度、国际规范的发展程度及其对国际关系的调节作用、对国家行为的约束力，已远非距今100年的一战时期所能相比。完全无视联合国宪章等国际制度与规范的行为，可能会付出重大代价。

总之，中美关系不乏实际基础，建立新型大国关系具备众多条件，但这些条件能否得到有效利用仍存在不确定性，中美两国都需要转变自己的思维和行动方式，以适应世界形势和双边关系的众多变化。

2. 中美建立"新型大国关系"必须解决四个难题

在中美两国国内政治、实力消长与国际地位均发生变化的新形势下，两国之间的战略关系框架面临重大调整。中美关系要摆脱历史"魔咒"，避免落入传统大国关系的"修昔底德陷阱"，途径只能是发展新型大国关系。中美新型大国关系的含义，按照中国政府的表述，就是"不对抗、不冲突、相互尊重、合作共赢"。这种新型关系还可以这样来理解：第一，顾名思义，基本目标就是要打破所谓新兴大国与守成大国必然走向对抗的历史"定律"。第二，与历史上的崛起国不同，中国自身的定位是现行国际体系的参与者和改革者，而不是革命者、颠覆者。这一自我定位还应得到包括美国在内的其他国家的理解。第三，这还意味着中国将在力所能及的范围内承担更多国际责任和义务。第四，这同样意味着美国要平等地对待中国，把崛起的中国视为国际政治经济体系中的一种积极力量与合作伙伴，至少不把中国当作一种严重威胁。

所谓"修昔底德陷阱"，大意是说，雅典和斯巴达的战争之所以最终变得不可避免,是因为雅典实力的增长,以及这种增长在斯巴达所引起的恐惧和相应的过激反应。值得注意的是,这个判断经常被解释为:"一个新崛起的大国必然要挑战现存大国,而现存大国也必然来回应这种威胁,于是战争变得不可避免。"这进而又使人们把注意力集中在崛起国身上,从而忽视了守成国的反应方式。换言之,其中所涉及(以及书中所具体描述)的双方或两大同盟之间的一系列互动关系经常被省略了。实际上,现存大国无视权力结构的变迁,不愿与崛起大国分享权力以及与此相关的战略应对行为,往往也是造成困境的原因。

修昔底德只是说,战争的根源是因为双方关系中出现了一种结构性的矛盾或安全困境,而这个矛盾或困境没有得到有效的解决,并不是说雅典要为战争的发生负全部责任。实际上,修昔底德认为战争的起因,即有远因或潜在原因(underlying cause)——体系层次的安全困境(雅典权势增长与斯巴达的恐惧);个人层次的人性因素(贪婪和野心),也有近因或直接原因(immediate cause)——两大联盟成员的变化,例如科孚倒向雅典、波提达受斯巴达的引诱。

在现实中,这意味着一种可能性,即随着力量对比的变化,两个大国的战略判断与情感好恶等因素相结合,陷入某种恶性(而不是良性)互动的轨道,随着时间的流逝,这种恶性互动会导致健康的竞争逐步变成敌对,乃至走向你死我活的战争。

在全球相互依存的时代,如果我们无视人类在经济、技术和社会条件等方面的巨大变化,片面地理解所谓"修昔底德陷阱",进行简单的、教条主义的历史比附,是十分轻率的。如果把责任简单地归咎于崛起的一方,那么"发展"作为每个民族的自然追求,就成了一种不值得提倡的"原罪"。这种逻辑显然是荒谬的,也是不现实的。

世界上处处有陷阱,但不是每个人都必然会掉进去。在历史上,大国和平共存、大国之间权力和平转移的例子也是存在的。所谓"结构性矛盾"有其客观性,但人类可以通过观念上的与时俱进以及合理的政策选择来避免其消极后果。美国在走向全球性大国的过程中虽然与他国发生过许多战争,但没有与守成大国之间的重大战争(与英国的冲突并非传统意义上的老大老二间的争霸战争,英国当时的主要关注对象甚至不是美国,而是欧陆强国),在这个意义上美国也可以说是"和平崛起"。

事实上,许多学者并不同意所谓新兴国家与现存大国之间一定会产生对抗、战争不可避免的历史"遗训"。他们认为，中美两国在反恐、阻止核扩散、促进经济金融稳定、应对气候变化、保护环境方面有着广泛的共同利益，两个大国之间产生的任何分歧都可以通过和平的方式解决。①

更重要的是，避免"修昔底德陷阱"，并不只是崛起国家的任务，也是守成国家的责任。中国俗话说，"一个巴掌拍不响"。老大与老二之间会形成怎样一种关系，是双方互动的结果，并不单独取决于那一方。要避免重蹈历史上大国关系的"覆辙"，实现建立新型大国关系的目标，双方都需要做出重要努力。

**首先，中美关系需要寻找新的战略定位，解决战略互信问题。**

中美关系的关键问题是彼此需要有一个清晰、合理的战略定位，从而确立牢固的战略基础和战略互信，进而实现战略稳定。如果相互能够做出类似斯坦伯格所建议的"战略再保障"，②经过相互妥协、适度改进的"融入—接纳"模式大致仍可以作为中美关系的大战略基础，即美国不仅欢迎一个"繁荣成功的中国"，而且愿意给中国发挥建设性作用留下更多空间；而中国不仅应从被动适应国际体系转变到"创造性介入"③，而且应本着对外部世界负责的态度来实现其发展。简言之，美国要向中国"分享权力"（sharing power），中国要为美国"分担责任"（sharing responsibility）。

显然，中国单方面要求分享权力，或者美国单方面要求承担义务，都是不合理也不现实的，中美之间需要达成某种"战略妥协"。

例如，中国应该意识到，美国在西太平洋地区的利益诉求与军事存在，包括双边同盟体系，即有其历史连续性，在现有条件下对于维持亚太秩序的稳定也不乏积极意义。

中国理应在国际社会上主动承担更多的义务，但同时也需要设法消除中外双方在"中国责任"、"中国角色"上的认知差距，让世界理解自己的实际

---

① 《专家研究中美两国保持克制的关系框架》，美国《凤凰华人资讯网》。http://usaphoenixnews.com/newsshow‑35845.html.

② 2009 年 9 月，美国副国务卿斯坦伯格提出了一个与"融入—吸纳"模式相关的"战略再保证"概念，表示美国在保护本国利益的同时，也要适应中国的崛起。其内涵包括：美国及其盟友应明确表示欢迎中国作为一个繁荣而成功的大国的"到来"，而中国则应向世界其他国家保证，其发展和影响力的扩大不会损害其他国家的安全和福祉。不过这个构想尚有争议，并不代表对华政策共识。奥巴马总统之后访华期间对此也未作提及。

③ 详见王逸舟《创造性介入：中国外交新取向》，北京大学出版社 2011 年版；《创造性介入：中国之全球角色的生成》，北京大学出版社 2013 年版。

目标、困难以及承担国际义务能力方面的有限性。

一方面,中国在维护自身合法权益的同时,也应该追求合理的目标。实际上,即使就经济实力而言,尽管中国在发电量、工业总产值、贸易总额等重要数据上超过了美国,中国经济的质量仍然远低于美国,中国的先进技术、品牌拥有量、大公司的核心竞争力等诸多方面都与美国有相当大距离。考虑到美国作为东亚传统的主导性国家在该地区所建立的政治、军事、经济与社会纽带与影响力,中美在亚太地区的竞争仍具有明显的"非对称性"。例如,如果以同盟国数量作为战略影响力和资源动员力衡量标准的话,美国在全球拥有 64 个同盟国,而中国最多只有表面上的一个,中美处于完全不对等的地位。中国作为亚太地区权力与财富格局中的"后来者",不可能只凭借经济影响力来取代美国的影响力。因此中国应追求合理、有限的目标。[①]

另一方面,美国也应该认识到中国发展诉求的合理性。例如,美国应该认识到,中国并非纯粹的内陆国家,而是拥有 1.8 万千米海岸线的陆海复合型国家,[②]维护其东亚沿海地区的合法海上利益是理所当然之事。如果美国希望中国承诺不以武力方式解决领海争端,它也应该承诺对其东亚盟国的单边挑衅行为或试图单边改变领海及岛屿争端现状的企图进行必要的约束。此外,美国还需要学会以平等的眼光看待中国,正视中国力量客观发展的现实,并在其主导的国际体系中为中国释放更大的发展空间。

总之,中美双方只有"相互尊重",才能找到和平共处的有效途径,避免恶性竞争,特别是军事竞争的升级。实际上,双方都表达了这种愿望。例如,中国驻美大使崔天凯最近也表示,"中美正致力于构建新型大国关系,亚太应成为其起点和试验田。这一关系摒弃以往大国间的'零和'关系,寻求在相互尊重的基础上实现互利共赢"。美国国防部长哈格尔(Chuck Hagel)、负责东亚和太平洋事务的助理国务卿拉塞尔(Daniel Russel)等政要也曾建议双方共同采取克制政策。一些学者还提出了"相互确保克制"(Mutually Assured Restraint)的思想,即双方采取相互尊重的外交政策,各自限制其权力投射范围(尤其是在西太平洋地区)。

包括前助理国务卿克劳利(P. J. Crowley)、北京大学高等人文研究院

---

① 朱峰:《中美战略竞争关系与中国的应对》,《国际战略研究简报》(北京大学国际战略研究中心主办),第 78 期,2013 年 2 月 25 日。

② 实际上,中华文明是大陆文明与海洋文明的综合体。在明代实行海禁以前,中国的海洋文明并不落后,甚至曾经居于世界前列。

院长杜维明和乔治华盛顿大学的国际事务教授阿米塔·伊奥尼（Amitai Etzioni）等"确保克制的中美关系框架研究小组"的成员承认，中美之间确实存在着一定程度的误解乃至紧张局势。他们提出"相互尊重"的建议：两国厘清彼此的战略意图，为军事发展和强制外交设立一个终极界限，以此为基础制定对外政策，使得双方都能够自我克制，有章可循。①

**其次，中美需要建立和完善一整套争端解决和危机管控机制，通过双边协调与多边对话来共同维护东亚秩序的稳定。**

东亚地区的潜在危机不仅存在于中美之间，也存在于第三方或更多方，涉及朝鲜半岛、东海和南海等问题。目前美国所奉行的对华"两面下注"政策不利于未来的危机管理。美国在中国与周边国家的海疆争议问题上立场模糊，一方面表示在主权问题上不采取立场，另一方面又对这些与中国有领土争议的国家提供政治和军事支持，甚至宣称争议海疆属于美国与这些国家的条约覆盖范围。这不仅会增加中国对美国战略意图的疑虑，还可能导致周边国家误用美国的"有限承诺"，并且有可能导致中国与这些国家的争议转化为中美之间的矛盾和冲突。

因此，中美应致力于建立和完善危机管控机制，以便在问题出现后能够及时有效地沟通、磋商和协调政策。尤其在颇为敏感的军事防务领域，双方都迫切需要一种更深程度的对话交流，以免相互间的猜忌和质疑越走越远，最终造成战略误判。

鉴于东亚力量格局的多元性、安全议题的复杂性和"安全两难"的普遍性，中美两国还应该与其他国家一道，致力于构建一种基于多边主义原则的东亚安全秩序。而实现这一长远目标的一个必要步骤，是首先围绕核扩散、领海争端、海上安全以及非传统安全等重要议题，分别建立由各利益攸关方参与的多边机制。

**第三，中美需要抛弃意识形态偏见，实现和而不同、互利共赢**

中国先哲有云："夫物之不齐，物之情也"，然而"口之于味，有同嗜焉"。文化价值观既有特殊性也有普遍性，现实世界只能是多样性的统一，这正是"和而不同"的观念所赖以立足的根本理由。②

---

① 《专家研究中美两国保持克制的关系框架》，美国《凤凰华人资讯网》。http:// usaphoenixnews. com/newsshow - 35845. html。
② 石斌：《国际关系的历史场景与思想映像》，北京三联出版社 2013 年版，第 210 页。

无视意识形态与价值观的差异和实际影响固然属于罔顾现实,但带着意识形态的有色眼镜来看待和处理国家间关系更加危险。国家间的合作基础是共同利益,而不是政治体制、经济模式或价值观念的一致性。但无可否认,意识形态因素(包括美国对华意识形态偏见和中国的意识形态安全疑虑),仍然影响着当前的中美关系,在一定程度上妨碍了对共同利益的体认。

即使在尚处于冷战格局的70—80年代,中美关系仍然可以得到发展,原因就在于能够淡化意识形态分歧,而把共同利益放在首位。中美之间要确立新的战略基础和战略互信,也只能在双方均能认可的"和平、稳定、发展"这些基本目标的基础上,求同存异,寻求重大战略利益上的共识,用互利共赢取代"零和"思维。

**第四,双方决策层都需要有坚定的政治决心和长远的战略眼光,以克服中美关系所面临的国内制约。**

由于近些年来中美关系面临诸多困难,"强硬派"观点在两国社会都有较大市场,对于中美两国政府调整战略思维、发展新型关系具有不可忽视的影响。

就中国方面而言,中国政府长期把对美关系视为外交全局的重中之重,并努力维持稳定局面。长期以来,中国的对美政策基本上是防御型的,没有取代或挑战美国霸权的意图。但国内已出现两种与中央对美战略不相协调的呼声和倾向:第一种是日益升高的民族主义情绪,认为中国对美政策"太软弱",要求奉行"强势外交"。第二种是借宣扬美国民主制度和价值观要求推进"政治改革",给保持社会稳定造成阻力。这两种倾向将加大对中国外交决策的压力,也使国际社会对中国外交的主流思想产生困惑。

就美国方面而言,对华关系在美国全球战略中的地位也在持续上升。美国一直奉行合作与牵制并重的"两面下注"对华战略。一方面,美国政治主流在中国实力地位上升中既看到了巨大的经济机遇,也看到了在反恐、防扩散、维护地区与全球稳定方面进行战略合作的潜力,认识到对华关系的恶化将给美国利益造成重大损失。另一方面,在美国国会、军工利益集团、垄断财团、工会、宗教右翼势力、思想库中都有一批对中国怀有深刻敌意的势力,以反华喧嚣为工具获取政治支持。在经济低迷、就业困难、海外竞争激烈的环境下,公众也容易接受反华舆论的蛊惑。总体上说,当前和未来几年美国的国内政治生态,不利于美国政府推行务实并着眼于大局的对华战略。①

"两面下注"的对冲战略,实际上把中国定位为具有内在矛盾、不清不楚的"友敌"(Frienemy)。② 显然无法有效解决"适应"还是"防范"中国崛起的问题。这种近乎权宜之计的对华战略,可谓矛盾百出。例如:

既希望中国承担更多国际责任,又对中国国际影响力的提升忧心忡忡;

既希望推进两军交流,要求中国增加军事"透明度",又日复一日地对中国的空中和海上实施抵近侦察;

既表示奉行一个中国政策,遵守三个中美联合公报,又希望继续对台湾出售武器;

既要求相互尊重主权和领土完整,又不顾中方反对执意会见达赖;

既希望中国对美开放市场,却又拒绝中国资本进入美国和放松对华出口管制政策;

既表示对钓鱼岛主权归属不持立场,不在中日争端中"选边站",又不时为日本撑腰、"站台"。③

因此,如何克服国内外的种种制约,使"合作"成为基调、使"合作是唯一选择"的理念得到国内普通民众、社会精英最大限度的认同,使中美建设"新型大国关系"的目标得到广泛的民意支持,考验着两国领导人和战略精英的智慧与决心。

# 结束语

当前的国际现实是,中美关系越来越重要,几乎主导了全球关系。中美结构性矛盾上升,战略较量难以避免。④ 但中美并非注定是敌人。"守成大国"与"崛起大国"对彼此的战略动机和意图都抱有疑虑,这不足为奇。在政

---

① 参见王缉思、李侃如《中美战略互疑:解析与应对》,北京大学国际战略研究中心 2012 年 3 月。

② 樊吉社:《奥巴马政府对华外交、安全政策回顾与评估》,《美国战略研究简报》(中国社科院美国研究所)2012 年特刊,第 11 页。

③ 美国政府高官对于钓鱼岛适用于《美日安保条约》的表态由来已久,但美国总统过去一直采取"模糊战术",并无明确表态。奥巴马同安倍在 2014 年 4 月 25 日发表的联合声明中,第一次以双方首脑的正式文件形式确认了美国对于钓鱼岛的安全义务。

④ 王缉思:《中美结构性矛盾上升,战略较量难以避免》,《国际战略研究简报》(北京大学国际战略研究中心主办),第 47 期,2010 年 7 月 23 日。

治、经济乃至社会生活中，竞争关系非常普遍，良性的竞争甚至是社会进步的动力之一。但如果把竞争者都当成无法共处的敌人，必欲去之而后快，势必导致恶性竞争，结果两败俱伤。

中美在政治、经济、军事等领域确实存在众多认知差距或政策分歧。但中美两国也有许多共同利益。东亚地区的和平、稳定和繁荣符合中美两国和该地区所有国家的根本利益。中美双边关系最大的共同利益来源于经济上的深度相互依存与地区稳定所提供的发展机遇，最大的难题则在于政治互信与军事互信的缺失。

所谓"大国政治悲剧"并非不可避免。这不仅是因为双方主观上都希望避免类似美苏冷战那种公开、全面的对抗，同时也因为在当前双边关系与国际环境中有许多有利条件。如果双方决策层都有政治决心和战略眼光，充分利用现有合作基础，努力克服国内外制约，在战略层面上就彼此的目标与角色定位形成共识、增进互信，在功能性领域通过双边协调与多边对话，寻求合作共赢，并共同管控危机；在思想观念上求同存异、相互包容、摒弃意识形态偏见，中美两国完全有可能与其他国家一道，为东亚地区创造一个和平、共赢的未来。

# 重绘亚洲地缘政治格局:地区权力 转移中的安全挑战

袁劲东*

本文的基本观点是,亚洲正经历着重大的地缘政治调整。中国的崛起增加了对这一地区应对力量平衡进行调整的期望与焦虑,并反过来影响了中国外交政策的目标、重点和策略。同时,美国亚太战略再平衡以及中国与一些申索国(其中一些是美国的盟友)之间的领土纠纷,增加了这一地区的危险性。未来几年将是影响亚洲主要力量之间和平繁荣或加剧对抗的关键时期。

## 引 言

中国的崛起改变着全球及地区地缘经济、地缘政治的格局。2008 年以来,在世界经济受国际金融危机影响严重衰退并且尚未恢复之时,虽然中国经济大幅减缓至 7.5%(相对于之前 30 年两倍于此的显著增长),但基本上经受住了危机的影响。与其他大多数工业化国家相比,相对受损较小。2010 年,中国超过日本成为世界第二大经济体。从那时起,中日之间在GDP(国内生产总值)上的差距逐渐拉大。根据美国中央情报局的相关数据,2013 年中国经济规模达到 8.9 万亿美元,而日本则是 5 万亿美元。如果按购买力平价计算(PPP),这一差距会更大,中国是 13.4 万亿美元,而日本是 4.7 万亿。[①] 目前,中国经济规模大致是美国的三分之一,并有望在未

---

　* 作者简介:袁劲东,澳大利亚悉尼大学国际安全研究中心执行主任。

　** 王爱娟译。

　① 中央情报局,*The World Factbook*, https://www.cia.gov/library/publications/the-world-factbook/,关于中国和日本的数据。

来十年超过美国。① 人们认为,中国的崛起不仅局限于经济领域。相对来说,中国在全球及地区外交事务中更加活跃。它的存在及行动甚至超出亚洲,扩展到了世界其他地区。在气候变化、金融改革、核扩散、人道主义干预等关键问题上,中国前所未有地表达着自己的观点,捍卫着自己的地位,并为维护其所认为的同等利益采取特殊行动。尽管在中国已经成为世界强国或仍是地区强国的问题上存在争议,但毋庸置疑的是中国影响着其他重要力量,引起重要的调整,特别是在印度洋—太平洋地区,中国正重新评估其自身利益、目标、重点及政策选择。②

实践上,中国的崛起在印度洋—太平洋地区引起的反响最为强烈。这一地区显著的地缘政治及地缘经济变革体现在三个方面:第一,中国的崛起加速了它与这一地区几乎所有主要国家及经济体之间紧密的经济往来(相互依存),而后者也反过来促进了中国的发展。实际上,中国现在已经成为该地区绝大多数国家及经济体最大的贸易伙伴,其吸引投资及对外投资均快速发展。对于许多国家和经济体来说,中国已成为增长引擎,带动了地区经济的复苏。③ 第二,在这一地区与中国的经济联系日益密切之时,印度洋—太平洋地区许多国家对中国军事实力的增强、更加自信的外交政策、对待领土纠纷更坚决的方式越来越担心和警惕。一些国家积极通过同盟协议的方式寻求美国的保护,另一些国家在中国和美国之间产生严重冲突时该如何选择,左右为难。④ 第三,尽管奥巴马政府多次否认,但美国重返亚太或亚太战略再平衡,受到新兴国家挑战其在这一地区的固有优势的关切的影响。虽然中美之间进行了多渠道的对话与谈判,两国也有重要的共同利益,但彼此都不能确信对方的意图是善意的,双方都担心对方:互不信任根

---

① "中国注定成为世界最大经济体",*Business Spectator*,2014 年 4 月 30 日。http://www.businessspectator. com. au/print/811691。

② 关于这些观点,见 David Shambaugh, *China Goes Global: the Partial Power*, New York: Oxford University Press, 2013; Geoff Dyer, *The Contest of the Century: the New Era of Competition with China—and How America Can Win*, New York: Knopf, 2014; John Mearsheimer, "Can China Rise Peacefully?" *The National Interest*, 2014 年 4 月 8 日, http://nationalinterest. org/commentary/can-china-rise-peacefully - 10204。

③ Dilip K. Das, *China and the Asian Economies: Interactive Dynamics, Synergy and Symbiotic Growth*, London and New York: Routledge, 2014。

④ 例如,见 Robert Kaplan, *Asia's Cauldron: The South China Sea and the End of a Stable Pacific*, New York: Random House, 2014; Hugh White, *The China Choice: Why America Should Share Power*, Sydney: Black, Inc. , 2012。

深蒂固。①

过去几年中国内部在国家大战略（是否存在？如果没有，是什么构成了中国的大战略？②中国应该更加坚定还是继续克制？），以及外交政策的途径，继续在邓小平提出的指导中国外交政策实践的"韬光养晦"与国家不断变化的国际环境中的国家利益、定位、责任之间的协调上存在严重分歧。③自从全球金融危机证实中国国家安全政策越来越倾向于满足不断增长的需要——源于外部压力、意外事件及威胁的多维作用。

此外，有三个方面的分歧使中国外交政策的制定与实施更具挑战性。第一个分歧是，在国际共同体对中国崛起的反应中期盼与焦虑并存。有的希望中国应该并且能够提供更多的公共产品，并作为负责人的利益攸关方为国际秩序做出更大贡献，正如人们同样担心新兴力量可能更激进，并会对秩序提出挑战一样。④与此同时，中国内部的期望——有时被描述成民族主义，使中国面临着压力，要求它在处理诸如领土争端这样的国际事务时更加有力。第二个是中国的自我定位——"爱好和平、负责任的新兴大国"（"和平发展道路"、"和谐世界"主张以及最近的"中国梦"），与美国和中国的邻国将其视为一个自信的崛起国家、试图挑战当前现有国际秩序规则之间的落差。⑤最后，第三个分歧涉及中国需要解决的政策问题的日益复杂性，以及政策协调性的缺乏或不足。这是由于参与决策者过多以及地方利益的差异或竞争所致。不久前成立的国家安全委员会也许会着手解决这一问

---

① Nina Hachigian, *Debating China*：*The U. S. -China Relationship in Ten Conversations*, New York：Oxford University Press, 2014; Kenneth Lieberthal and Wang Jisi, *Addressing U. S. - China Strategic Distrust*, Washington, D. C.：The Brookings Institution, 2012; Lanxin Xiang, "China and the'Pivot'," *Survival* 54：5(October-November 2012), pp. 113 – 128.

② Wang Jisi, "China's Search for a Grand Strategy," *Foreign Affairs* 90：2, March/April 2011, pp. 68 – 79.

③ Yan Xuetong, "From Keeping a Low Profile to Striving for Achievement,"*The Chinese Journal of International Politics*, forthcoming 2014, doi：10. 1093/cjip/pou027.

④ William A. Callahan, *China Dream*：20 *Visions of the Future*, New York：Oxford University Press, 2013; Rosemary Foot and Andrew Walter, *China, the United States and Global Order*, Cambridge：Cambridge University Press, 2011.

⑤ Aaron Friedberg, *A Contest for Supremacy*：*China, America, and the Struggle for Mastery in Asia*, New York：W. W. Norton, 2011.

题,但其实际效果如何仍需要拭目以待。①

# 一、中国在印度洋—太平洋地区的大国作用

近年来的中国外交政策行为,不可避免地使政策制定者及分析人士认为中国更加激进,随着中国国力的不断提升,它将挑战美国的优势地位,试图获得米尔斯海默预言的那种支配地位。他们认为,尽管不乏和平言辞,但国际政治的本质、崛起大国的本能,都决定了它将谋取地区霸权,并组织其他力量在这一地区保持或得到这一地位。② 2008 年以来,中国一直试图通过经济、外交和军事力量应对地区事务。但另一方面,中国一直努力保持着确保良好的外部环境,同邻国发展和谐、友好关系等方面政策的一致性。在过去几年,几个主要国家在长期的领土争端问题上发生了冲突,主要有中国、越南、菲律宾,它们都试图通过对 1982 年联合国海洋法公约(UNCLOS)的解释以及更坚定,有时甚至是激进的方式,来实现自己的诉求。③ 这些方式包括为占领岛礁命名,进行海洋调研及开发活动,官员高调到访,在争议地区建立行政管辖,对捕鱼区域的纠纷进行海事执法,对其他申索国的渔民进行骚扰、拘留和罚款,在争议地区进行公开的保护并威胁中止石油开采,对专属经济区(EEZs)范围内外国军事行动进行限制,有时制止导致严重后果的海上及空中越境行为。④

在中国与其邻国以及其他海上强国的南海主权归属、资源及安全问题

———————————

① Linda Jakobson and Dean Knox, "New Foreign Policy Actors in China," *SIPRI Policy Paper* No. 26, September 2010; Thomas J. Christensen, "More Actors, Less Coordination? New Challenges for the Leaders of a Rising China," in Gilbert Rozman, eds., *China's Foreign Policy: Who Makes It, and How Is It Made?* New York: Palgrave Macmillan for the Asian Institute for Policy Studies, 2013, pp. 21 - 37.

② John Mearsheimer, *The Tragedy of Great Power Politics*, Revised Edition, New York: W. W. Norton, 2014.

③ "Special Focus: The South China Sea Dispute," *Contemporary Southeast Asia* 33:3, December 2011.

④ Robert D. Kaplan, "The South China Sea Is the Future of Conflict," *Foreign Policy* 188, September/October 2011, pp. 76 - 85; Carl Ungerer, Ian Storey and Sam Bateman, "Making Mischief: The Return of the South China Sea Dispute," *Special Report*, Issue 36, Canberra: Australian Strategic Policy Institute, December 2010.

上的紧张态势和竞争中,有一些重要的驱动力量。① 首先,沿海国家需要遵守联合国海洋法公约第 76 条的规定,向大陆架界限委员会(CLCS)提交有关该国 200 英里以外大陆架界限的相关信息。持续的经济发展需要能源和资源,当意识到陆地领土有限,不得不从中东、非洲和波斯湾进口时,对这一问题的认识强化了这一原则。对未来增长的潜在有限性的认识,强调了拥有丰富石油、天然气储备的南海的重要性。第三,民族主义的上升和信息革命为公共意见的表达提供了可行性并增强了其影响力,从而影响外交政策的制定,增加了调解的困难。同时,东亚地区过去二十年的经济增长与繁荣为军事现代化提供了必要的资金,特别是在海军巡逻和投送能力方面。第四,对于像中国这样的新兴大国,有越来越多的争论并得出一致结论:即使对于大陆国家来说,海上力量也是维护全球利益,并在未来实现大国地位的关键因素。②

在再度出现的南海领土争端中,另一个主要因素是这一地区的自然资源对国家经济发展越来越重要,包括深海石油和天然气的勘探,渔业区域,海洋经济对国内生产总值的重要性(包括财富及就业)。这些考虑进一步提升专属经济区以及 200 英里之外大陆架的重要性,这两者均从陆地(包括岛屿)的主权产生。例如越南,试图到 2020 年通过渔业及石油收入获得其 GDP 的一半。中国的海洋经济已经接近 GDP 总量的 10%。③

还有就是石油问题。工业化进程中的中国,其经济的快速增长导致了对原材料和资源,特别是能源的巨大需求。④ 中国已超过日本成为继美国之后的世界第二大石油消费国。根据美国政府的评估,2010 年中国石油消

① A general assessment of the nature and drivers of territorial disputes in the region can be found in Ralf Emmers, *Geopolitics and Maritime Territorial Disputes in East Asia*, London and New York: Routledge, 2010.

② James R. Holms and Toshi Yoshihara, "The Influence of Mahan upon China's Maritime Strategy," *Comparative Strategy* 24:1 (2005), pp. 23 - 51.

③ Will Rogers, "The Role of Natural Resources in the South China Sea," in Patrick M. Cronin, ed., *Cooperation from Strength: the United States, China and the South China Sea*, Washington, D. C.: Center for a New American Security, January 2012, pp. 85 - 97; Clive Schofield, ed., *Maritime Energy Sources in Asia: Energy and Geopolitics*, Seattle, WA: National Bureau of Asian Research, December 2011; "Asia's Rising Energy and Resource Nationalism," NBR Special Report, September 2011; Swaine and Fravel, "China's Assertive Behavior," p. 15.

④ Elizabeth C. Economy and Michael Levi, *By All Means Necessary: How China's Resource Quest Is Changing the World*, New York: Oxford University Press, 2014; International Crisis Group, "China's Thirst for Oil," *Asia Report* No. 153, June 9, 2008.

费 9 189 000 桶/日,而其国内生产量仅 4 273 000 桶/日,占总量的 46%。①
1983 年以来,中国也成了石油净进口国,现在紧随美国、日本排名世界第三
位。2007 年进口 319 万桶/日,比 2006 年增长 10%,占石油消费总量的
46%,与进口比例持平。② 按当前的增长速度(大约每年 8%~10%),2015
年中国将进口 710 万桶/日,2030 年为 131 万桶/日,占其石油消费的
80%。③ 由于国内油田已经成熟且过度开采,中国对全球石油供给的依赖
将继续增长。这就解释了为什么中国国有石油公司一直在其他国家寻求石
油供给、开发油田,并转向非洲、中亚和拉丁美洲以丰富其石油供给来源。④

最后,美国坚持航海自由及其在南中国海军投送军事力量的权利(包括
沿岸国家的专属经济区内),逐渐受到中国的挑战。美国的侦查和情报收集
活动被中国视为对其国家安全的严重威胁。最后一点正越来越引起争议,
因为中美两国发现它们在西太平洋更加频繁地相遇。当然,中美都承认海
洋航行自由限于公海和专属经济区范围。然而,两个国家对这些区域的范
围、活动属性及国际法允许的活动程度的解释不同。⑤

这些情况发生在美国在十几年后从阿富汗和伊拉克战争中撤军并做出
战略调整,进行东亚再平衡之时。尽管 2008 年经济危机及缓慢的经济复苏
使美国日益关注内部事务及其财政困境,削减了未来十年 4 870 亿美元的
国防支出,但奥巴马政府仍决心冒着巨大的风险在战略上及经济上保持并

---

① 中央情报局(CIA), *The World Factbook*:*China*, various years, at https://www. cia.
gov/library/publications/the-world-factbook/geos/ch. htm。

② CIA, *The World Factbook*:*China*; "Country Analysis Briefs," Energy Information
Administration (EIA), U. S. Department of Energy, August 2006, at www. eia. doe. gov/emeu/
cabs/China/Background. html.

③ 国际原子能机构,*World Energy Outlook 2007*:*China and India Insights*, Paris:OECD/
IEA, 2007, p. 168。

④ Daniel Yergin, *The Quest*:*Energy, Security, and the Remaking of the Modern World*,
New York:The Penguin Press, 2011, pp. 189 - 224; Michael T. Klare, *Rising Powers*, *Shrinking
Planet*:*The New Geopolitics of Energy*, New York:Metropolitan Books, 2008, pp. 63 - 87;
Ronald Dannreuther, "China and Global Oil:Vulnerability and Opportunity," *International
Affairs* 87:6, November 2011, pp. 1345 - 1364; David Zweig and Bi Jianhai, "China's Global Hunt
for Energy,"*Foreign Affairs* 84:5, September/October 2005.

⑤ James Kraska,"Sovereignty at Sea,"*Survival* 51:3, June-July 2009, pp. 1 - 18; Andrew
J. Norries, "The 'Other' Law of the Sea," *Naval War College Review* 64:3, Summer 2011,
pp. 78 - 97.

加强美国在这一地区的存在。[①] 在过去的几年中,美国加强了同日本、韩国、澳大利亚之间的同盟关系,并通过军售、联合军演,在这一地区建立基地、进行训练等方式与越南、菲律宾、印尼和印度形成了亲密的伙伴关系。[②]

中国在南中国海更加坚定而自信的行为,它对美国接近或者在中国专属经济区内的情报搜集和监测活动、与其他同盟国的联合演习的直接挑战的态度,在某些人看来,证实了现实主义关于崛起大国扩展议程、试图重新定义和维护其国家利益,并从总体上威胁现存国际体系的观点。[③] 事实上,虽然由于能力上的不对称和中国的政治影响力导致绝大多数分析者容易忽视中国和其他申索国之间的短期直接军事冲突,但中美在西太平洋公海上不会遇到这一情况。中国对外国军舰在其专属经济区内(或附近)活动的态度越来越坚定和自信,被认为对美国长期以来坚持的航行自由原则,特别是对美国关于通航自由(包括监视和情报搜集能力)的观念构成了严重的挑战,可能会导致双方之间形成严重的对抗。[④]

中美军队之间有时会有紧张态势且有所升级。例如 2001 年 4 月的中美撞机事件,2009 年 3 月的"无瑕"号事件,以及最近的 2013 年 12 月的"考

① Dan Robinson, "Obama Unveils Strategy for Smaller, Agile Future US Military," *Voice of America*, January 5, 2012; Hillary Clinton, "America's Pacific Century," *Foreign Policy* 187 (November 2011), pp.56－63. 美国国防部长 Leon Panetta 在 2012 年香格里拉安全对话的演讲时指出到 2020 年美国将部署 60% 的海军到亚太地区。Panetta, "The US Rebalance towards the Asia-Pacific," June 2, 2012, Singapore, http://www. iss. org/conferences/the-shangri-la-dialogue/shangri-la-dialogue-2012/speeches/first-plenary-session/leon-panetta/

② Xenia Dormandy with Rory Kinane, *Asia-Pacific Security：A Changing Role for the United States*, London：Chatham House, April 2014. For background, 见 Craig Whitlock, "U. S. Eyes Return to Some of Southeast Asia Military Bases," *Washington Post*, June 23, 2012; William Tow, "The Eagle Returns：Resurgent US Strategy in Southeast Asia and the Its Policy Implications,"*Policy Analysis*, Canberra：Australian Strategic Policy Institute, February 13, 2012.

③ John J. Mearsheimer, *The Tragedy of Great Power Politics*, New York：W. W. Norton, 2001.

④ Leszek Buszynski, "The South China Sea：Oil, Maritime Claims, and U. S. -China Strategic Rivalry," *The Washington Quarterly* 35：2 (Spring 2012), pp.139－156; Peter Dutton, "Introduction," in Dutton, ed., *Military Activities in the EEZ：A U. S. -China Dialogue on Security and International Law in the Maritime Commons*, New Port, RI：China Maritime Studies Institute, Naval War College, December 2010, pp. 1－13; Dutton, "Three Dispute and Three Objectives."

彭斯"事件。① 特别是后者的情况可以被看作对美国在公海或专属经济区不受妨碍的航行能力的直接挑战。另外,美国对中国胁迫的让步会削弱其地区战略,引起其同盟国家和伙伴对其作为安全保障的信誉和可靠性的深切关注。② 显然,美国在该地区的利益,包括其防止大规模杀伤性武器扩散、打击海盗和非法毒品交易的能力,以及对盟友和伙伴的安全保证责任,都要求美国海军能够通过不计其数的军事及商用海上通道,包括在不事先通报的情况下在专属经济区内自由航行。然而,美国的立场及其抗议者都严重忽视了一个事实,即美国尚未签署联合国海洋法公约。③

这对美国的影响是巨大的。在公海以及沿海国家的专属经济区内的军事活动,在国际法上是被认可的。联合国海洋法公约允许沿海国家在资源利用和环境保护方面行使管辖权,但并没有给他们限制外国军事活动的权利,除非这些活动影响了自然资源或海洋科学研究。④ 对美国来说,中国的行为可能会通过对现有法律的解释以及建立自己的海洋法,来逐渐削弱国际海洋法的基础。特别是,将专属经济区从拥有资源管辖权的地带转变为拥有更广泛的必须一致同意才能进行海洋科研的地带,海洋法的传统解释

---

① Jane Perlez, "American and Chinese Navy Ships Nearly Collided in South China Sea," *New York Times*, December 14, 2013.

② Oriana Skylar Mastro, "Signaling and Military Provocation in Chinese National Security Strategy: A Closer Look at the Impeccable Incident," *Journal of Strategic Studies* 34:2, April 2011, pp. 219 - 244.

③ Mark J. Valencia, *Foreign Military Activities in Asian EEZs*: Conflict Ahead? NBR Special Report #27, Seattle, WA: The National Bureau of Asian Research, May 2011. 越来越多的人呼吁美国批准联合国海洋法公约,在最近几个月参议院举行的听证会上,奥巴马政府中的重要官员,包括国务卿克林顿和国防部长帕内塔和参谋长联席会议主席均表示支持。见 Will Rogers, "Security at Sea: the Case for Ratifying the Law of Sea Convention," *Policy Brief*, Washington, D. C.: Center for a New American Security, April 2012; Nina Hachigian, "China's Rise Is A Big Reason to Ratify the Law of the Sea Convention," Center for American Progress, June 12, 2012, http://www. americanprogress. org/issues/2012/06/law_of_sea_china. html/; Donna Cassata, "Military Leaders, Clinton Push for Sea Treaty," *The Associate Press*, May 23, 2012。

④ Patrick M. Cronin and Robert D. Kaplan, "Cooperation from Strength: U. S. Strategy and the South China Sea," in Cronin, *Cooperation from Strength*, pp. 5 - 30; Alice D. Ba, "Staking Claims and Making Waves in the South China Sea: How Troubled Are the Waters?" *Contemporary Southeast Asia* 33:3, December 2011, pp. 269 - 291.

已经被挑战。① 美国的分析家认为同样岌岌可危的是国际海上航道规则，特别是航行安全受到关注的地区。美国太平洋司令部司令、海军上将蒂莫西·基廷，在参议院武装部队委员会指出"中国（尤其是在南中国海）的行为是侵略性的、令人厌恶的，是不愿意遵守可接受的行为准则或'规则'的。其无疑是一个令人不安的麻烦制造者"。换句话说，即使关于航行自由等权利的内容仍然得到最终解决，但各方仍应尊重国际公约规定的国际海事防撞规则（COLREGS），使船舶安全操作避免撞到附近的其他船只。②

自 2010 年以来，在中国东海，中日的钓鱼岛的争议愈演愈烈。日本将其中三个岛屿"国有化"的结果是中日双边关系进一步恶化，中国海上监视和执法船只开始更频繁的巡逻，更频繁地与附近的船只和飞机近距离接触。2012 年 10 月以来，为了应对日本改变 20 世纪 70 年代以来双方心照不宣的一直维持现状的单边行动，中国实际上已经有效引入并稳步增加了在这一区域行政巡逻的频率和范围，包括海上监视和空中飞行，迫使日方接受一个新的现状。2013 年 11 月下旬，中国国防部宣布建立一个与日本防空识别区域重叠的防空识别区（ADIZ），覆盖钓鱼岛的争议岛屿。③ 显然，中国领导人在推行外交政策时更坚决、更有力。尽管中国领导人基本的世界观和对中国的战略愿景可能保持不变，但采取的是一个更适合崛起的大国的主动的外交立场。④

---

① James Kraska, "Sovereignty at Sea," *Survival* 51:3, June-July 2009, pp. 13 - 18; Peter A. Dutton, "Cracks in the Global Foundation: International Law and Instability in the South China Sea," in Cronin, *Cooperation from Strength*, pp. 69 - 81.

② Jonathan G. Odom, "The True'Lies'of the *Impeccable* Incident: What Really Happened, Who Disregarded International Law, and Why Every Nation (Outside of China) Should Be Concerned," *Michigan State Journal of International Law* 18:3, May 2010, pp. 411 - 452, direct quote at p. 427. "Maritime Disputes and Sovereignty Issues in East Asia," hearing before the Subcommittee on East Asian and Pacific Affairs of the Committee on Foreign Relations, United States Senate, One Hundred Eleventh Congress, First Session, July 15, 2009.

③ Harlan, Chico, "China Creates New Air Defense Zone in East China Sea amid Dispute with Japan," *Washington Post*, 23 November 2013.

④ He Kai and Feng Huiyun, "Xi Jinping's Operational Code Beliefs and China's Foreign Policy," *The Chinese Journal of International Politics*, 6 (2013), pp. 209 - 231; François Godement, "Xi Jinping's China," *Essay* No. 85. Brussels: European Council on Foreign Relations, July 2013.

## 二、中国的外交政策行为

对中国的崛起及其影响的分析(无论是现实主义还是自由主义)都集中于能够影响中国外交政策行为和战略的机遇、诱因和限制。诸如观念、执行者、政策制定程序等国内因素以及这些变量中多大程度上发挥或失去作用得到的关注更少。当然,对中国外交政策的"黑匣子"进行调查仍然极其困难,今天的研究人员有更多的途径得到能够构成信息分析基础的关于中国的信息和争论。[①] 从官方的宣传可以知道,中国关于国家崛起的争论总体上说受伟大文明的复兴和国际地位的恢复引领;由于中国遭受了 150 年屈辱的历史,因此它十分强调国家主权和领土完整;通往大国地位的道路是持续的经济增长和综合国力的提升,如前所述,这依赖于稳定的国际环境和获得关键性投入——资金、技术、劳动力和资源的能力。[②]

30 多年改革开放的结果是渐进的分权的过程,现在不得不适应中国外交政策制定中越来越多的参与者,他们追求的利益是多元的,而且并不总是可以被准确描述为国家利益。相反,中国的一些最大的国有企业,确切地说是国家石油公司(NOCs),其追求的策略有时会破坏中国外交政策的目标和影响中国的声誉。同时,中国内部对国力上升时期应该做的事情进行的辩论,很难确定有哪些主导思想,是否以及在多大程度上它们可以影响和形成外交政策。[③]

---

① Lampton, David M., *The Making of Chinese Foreign and Security Policy in the Era of Reform*, Stanford: Stanford University Press, 2001.

② Legro, Jeffrey W., "What China Will Want: The Future Intentions of a Rising Power," *Perspectives on Politics*, 5:3, September 2007, pp. 515 - 533; Hart, Andrew F. and Bruce D. Jones, "How Do Rising Powers Rise?" *Survival*, 52:6, December 2010-January 2011, pp. 63 - 88.

③ Jakobson, Linda and Dean Know, "New Foreign Policy Actors in China," *SIPRI Policy Paper* 26, Stockholm: SIPRI, September 2010; Shambaugh, David, "Coping with a Conflicted China," *The Washington Quarterly*, 34:1, Winter 2011, pp. 7 - 27; Su, Changhe, "Understanding Chinese Diplomatic Transformation: A Multi-Actor's Perspective," *The Hague Journal of Diplomacy*, 5, 2010, pp. 313 - 329; Chen, Zhemin, Jian Junbo, and Chen Diyu, "The Provinces and China's Multi-Layered Diplomacy: The Cases of GMS and Africa," *The Hague Journal of Diplomacy*, 5, 2010, pp. 331 - 356; Lai, Hongyi and Su-jeong Kang, "Domestic Bureaucratic Politics and Chinese Foreign Policy," forthcoming, *Journal of Contemporary China*, 2013, doi.org/10.1080/10670564.2013.832531.

中国人民解放军仍然是国家安全政策制定的关键角色。中国日益增长的实力和党赋予的新的历史使命，使中国人民解放军对国家安全有更大发言权，为其现代化得到更多的资源。近年来，中国人民解放军取得了具有里程碑意义的重大突破。包括新武器系统、发射第一艘载人航天器、先进战斗机和水面战斗舰艇、弹道导弹和巡航导弹；更好和更现实的培训和与外国军队联合演习；派遣海军到亚丁湾护航，提供实时远程操作的经验和后勤支持。① 中国人民解放军在国家安全政策制定中的作用尤为重要，并在台湾问题、中美关系、东海和南海的领土争端等问题上最具影响力。② 然而，这不应被视为文职官员（中国共产党）失去军权，或任何军民关系的不和谐。解放军已被授权发展职业化，提高作战能力，以及增加年度国防预算。作为回报，军队公开表示支持党领导的关键政策立场，并就如何最大限度保护国家安全利益提供专业建议。尽管如此，由于缺乏国家安全协调机构（最近2013年11月中共中央十八届三中全会宣布成立这样一个机构，虽然细节仍不清楚），有时，会出现与中央领导在外交政策目标的战略及操作层面存在差异的声音。③

过去的几年至少有两个方面体现了人民解放军在国家安全政策制定中扮演越来越重要的角色。一是军队发出日益强硬的声音。一些分析人士认为，除了在特殊时期时常发生变化的中美关系以外，中国军方一直认为美国是中国的主要威胁。美国对台军售、重返亚洲、巩固甚至扩大其与亚洲盟友的安全合作关系、在中国地区安全事务中表面中立实则偏袒的态度都强化了中国的这一态度。这不仅反映在著名的军队学者或退休将军的零散观点

---

① 这些发展在美国国防大学国家战略研究所、海军分析中心，美国陆军战争学院战略研究所、国会研究服务和国家亚洲研究局，包括最近的 Tellis 和 Tanner 等研究机构的研究中有所涉及。*China's Military Challenge*.

② Michael Swaine 1998 年在中国军方在国家安全政策制定的作用的研究仍然是经典。James Mulvenon 在胡佛研究所的 *China Leadership Monitor* 中对中国人民解放军有定期和即时的分析。

③ You, Ji, "The PLA and Diplomacy: Unraveling Myths about the Military Role in Foreign Policy Making," *Journal of Contemporary China*, 22 (2013), doi. org/10. 1080/10670564. 2013. 832526; Li, Nan, *Chinese Civil-Military Relations in the Post-Deng Era: Implications for Crisis Management and Naval Modernization*, CMSI Study No. 4, New Port, RI: China Maritime Studies Institute, U. S. Naval War College, January 2010.

和分析中,也体现在像香格里拉对话中高级官员的表态中。① 中国人民解放军日益增长的影响力还体现在其更频繁地通过军事演习公开展示其军事经验、投送能力,如中国人民解放军海军亚丁湾反海盗护航,以及主要的武器采购,包括新一代战斗机和该国第一艘"辽宁"号航母。②

2013 年 10 月下旬,中国领导层举行了中华人民共和国历史上第一次致力于周边外交的高层会议,所有常务委员会成员参加。显然,一个稳定与和平的周边环境将有利于中国的持续经济增长和繁荣。然而,要实现这一目标需要赢得朋友和一个友好的和值得信赖的形象。重拾和进一步加强中国在该地区的影响力对最终实现这一目标至关重要。③ 另一方面,它显然已经摆脱了之前在处理这一地区的事务,特别是领土纠纷时低调的和被动的有争议的方式。一些特殊的方法已经被使用。一是建立管理例程并执行。例如,三沙市以及海南人民代表大会通过了一项决议,授予海事机构当局阻止和搜索在中国海域的船只的权力。另一个措施是采用了新的包含争议领土的中国地图的电子护照。第三是邀请外国石油公司在这一区域进行联合开采。④

不同的人物,在他们特定的角色中,更积极地追求各自的目标,这些行动的整体传达了中国更加自信的地区政策,即使在官方层面没有发生重大的政策转变。⑤ 具体地说,在"无瑕"号事件中,中国认为美国侦察船在中国

---

① Liu, Yawei and Justine Zheng Ren, "An Emerging Consensus on the US Threat: the United States According to PLA Officers," *Journal of Contemporary China*, 23 (2014), doi. org/10. 1080/10670564. 2013. 832527.

② Erickson, Andrew S. and Austin M. Strange, *No Substitute for Experience: Chinese Anti-Piracy Operations in the Gulf of Aden*. CMSI China Maritime Study No. 10. New Port, RI, Chinese Maritime Studies Institute, Naval War College, November 2013; Erickson, Andrew S. and Gabe Collins, "China Carrier Demo Module Highlights Surging Navy," *The National Interest*, 6 August 2013, http://nationalinterest. org/commentary/china-carrier-demo-modulehighlights-surging-navy-8842; Tellis, Ashley J. and Travis Tanner, eds. , *Strategic Asia* 2012 - 13: *China's Military Challenge*. Seattle, WA: National Bureau for Asian Research, October 2012.

③ Xin hua, "Xi Jinping Makes Important Speech at Meeting on Periphery Diplomacy," 25 October 2013, http://news. xinhuanet. com/politics/2013 - 10/25/c_117878897. htm.

④ Sarah Raine & Christian Le Mière, "Regional Disorder: the South China Sea Dispute," Adelphi Papers, Vol. 53, Issue 436 - 437, London: Routledge for the International Institute for Strategic Studies, 2013; Yahuda, Michael, "China's New Assertiveness in the South China Sea," *Journal of Contemporary China*, 22 (2013), pp. 446 - 459; special issue, *Shijie Zhishi* [*World Affairs*], no. 2 (2013), pp. 14 - 25.

⑤ 对中国安全分析家的采访,上海,2013 年 6 月。

专属经济区的活动未经许可,美国则认为这直接挑战了其在国际水域的航行能力,进而削弱美国的地区战略,引起了同盟国和伙伴对其作为安全保障的忧虑。[①] 中国与菲律宾之间在斯卡伯勒浅滩(中国称黄岩岛)主权问题上的持续对峙,说明中国对有争议的岛屿进行有效的控制时,将中国海事执法与海军相结合使用。同样,在日本将钓鱼岛中的三个岛"国有化"之后,中国已经在其附近海域常规空中和海上巡逻,改变了以前的日本单独控制的局面。这些旨在维护中国领土主权的海事和/或准军事措施的有力运用,被称为中国处理类似问题的"新常态",这在很大程度上是由于实力的增强和要求强势的公众压力的作用。[②]

在这种"新常态"背后,是深思熟虑的、虽然仍属被动却更加果断的"一加"(one plus)策略,即中国将通过进一步强势宣称其主权的方式对任何侵犯其主权的行为进行回应。这是对其他申索国发出的明确信号,即中国更愿意维持原状。然而,如果被激怒,那么它将超越原来的现状,建立一个新的状态。[③] 2013 年 3 月,全国人民代表大会确认成立国家海洋局,从而实现更加简化和统一处理除了领土争端外,包括海洋和环境管理、反盗版和非法活动等之外的海事问题。[④] 最后,用经济实力来论证。在 2010 年 7 月日本拘留中国渔船船长之后,不仅在中国主要城市爆发了抗议日本、官方要求赔偿的行动,也有报告称对日本的稀土出口禁运,这可能对日本经济利益带来严重后果。[⑤]

这些发展不仅清楚地反映了中国在 2008 年全球金融危机之后日益增

---

[①] Mastro, Oriana Skylar, "Signaling and Military Provocation in Chinese National Security Strategy: A Closer Look at the Impeccable Incident," *Journal of Strategic Studies*, 34:2, April 2011, pp. 219 – 244.

[②] Holmes, James, "China's New Normal in the South China Sea," *US&China Focus*, 4 July 2013; Chellaney, Brahma, "China's Salami-Slice Strategy," *Japan Times*, 25 July 2013.

[③] You, Ji, *Deciphering Beijing's Maritime Security Policy and Strategy in Managing Sovereignty Disputes in the China Seas*. Policy Brief, Singapore: S. Rajaratnam School of International Studies, Nanyang Technological University, October 2013.

[④] Goldstein, Lyle J., *Five Dragons Stirring Up the Sea: Challenges and Opportunities in China's Improving Maritime Enforcement Capabilities*, Newport, RI: China Maritime Studies Institute, U. S. Naval War College, 2010; Perlez, Jane, "Chinese, with Revamped Force, Make Presence Known in East China Sea," *New York Times*, 27 July 2013.

[⑤] Krugman, Paul, "Rare and Foolish," *New York Times*, 17 October 2010; Hurst, Cindy A., "China's Ace in the Hole: Rare Earth Elements," *Joint Forces Quarterly*, 59:4, 2010, pp. 121 – 126.

长的实力和在亚洲的影响力,而且也受其推动,美国出现衰退,中国却相对完好且更有信心。不管是出于自身利益还是民族主义情绪的推动,中国的行为似乎更为坚定,有时甚至是更有韧性或强制性。目前尚不清楚,过去五年是否能够说明中国已经基本脱离既定的模式,即邓小平提出的"韬光养晦"原则下谨慎、低调的外交政策,转变为一个被日益增长的民族主义、过分自信、对全球和地区地缘政治前景和对中国自己的缺陷和弱点的误判所驱动的更加自信的外交政策。众说纷纭,莫衷一是。①

# 结　论

中国正处在一个向大国地位转变、新一代的领导人执政、越来越多的存在分歧有时甚至相互竞争的参与者以及公众意见和民族主义参与其中的转折点。中国的力量和影响力在增长,但没有塑造一个新地区秩序,其他国家采取的是对冲而不是追随中国的策略。② 除非中国调整其策略,否则可能会导致中美之间不稳定甚至是对抗的两极局面。

过去的几年人们已经看到中国外交政策的变化。它在维护其认定的核心国家利益方面变得更加自信,表达更加清晰和坚定。它更愿意展示和运用自己的经济实力,并通过选择性的显示武力来运用其军事实力。它通过"反挑战"措施来应对外部挑战,即建立一个新的正常的现状,它有时似乎面临所有主要对手挑战的风险。新领导集体在应对国家安全和外交事务时显然不再是低调的、被动的。然而,依然有连续性的是,中国仍然重视维持一个稳定和平的周边环境,依然倾向于通过双边而非多边谈判解决领土争端,反对将地区问题国际化,特别是反对美国的参与。

我想对本文做一下结论。首先,毫无疑问,中国的崛起正在使印度—太平洋地区的地缘政治格局发生根本变化。然而,有一种倾向是,把一个崛起大国日益增长的能力与其改变现有国际和地区力量结构的意图、意愿和能力混淆起来。中国的崛起主要是反映在它的 GDP,特别是购买力评价上。

---

① Johnston, Alastair Iain, "How New and Assertive Is China's New Assertiveness?" *International Security*, 37:4, Spring 2013, pp. 7-48; Shambaugh, *China Goes Global*.

② Edward N. Luttwak, *The Rise of China vs. the Logic of Strategy*, Cambridge, MA: Harvard University Press, 2012.

很少有人注意到大国的其他重要标志：它在全球生产和分配链条中的地位；其创新能力和在科技中的领先地位；其影响关键的全球性和区域性机构；软实力的吸引力。在这些方面，中国正在快速进步；然而，美国，甚至一些地区的其他大国如日本仍领先数年。

第二，就国内生产总值而言，虽然中国的整体能力和军事现代化投送能力在增长，但整个区域的力量结构尚未对中国有利。事实上，中国有14个陆地邻国和8个海上邻国，有5个有核国家（包括美国）、7个排名世界前十的世界军事强国在其周边，与7或8个国家有悬而未决的领土争端，中国在处理与邻国和美国关系问题上面临着巨大的挑战。事实上，过去的几年里我们不仅看到了美国在亚洲的再平衡，而且看到了美国的盟友和合作伙伴针对制衡崛起的中国而进行的安全合作。

第三，我前面提到的三个分歧可能会进一步加剧地区不稳定，因此需要弥合。为此，一个办法是中国在外交政策的宣示与具体执行上更加统一、协调，并且更加明确。同时，美国应该通过安抚和约束其不断挑战中国的盟友来为地区稳定做出重要贡献。在可预见的未来，中国领导人面临的一个关键的挑战是弥合崛起带来的日益增长的期望和民族主义与外交技巧、政策协调和危机管理之间的差距。

# 美国与东亚安全秩序挑战

韦宗友*

近年来,东亚安全秩序出现了一系列震荡,引起国际社会的广泛担忧。在东亚地区,为什么日益紧密的经济联系和交往既未能消解国家间的战略猜忌和不信任,也未能阻止中美之间及中国与邻国之间的安全竞争?本文尝试从东亚安全秩序的特点入手,分析东亚安全秩序的内在缺陷,在此基础上探究东亚权力转移、地区领导权竞争、领海纠纷以及美国不恰当的战略应对对地区秩序的消极影响,并进而提出构建东亚和平、实现中美战略和解的可能路径。

## 一、东亚"陆海分离型"安全秩序及其缺陷

自 1972 年美国总统尼克松访华,中美关系实现正常化以来,东亚安全秩序一直基于两大支柱之上:在东亚大陆,中美之间结束了剑拔弩张的冷战敌对状态,实现了战略和解;在东亚沿海地区,美国则通过在 20 世纪 50 年代初期构筑的双边军事联盟体系,维护美国盟国的安全,确保美国在西太平洋的海上霸权。这种陆上的中美战略和解与海上的美国霸权,成为东亚安全秩序的两大支柱,也是东亚安全秩序有别于欧洲的一大显著特点。不过,这种陆海分离型安全体系,也有着自身内在的缺陷。[①] 第一,中国在东亚大陆的陆上优势与美国在西太平洋的海上优势,是两套彼此独立的体系,并没

---

* 作者简介:韦宗友,复旦大学美国研究中心教授。

① 著名美国中国问题学者陆伯彬在 1999 年的一篇文章里,将这种中国在东亚大陆占据优势和美国在西太平洋海上享有霸权的权力格局称为东亚的两极格局,并认为这种两极格局有利于东亚的和平与稳定,是东亚特有的"和平的地理学"。本文认为,这种陆海分离型的秩序格局并不有利于东亚的和平与稳定。Robert S. Ross, "The Geography of the Peace: East Asia in the Twenty-first Century," *International Security*, Vol. 23, No. 4, Spring 1999, pp. 81-118.

有相互融合。在东亚一直缺乏一套涵盖东亚大陆及沿海国家的一体化的集体安全体系。第二,美国构筑的双边联盟体系在成立之初就具有遏制、防范中国的战略意图,尽管在中美战略和解后,这一联盟体系将苏联视为最主要威胁和防范对象,但其防范中国的战略功能并没有彻底消失,相反,随着东亚安全环境和中美关系的变化,它随时都有可能将矛头再次指向中国。第三,中美之间的战略和解并非基于共同价值观或意识形态的亲近,而是出于共同反苏的战略利益需要,是一种机会主义的或同床异梦型的利益结合,缺乏牢固的基础。一旦反苏的共同利益不复存在,那么这种机会主义的结合随时都有可能分道扬镳,甚至引发新一轮的中美对抗。① 第四,随着中国逐渐由陆权国家向陆海复合型国家演进,中美之间如何共处将成为问题。②

东亚安全秩序的内在缺陷随着冷战的结束而暴露无遗。首先,苏联解体使得中美战略和解的战略基础发生了动摇。在失去苏联这一共同威胁后,中国在美国眼中的战略地位大大下降,与此同时,中美之间在意识形态、政治制度、价值取向及历史文化的差异甚至对立则凸显出来。20 世纪 80 年代末中美两国关系跌入建交以来的低谷。在"历史终结论"的裹挟之下,坚守社会主义制度的中国被美国及西方视为需要改造和演变的"异类",中美之间的战略互信大大降低了。

其次,在苏联解体,东亚安全环境发生巨变,中美战略和解失去根基的背景下,美国在西太平洋地区传统军事联盟体系防范中国的潜在战略功能再次显现,它甚至成为联盟存续的重要黏合剂。冷战结束初期,随着苏联威胁的消失,无论在美国国内还是在东亚地区,都出现了减少美国东亚军事存在、削减乃至关闭美国军事基地的呼声,一些人甚至怀疑美国在东亚地区的军事联盟体系有继续存在的必要,东亚盟国也出现了明显的离心倾向。③ 1992 年,在菲律宾的要求下,美国被迫关闭了在菲律宾的两大军事基地,撤

① David M. Lampton, *Same Bed, Different Dreams: Managing U. S. -China Relations, 1989 - 2000*, Berkeley and Los Angeles: University of California Press, 2001.

② 刘中民:《中国海洋强国建设的海权战略选择:海权与大国兴衰的经验教训及其启示》,载《太平洋学报》2013 年第 8 期,第 74—82 页。

③ Eugene Gholz, Daryl G. Press and Harvey M. Sapolsky, "Come Home, America: The Strategy of Restraint in the Face of Temptation," *International Security*, Vol. 21, No. 4, Spring, 1997, pp. 5 - 48; Renato Cruz De Castro, "The Revitalized Philippine-U. S. Security Relations: A Ghost form the Cold War or an Alliance for the 21st Century?" *Asian Survey*, Vol. 43, No. 6, Nov. /Dec. 2003, pp. 971 - 988.

出在菲律宾的驻军。日本、韩国乃至澳大利亚国内，都出现了要求大幅度减少美国驻军和军事基地的呼声，美国与东亚盟国的关系面临考验。雪上加霜的是，由于美国经济在冷战结束之初陷入低迷，日本等东亚盟国的经济则蒸蒸日上，美国与盟国特别是日本的关系，因经济贸易纠纷而几度出现危机。美国国内一度出现了日本威胁论，而在日本国内也出现了对美说不的声音。[①] 在联盟关系一度陷入困境的情况下，"中国威胁"成为弥合分歧、防止盟国离心倾向、维护联盟继续存续的黏合剂。早在 1992 年，在美国、日本国内，"中国威胁论"开始出现，渲染中国的军事威胁。[②] 1995、1996 年间，由于中国与菲律宾等国的南海争端，中美之间因李登辉访美而关系受挫以及中国随后在台海地区的导弹试射，中国"威胁"论进一步升级。美国新闻记者克莱斯莫(Charles Krauthammer)宣称："中国的邻国都已感受到来自中国的压力。中国正在向南中国海纵深处拓展，宣称对距离中国几百英里以外的岛屿拥有主权"；"当俄国和西方国家的国防开支都在下降时，中国的军费却在急剧上升，在过去十年里已经增加了一倍。这些钱被用来发展洲际火箭，发展现代化陆军以及蓝海海军"。[③] 美国以此为契机，重新构建与东亚联盟关系的基础。1995 年 2 月，美国国防部发表《东亚战略报告》，指出南中国海的岛屿和领海争端是东南亚地区局势紧张的源头之一，对地区稳定将产生严重后果。美国敦促对南海问题的和平解决，强烈反对使用或威胁使用武力。美国单方面认为(南中国海)公海是国际公域，美国在维护连接东北亚、东南亚及印度洋的海上交通线具有战略利益。报告还指出，中国官方公布的国防预算在过去五年里已经增加了一倍，实际花费很可能更高。中国在致力于国防现代化，拓展远洋海军军事能力。中国国防现代化的长远目标不明确。鉴于东亚地区依然存在的诸多安全不确定性，报告强调，美日同盟是美国亚洲安全政策的压仓石。美国在日本的军事基地和驻军将不

---

① Kan Ito, "Trans-Pacific Anger," *Foreign Policy*, No. 78, Spring, 1990, pp. 131 - 152; Young-sun Song, "Prospect for U. S. -Japan Security Cooperation," *Asian Survey*, Vol. 35, No. 12, Dec. 2005, pp. 1087 - 1095; Ivan P. Hall, "The Japan that Can Say 'No': The New U. S. -Japan Relations Card, by Akio Morita, Shintaro Ishihara," *The Journal of Asian Studies*, Vol. 49, No. 3, Aug. , 1990, pp. 660 - 662.

② "Security: Worries About China," *Asia Week*, August 7, 1992, pp. 20 - 24; Tai Ming Cheung, "Loaded Weapons: China on Arms Buying Spree in Former Soviet Union," *Far East Economic Review*, Sept. 3, 1992, p. 21.

③ Charles Krauthammer, "Why We Must Contain China," *Time*, July 31, 1995, p. 72.

仅仅致力于捍卫日本及美国利益,也将致力于维护整个远东地区的和平与安全。美国将不会让美日之间的贸易摩擦影响到美日安全联盟关系,与日本加强安全合作,在研发战区导弹防御方面进行合作。① 1997年9月,日美发布新的《日美防卫合作指针》,强调为应对地区安全威胁,日本应增加防务贡献,并将"日本周边事态"纳入日美安保范围,明显具有针对中国的含义。1998年,美国与菲律宾签订了《部队访问协议》,菲律宾的苏比克海军基地及马尼拉港口重新向美舰开放,在应对"中国威胁"的共同目标下,美菲军事同盟再次迸发活力。

最后,在中美和解的战略基础因冷战结束而不复存在,美国以中国"威胁"而继续维持其东亚双边联盟体系的背景下,中美关系的竞争性大大增强,中美之间陆权与海权的潜在冲突性增加。在缺乏战略互信下,中国在东南沿海的任何政治、经济及安全举措,都有可能被美国视为削弱美国地区影响及海上霸权的不良举动;而美国与沿海国家加强军事同盟的任何行为,也可能被视为限制中国影响、围堵中国发展的证据。1996年,中国旨在遏制"台独"、表明中国维护国家领土完整决心的导弹试射和军事演习,被美国及周边国家解读为试图以武力改变台海局势、制造地区紧张局势的挑衅性举动。而美国随后在台海地区派遣两艘航母以及1997年与日本签订的《美日防卫合作指针》,则被中国视为对中国进行武力恫吓并试图长期维持台海分裂的居心叵测之举。中国在20世纪90年代中后期积极发展与东盟国家的政治、经济关系,主动参与地区多边经济机制,则被美国视为提升中国影响、削弱美国地区存在的"魅力攻势"。② 中国随着经济发展而相应增加国防开支也被美国解读为超出了自身的防御需求,具有威胁性。同样的,美国进一步发展与东亚盟国的军事关系,不断提升售台武器的数量及质量,则被中国视为具有遏制中国的战略企图。无论是作为陆权的中国,还是作为海权的美国,在冷战后都感受到来自对方的威胁。中美之间的战略竞争性大大增强。

---

① U. S. Department of Defense, *United States Security Strategy for the East Asia-Pacific Region*, Washington D. C., Feb. 27, 1995.

② Joshua Kurlantzick, *Charm Offensive: How China's Soft Power Is Transforming the World*, New Haven: Yale University Press, 2007.

# 二、东亚地区权力转移与安全挑战

　　新世纪以来,东亚安全秩序的内在困境因中国迅速崛起和东亚权力格局的巨变而进一步凸显,东亚安全秩序面临诸多挑战。新千年伊始,走马上任的美国总统乔治·沃克·布什认识到,一方面东亚地区充满活力的经济发展,将可能改变全球地缘战略图景,太平洋地区的地缘战略重要性日益增加;但另一方面,中国经济的迅速发展以及相伴随的军事力量和地区影响力上升,有可能对美国在该地区的利益构成挑战。小布什拒绝了前任克林顿将中国视为战略伙伴的做法,认为中国将是美国的竞争对手,并意欲将军事战略力量向亚太地区倾斜。[①] 然而,形势比人强。2001年"9·11"事件发生后,小布什致力于全球反恐,将恐怖主义视为美国最主要的安全威胁,将反恐视为最重要的安全战略目标,无暇顾及中国。

　　在美国忙于全球反恐的十余年时间里,中国聚精会神搞建设,一心一意谋发展,综合国力显著增强。从新千年开始到2013年的13年时间里,中国年均经济增长率近10%,经济总量由万亿美元,跃升到9.39万亿美元,人均GDP也由2001年的1 000美元,上升到2013年的6 900多美元。[②] 不仅如此,中国强劲的发展需求,为亚太国家的经济增长提供了强大推力,让它们分享到中国经济发展带来的巨大红利,成为地区经济发展的主要引擎。中国超过美国和日本成为亚太地区绝大多数国家的最大贸易伙伴。这种亚洲经济发展新格局,既取代了长期以来日本在东亚经济发展中的"雁行模式",也冲击了美国以市场和安保换取东亚盟国支持美国海上霸权的东亚安全模式的经济基础。

　　中国还是地区经济一体化的积极推动者和引领者。2001年,中国首次与东盟签署中国——东盟自由贸易协定,此后中国又先后与东盟内部及澳

　　① Christopher Layne, "China's Role in American Grand Strategy: Partner, Regional Power, or Great Power Rival?" in Jim Rolfe ed., *The Asia-Pacific: A Region in Transition*, Honolulu: *Asia-Pacific Center for Security Studies*, 2004, pp. 54 – 80.

　　② Waye M. Morrison, "China's Economic Rise: History, Trends, Challenges, and Implications for the United States," CRS Report, Feb. 3, 2014, pp. 1 – 7;另见世界银行官方网站人均GDP数据, http://data.worldbank.org/indicator/NY.GDP.PCAP.CD.

大利亚、新西兰等亚太国家签署了一系列双边自由贸易协定。在中国的示范效应下,日本、韩国等国也纷纷与东盟签署了自由贸易协定,地区经济一体化浪潮一浪高过一浪,东亚地区成为与欧盟、北美自贸区并驾齐驱的全球三大自由贸易区。

与中国经济蓬勃发展及地区经济影响力日益上升相对的是,美国和日本的经济增长都出现了严重问题,在东亚地区的经济影响力持续下降。由于忙于全球反恐以及与此伴随的巨额军事开支,美国经济在小布什任内表现糟糕,年均 GDP 只增加了 2.09%,被视为 70 年来美国经济增长最弱的时期。2008 年,在小布什即将离任之际,美国经济又遭遇到自大萧条以来最为严重的金融危机,对美国经济造成重创。失业率高居不下,财政赤字扶摇直上,国内消费低迷不振,经济发展陷入停滞,2009 年美国经济总量更是收缩了 2.6%,这是美国经济第二次世界大战以来的首次负增长。[①] 而曾经引领东亚经济发展、创造东亚经济奇迹的日本,自 20 世纪 90 年代以来,陷入严重的长期经济衰退。不仅经济总量在 2012 年被中国超越,失去地区经济领头羊的地位,地区经济影响力也日趋下降。中国已经取代日本、美国成为东亚地区最具经济活力和影响力的国家。

东亚权力格局在新世纪的"一升两降",东亚地区残存的历史问题和领土、领海划界问题,使得东亚安全秩序的内在困境进一步彰显,面临多重挑战。

第一,中美之间的"修昔底德困境"。虽然中国是一个具有广袤国土面积的大陆型国家,但中国经济发展却具有鲜明的外向型特征:不仅中国经济最为发达的地区集中在沿海地带,而且中国的经济发展高度依赖海外资金、市场、能源和资源。在所有具有洲际规模的大陆型国家及所有开放型经济体中,中国的对外贸易依存度都是排位靠前的。[②] 中国这种独特的经济发展模式和崛起之路,导致其国家安全战略最终势必要高度重视海洋,向陆海复合型国家转型与发展。因为一旦中国的资源、能源及商品的海上交通线被切断或受阻,将危及中国经济发展的命脉,甚至中断中国发展进程,中国

---

① Dave Manuel, "The U. S. Economy Has Grown The Fastest Under Which President?" Dave Manuel. com, April 28, 2014, http://www. davemanuel. com/2010/08/03/us-gdp-growth-by-president-1948－2009/.

② 李昕、徐滇庆:《中国外贸依存度和失衡度的重新估算》,载《中国社会科学》2013 年第 1 期,第 29—52 页。

必须对此有所准备与防范。而且,随着海洋勘探及人类利用海洋资源技术的进步,海洋能源、资源及与此相关的海洋经济,对中国经济发展的重要性与日俱增。① 部分出于这种战略考虑,近年来中国高度重视海洋权益维护和海洋资源开发,并提出要大力发展海军,建立海洋强国。中国向海洋方向投射军事力量,连同中国整体实力的迅速增强及经济影响力在该地区的辐射,引起美国的高度不安。一些学者提出,中国的"海军民族主义"将可能导致"美中之间代价巨大的紧张关系"。② 对于美国而言,中国军事、经济力量在西太平洋地区的拓展,直接威胁到美国在该地区的传统海上霸权。美国还对中国发展所谓的"反介入"和"区域拒止"能力感到特别担忧,认为这将削弱美国的海上优势,危及美国在西太平洋海上优势霸权的基础。这些担忧与近年来中美两国在中国专属经济区的海空摩擦,中国与日本及东盟部分国家的领海和海岛划界争端,以及所谓中国外交的"咄咄逼人"交织在一起,引发了美国对中美关系前景及中国战略意图的极大忧虑。一些人甚至担心,中美必有一战,中美关系难逃历史上崛起大国与既有大国的"修昔底德陷阱"。③ 而在中国,人们对于美国在领海争端中的"拉偏架",加强与印度、日本等国的防务关系,维持对中国的武器禁运和高技术出口管制等举措,也十分不满,认为是美国遏制中国、延缓中国崛起的不友好举动,对中美关系前景感到担忧。④

第二,中日地区领导权竞争。自 1972 年邦交正常化以来,两国关系发展取得了长足进步。两国人员往来频繁,经贸关系发展迅速。从 1993 年开始,日本连续 13 年成为中国最大贸易伙伴,而中国在 2004 年取代美国成为日本最大贸易伙伴。然而,紧密的经贸关系并没有推动中日政治关系的良性互动,相反,因为历史问题及钓鱼岛主权争议,两国政治关系自 20 世纪90 年代中期以来,一直处于不冷不热状态。进入 21 世纪,随着中国崛起和

---

① 何广顺:《世界变局倒逼中国海洋经济调整》,载《中国海洋报》2013 年 1 月 22 日,第 3 版。

② Robert S. Ross, "China's Naval Nationalism: Sources, Prospects, and the U. S. Response," *International Security*, Vol. 34, No. 2, Fall 2009, pp. 46 - 81.

③ Graham Allison, "Avoiding Thucydides Trap," Op-Ed, *Financial Times*(London), August 22, 2012; Robert B. Zoellick, "U. S., China and Thucydides," *The National Interest*, Jul/Aug. 2013, Vol. 126, pp. 22 - 30.

④ 吴心伯:《奥巴马政府与亚太地区秩序》,载《世界经济与政治》2013 年第 8 期,第 54—67 页;朱锋:《中美战略竞争与东亚安全秩序的未来》,载《世界经济与政治》2013 年第 3 期,第 4—26 页。

日本实力的相对衰落,两国之间在历史问题和钓鱼岛争端外,又增添了地区领导权竞争,政治关系进一步恶化。① 尽管日本从来没有成为东亚地区的政治大国,但在经济上,它是东亚地区首屈一指的经济大国,也是东亚经济奇迹的创造者。在八十年代末及九十年代,日本还是东亚地区经济一体化的积极推动者和引领者。这种长期的经济优势,使得日本不仅以地区经济领导者自居,也在冷战后逐渐谋求政治上的"大国地位",充当东亚地区全方位的领导者。② 中国实力的迅速崛起,不仅对日本在东亚地区的经济领导地位构成挑战,也对日本谋求政治大国地位构成了一道难以逾越的屏障。2004年,日本与印度、巴西、德国四国一道捆绑谋求联合国安理会常任理事国席位,中国明确表示,鉴于日本在历史问题上的认知和态度,中国反对日本的入常努力。与此相对,日本则充当了对华武器出口管制的急先锋,积极游说欧盟不要解禁对华武器出口,在国际社会散布中国"威胁"论。在东亚地区,日本政府加强了与印度、澳大利亚及东盟国家的关系,与中国竞争在这些国家的影响力。安倍政府上台后,更是公开宣称,日本不仅要在经济方面,而且要在亚太安全方面发挥领导作用,妄言日本在亚洲的重要贡献就是制衡中国的崛起。③ 此外,在推动地区经济一体化以及地区多边机制建设方面,中日之间也进行着明争暗斗,争夺地区领导权。④

第三,领海争端。在东亚地区,遗留着大量悬而未决的领海及岛屿主权争议,几乎波及所有重要的沿海及岛屿国家,是东亚地区的安全隐患。冷战时期,这些领海、岛屿争议因美苏全球争夺而退居幕后,并没有成为影响东亚安全的主要因素。但随着冷战的结束,特别是东亚经济崛起对资源和能源需求的骤然增加,这些悬而未决的领海及岛屿争议开始逐渐浮出水面。在这些领海及岛屿主权争端中,中日之间在东海的钓鱼岛争端,中国与越

---

① Kent E. Calder, "China and Japan's Simmering Rivalry," *Foreign Affairs*, Vol. 85, No. 2, March/April 2006, pp. 129 – 139.

② 吴心伯:《太平洋上不太平:后冷战时代的美国亚太安全战略》,复旦大学出版社 2006 年版,第41—79页。

③ Ayako Mie, "Defensive Realignment with U. S. A Balancing Act for Abe," *Japan Times*, April 22, 2014, http://www.japantimes.co.jp/news/2014/04/22/national/defensive-realignment-u-s-balancing-act-abe/#.U1-vxP6S3IU; Yachi Shotaro, "Abe Administration's Policy Toward Asia and the United States," *Diplomacy*, No. 20, April 12, 2014, http://www.japanpolicyforum.jp/en/archives/diplomacy/pt20140412012137.html.

④ Dirk Nabers, "China, Japan and the Quest for Leadership in East Asia," *GIGA Working Papers*, Hamburg: German Institute of Global and Area Studies, Feb. 2008, pp. 6 – 30.

南、菲律宾等国在南海的领海及海岛争端尤为突出。中日之间的钓鱼岛争端,虽然在20世纪90年代时隐时现,但并没有成为影响两国关系的重要问题。但随着东亚权力转移和中日地区领导权竞争加剧,钓鱼岛问题逐渐成为两国关系的重大问题。2010年9月7日,日本海上保安厅巡逻船在钓鱼岛附近海域扣押中国渔船,并威胁按照日本国内法进行审判,引起中国政府的强烈不满,要求日本政府立即放人。① 2012年日本政府单方面宣布对钓鱼岛部分岛屿"国有化",再次激起了中国的强烈反应,认为日本试图单方面改变钓鱼岛主权问题的归属。中国针锋相对派遣渔业执法船前往钓鱼岛海域进行巡逻,两国海上摩擦加剧,政治关系大大恶化。

中国和越南、菲律宾等东南亚国家的领海划界及海岛争端在20世纪90年代也逐渐升温,近年来逐渐成为东亚地区的热点问题。尽管中国政府早在90年代提出了较具妥协性的"搁置争议、共同开发"方案,但越南、菲律宾等国一直通过单方面扩大勘探、开采争议海域油气资源以及构筑岛屿设施等措施,破坏双方达成的共识,导致中国的合法权益不断受到侵蚀。近年来,中国政府加大了对南海海洋权益的维权力度,强调"维稳"与"维权"并举,特别是加大对侵蚀我国领海主权或试图单方面改变海岛现状的执法力度,捍卫我国在南海问题上的合法权益。② 但此举也招致了美国、日本及东盟一些国家的不满,认为中国在南海问题上变得"咄咄逼人",甚至认为中国试图以武力改变南海问题,破坏南海地区的和平与稳定。③

第四,朝核问题。自1994年10月美朝双方签署《核框架协议》,结束第一次朝核危机后,朝鲜核问题暂时得到了缓和。根据协议,朝鲜同意冻结现有核计划,接受对其所有核设施的检查。作为回报,美国将负责在2003年前为朝鲜建造一座2 000兆瓦或两座1 000兆瓦的轻水反应堆。在反应堆建成前,美国将同其他国家一起向朝鲜提供重油,作为能源补偿。④ 但在协

① "外交部发言人姜瑜就日方对中国渔船进行模拟取证事答记者问",外交部网站,2010年9月12日。http://www. fmprc. gov. cn/mfa_chn/wjdt_611265/fyrbt_611275/t751717. shtml.

② 王生、罗肖:《国家体系转型与中国周边外交之变:从维稳到维权》,载《现代国际关系》2013年第1期,第9—15页。

③ Thomas J. Christensen, "The Advantages of an Assertive China: Responding to Beijing's Abrasive Diplomacy," *Foreign Affairs*, Mar/Apr. 2011, Vol. 90, No. 2, pp. 54 - 67; Il Hyun Cho and Seo-Hyun Park, "The Rise of China and Varying Sentiments in Southeast Asia toward Great Powers," *Strategic Studies Quarterly*, Vol. 7, No. 2, Summer 2013, pp. 69 - 92.

④ 蔡建:《中国在朝核问题上的有限作用》,载《国际观察》2006年第3期,第56页。

议的落实过程中,由于双方存在严重信任危机,在一些具体问题上,双方矛盾不断。"9·11"事件爆发后,忙于全球反恐的小布什将朝鲜列入支持恐怖主义国家名单,并在国情咨文中将朝鲜称为"邪恶轴心",美朝关系大大恶化。2002年10月,朝鲜向来访的美国总统特使、副国务卿凯里承认,朝鲜一直在秘密从事浓缩铀计划,震惊了国际社会,由此引发了第二次朝核危机。在中国政府的积极斡旋下,2003年8月,中、朝、美、韩、俄、日六国在北京举行了第一次朝核问题"六方会谈"。2005年9月,与会各方在第四轮六方会谈上签署了《共同声明》,朝鲜第一次正式承诺将放弃一切核武器及现有核计划,并同意在"弃核"同时重新接受《核不扩散条约》义务,重新接受国际原子能机构的核查监督。美国则承诺保障朝鲜安全、逐步解除对朝孤立和制裁政策。但美朝双方很快对于如何理解和执行《共同声明》发生矛盾。2006年10月,朝鲜违反《共同声明》,进行了地下核试验。此后,虽然六方会谈重新启动,但朝核问题一直没有实质性进展,成为困扰东北亚地区安全的顽疾。

## 三、美国的战略应对与调整

面对新世纪头十年东亚地区发生的权力变化和安全挑战,奥巴马政府采取的战略应对,集中体现在他于2010年开始实施,2011年正式宣布的"重返亚洲"或"亚洲再平衡"战略中。这一战略涉及政治、经济、军事等诸多层面,美国希望通过加强在东亚地区的政治、经济及军事存在,制衡中国日益上升的地区影响力,应对中国对地区安全秩序的潜在挑战,维护盟友对美国领导的信心,确保美国在西太平洋地区的海上霸权。相对于上述东亚安全秩序挑战而言,这一再平衡战略可以相应分解为如下几个方面:

第一,应对中国崛起挑战。应对中国崛起的挑战,是奥巴马政府亚洲再平衡战略的核心。这一战略涉及的政治、经济及军事等诸多层面,都与中国密切相关。就政治层面而言,奥巴马政府一改前任对东亚地区多边机制的冷漠态度,于2009年加入了《东南亚友好合作条约》,并于次年正式加入东亚峰会,成为地区多边机制的重要一员。奥巴马政府高官还对东亚地区展开了密集访问,大幅提升美国在该地区的主旨存在感,消除东亚盟友"被漠视"和"被冷落"的心理担忧,赢取美国在该地区的政治好感。不仅如此,美国还特意提升印度的大国地位,鼓励印度的东向政策,以印度制衡中国的影响。①

在经济层面,奥巴马政府高调宣布建立跨太平洋伙伴关系(TPP),建立一个高标准的、21世纪的亚太多边自由贸易区,与中国主导的东亚自由贸易区相抗衡,削弱中国的地区经济影响力。在军事方面,美国不仅宣布将军事战略重心由大西洋转移到太平洋印度洋,增加在太平洋地区的军事力量,还进一步加强与日本、澳大利亚、菲律宾等传统盟国及新加坡、越南、印尼和印度等印太枢纽国家的军事安全关系,强化美国在西太平洋地区的军事存在。同时,针对中国的"反介入"和"区域拒止"能力的发展,美国在2011年发布的《联合介入作战概念》军事战略及2012年初颁布的《新国防安全指南》中,都强调了维护海、空、天、网等全球公域安全,特别是维护印太地区海域安全,提升应对中国"反介入"和"区域拒止"的军事应对能力。② 目前,美国已经在关岛、日本等军事基地部署了最先进的战略轰炸机、战机、潜艇、无人机等军事装备,并将最先进的濒海战斗舰派驻新加坡港口。不过,鉴于中美两国经济的高度相互依存以及中美两国在地区及全球性层面存在的广泛共同利益,美国的亚洲再平衡战略在采取制衡中国影响举措的同时,也强调与中国接触的一面。如时任总统国家安全事务助理多尼隆2013年在亚洲协会发表关于美国的亚洲再平衡战略演说时,就强调"与中国建立一种稳定、富有成效及建设性的关系"是美国亚洲再平衡战略的重要支柱之一,美国不寻求遏制中国的政策,欢迎一个和平、繁荣的中国,美国不认为崛起大国必然会和既有大国发生冲突。③ 总统奥巴马本人也多次强调,美国不寻

---

① Robert D. Blackwill, Naresh Chandra, and Christopher Clary, *The United States and India: A Shared Strategic Future*, New York: Council of Foreign Relations, Sept. 2011, pp. 1 - 41.

② Christopher P. Cavas, "DoD Outlines New Joint Operational Access Concept," *Defense News*, Dec. 9, 2011, http://www.defensenews.com/article/20111209/DEFSECT01/112090306/DoD-Outlines-New-Joint-Operational-Access-Concept; U. S. Department of Defense, Joint Operational Access Concept (JOAC), Washington D. C. Jan. 17, 2012, pp. 1 - 70; U. S. Department of Defense, Sustaining U. S. Global Leadership: Priorities for 21st Century Defense, Washington D. C., Jan. 2012, pp. 1 - 16.

③ The White House, "Remarks by Tom Donilon, National Security Advisor to the President: 'The United States and the Asia-Pacific in 2013'," New York: The Asia Society, March 11, 2013, http://www.whitehouse.gov/the-press-office/2013/03/11/remarks-tom-donilon-national-security-advisory-president-united-states-a.

求遏制中国,美国欢迎中国的和平崛起。实际上,自2009年奥巴马上台以来,中美高层互动频繁,在双边及多边场合保持经常性接触和磋商。2013年6月,奥巴马政府还邀请中国新任国家主席习近平赴美进行"不打领带"的非正式庄园会晤,共同商讨如何增加两国战略互信,拓展务实合作。美国还对中国提出的构建新兴大国关系做出了较为积极的回应,希望中美两国共同努力,探寻一条崛起大国与既有大国和平共处的大国关系新模式。①

第二,对中日领导权竞争的应对。日本不仅是美国东亚地区的重要军事盟国,也是奥巴马政府亚洲再平衡战略的重要支柱。要求日本在东亚安全方面承担更多责任,利用日本制衡中国日益增长的经济与军事实力,是奥巴马政府亚洲再平衡战略的重要一环。从这一战略逻辑出发,美国支持日本在亚洲发挥更大作用,在中日地区领导权的竞争中,支持日本。对于日本加强与澳大利亚、东盟及印度等国的政治、经济及防务关系,美国持积极支持态度。② 在中日钓鱼岛争端上,虽然美国不希望看到中日之间因钓鱼岛问题而擦枪走火,要求中日双方保持冷静、克制,并表示在钓鱼岛主权问题上不持立场。但另一方面,出于对盟国的军事义务和制衡中国的战略需要,美国政府多次明确表示,钓鱼岛及其附近岛屿适用于《美日安保条约》,反对中国试图改变钓鱼岛现状的行为,明显偏袒日本。③ 不过,对于具有强烈民族主义倾向及在历史问题上态度暧昧的安倍政府,美国也并非全然放心,担心如果听任安倍政府在民族主义及历史问题上一意孤行,不仅将导致中日关系的失控,而且还会极大地恶化日韩关系,妨碍美国在东亚的总体战略目标。因而,美国在支持日本发挥更大作用、为美国亚洲战略服务的同时,也提防日本可能"绑架"美国。④ 换言之,美国既希望中日之间保持适度紧张,并借助日本之力制衡中国崛起,但又要防止中日之间的竞争失控,或美国被

① Greg Botelho, Dan Merica and Jessica Yellin, "Despite Tensions, U. S., Chinese Leaders Talk of Forging 'New Model' in Relations," *CNN*, June 9, 2013, http://edition.cnn.com/2013/06/07/politics/us-china-summit-cyber-spying/.

② The White House, "Fact Sheet: U. S.-Japan Global and Regional Cooperation," Washington D. C., April 25, 2014, http://www.whitehouse.gov/the-press-office/2014/04/25/fact-sheet-us-japan-global-and-regional-cooperation.

③ Reuter, "What Did Obama Accomplish in Asia?" April 29, 2014, http://www.newsweek.com/what-did-obama-accomplish-asia-249043.

④ Austin Ramzy, "Old Questions and Few Answers as Japan's Abe and Obama Discuss Asia Security Tensions," *Time*, Feb. 22, 2013, http://world.time.com/2013/02/22/old-questions-and-few-answers-as-japans-abe-and-obama-discuss-asia-security-tensions/.

卷入中日之间的岛屿纠纷之中。

第三，领海争端危机管理。如前所述，美国在西太平洋地区的霸权主要是海上霸权。在东亚大陆沿海地区，密布着美国的前沿军事基地及军事盟友，它们既是美国西太平洋霸权的重要依托，也是美国投射权力及影响的前沿基地。不仅如此，东亚沿海海域，还是美国侦察、监视中国军事力量及其发展的重要前沿阵地，美国通过在这些海域（包括在中国专属经济区）的海空侦察和监视，实时获取关于中国军事发展的最新情报。此外，这片海域还是全球特别是东亚国家重要的海上能源、资源及商品贸易通道，具有极为重要的战略地位。因而，美国对待中国与相关国家在东海及南海地区的海争，并不仅仅从事件本身来看待问题，而是从维护美国在东亚地区的海上霸权及中美之间的战略竞争视角来看待，更何况这些与中国存在海争的国家基本都是美国的盟友或安全伙伴，是美国亚洲再平衡战略所要倚重的力量。所以，在处理这些海争时，美国貌似中立的立场，实际上却是偏袒了美国的地区盟友或安全伙伴。2010年，国务卿克林顿在出席东亚峰会时，面对关于中国提出南海地区涉及中国的核心利益的传闻，打出维护公海航行自由的旗号，公开宣称美国在南海地区拥有国家利益，向中国叫板；同时积极游说东盟国家在南海问题上协调立场，将南海问题多边化。此后，美国多次在东亚多边场合提及南海问题，要求中国在东盟框架下和平处理南海争端，反对中国一对一的双边模式。① 美国还积极支持菲律宾将南海问题提交国际仲裁，主张在联合国国际海洋法框架下解决问题，而无视越南、菲律宾等南海争端方在20世纪70年代以前都承认或默认中国对这些海岛拥有主权，只是在70年代以后由于南海油气资源的发现及国际海洋法的酝酿，它们才相继以武力占领或宣称对这些海岛拥有主权。② 美国不仅在外交上给予越南、菲律宾等国支持，还通过防长访问、军舰到访、联合海上军事演习以及军售与军援（后两者主要是与菲律宾）等举措，增强其海上军事力量，对中国进行威慑。对于钓鱼岛主权争端这一美国实际上要担负很大历史责任的海岛

---

① James Hookway, "Tensions Flare Over Disputed Asian Sea," *The Wall Street Journal*, June 10, 2011, http://online. wsj. com/news/articles/SB1000142405270230425930457637520037 24909870.

② Marie Harf, "Philippines: South China Sea Arbitration Case Filing," Washington D. C: U. S. Department of State, March 30, 2014, http://www. state. gov/r/pa/prs/ps/2014/03/224150. htm.

之争,尽管如前所述美国在主权问题上不持立场,但却明确反对中国对日本控制权的挑战,并将其置于《美日安保条约》之下,无视日本 2012 年对部分岛屿"国有化"的单方面破坏主权现状的行为。不难看出,美国在领海争端的处理上,明显带有支持盟友、威慑中国及维护美国海上霸权的政策意图。

第四,朝核问题。相对于中美关系面临的新挑战,中日地区领导权竞争以及东海、南海地区出现的海争加剧局面,朝核问题并不处于美国东亚战略的核心。加之美国面临严重国内经济困顿和阿拉伯世界的动荡不安,奥巴马政府决意在朝核问题上采取守势,执行"战略忍耐"政策。坚持在朝鲜不改变其挑衅政策前,不与朝鲜进行实质性谈判,不再重启六方会谈。当朝鲜进行挑衅时,则给予坚决回应。奥巴马政府还要求中国在解决朝核问题上发挥更大的作用。2010 年,在发生韩国潜艇被击沉事件及朝鲜炮击韩国延坪岛事件后,美国加大了对朝鲜的制裁力度,并派遣包括乔治·华盛顿号航母参加军事演习在内的一系列威慑行动,显示美国对韩国进行军事保护的决心。但此举也招致了中国的不满,认为美国派遣航母在接近中国的黄海海域进行军演,是对中国"展示肌肉"。美国则对中国在朝鲜挑衅问题上未能做出强硬反应表示失望,并无视中国的反对,派航母在黄海举行军演。此事对中美关系造成了相当大的消极影响,也被很多美国学者及官员视为中国"傲慢"或"强硬外交"的重要证据之一。[1]

## 四、中美战略妥协与东亚秩序的未来

如前所述,东亚安全秩序是一种陆海分离型秩序架构,自成立之初,主要基于东亚大陆上的中美战略和解以及西太平洋沿海地区的美国在海上的优势。从逻辑上说,要实现这一秩序的稳定,必须至少满足以下三种情况中的任何一项:第一,中美之间存在共同的战略敌人,如冷战时期的苏联,从而能够让意识形态及政治制度都截然不同的中美能够携手合作,实现战略和解;第二,双方失去共同战略敌人,但彼此力量过于悬殊,一方接受对方领导或至少默认对方的领导地位,如冷战结束初期;第三,双方失去共同战略敌

---

[1] Alastair Iain Johnston, "How New and Assertive Is China's New Assertiveness," *International Security*, Vol. 37, No. 4, Spring 2013, pp. 7-48.

人,但彼此力量接近,双方通过讨价还价和战略妥协,重新调整秩序边界,实现既有秩序的和平转型。

显然,当前东亚不存在上述三种情况,而是接近于第四种情况,即中美之间失去共同战略敌人,彼此实力正在迅速接近,特别是中国由传统的大陆型国家向陆海复合型国家的转型导致与作为海洋大国的美国发生利益碰撞,但中美之间并没有就如何调整秩序边界达成一致或实现战略妥协。在美国并没有准备好接纳中国作为一个陆海复合型国家崛起并以此为基础重新安排东亚秩序的情况下,美国既难以客观、理性的心态看待中国的崛起,也难以令中国信服其采取的举措不是为了遏制中国。在此情形下美国采取的战略应对和调整举措,既难以缓和中美之间的战略猜忌,也很难在海权的美国与向陆海复合型国家过渡的中国间产生"和平的地理学"。①

然而,鉴于东亚地区在全球经济和地缘战略中日益增长的重要性,以及一旦东亚地区发生大国冲突的潜在巨大破坏性,作为东亚地区权力两极的中国和美国有必要再次携起手来,为东亚秩序的和平转型进行类似于1972年中美握手的第二次"战略和解"。这一战略和解应至少涵盖如下几个方面:

第一,中国承认美国在西太平洋地区的合法利益与军事存在。中国在由传统的陆权大国向陆海复合型大国转型过程中,传统的海权大国美国将是最先感受到中国权力冲击的大国,也将是对中国向海上投射权力最为敏感和担心的国家。中国要成功实现这一转型,必须能够打消既有海权大国美国的顾虑,不挑战它既有的合法利益和安排。作为崛起大国,中国应采取主动,承认美国在西太平洋地区的合法利益,包括维护公海航行自由(中国业已宣示)和专属经济区的无害通过及透明海空监视措施;不反对美国在西太平洋地区的军事存在和双边军事同盟关系。

第二,美国承认中国在东亚沿海地区的合法海上利益,接受中国由陆权国家向陆海复合型国家的和平转型。历史上崛起大国与既有大国的"修昔底德困境",在颇大程度上是因为既有大国不愿意与崛起大国分享威望与权力。② 美国应该认识到,随着中国国力上升,中国向其毗邻海域投射权力与

---

① Robert S. Ross, "The Geography of the Peace: East Asia in the Twenty-first Century," pp. 81 - 118.

② Dale C. Capeland, *The Origins of Major War*, Ithaca: Cornell University Press. 2000.

影响是无法避免的自然之举。美国在中国近海海域遍布军事基地,投射力量,而指望一个日益依靠海外能源、资源及市场的沿海大国"闭关锁国"、不向海上投射力量,无论在逻辑上还是实践上都是站不住脚的。美国应该承认中国在东亚沿海地区的合法海上利益,以理性心态看待中国发展海上军事力量,包括中国在东亚沿海及从太平洋到印度洋海上交通线沿线增强经济及军事存在。

第三,中国承诺不以武力方式解决领海争端。在中国由陆权大国向陆海复合型强国转型过程中,除了美国之外,周边国家最易感受到来自中国的冲击乃至"威胁"。因而,如何将这种冲击和威胁感降到最低,不让其成为中国和平转型的绊脚石,也是中国外交必须面对的难题。在这一过程中,中国要严防权力冲动,不主动挑衅,避免以武力解决领海争端,防止在中国周边结成一个反华的制衡联盟。

第四,美国承诺对其东亚盟国的单边挑衅行为进行约束和管制。在中国做出关于领海争端承诺的同时,美国也应该对其东亚盟友进行必要约束,防止它们进行单边挑衅或试图单边改变领海及岛屿争端现状。美国应向其东亚盟友划出一条涉及领海争端的红线,明确表明一旦其越线,不能指望美国为其单方面行为埋单。

第五,中美合作在东亚及印太地区成立大国协调式多边秩序框架。鉴于东亚秩序及转型的复杂性、长期性及潜在动荡性,中美两国应该携手共同构建一种包容性、能够将区域内主要大国及利益攸关方涵盖进来,并具有较高行动效率的多边安全秩序框架。这种多边安全秩序框架可以先从最为迫切的议题领域着手,不同议题领域的成员可以不同,并逐渐外溢到其他领域,最终实现一体化的"陆海复合型"东亚安全秩序架构,实现东亚秩序的和平转型。这些议题领域及其多边机制包括:朝核问题及东北亚安全多边机制(以六方会谈为基础);领海争端多边协调机制(包括中国、日本、韩国、俄国、美国、东盟及相关利益方);海上安全多边机制(成员与领海争端多边协调机制可以重合,但议题领域不同);东亚地区安全合作机制(中、美、日、东盟等成员)。

通过中美之间的战略和解,克服"陆海分离型"东亚秩序的内在缺陷,最终实现东亚秩序由"陆海分离型"向"陆海融合型"秩序的和平转型。

# 结  论

陆伯彬在《和平的地理学》一文中提出,中美在东亚大陆及海上"各领风骚"的两极权力格局、东亚地区独特的地理环境以及陆权与海权不同的利益取向,预示着东亚未来更有可能向着和平方向演进。但他也告诫,在东亚地区,中国是唯一能够对美国的海权优势及东亚的两极结构发起挑战的国家。东亚局势能否保持稳定,将不仅取决于双方的战略能力变化,也取决于双方向对方势力范围渗透的战略抱负,更取决于中美两国能否对影响到对方重要利益的议题领域进行理性让步。[①] 当前东亚秩序存在的困境及面临的挑战表明,如果中美双方不能就东亚秩序的未来相互妥协,实现东亚"陆海分离型"秩序向"陆海复合型"秩序的转型,那么,东亚秩序及中美关系的未来将前景堪忧。相反,如果彼此能够再次携手,实现第二次战略和解,并最终推动东亚秩序由"陆海分离型"向"陆海复合型"秩序转型,那么中美两国将有可能走出历史上大国政治的悲剧,东亚也将真正迎来"和平的地理学"。

---

① Robert S. Ross, "The Geography of the Peace: East Asia in the Twenty-first Century," pp. 92 – 109.

# 中印美三边关系与亚太安全

张 力*

如果把东亚视为一个地缘政治实体,那么印度和美国都是重要的区域外行为体。但与此同时,他们都通过与东亚国家的互动来对当今的地区局势施加显著的影响。美国的全球战略以及印度努力融入亚太加强了他们全面融入东亚的趋势。中国作为东亚地区的关键行为体,同时也是一个崛起中的大国,一直努力寻求在地区内外的安全问题上发挥更大的作用。多年以来,中国与美国和印度均建立了复杂的关系。不幸的是,在目前的大多数情况下,在处理东亚敏感问题时,中国仍然用一种冲突性的思维方式来应对美国的影响。尽管存在着一定的地理异质性,中国也已经开始认真思考印度的东向政策与其亚太政策之间的关联性。美印两国的地区战略合作进一步扩大了中国对它们对东亚未来发展的潜在影响的担忧。更为重要的是,很少有人对"中美和中印在亚太及印度洋的合作,将在极大程度上影响东亚安全结构的轨道和东亚共同体的建立"这一观点表示怀疑。

## 一、美国"重返亚太"以及对印度的角色期望

就所宣称的重要性及其普遍影响而言,美国的重返亚太政策已经成为一个饱受争议的话题。即使美国领导人再三否定了重塑亚洲议程与中国之间的联系,许多人还是认为这一战略调整的目的就是为了遏制中国的崛起。同样显而易见的是,美国特别强调了印度在地缘政治安排中的独特作用——印度既是以美国为首的多边安全机制的主要参与者,同时也是制衡中国不可或缺的力量。

---

* 作者简介:张力,四川大学南亚研究所研究员。

** 原文为英文,徐独羿译。

美国对印度在其最新的亚太议程中地位的看法,在数个重要的政策文件和决策者的言论中均有体现。为了寻求奥巴马总统对跨太平洋伙伴关系(TPP)的支持,2011年11月美国国务卿克林顿·希拉里在《外交政策》杂志上发表了一篇题为"美国的太平洋世纪"的文章。她声称"我们也正在将目光投向加强亚太三巨头中印美之间的协调互动上"。她在该文中小心谨慎地谈论着中国,却对印度大加赞赏,并期待它将发挥更大的作用——"作为美国的关键地区伙伴";"地区和全球和平、安全与繁荣的重要贡献者";"公认的民主、开放和包容的典范"。希拉里声称,美印伙伴关系根植于两国共有的价值观和共同利益;即使双方仍需克服许多障碍,"美国正在对印度的未来下战略赌注"。她还声称,"奥巴马政府已深化了美印双边伙伴关系并积极支持印度的东向政策,包括建立一个新的美印日三边对话机制;美国为南亚和中亚勾画了一个经济联系更加紧密、政治更加稳定的蓝图,印度在其中起着关键作用"。(Clinton,Hillary,2011)

五角大楼于2012年年初发布的2012国防战略报告标志着"重返亚洲"政策获得美国官方认可。该报告称美国的战略重点是要重新平衡它的亚太布局并继续向全球提供安全。该报告还指出,亚洲新兴大国的崛起对美国来说是一大挑战。但是,在这份报告中美国却用完全不同的方式去评估中国和印度的影响,后者的重要性被显著地突出出来。这份报告明确表示美国正在"投资与印度的长期战略合作伙伴关系以帮助印度提升在更广泛的印度洋地区作为一个地区经济锚和安全供应商的能力"(U. S. Department of Defense,2012)。至此,奥巴马和希拉里都强调了"重返亚洲"要求美国与印度建立长期的伙伴关系并督促印度在东亚地区发挥更为积极的战略作用(Karl,David J.,2012)。正如一名印度分析家所注意到的那样,这份报告以及美国决策者的豪言壮语对印度来说意义重大。它暗示了亚洲均势戏剧性的转变以及地区新兴力量的重组要求印度选边站,"更不用说印度现在是时候该对自己的各种战略选择进行综合评估了"。(Singh,Abhijit,2012)

印度既不是美国的战略盟友,从严格意义上来说也不是一个亚太国家。因此这份报告的不同寻常之处就在于,它极力强调印度而不是美国在地区的传统盟友如日本、韩国和澳大利亚在亚太地区的独特作用。这似乎清楚地暗示了美国的亚洲再平衡战略和印度之间的联系。同样的,作为地缘政治的参照物,亚太被重新定义为"从西太平洋和东亚到印度洋和南亚间的弧形地带"（U. S. Department of Defense，2012）。这与克林顿政府先前对亚太的定义（"从印度次大陆到美洲西海岸"）基本相同（Song，Jaymes，2011）。此外，"印太"一词频繁出现在美印媒体上，似乎也反映出双方对印度角色的共有认识——应该将印度的影响力投射到亚太而不是让它仅仅停留在印度洋地区。

通过承认印度的独特作用来影响亚太的未来并实现美国的目标，美国的决策者们把东向政策视为印度参与亚太事务的核心战略举措。它鼓励印度不仅仅应该向东看，还应接触东方、参与东方（Parnass，Sarah，2011）。正如希拉里·克林顿明确表示的那样，"由于我们得天独厚的地理位置，美国一直是一个太平洋国家。印度横跨印度洋和太平洋，它和美国一起，管理着这些天然水道。我们都深深地投入到塑造它们所连接区域的未来中去"（Choudhury，Uttara，2012）。从自身利益出发，印度完全有理由接受这一提议，因为这与印度希望崛起为一个全球性大国和极力追求地缘政治利益的想法不谋而合。2012 年 6 月，在参加完香格里拉对话（在新加坡举行）后，美国时任国防部长莱昂·帕内塔访问了印度。为了重启双边战略对话，他把印度称作美国"亚太再平衡计划"的关键以及美国进入亚洲的入口，声称"我们将深化美印军事伙伴关系并加强在西太平洋和东亚到印度洋和南亚之间的弧形地带的存在"。（Prashad，Vijay，2012）

## 二、美印战略合作：中国因素

奥巴马政府的"亚太再平衡"战略被认为是为了缓解美国对"中国的崛起将破坏现有均势并挑战其主导地位"的担忧。因此，这一战略自然会引发制衡中国的政策效果。但为什么美国在具体议程中会特别强调印度的独特作用呢？这一想法最有可能是美国在深思熟虑后的决定。

随着自身战略重要性以及实力的增强，印度已经成为另一个崛起中的亚洲大国。尽管从表面看美印之间不可能建立同盟关系，但是美国和印度有着共享的价值观和规范、相似的战略利益以及密切的战略联系。最重要的一点是，加强美印战略伙伴关系将显著影响亚太地区的权力均衡，并且使之朝着有利于美国的方向发展。

美国决策者们极力强调印度的重要性的另一个原因，是美印两国都对中国迅速崛起带来的挑战感到不安。这一担忧可能会促使印度投向美国的怀抱来获取安全感并攫取更多的国家利益。事实上,很多美国战略专家都倾向于认为中国和印度已被困在一个长期的结构性冲突中。这一结构性冲突表现为各种各样的问题,其中最重要的问题包括中印长期边界争端、在共有邻国不断开展的地缘政治较量以及缺乏相互信任等等。正如很多美国人认为的那样,印度将中国视为主要的安全威胁。因此,升级后的美印伙伴关系将大大地增加印度接触中国时的战略筹码。他们认为,美国的"亚太再平衡"一定会受到印度的欢迎,因为至少新兴的美印伙伴关系的矛头在事实上是对准中国的。美国的一位情报机构高官在参议院小组委员会作证时表示,"尽管印度的公开声明意图淡化中印之间的紧张关系,我们判断,印度对中国在边界问题上以及在印度洋和亚太地区的咄咄逼人的态势越来越担心"。他声称,"尽管印度在不久的将来不会与中国发生全面性的对抗,但印度将以在边界问题上会发生有限冲突为基础,来进行自我定位并支持美国在亚洲的强势姿态"。(Inderfurth,Karl F. and Nicholas Lombardo,2012)

美国对印度在亚太地区的新角色的强调,暗示了它有兴趣推进与印度的战略合作。以确保一个开放、均衡和包容的发展与安全结构为借口,美国已经和印度在东亚地区展开了许多切实的和制度化的合作。正如美国分析家们所观察到的那样,美国的决策者们已经认识到推进美印伙伴关系将是美国的一大外交重点;美国希望在更广阔的亚太框架下与印度接触并将美印伙伴关系视为"在21世纪起决定作用的伙伴关系之一"("US envoy Leon Panetta",2012)。2010年以来,华盛顿和新德里之间有关东亚问题的高层对话和互动持续增加。双方还努力分享各自在地区安全热点问题、朝核危机、缅甸改革、南中国海和东海领土争端以及充满变数的中美关系等问题上的看法。奥巴马政府还鼓励印度去加强和美国的地区盟友间的经济和安全联系,并承诺收益,以维持印美在东亚的密切合作。这一系列对话的背景以及中美之间新兴出现的较量使得中国政府倾向于认为,美印两国接触的前提就是针对中国,而不是出于任何双边关系的考量。

中国还注意到了美印亚太安全合作的平行发展。奥巴马政府鼓励印度去增进与美国的地区盟国间的经济和安全纽带关系,并承诺好处,以培养他们相互间更为密切的伙伴关系。由于美国方面强烈要求,近年来印度与日本的战略接触有了一定的突破。在2011年5月首次印日战略对话期间,新德里和东京就提升双方在亚太地区的安全合作以及建立海上安全和网络安全的互动机制等方面达成共识。尽管先前存在一些担忧,日本还是同意将排除政治困难来促使正在进行的民用核能谈判富有成效。2011 年 6 月,印度和日本在日本海上举行了联合女兵海军演习("India and Japan",2012)。在印度总理辛格访日期间,日本首相安倍晋三承诺日本将加强与印度的双边防务和安全合作并同意将日印联合海军演习常规化("Abe Pledges",2012)。相应的,安倍鼓励印度加入他在 2007 年 8 月首次访印期间提出的"大亚洲战略",因为日印全球战略伙伴关系对实现这一目标至关重要。新德里对安倍提出的落实"美印澳日"四边体系重要性的言论印象深刻(Tripathi,Sudhanshu,2012)。尽管印度对这一提议仍持保留态度,中国政府方面对此已经感到不高兴并且愈发关注任何可能的事态发展。几周之后,美印日澳新在孟加拉湾举行了联合海军演习一事似乎证实了中国方面的担忧。

美国一直在试图推进美印日三边安全合作以及美国与其他的地区伙伴之间的多边安全合作。尽管仍有些疑虑和犹豫,印度还是对此表达了兴趣。首轮美—印—日三边对话在 2011 年 12 月举行。美国国务院希望借此机会让太平洋地区的三大国家就一系列广泛问题进行深入讨论。华盛顿方面似乎并不准备跳过中国因素,声称"印度和日本一直非常关注中国,尤其是南中国海问题"。它还提到了美国已经与日本建立了密切的安全联系,正在努力和印度发展这样的联系,并有可能同印度和澳大利亚签订一个三方安全条约(Quinn,Andrew,2011)。新德里对这一表态做出了积极回应,明确表示了它对开展联合海军演习的兴趣,并承认三方合作仅仅只是时间问题。(Pardesi,Manjeet S,2011)

海上安全是美印在亚太地区共同关心的一个核心问题。华盛顿和新德里方面都强调了,加强海上安全以及保护印度洋和马六甲海峡间的海上航道和咽喉地带的重要性。但中国政府认为,这一共识的潜在含义是如何防止中国在东印度洋和西太平洋上建立潜在优势。美国对中国公开宣称南海为其核心利益以及在东海建立防空识别区的行为反应强烈。而印度也一直被中国所谓"珍珠链"战略和对印度取得战略上风的策略所困扰。中国政府努力巩固与南亚国家和印度洋相关国家间的联系被视为一个周密计划的一部分,该计划旨在加强中国在印度洋上的战略存在,以及检验印度向外扩张的可能。中国政府认为,自 2010 以来的各种南中国海事件都暗示着,美印两国已经在以不同的方式卷入到争端之中,并正以确保航行自由和保卫经济利益为名,挑战着中国在该海域的主权要求。此外,美国和印度海军在最近几年还经常进行联合军事演习。从反海盗、人道主义搜救到反潜作战协调,军演的规模不断扩大,领域不断增多。(Pardesi, Manjeet S, 2011)

## 三、中印关系的相关性:争论

另一个有意义的分析角度是从中印关系出发,来评价美印在亚太地区的战略接触。对于北京和新德里来说,妥善处理中印关系毫无疑问已被视作各自的外交和安全重点。这两个亚洲大国都承认,在很大程度上他们对当今的全球体系有着相似的理解和共同的利益。但与此同时,中印双方也在一个问题网中相互纠缠,甚至有战略对峙的可能。对中国来说,在地区层面上尤其是跨越更广阔的亚太来与印度接触是一个全新的经历。对印度来说,如何快速应对崛起的中国已成为一个关键挑战。

一些颇具影响的观点是,对印度来说,坚持政治实用主义和使双边关系易控、稳定和无冲突,是一种较为可行的处理对华关系的手段。哈什·潘特(Harsh V. Pant)评论道,某些地区国家希望印度去平衡中国,而美国也已认可了印度的亚太强国地位;印度与中国的长期不和增加了它对美国的战略依赖。不过他认为,平衡者的角色并不必然意味着中印两国在各自的核心利益上存在不可调和的矛盾。因此,即使承认中印之间存在着重大利益分歧和间歇性紧张关系,印度也不应该在军事上与中国较劲。相反,它应该对中国在亚洲地区的政策行为作出积极回应。(Fried, Erin, 2011)

美国认可印度在亚太的独特作用与印度希望成为全球性大国的想法不谋而合。然而,印度的精英和意见领袖们却质疑这一角色分配能否实现印度的战略利益最大化。拉贾·莫汉(C. Raja Mohan)意识到了这一悖论。一方面,美国重返亚洲对印度来说似乎是一个难得的战略机遇;新兴的中美竞争可能改善印度长期以来在亚洲的地缘政治中受到的孤立局面,而这也为印度成为地区性大国提供了机会,使得印度成为新的地区均势中不可或缺的一部分。另一方面,印度不断强化与美国及其盟友的安全伙伴关系并试图增加在东亚的独立投入明确显示出了它对制衡中国的兴趣。因此,"这个关键时刻,美国转向明确的制衡策略并督促印度在亚洲建立领导力,而印度也对此释放出暧昧信号:新德里既没有完全接受也没有批评重返亚太这

一政策"是十分合乎逻辑的。(Mohan,C. Raja,2013)

新德里方面也考虑到了印度自身与中国在做出政策选择上的实力差距。事实上,在印度的知名分析家中,很少有人期待印度真的能超越中国。通过多重维度来比较中国和印度,莫汉·古鲁斯瓦米(Mohan Guruswamy)认为,如果印度希望在20年内赶超中国,印度必须要保证自己每年的经济增速不低于12%,而这是完全不现实的。因此,印度现在面临的关键问题就是如何在日益扩大的中印实力不对称的情况下应对崛起的中国。虽然承认中印实力间存在差距且这一差距正在逐渐扩大,他还是强调印度有必要通过竞争来缩减差距。"印度和中国将会成为两大经济强国。他们是邻国,会越来越多地争夺资源、市场和影响力。但他们不太可能会变成死敌。尽管爆发战争和冲突的可能性非常小,经济因素还是会确保两国依然是竞争对手。为了确保这不会变成另一个冷战,印度必须减少它与中国的经济差距。而这也会在相当大的程度上缩减双方间的战略差距。"(Guruswamy,Mohan,2006)

一部分印度精英对中国的经济成就持正面评价并且愈来愈表现出希望效仿中国的兴趣。有些人认为印度将最终从扩大与中国的经济交往中显著受益(Ponappa,Shyam,2010)。正如他们所说,就共有利益而言,如应对气候变化和重建全球金融秩序,印度有理由把中国视为一个发展伙伴。而这一合作首先要求两国理解对方的利益考量并支持对方在共同关心的全球问题上发挥影响力(Mancheri,Nabeel A. and S. Gopal,2012)。中国的经济表现以及它对印度的建设性的影响也体现在"Chindia"这个词上。"Chindia"一词是由印度政治家贾伊拉姆·拉梅什(Jairam Ramesh)创造的,突出强调了崛起中的亚洲巨头的合作与良性竞争(Wikipedia:Chindia)。

中国的经济影响力有可能会在一定程度上制约印度的制衡作用。经贸联系是公认的中印关系中最为活跃的一环。双边的经贸关系在过去的十年间取得了显著成就。2011年,中印双边贸易额已达740亿美元。最近,北京和新德里已达成共识——到2015年中印双边贸易额要突破1 000亿美元的大关(Ding,Qingfen,2013)。在评估中印接触时,很难忽视的一点是:中国是印度的第一大贸易伙伴以及印度是中国在南亚的第一大贸易伙伴。经济和商业互动有助于提升互信及巩固双边关系。尽管中国享有大量的贸易顺差,印度还是高度评价中印之间日益增长的经贸联系。中国政府已承诺会着力改善这一贸易不平衡的情况。

印度的战略专家们对如何正确应对中国崛起带来的挑战感到一种紧迫感。他们怀疑印度对华政策已经长期固化。例如在国防安全问题上,阿尔文德·库马尔(Arvind Kumar)认为印度一直在被动地对中国的军事现代化作出回应。与中国相比,印度发展自身的防御和战略性资产的努力显得相形见绌。随着中国的崛起,印度的核心目标就是如何在涉及印度的地缘政治环境内阻碍中国扩张其势力范围。由于担心印度无法对不断上升的安全挑战作出有效回应,一些战略精英强烈要求印度政府制定一个连贯的、系统的对华政策,尤其是针对中国的快速崛起这一方面。(Kumar, Arvind, 2012)

有分析家提醒,考虑到其有限的实力,尽管印度会选择非对抗的手段,中印关系中的重大问题还是可能会在未来引发双边对抗。因此,印度在发展与中国的经贸关系时也应该随时做好进入对峙状态的准备。中印两国在国际上有共同关心的话题,包括气候变化和能源要求,而这显示出了合作的必要性。但两国在军事和战略实力上的显著差距似乎一直困扰着印度战略界。受这个重要因素的影响,一些人认为新德里应该通过对话早日解决边界问题,同时通过创建可信的常规和核威慑来应对来自中国的挑战。(Mancheri, Nabeel A. and S. Gopal, 2012)

印度对中国崛起的复杂心态在很大的程度上解释了它对美国重返亚太政策的矛盾心理和戒心。印度需要加强与美国的安全互动来增加它接触、展开竞争甚至对抗中国的战略筹码。与此同时,新德里必须确保其战略自主权及更大的外交回旋余地来巧妙地与美国的地区战略保持距离,并维持中印关系的稳定。这种对冲方式被认为将有助于印度在重新调整对中、对美关系后免于陷入外交僵局,以及继续坚持其既定的外交独立与战略自主的原则。

## 四、印度的选择所面临的制约因素

印度方面的担忧可能是多方面的。首先,印度似乎并不情愿至少是并不热衷成为任何一个以美国为首的旨在制衡中国的多边战略联盟的一员。正如一位印度观察家指出的那样,在一系列问题上发展基于相互支持和不断扩大的战略共识的一对一伙伴关系而不是类似同盟的伙伴关系对印度来说更为有利。印度对华政策应该基于印度的自身利益特别是边界问题和中巴战略关系，避免因同盟提议将上述问题复杂化（Raman，B，2012）。有些人还强调，即使在国防、反恐和海上安全上与美国有所合作，并与其他地区行为体包括日本、越南、韩国、新加坡和澳大利亚建立了双边安全合作关系，印度也必须小心谨慎地对待任何旨在针对中国的多边安全机制。另一位战略专家甚至干脆认为，尽管印度和美国都对中国的战略自信表示担忧，"但印度并不希望被看作是一个棋子或者是针对中国的战略'制衡'"。（Thottam，Jyoti，2011）

其次，对印度来说，努力把自身塑造成一个世界大国，是影响印度如何回应美国"亚太再平衡"的一个重要因素。印度战略专家萨布哈什·卡皮拉（Subhash Kapila）认为，印度应该将自己看作一个拥有战略自主权的大国而不是以美国为首的联盟的一名普通成员。他通过提出一个选择困境——"随着全球权力中心转移，在战略上扬眉吐气但必须忍受孤独"或者"通过追随强者来克服自身的不安全感"——来批评新德里在战略政策上的暧昧态度。这两种方案可以是相互中和，甚至是完全矛盾的。这位分析师的答案是"如果印度渴望被看作是亚洲的两大领导国家之一以及一个全球大国，它需要在战略上扬眉吐气、单兵作战"。为了证明这一观点，卡皮拉补充道，"如果未来中印之间发生武装冲突，那时美国绝对不会站在印度这一边；美印战略伙伴关系也不可能充当印度提升在亚洲和全球的战略优势的阶梯。因为无论在何种情况下，印度和美国的战略利益都会发生冲突"。为了走出这一僵局，印度应该加强它的传统防御和核力量。这将有效地促使印度与中国达成战略共识，同时也是对全球权力重心向亚洲转移的积极回应。实现这一目标的一个必要条件是：新德里必须与任何美国主导的旨在针对中国亚太多边安全安排撇清关系，并明确表达不参与的立场。（Kapila，Subhash，2012）

第三，在确保美国的战略支持和维持自身的外交自主权之间找到一个平衡点对印度来说似乎是个不错的选择。尤格什·乔什（Yogesh Joshi）认为，美印关系属于典型的"追随强者—制衡"悖论。这一悖论表明在美国的霸权地位能长期保持的情况下，印度仍需要美国的全球领导地位来实现其国家利益。例如，随着印度日益崛起为一个大国，它的大多数全球抱负，例如成为安理会常任理事国和多边核机制成员国，在很大程度上有赖于美国的支持和霸主地位。但另一方面,印度主张多极化并与其他的新兴大国(包括中国)共同推进世界多极化却会削弱美国现有霸权的合法性(Joshi,Yogesh,2011)。新德里和华盛顿在伊朗和阿富汗问题上的认知分歧就是一个很好的例子。从这一点来看,尽管印度与美国保持着密切的合作,在标准意义上而言,印度似乎不太可能成为美国的战略盟友。

美国重返亚太的背景就是中国的快速崛起。华盛顿方面的当务之急就是通过加强同盟和伙伴关系来制衡中国以巩固它的霸主地位。印度基本上理解美国再平衡战略的基本设想。不过,对印度来说,接受这样的角色安排虽然有利可图但也有一定的风险。或许更为重要的是,正如阿米尔·拉蒂夫(Amer Latif)指出的那样,问题仍然是"印度如何融入美国的亚太安全版图"和印度能否致力于并有能力如预期那样成为亚洲的安全供应商。(Latif,S. Amer,2012)

事实上,美国战略界也已经意识到了新德里的疑虑和印度在作出选择时受到的限制。一些人质疑印度作为一个值得信赖的战略伙伴的能力,认为它的野心和实力并不匹配(Denyer,Simon and Rama Lakshmi,2012)。美印之间的各种分歧也源于各自在政策重点和利益上的差异。一位美国政策分析师无奈地承认,"印度并不希望卷入日益激烈的中美竞争。如果出现这样的情况,美国也不应该允许印度在中美冷战中仅仅扮演初级伙伴的角色",因此"印度必须决定它自己是否已经准备好成为一个亚太大国或者仅是一个次区域行为体而已"(Hathaway,Robert M,2012)。甚至有人认为,强调印度在重塑亚太秩序中的作用,用希拉里·克林顿的话说"对印度的未来下一个战略赌注",美国真正的期待是一个长期的角色定位而不是要求当前的可行性,因为华盛顿方面似乎无法简单地决定新德里的合作条件。如果真的是这样,美印在亚太的战略接触的关键就在于新德里而不是华盛顿。美国既没有期待与印度已有的战略团结,也没有打算在近期将印度变成一个可靠的重要安全伙伴。

# 五、对亚太安全的影响

中国在美印战略联系对亚太的影响这一问题上的认知,对其逐步形成的东亚共同体意识有着重要影响。虽然承认东亚共同体思想对区域经济一体化有积极影响,中国对实现这一共同目标的安全制约因素仍然有着冷静的评估。这种想法至少部分解释了为什么与其他东亚国家如日本、韩国相比,中国在对允许印度和美国加入东亚共同体一事上更为谨慎,尽管美国目前在亚太占有优势地位而印度也正在逐渐融入东亚。北京和华盛顿在东海和南海主权争端问题上的冲突不断升级似乎也强化了这一趋势。同样的,北京对印度东向政策的性质的疑虑以及中印关系的问题重重,可能会促使它限制印度参与塑造东亚共同体的途径。

随着奥巴马政府的"亚太再平衡"政策的出台,印度在地缘政治上的重要性将进一步提升。很少有人对此表示怀疑。鉴于美国政策重心转向亚太以及美印安全互动不断升级,北京仍然认为美印间半宣布的共识以及所强调的共有利益,在很大程度上,是基于共同应对中国崛起引发的所谓战略挑战的需要。美国要求印度在地区中发挥独特作用,包括去制衡中国。在分析美印安全伙伴关系时,中国因素似乎显得尤为重要。可以理解的是,印度极度需要美国的认可和支持来实现它的全球大国的目标和增加对华博弈的战略筹码。然而,为了实现国家利益最大化,印度必须确保它在处理双边和多边安全关系上保持战略自主权和外交灵活性。这一做法会促使印度在保持与美国密切接触的同时,高度评价稳定可控的对华关系。这一复杂的想法,伴随着新德里与华盛顿之间的分歧和挥之不去的不信任,可能会导致印度政府谨慎地回应奥巴马政府的重返亚洲政策。这意味着即使美印伙伴关系将继续向战略性方向发展,在可预见的未来,印度似乎也不太可能通过加入以美国为首的旨在针对中国的多边安全机制而成为美国的盟友。

美国的"亚太再平衡"和印度对此的谨慎回应,对中国以及复杂的中美、中印关系都有着显著的影响。北京对美国意图的怀疑可能促使它加强战略反应。与此同时,北京将继续在坚持政治实用主义的基础上与美国接触。在最近的高级别对话中,中美两国已经同意通过加强互信和建设性互动以及深化在亚太地区的其他形式的合作来构建中美新型大国伙伴关系。尽管中国宣称不加入TPP并拒绝将其视为东亚特有多边机制的潜在替代品,中国还是向华盛顿方面表达了对TPP的关心。更为重要的是,两国都无法忽视一个新出现的期许——中美两国需要在经济相互依赖和在亚太分担管理危机和其他突发事件的责任方面,探索合作和减少对抗的可能。尽管两国在观念和利益方面均存在巨大分歧,双方都认识到预防重大冲突的必要性,将为该地区的和平与稳定提供安全保障。

受印度偏爱开放式的政策选择和灵活外交的影响,中国有理由来重新调整它接触印度时的态度和立场。对中国政府来说,劝说印度政府疏远任何以美国为首的旨在针对中国的亚太战略联盟绝对是有利的。一些政策措施或许能有助于实现这一目标。中国政府应该向印度的全球事务提供更加明确的支持,包括支持印度成为安理会常任理事国以及在其他多边组织中发挥更大的作用等。早日解决边界问题将有利于增强双边战略互信和减少冲突。中国政府也应该在南亚实行所宣称的"对称外交"——在与新德里建立可靠和友好联系的同时,继续维持与巴基斯坦久经考验的伙伴关系。同样的,中国政府和印度政府探讨如何创造性地改善(如果无法消除)现有的贸易不平衡,也将有助于建立一个更为可靠和可持续的伙伴关系。双方在能源安全和民用核能领域的合作需求不断增长;创立对话和合作机制至少能够减轻水资源方面的潜在纠纷;寻求和建立海上安全方面的建设性的互动;探讨协调各自在共享区域发展基础设施的努力的可能性;探讨在打击恐怖主义和极端主义上合作的可能性和可操作性;将公共外交变成一个强有力的影响两国公共舆论的政策工具,来增加相互信任和维持健康稳定的双边关系。

在地区层面上,中国和印度都是东亚峰会的成员国。东亚峰会致力于推动泛亚太经济和安全合作,两国都愿意在东亚峰会的框架下寻求更为密切的合作。尽管对印度提出的"东盟＋6"(中,日,韩,印,澳,新)的替代方案持保留意见,中国还是支持印度扩大在东亚一体化进程中的影响力。中国政府和印度政府均强调双方应协调各自的努力,来探索在新的框架内实现更紧密的地区合作的可能性。两国均承诺将积极正视对方在跨地区、区域和次区域合作方面的参与,包括促使事情向朝着东亚共同体的目标方向发展。中印共同参加的其他跨地区和地区机制,如二十国集团、亚欧会议、金砖国家、上海合作组织,尤其是南亚地区联盟,也有助于协调双方在重塑亚太秩序方面的利益和政策选择。

国防和海上安全也将成为中印两国相互理解、相互接触的试金石。2012年9月,中国和印度决定加强海上防务合作,并恢复因对争议边界签证程序存在激烈争执而已中断四年的联合军事演习。为了护送商船、打击海盗,2012年中印海军在亚丁湾进行了联合巡逻和轮流监控。两国的这一协力在西印度洋打击海盗的经验,同样适用于应对其他海域的非传统威胁。海上安全合作将有助于减少中印间发生对峙或对抗的可能性。2013年5

月,在中国总理李克强访印期间,两国宣布启动新一轮的联合军事演习。双方同意开展海上对话,加强在海上安全、搜救、打击海盗、海洋科研以及环境保护等方面的合作,并共同应对日益严重的海上非传统安全威胁,有效地维护海洋通信与航海自由。双方还重申了加强两国防务交流以建立互信的必要性。

然而,尽管中国努力经营中美、中印关系,但仍然不能无视自己在这两个地区影响力可能受到削弱的风险,尤其是在政治和安全方面。这一点反映在中国对东亚共同体的构成的态度上,各主要国家有着不同的计算。与日本和韩国不同,中国支持以"东盟＋3"为原型并拒绝纳入区域外行为体,如印度、美国、澳大利亚。除了经常被谈论到的经贸因素,安全考量确实也起了一定作用。例如,中国对于可靠的东亚共同体与亚太存在的普遍问题和紧张局势之间的相关性有着复杂的认识。有些人认为,各国在建立东亚共同体的过程中可能会遇到很多障碍,包括相互竞争的主权要求、政治分歧和在主要行为体间挥之不去的历史问题。挑战之一就是东海和南海争议地区的紧张局势升级、安全不确定性增加。或许更为重要的是美国亚太目标的影响力。其他人则认为东亚共同体将使严重的双边问题转为多边分歧,而这有助于解决现有的领土/岛屿争端。因为分歧最终将会被联合勘探和经济合作的共同利益所打败。

中国与美国和印度在东亚地区的接触将继续影响它对东亚地区主义的安全认知。作为非典型的东亚国家,如前所述,美国和印度(在较小程度上)——就其在亚太的战略接触而言——可以以任一方式来影响中国对于新兴区域情境的感知和判断。但我们很难指望中国会接受开放的亚洲一体化,因为那会出现一个由美国主导的安全联盟,而印度也会卷入其中。从这个意义上来说,中国和其他区域行为体、关键利益相关方之间建立跨地区的战略信任,将非常有助于建设一个真正的东亚共同体。

**参考文献**

1. Choudhury, Uttara, "Panetta's India trip to focus on Asia pivot, Afghan pullout," May 31, 2012, http://www. firstpost. com/world/panettas-india-trip-to-focus-on-asia-pivot-afghan-pullout-326718. html.

2. Clinton, Hillary, "America's Pacific Century," *Foreign Policy Journal*, November 2011, http://www. foreignpolicy. com/articles/2011/10/11/americas _ pacific _

century? page=0,6.

3. Denyer, Simon, and Rama Lakshmi, "India appears ambivalent about role as U. S. strategy pivots toward Asia," *The Washington Post*, October 13, 2012, http://articles. washingtonpost. com/2012 - 10 - 13/world/35501927 _ 1 _ asia-pacific-senior-indian-officials-indian-media.

4. Ding, Qingfen, "China, India in talks on trade strategy: Li," *China Daily*, May 22, 2013, http://www. chinadaily. com. cn/china/2013 - 05/22/content _ 16517722. htm.

5. Fried, Erin, "India's Response to a Rising China: Economic and Strategic Challenges and Opportunities: An Interview with Harsh V. Pant," *Policy Q & A*, *NBR*, August 30, 2011.

6. Guruswamy, Mohan, "Will India Catch up with China?" http://www. india-seminar. com/2006/557/557%20mohan%20guruswamy%20at%20al. htm.

7. Hathaway, Robert M. , "India and the US Pivot to Asia," *Yale Global*, February 24, 2012, http://yaleglobal. yale. edu/content/india-and-us-pivot-asia.

8. Inderfurth, Karl F. , and Nicholas Lombardo, "Panetta to India: Why Now? For What?" *CSIS Paper*, May 31, 2012, http://csis. org/publication/panetta-india-why-now-what.

9. Joshi, Yogesh, "The Bandwagoning-Balancing Game: Contradictions of the India-US Partnership," *IDSA Comment*, August 5, 2011, http://www. idsa. in/idsacomments/TheBandwagoningBalancingGameContradictionsoftheIndiaUSPartnership_yjoshi_050811.

10. Kapila, Subhash, "India Strategically Uncertain in Global Power Shift to Asia," *South Asia Analysis Group*, Paper no. 5027, May 2, 2012.

11. Karl, David J. , "US-India Relations: Pivot Problems," *The Diplomat*, February 9, 2012, http://the-diplomat. com/2012/02/09/u-s-india-ties-pivot-problems/.

12. Kumar, Arvind, "India's Response to China's Rise," *The Diplomat*, January 3, 2012, http://thediplomat. com/flashpoints-blog/2012/01/03/india%e2%80%99s-response-to-china%e2%80%99s-rise/.

13. Latif, S. Amer, "India and the New U. S. Defense Strategy," February 23, 2012, http://csis. org/publication/india-and-new-us-defense-strategy.

14. Mancheri, Nabeel A. , and S. Gopal, "How Does India Perceive China's Rise?" *Foreign Policy Journal*, December 18, 2012, http://www. foreignpolicyjournal. com/2012/12/18/how-does-india-perceive-chinas-rise/.

15. Mohan, C. Raja, "China's Rise, America's Pivot, and India's Asian Ambiguity," *Seminar India*, January 31, 2013, http://www. carnegieendowment. org/2013/01/31/china-s-rise-america-s-pivot-and-india-s-asian-ambiguity/fdp0.

16. Pardesi, Manjeet S., "India, US In East Asia: Emerging Strategic Partnership – Analysis," *Euraisa Review*, April 12, 2011, http://www. eurasiareview. com/12042011-india-us-in-east-asia-emerging-strategic-partnership-analysis/.

17. Parnass, Sarah, "Hillary Clinton Urges India to Lead in China's Neighborhood," *ABC News*, July 20, 2011, http://abcnews. go. com/blogs/politics/2011/07/hillary-clinton-urges-india-to-lead-in-chinas-neighborhood/.

18. Ponappa, Shyam, "What India must learn from China," *Rediff Comment*, May 6, 2010, http://business. rediff. com/column/2010/may/06/guest-what-india-must-learn-from-china. htm

19. Prashad, Vijay, "India: the US doormat into Asia?" *Asia Times*, June 19, 2012.

20. Quinn, Andrew, "U. S., India, Japan to meet after Obama's Asia 'pivot'," *Reuters News*, December 5, 2011, http://www. reuters. com/article/2011/12/05/us-usa-asia-talks-idUSTRE7B42EQ20111205.

21. Raman, B., "Main Elements of US Foreign Policy Towards Asia," *South Asia Analysis Group*, Paper no. 4848, Jan. 9, 2012.

22. Singh, Abhijit, "The US Pivots to the East: Implications for India," *IDSA Comment*, January 16, 2012, http://www. idsa. in/idsacomments/TheUSPivotstotheEastImplicationsforIndia_asingh_160112.

23. Song, Jaymes, "Clinton to expand US relations in Asia-Pacific," November 11, 2011, http://news. yahoo. com/clinton-expand-us-relations-asia-pacific – 224408310. html.

24. Thottam, Jyoti, "Six Things to Watch from Hillary Clinton's India Tour," *Global Spin*, July 19, 2011, http://globalspin. blogs. time. com/2011/07/19/six-things-to-watch-from-hillary-clintons-india-tour/.

25. Tripathi, Sudhanshu, "New thrust to India-Japan relations: A 'Broader Asia' likely!" *South Asia Analysis Group*, December 25, 2012, Paper No. 5337, http://southasiaanalysis. org/node/1103.

26. US Department of Defense, "Sustaining US Global Leadership: Priorities for 21st Century Defense," January 5, 2012, p. 2.

27. US Department of Defense, "Sustaining US Global Leadership: Priorities for 21st Century Defense," January 5, 2012, p. 2.

28. White House, "Joint Statement by President Obama and Prime Minister Singh of India," November 8, 2010, http://www. whitehouse. gov/the-press-office/2010/11/08/joint-statement-president-obama-and-prime-minister-singh-india.

Wikipedia: Chindia, http://en. wikipedia. org/wiki/Chindia.

29. "Abe Pledges with Singh to Boost Japan-India Defense Cooperation," *Bloomberg News*, May 29, 2013, http://www. bloomberg. com/news/2013 - 05 - 29/abe-pledges-with-singh-to-boost-japan-india-defense-cooperation. html.

30. "India and Japan agree to boost maritime, cyber security," *Times of India*, May 1, 2012, http://articles. timesofindia. indiatimes. com/2012 - 05 - 01/india/31526524 _ 1 _ japanese-counterpart-koichiro-gemba-japan-maritime-self-defence-force-focus-on-maritime-security.

31. "US envoy Leon Panetta hails India role in Asia security," *BBC News*, June 5, 2012, http://www. bbc. co. uk/news/world-asia - 18327849.

# 以东盟为中心的合作安全体制

达尔吉特·辛格<sup>*</sup>

## 引　言

　　本文首先指出,总体来说多边合作安全机制,无论是以东盟为中心的机制或其他机制,都发挥了有益的作用,但其对促进东亚<sup>①</sup>地区的和平与安全的重要性不应该被高估。它们只是在多维度一整套方式中的一环,其他方式还包括双边外交、双边协议以及硬安全手段,比如军事同盟。

　　文章接着讨论了东盟的起源及演变与东盟的区域安全架构(RSA)<sup>②</sup>对印度—太平洋地区地缘政治变化的回应。东盟区域安全架构的目标是"管理"和制约大国的影响力,主要是在东南亚地区;促进参与国的信心,特别是大国;让成员国适应国际规则和规范。它并不意味着要应对东北亚地区潜在的冲突局势。

　　然后,本文探讨了两个问题:一是东盟的中心地位在实践中的意义和它最近几年在事实上得到加强的原因;二是,东盟区域安全架构选择成员国的包容性原则,东盟认为这一原则对于维护地区和平和稳定至关重要。

　　接下来本文论述了东盟区域安全架构取得的显著成绩及其为成员国带

---

　　* 作者简介:达尔吉特·辛格(Daljit Singh),新加坡尤索夫·伊萨东南亚研究所(ISEA)研究员。

　　** 赵冬倩译,张舒君校。

　　① "东亚"在本文中是指包括东北亚和东南亚的地理区域。然而,以东盟为中心的主要的安全论坛,包括东亚峰会,把印度、澳大利亚和新西兰也吸收为成员国,使其范围超过东亚地区而扩大至更广泛的地理区域,这片区域有时被称为印太地区。

　　② "以东盟为中心的合作安全机制"和"以东盟为中心的区域安全架构(RSA)"在本文互换使用。

来的利益,特别是对东盟国家而言,尽管到目前为止,大国之间,中国和很多东亚/东南亚国家之间未能建立信任,据观察如今这种不信任状况比1994年东盟地区论坛成立时更严重了。

随后本文描述了新的地缘政治挑战对区域安全架构的冲击,并探讨了一些旨在改革以东盟为中心的区域安全架构或设立一个新的架构的建议或想法。还讨论了区域机构如何成为中国和美国之间比拼影响力的竞技场,这对以东盟为中心的区域安全架构将如何演变有显著的影响,以及美国和中国也需要在东亚寻求争取和平的权宜之计。也简要讨论了一些东南亚国家对中国的看法。

文章最后评论到以东盟为中心的区域安全架构将适应该地区的变化,并有可能保持相对的持久性,因为它对其成员国是有用的,尤其是对东南亚国家。事实上东盟的中心地位近几年随着多边安全论坛和东盟与一些大国和中等强国协商签订的各种自由贸易协定(FTAs)的增多已经变得更加强大,例如近几年新增的多边安全论坛有东亚峰会(EAS)、东盟国防部长扩大会议(ADMM+)、东盟海事论坛扩大会议(Expanded ASEAN Maritime Forum)等。这是唯一的没被竞争大国支配却包含了全部竞争大国的多边合作区域安全架构。

# 一、亚太地区不同的安全"架构"

首先值得指出的是,以东盟为基础的区域安全架构不是东亚和亚太唯一的安全机制。

美国与东亚国家的双边联盟"硬"保障系统被称为轴心辐射式系统(hub-and-spokes system),该系统自20世纪五六十年代开始出现,包括美国与日本、韩国、菲律宾、泰国和澳大利亚的联盟关系。在东亚和东南亚国家,许多执政精英普遍认为这些联盟关系以及他们同意美国前沿部署的军队提供了和平与稳定,使东亚地区,包括东南亚地区,得以取得突出的经济发展。对大多数的亚洲联盟伙伴的安全而言,这些联盟关系比其他合作安全机制——以东盟为中心的机制或其他机制——都重要得多。近年来,联盟结构从轴心辐射式系统逐渐演化成,两三个国家的小型支线对整个"轴心和轮辐"的辐条切割,例如澳大利亚和日本、日本和韩国的安全合作,以及美国的军事演习甚至频繁卷入了非联盟国家。①

第二次世界大战后东亚也有了几个其他的双边同盟。朝鲜和中国之间的同盟关系仍然有效,至少在纸面上有效(在 1961 年中朝签署了为期 20 年的同盟合约,在 1981 年延期了 20 年,然后于 2001 年再次延期了 20 年)。过去北越和苏联于 1978 年 11 月签订的《友好合作条约》,还有中苏 1950 年签署的《友好互助同盟条约》可能都不再有效。此外还有《英马防御协定》(1957)及其续约《英国防部马来西亚协议》,后来于 1971 年演变为相当宽松的《五国联防协议》。②

合作安全、双边安排、双边外交和 1.5 轨或二轨对话等机制在建立理解和信心,为着实处理领土和安全问题铺平道路方面是非常重要的。例如,美国和中国之间有高水平的战略与经济对话,还有近百种其他高级别的双边讨论。它们显然为坦诚的或秘密的交往,提供了比以东盟为基础的制度下的任何多边对话更加广阔的范围。在东南亚,以高级别边界委员会的形式,通过双边安排,马来西亚和泰国处理了它们的共同边界问题,马来西亚和印度尼西亚也控制了它们在马来西亚东部和印尼加里曼丹岛之间的边界问题。马来西亚和新加坡,马来西亚和印尼已经一致同意提请国际法院裁决并遵守其判决,解决了它们在靠近新加坡海峡东端的白礁岛和位于西里伯斯海中(马来西亚)沙巴州东北部的西巴丹岛和利吉丹岛的领土争端。

以上讨论表明,多边安全合作机制只是建立共识,促进或维护东亚地区的和平与安全的机制之一。虽然这一机制经常很有必要,但机制本身很少能够产生足够有效的结果,可以说它大概并不是最重要的安全措施。

以东盟为基础的合作安全机制包括成立于 1994 年由外交部部长领导的东盟地区论坛(ARF);成立于 2005 年的领袖级东亚峰会,它在 2011 年接纳了俄罗斯和美国,现在汇聚了东盟十国和 8 个对话伙伴国的领导人,这八个对话伙伴国分别是澳大利亚、中国、印度、日本、新西兰、韩国、俄罗斯和美

① 有关例子是一年一度的金色眼镜蛇军事演习。原本是美泰双边军事演习,它在最近几年演变成一个多边的军事演习。2014 年金色眼镜蛇的参与者除了美国和泰国,还有新加坡、日本、印尼、韩国和马来西亚。缅甸、中国、老挝和越南也派出观察员。

② 五国联防的成员包括澳大利亚、英国、马来西亚、新西兰和新加坡。协议主要商讨当马来西亚或新加坡遭受袭击时,其他协议国应采取的反应。要有一个综合防空系统覆盖马来西亚和新加坡(2000 年重新规定综合区国防突出联合能力)和年度成员国之间的空军/海军演习。见 *Five Power Defence Arrangements at Forty*, edited by Ian Storey, Ralf Emmers, Daljit Singh, Institute of Southeast Asian Studies, Singapore, 2011.

国;成立于 2010 年东盟国防部长扩大会议(ADMM+),它由与东亚峰会相同的 18 个国家的国防部长组成;国防官员级别的东盟海事论坛扩大会议(Expanded ASEAN Maritime Forum),它于 2013 年举行了第一次会议;成立于 1997 年 10+3(ASEAN+3)合作机制,它侧重于经济与财政事务。

## 二、以东盟为基础的合作安全机制的演变

东盟成立于 1967 年,即在西方与苏联冷战时期,中国和美国之间正在东亚进行艰苦的冷战。这在下列事件中显现出来,比如,海峡两岸的军事对峙;中国对东南亚各国内部反抗活动的支持;在一定程度上,也包括美国到 1967 年已深深卷入其中的越战。

建立东盟的一个主要原因是继印尼对抗马来西亚,新加坡从马来西亚分离,菲律宾索要马来西亚沙巴州(Sabah)之后,为了弥合五个创始成员国之间的裂痕。有人认为,避免成员国之间未来的冲突和促进它们之间合作,能使它们集中精力发展经济和打击共同的国内共产主义威胁。截至冷战结束,东盟国家把共产主义统治东南亚视为本地区可能出现的最坏结果。

另一个重要原因是试图以东盟为载体来集体规范或调节大国的行为及其在东南亚的影响力。这是位于世界一隅的五个经济和军事弱国对世界上主要大国对其一直有着重要利益和冲突历史的一种自然反应。冷战结束后共产主义威胁消失,这成为东盟更重要的目标,从而导致 1990 年以后以东盟为中心的更广泛的地区组织的成立。

多年来东盟发展到成为一个成功在地区建立信任与合作的组织。20 世纪 80 年代东盟联合反对入侵越南和占领柬埔寨的外交立场使东盟的合作固化,并使其国际声望加强。在这个关头能取得成功的一个重要因素是在尼克松访问中国后东亚地缘政治环境发生了变化。伴随着东南亚共产主义叛乱的结束还有中国与东南亚国家之间建立外交关系,美中关系缓和以及随后针对苏联结成了事实上的同盟。

1989 年柏林墙倒塌,1991 年苏联解体,地缘政治万花筒又变了。曾使美国和中国走到一起的最重要的因素不见了,当一个共同的强大的敌人消失时美中关系的亲近也不复存在了。随着"共产主义威胁"的结束和东盟国家与中国关系的正常化,东盟提出建立广阔的亚太合作安全架构,形式是

1994 年成立的东盟合作论坛(ARF)。①

冷战结束后不久,合作安全和综合安全的概念在东南亚及其以外地区颇被重视。确切地说,建立亚太安全合作架构最初并不是东盟的想法。加拿大、澳大利亚和日本强烈认为,亚太在后冷战时代急需这样的机制,以促进本地区的大国,尤其是美国和中国之间建立信任与合作。事实上,东盟一开始对加拿大和澳大利亚的建议有所保留,因为这种建议似乎崇尚沿着欧洲的欧安组织(OSCE)路线,重点强调人权问题,东盟感到这很不适合这一地区普遍的情况,并不欢迎来自西方国家的干扰和压力。

随着时间的流逝,以东盟为基础的架构随着新论坛的创建而扩展,今天,除了东盟地区论坛(扩大到现在的 27 个参与国),还有东亚峰会、东盟国防部长扩大会议和东盟海事论坛扩大会议。东盟与澳大利亚、新西兰、中国、印度、日本和韩国之间一系列的自由贸易协定(FTAs)增加了以东盟为基础架构的整体的复杂性。因此,东亚峰会的 8 大"加号"的成员,只有美国和俄罗斯没有和东盟签署自由贸易协定。现在,东盟正试图将这些自由贸易协定汇集成一个单一的区域全面经济伙伴关系(RCEP),鉴于各种自由贸易协定存在质量和深度的差异,这是一项艰巨的任务。

1. 中心地位

从一开始,东盟和主要外部力量之间就有默契,东盟将是新的亚太多边广泛合作安全机制的中心。实际上东盟的中心地位意味着它能决定组成机构的成员国资格,如决定东盟地区论坛、东盟国防部长扩大会议和东亚峰会的成员国资格;它能决定会议的议程,尽管与其他成员也会进行非正式磋商;它能在东盟会场召开会议,还能任命主席。在过去的十年中,以东盟为中心的机构的扩张本身就是东盟中心地位加强的指示,这可能是值得注意的另一个方面。正如一位分析家所言:"东盟的中心地位来自于它能在东亚地区主义的机构网络中与其他参与国保持密切和密集的联系,更重要的是,它作为一个节点来弥合这些不同的网络……在东盟建立的密集网络中东盟的结构位置,以及那些与东盟有关的联系,说明了东盟在亚洲区域主义中的中心作用,尽管它缺乏物质力量。"②

① Alice Ba, "China and ASEAN: Renavigating Relations in 21 st Century Asia," *Asian Survey*, Vol 43, No 4, 2003, pp. 626 - 630.
② Mely Cabalero Anthony, "Understanding ASEAN Centrality: Bases and Prospects in an Evolving Regional Architecture," *The Pacific Review*, Vol 27, Issue 4, 2014.

东盟的中心地位是无可取代的,因为美国和中国不会接受彼此或它们的盟友之一来领导区域安全架构。东盟中心地位的另一个因素是它更容易建立起作为东盟框架一部分的东盟地区论坛,因为基本的构建模块已经存在,如东盟与在东南亚有经济和安全利益的友好外部力量之间的 7 个对话伙伴关系,以及自 20 世纪 70 年代以来每年东盟部长级会议后举行的东盟后部长级会议。增加中国、俄罗斯和印度到这个框架中也是必要的先决条件。

对东盟的中心地位而言,东盟内部的维度也是重要的。如果东盟没有内部的凝聚措施,不是作为一个有吸引力的和前瞻性的组织而享有一定的地位,那么区域安全架构的中心地位就难以发挥。这方面已经取得重要成就,多年来东盟内部的冲突和紧张局势大大得到缓和,东盟自由贸易区得以建立,东盟共同体将在 2015 年年底宣布成立;东盟宪章的制定使东盟成了一个法律实体和一个监督和促进成员国人权的人权机构。另外东南亚国家在与所有大国(除俄罗斯和美国)以及澳大利亚/新西兰和韩国建立自由贸易区(FTAs)时,使用了东盟的集体谈判权,进一步证明增强东盟中心地位的重要性。

成立于 1994 年东盟地区论坛的目的是将该地区所有的重要角色,尤其是中国和美国,纳入合作安全框架,以帮助建立信心,并让它们在以东南亚友好合作条约(TAC),特别是以不使用武力或威逼来解决争端的原则为代表的规范性框架内参与多边机制。国际准则的社会化被认为对中国和越南等曾经被孤立于国际体系之外的国家尤为必要,而更重视其双边联盟的美国,则需要习惯在"软"合作安全多边环境下行事并抵制任何遏制中国的诱惑。

2. 包容性

东盟的一项基本原则是从一开始就坚持包容性原则。在它的区域安全架构中,所有的东亚/东南亚国家以及其他与该地区有显著安全和经济关系的国家,都应该是参与者,无论地理上在不在该地区,无论它们是民主国家、集权国家还是共产党领导的国家。东盟认为这是务实的做法,因为如果目的是为了促进地区的和平、稳定与繁荣,排除掉在该地区有重大利益的国家将会适得其反。企图排除那些国家将产生分歧,并且那些被排除在外的国家会尝试反对或颠覆该系统,这将背离实现和平与稳定的目标。因此,美国和欧盟都因为在东亚和东南亚的巨大经济和安全利益,而被包含在该区域安全架构中。可以说俄罗斯和欧洲国家相比更是一个亚洲大国,因为它在东北亚地区有传统的安全和经济利益。因此,东盟在选择参与成员时一直无视颜色,无视意识形态和地域。包容性还使东盟必须保证大国之间的平衡,以使任何国家都不能主导东南亚。

这一模式给外部大国提供了什么?从东盟的角度来看,在这种安排下,任何大国可以和平地在该地区自由地追求商业及其他合法权益,与其他以同样的方式追求利益的大国和平共存。所以美国不必担心该地区会成为一个中国主导的地区而将美国拒之门外。同样,中国也可以在该区域自由贸易和投资,而不必担心美国会利用该地区遏制自己。日本、印度和其他非东盟国家亦如此。因此,东盟认为,这种模式将成为不仅服务于东盟及东南亚国家的利益,而且也服务于该地区之外的国家的利益。

当然也存在对东盟作用的误解。西方国家有时认为,东盟支持中国超过它们;有时中国认为该组织有利于西方。这里必须区分作为一个组织的东盟和单个的东盟国家。自冷战结束,东盟作为一个团体既不亲西方,也不亲中国,它力求公正。但个别东盟成员国有自己的外交政策,并可能更倾向于美国、中国或日本。以东盟为中心的区域安全架构无法承受在地区争端中选边站。据前东盟秘书长鲁道夫·塞韦里诺(Rodolfo Severino)所说,如果这么做,它会失去其"作为召集人、管理者和枢纽的效用"。在任何情况下,因为在区域安全架构中的一致原则以及论坛成员国利益的发散,它也难以对问题采取同一立场。

3. 效用

如何来衡量效用?这部分取决于结果对目标的衡量和目的是如何设定的。1996年在文莱举行的第三次东盟区域论坛会议商定了东盟区域论坛的三阶段路线图:建立信任、预防性外交和最终冲突解决。现在回想起来,这些目标野心太大,因为20年过去了,东盟地区论坛在很大程度上仍是忙于建立信任,将其转向到预防性外交的努力都失败了,更别说解决冲突了。批评者还正确地指出,东盟地区论坛一直更多地关注东南亚安全问题而相对较少关注涉及东北亚地区大国间潜在的冲突来源,如台湾海峡、朝鲜半岛还有最近中国与日本之间在中国东海的紧张关系。而东南亚国家担心更广泛的东亚地区内的大国关系的安全与稳定,因为它们将不可避免地对东南亚产生影响,更重要的是东南亚国家把东盟区域论坛当作管控东南亚对大国影响力的工具。即使东盟区域论坛可以更为关注东北亚的难题,但所能做的事情不多。这些问题不容易适用于基于东盟中心地位的多边合作安全准则,而能通过大国或其他直接牵涉的国家得到更有效的处理。

然而,以东盟为中心的区域安全架构仍然对东南亚缓和大国在东南亚的行为和影响,以及提升主要大国的经济参与及东南亚的其他收益有价值。[①] 以东盟为中心的区域安全架构成员之间的合作安全显示出一些成果。这些成果包括在非传统安全领域来自不同国家军事人员之间的切实合作。例如,自 2009 年以来东盟地区论坛每两年举办一次涉及军事人员的救灾演习。东盟国防部长扩大会议也启动了这样的演习。[②] 再有就是接触国际规范和规则,东南亚、东北亚、印度、美国和澳大利亚官员之间广泛地互动。对小国来说,在论坛,如东盟地区论坛,有自己的声音并参与实践活动特别有用。

但信任建立有效吗?似乎在中小国之间以及它们与一些大国之间有效。但是,中国与一些大国还有中国和东南亚主要国家之间的关系并没有建立。现在在这些领域的信任度状况比 1994 年东盟地区论坛成立时可以说是更低了。这表明,当切身利益遇到冲突时,最大限度的信任构建,其价值也是有限的。

## 三、以东盟为中心的区域安全架构应对新的挑战

直到大约五年前,因为多边互动与合作活动稳步增长,一个相对良性的地区安全形势使以东盟为基础的区域安全架构还算不错地缓慢前进着。然而,自 2009 年起东亚地区的安全形势发生了显著变化,且朝着不好的方向,中国、美国和日本之间的地缘政治竞争都加剧了。

日益凸显的中国自信心在该地区引起了不安。另一方面,美国在 2011 年公布了其"支点"在亚洲,后来冠之以"再平衡"战略。"再平衡"的出台一

---

① 见 Malcolm Cook, "Southeast Asia and the Major Powers: Engagement, not Entanglement," in *Southeast Asian Affairs*, Institute of Southeast Asian Studies, 2014, pp. 37 - 52.

② 第一次人道主义援助与救灾计划和军事医学联合演习是在东盟国防部长扩大会议的领导下,于 2013 年 6 月 17 日至 20 日在文莱的斯里巴加湾市举行。运用了超过 7 艘轮船、15 架直升机,东盟国防部长扩大会议的 18 个成员国约 3 000 人参加,其中包括中国、日本、美国和越南。

定程度上是为了安抚对中国的自信感到不安的盟友和朋友。① 中国的自信也被东盟整体视为威胁,这在 2012 年金边举行的东盟年度部长级会议上得到了体现,因为主席国柬埔寨受到了中国的压力而导致联合公报无法达成。②

在不安全性和不确定性增加的情况下,有提议要求改革和简化以东盟为基础的区域安全架构以使它更有效,或建立一个新的架构。其中一个提议来自亚太安全合作理事会(CSCAP),这在亚太安全合作理事会备忘录中有体现。③ 它要求通过以东亚峰会为中心来精简东盟为基础的合作安全结构。东亚峰会将指导政治、安全和经济合作,在这个过程中将东盟地区论坛、东盟防长扩大会议和东盟扩大海洋论坛等实体纳入东亚峰会。这将需要采取一些措施将东亚峰会制度化。④

从纸面上看这似乎是一个很好的建议,因为它是合乎逻辑的,区域架构和合作安全从最高政治层面得到指导,成员国的领导人利用他们的出席机会讨论最重要的战略问题。改革的倡导者说,东盟的中心地位将保持不变。不过,他们也认为在区域安全架构的论坛中应有联合主席(东盟国家和非东盟各一个)以使非东盟成员国在区域安全架构过程中拥有共同的所有权意识。在这一问题上,他们必须要赢得东盟成员的支持,因为东盟成员有可能认为这是对东盟中心地位的侵蚀。是否可以达成一致目前尚不清楚。东盟小国可能不愿看到任何让大国通过东亚峰会频频发声而剥夺它们的存在感和发言权的状况,以及任何危及东盟中心地位的计划。

---

① "再平衡"的原因,见 Ron Huisken, "Pacific Pivot America's: America's Strategic Ballet," *East Asia Forum*, 1 May 2012。Also Daljit Singh, "Pivoting Asia, Engaging China: America's Strategy in East Asia," *ISEAS Perspective*, Institute of Southeast Asian Studies, Singapore, 19 October 2012.

② 见"Divided We Stagger," *The Economist*, 18 August 2012。

③ CSCAP Memorandum No 26, June 2014.

④ 又见 Nick Bisley and Malcolm Cook, "How the East Asia Summit can achieve its potential," *ISEAS Perspective*, the Institute of Southeast Asian Studies, Singapore, 28 October 2014。

## 四、一种新的架构？

还有一些建议提出要建立新的架构。首次提出这种建议的是澳大利亚前总理陆克文（Kevin Rudd），他在 2008 年提议创建包括大国和中等国家的亚太共同体（APC）。这次提议没有得到回应，因为大国对此反应冷淡，而较小的东盟成员国则持反对意见，认为这是使大国发声并终结东盟中心地位的建议。不过印尼表示对该提案感兴趣。[①] 2009 年，亚太共同体倡导者澳大利亚意识到一个新的总体架构难以建立，建议亚太共同体可围绕东亚地区架构现有的论坛建立，比如东亚峰会。事实上，亚太安全合作理事会提出的以东亚峰会为中心来精简以东盟为基础的合作安全结构已经讨论过，它可以看作对最初的亚太共同体思想的演化和改良。

另一项提议是由日本首相鸠山由纪夫（Yukio Hatoyama）在 2008 年提出的仿照欧盟的模式建立东亚共同体。最初，鸠山似乎心目中只把日本、中国、韩国和东盟作为成员国，但由于对日本建议的欧盟模式的相关度和成员构成有分歧，政府中有影响力的各界人士还希望包括澳大利亚、新西兰和印度。[②] 其他大国与东盟成员国也对鸠山的建议反应平平，特别是几个国家对明显地排斥美国感到不快。这一提议部分反映了鸠山渴望在一定程度上摆脱美国以获得自主权和改善与中国的关系。

2014 年 5 月习近平主席提出了一个亚洲新的安全架构，即亚洲相互协作与信任措施会议（CICA），这一论坛，至少到目前为止，还鲜为人知。国际社会对亚洲相互协作与信任措施会议所知甚少，也不知道中国将如何推动它，但初步迹象显示，其成员构成不会像以东盟为中心的区域安全架构那样，它将按照地理位置即亚洲来决定成员国，[③]因此也就排除了美国，也可能排除澳大利亚和新西兰。目前还不清楚日本是否会被邀请加入。

---

① 对亚太共同体的分析，见 Joseph Chinyong Liow, "Southeast Asia in 2009: A Year Fraught with Challenges," *Southeast Asian Affairs* 2010, Institute of Southeast Asian Studies, pp. 14 – 19.

② Joseph Chinyong Liow，同上。

③ 2014 年 5 月习主席在上海举行的第四届亚信峰会上指出"亚洲的事情归根结底要靠亚洲人民来办，亚洲的问题归根结底要靠亚洲人民来处理，亚洲的安全归根结底要靠亚洲人民来维护"。

是否需要一个新的多边区域安全架构以应对不断变化的安全形势呢？通常当危机涉及重要利益时,国家不会轻易服从多边合作安全解决路径,以新的多边合作安全机制来帮助管理国际关系中的重大危机会比现有的以东盟为基础的机制好吗？这不太可能。一个新的具有法律约束力的条约,比如俄罗斯曾在东盟论坛上建议的条约,能维护和平吗？也不太可能,因为大国会公然地或悄悄地继续违反国际法,只要这么做符合他们的目的。东盟的东南亚友好合作条约(TAC)已经存在,并且所有成员国都签署了这一条约。东南亚友好合作条约的第十条规定每一缔约方"不得以任何方式或形式参与对其他缔约方政治和经济稳定,主权或领土完整构成威胁的任何活动"。还有国际法和联合国的原则和规范。所有这一切需要的是严格遵守这些条约和规范。

## 五、大国地缘政治竞争和区域安全架构

世界不同地区对区域秩序有不同的看法。欧洲有欧盟视野,俄罗斯有欧亚共同体的愿景,2014年5月签署建立并于2015年1月生效的俄罗斯、哈萨克斯坦和白俄罗斯之间的欧亚经济联盟将使其进一步走向具体化。中国似乎有以中国为亚洲中心的愿景。

前面提到的区域安全架构的一些尝试,反映了日益加剧的大国对影响力的竞争已延伸到了区域机构。过去中国在极力促使东盟"10＋3"成为以东盟为中心的区域安全架构中最重要的论坛,因为它被普遍认为比其他大论坛更易于中国发挥主导影响力。就美国而言,它怀疑中国在东亚寻求主导地位的影响力和权力,这种观念导致它也加入了东亚峰会,作为重新平衡亚洲战略的一部分。它也在寻求谈判来结成高品质的跨太平洋伙伴关系(TPP),以加强在东亚的经济地位。中国虽然没被排除在跨太平洋伙伴关系之外,但它仍然没能加入,因为很难达到这种高标准。2014年11月中国在北京举办的亚太经济合作组织会议上提出,亚太经济合作组织致力于建立横跨太平洋的亚太自由贸易区(FTAAP),有观察家认为中国试图转移对跨太平洋伙伴关系的注意力或减慢其进度。

与此同时,中国已经通过包括机构、陆地和海上连接、贸易和投资的一整套措施来推进使中国成为亚洲中心的愿景,以使亚洲地区的条条大路最

终通向北京(就像曾经通向罗马那样)而不是通向华盛顿,创造出经济和地缘政治的轴心(北京)和辐条(其他亚洲国家)。①

　　东亚的任何合作安全制度的未来效用将部分地取决于美国,以及中国和日本对彼此和东亚地区的政策。美国在过去五六年间的军事、经济和外交举措清楚地表明,它认为在保护这一区域方面自己有切身的利益。在过去的几年里美国的安全精英们越来越多地认为,中国正在走上一条不利于美国在亚洲的重要利益的道路,这和以前的看法相比有显著的变化,之前认为尽管存在竞争,但中国的崛起可能是互惠互利的。②

　　中国和美国需要在亚洲找到一个较长期的权宜之计。美国似乎希望东亚是对所有国家"开放"的多极亚洲,其中中国和美国可能是最强大的国家,但也会有其他有实力的国家存在。中国是否希望形成不同于全球多极化的亚洲多极化？许多人怀疑中国希望在东亚具有支配性的影响,中国认为如果美国在东亚的军事部署被消除就可能达到这一目标。但是,消除美国的军事存在很可能是一个徒劳的任务,并且这不是没有危险的,因为美国深深扎根于该地区,大多数中国的邻国都想要保持这种局面。

# 六、中国对东南亚的政策

　　大多数东南亚国家与中国有着良好的关系和密切的经济联系,不过有些国家认为中国的自信心,尤其是它在南中国海问题上表现出来的魄力,是使紧张局势加剧的主要原因,尽管大多数国家并不想公开说明。③ 相对较小的国家自然希望在一些大国具有重要利益的环境中得到最大可能的独立性和空间,而中国就是最大的也是地理上最接近的国家。

　　中国在南中国海的政策加深了许多东南亚国家对它的怀疑和不信任,

---

　　① 见 Elizabeth C Economy, "China's Imperial President: Xi Jinping Tightens His Grip," *Foreign Affairs*, November/December 2014,pp. 80 - 91; also David Arase, "China's New Type of Asian Regionalism: The Community of Common Destiny"。

　　② 这是基于作者与来自美国和中国的学者的对话。

　　③ 中国困扰着东南亚的其他行为包括经济制裁被认为挑战中国的国家,例如由于马尼拉在中国南海特别是在斯卡伯勒浅滩的立场,限制从菲律宾进口香蕉。东南亚国家已经注意到,其他友好大国在和平时期不使用这样的战术。中国也一直只对挑战中国的日本和挪威使用经济制裁。见 Bonnie S. Glaser, "China's Coercive Economic Diplomacy," *The Diplomat*, 25 July 2012。

侵蚀着它自 1997 年至 2007 年积累了十年的善意。① 东南亚国家更是忐忑
不安,它们感觉到中国似乎并不在乎它的行动对东南亚国家的影响,因为中
国知道鉴于巨大的实力不对称,它们无法同中国抗衡。

一些中国学者说,中国仍然是一个不成熟的大国,它并不完全了解该如
何在地区和国际舞台上表现,可能仍有一段弯路要走。这在一定程度上是
真的,但如果是这样,中国会像支持这一说法的学者暗示的那样走向成熟
吗? 多快能成熟起来呢?

# 结　论

今天,亚太地区的地缘政治形势与东亚地区论坛形成时期,甚至和五六
年前相比,有着显著的变化。自第二次世界大战结束后,美国第一次遇到另
一个大国——中国——挑战其海军在西太平洋的主导地位。日本已决定逐
步加强其军事能力,并加强与东南亚地区的经济和安全联系。中国认为美
国力求遏制其崛起。

中国的影响力和国际威望不是美国或其他国家给予的或交出的。中国
在过去几十年中已经大大崛起,并将在未来进一步崛起。今天的中国由于
免受外部的威胁,比在过去的两个世纪中的任何时候都更加安全。它会继
续在东亚和平崛起,并成为最大的也是最强大的龙,会受到许多其他强国以
及小国的尊重。通过其文明的价值和对大国和小国的尊重,它会成为亚洲
的骄傲。

与此同时,以东盟为基础的多边区域安全架构更可能延续下来,因为正
如前面提到的,它对其成员尤其是东南亚国家而言功效显著。尽管以上讨
论了消极的安全趋势,大国在东南亚地区的政策性利益虽然往往是竞争性
的,但是会越来越大,特别是由于中国、美国和日本增加了它们彼此之间和
它们与东南亚国家之间的政策互动,并给东南亚国家提供了新的经济平衡
机会。②

---

① 根据与中国学者的谈话和中国媒体的报道。
② Malcolm Cook, "Southeast Asia and the Major Powers: Engagement not Entanglement,"
*Southeast Asian Affairs*, ISEAS, 2014.

　　以东盟为中心的多边区域安全架构在未来如何演化尚不明确。在过去为了应对不断变化的安全和地缘政治环境形势,它发展了临时形态。未来也许还是一样。它将不可避免地受到大国动态的影响。美国、中国和日本能否在东亚/东南亚地区和平共处,中国和美国的长期战略目标是排斥的还是兼容的,以及它们是否准备与他国分享权力和影响力,自然也会有重要影响。

# 寻求新的东亚安全架构:以东盟为中心的逻辑[①]

范光明[*]

## 引　言

　　根据制度主义学派的霸权理论以及欧洲和美国的经验,在一个地区内,主导国决定其他国家的行为。德国和法国的情况极具代表性。而中日关系有点类似于德国和法国,近年来中国和日本也没有找到一个方法来克服他们的历史包袱,也没有找到为促进地区一体化而进行结构性领导权合作的方式。历史上中国和日本之间就曾展开过竞争。

　　本文的主要目的是为了回答这样一个问题:为什么东南亚国家联盟(东盟)应在东亚地区构建新的安全体系中发挥核心作用。本文的主要论点是,不像其他地区,东亚地区情况复杂,这一因素为东盟发挥核心作用提供了机会,因为中小国家很少滥用权力,因此这一构想是有前途的。

　　文章分为三个部分。第一部分将分析建设新的中日关系的主要障碍。第二部分分析了美国在该地区的作用。第三部分说明为什么东盟可以率先作为动力或催化剂,促进区域合作,如上所说因为中国和日本在现阶段还无法做到这一点。[②]

　　本文的结论是,尽管事实上东盟仍然面临许多弱点和局限性,但它仍然

　　* 作者简介:范光明(Pham Quang Minh),越南国立大学社会科学与人文学院副院长。

　　** 朱玲译,王爱娟校。

　　① 本文是"亚太新兴安全架构的建立及其对越南的影响"项目的成果,笔者感谢河内大学对该项目的资金支持。

　　② Jun Tsunekawa (ed.), *Regional Order in East Asia: ASEAN and Japan Perspectives*, National Institute for Defense Studies, Japan, NIDS Joint Research Series No 1, Japan 2007, p. 4.

在东亚新兴架构中发挥核心作用,到目前为止,还没有新的替代组织出现。为了做到这一点,它要求所有国家加强建立信任措施。

## 一、东亚地区主要挑战:中日竞争

有许多因素导致东亚地区(东北亚和东南亚)形势的复杂性。[①] 东亚地区在历史上曾是中国和日本这两个主要国家之间竞争的舞台。[②] 中国和日本在建立新的关系上面临三大问题:第一,中国和日本对第二次世界大战期间日本侵略中国的行为的看法非常不同;第二,两国仍然面临着钓鱼岛的领土争端;第三,日美同盟,这意味着中国尚未实现两岸统一的目标,并且制约了中国追求其地区抱负。没有中日合作,东亚区域一体化短期内是不可能实现的。

自20世纪80年代末90年代初冷战的结束以来,东南亚政治发生了巨大变化。美国和苏联军队从东南亚撤出,该地区出现了权力真空的局面。这为中国和日本等地区强国提供了填补这个真空的机会。两个国家在东南亚展开争夺影响力的竞争。日本早在20世纪70年代已与东盟建立了对话伙伴关系,中国直到20世纪90年代才寻求与东盟建立其关系。但是,人们可以观察到,中国与东盟的关系飞速发展,而日本对东盟政策缺乏进步的空间。中国通过与整个地区的合作提升了地区多边关系的发展,日本似乎更被动,也对发展与东盟的关系不怎么感兴趣。但是,在中日发生钓鱼岛争端后,情况发生了变化。

一般来说中国在东亚的政策走向可分为三个时期:1991—1997年;1997—2000年;2000年至今。第一个时期的特点是,东南亚对中国影响力的不信任。东盟认为自己有理由相信所谓的"中国威胁论",中国发布了关

---

[①] John Ikenberry and Michael Mastanduno (eds.), *International Relations Theory and the Asia-Pacific*, Columbia University Press, New York, 2003.

[②] Lezsek Buszynski, "Sino-Japanese Relations: Interdependence, Rivalry and Regional Security," *Contemporary Southeast Asia*, Vol. 31, No. 1, April 2009, pp. 143 – 171; June Teufel Dreyer, "Sino-Japanese Rivalry and Its Implications for Developing Nations," *Asian Survey*, Vol. 46, No. 4, July/August 2006, pp. 538 – 557; Jin Yang, "Sino-Japanese Relations and Implications for Southeast Asia," *Contemporary Southeast Asia*, Vol. 25, No. 2, August 2003, pp. 306 – 327.

于领海的法律,并出版了一本地图,涉及了邻国的争议领土。[①] 中国和越南以及中国和菲律宾几次因南沙群岛的主权发生冲突。[②] 尽管如此,在 1996 年中国还是成为东盟全面对话伙伴。同年,东盟—北京委员会成立。[③]

在中国的东盟政策上,1997 年是一个转折点,亚洲金融危机使得中国与东盟的合作在新机制基础上进入新阶段。1997 年,首届中国—东盟领导人峰会召开,从那时起它便成了年度不可或缺的盛事。为了加强中国与东盟之间的合作,协调各机构的活动,中国—东盟联合合作委员会(CAJCC)于 1997 年 2 月创立。CAJCC 起着对话与合作的协调作用,注重人力资源开发与人才和文化交流。[④] 为了帮助 CAJCC 的活动,中国在 1997 年出资 70 万美元。为了进一步加强与东盟的合作,中国在 2000 年出资 5 亿多美元。[⑤]

21 世纪初,标志着中国的东盟政策走向新阶段。不同于前两个时期,第三时期的焦点放在安全问题。经过数年的冲突和谈判,2002 年 11 月,中国与东盟签署"南海各方行为宣言"。直到今天,"南海各方行为宣言",被认为是安全领域达到的最重要的成就,并是稳定该地区南海局势的唯一手段。"南海各方行为宣言"规定:"各方承诺保持克制,不采取使争议复杂化和扩大化的行动,影响地区和平与稳定。"[⑥]

中国与东盟改善安全合作的其他证据是,双方在过去几年中增进了军事交流。据 2003 年至 2005 年间的统计,中国派出 46 个军事代表团到 9 个东盟国家,而东盟 10 国派出 45 个代表团到中国。在这些交流中,越南派出 11 个代表团到中国。[⑦]

---

[①] Ang Cheng Guan, "The South China Sea Dispute Re-visited," *IDSS Working Paper*, No. 4, 1999, pp. 9 – 11.

[②] 中国与东盟之间关于南海主权及其资源的纠纷很多。这些纠纷包括印尼和中国之间的纳土纳群岛水域纠纷;菲律宾和中国在马拉帕亚和卡马哥的天然气田纠纷,在黄岩岛的纠纷;中国、越南、文莱、马来西亚和菲律宾在南沙群岛的纠纷;越南和中国在西沙群岛的纠纷……

[③] Lai Foon Wong, "China-ASEAN and Japan-ASEAN Relations during the Post-Cold War Era," in *Chinese Journal of International Politics*, Vol. 1, 2007, pp. 373 – 404.

[④] "Joint Press Release on the First ASEAN-China Joint Cooperation Committee Meeting," Beijing, February 26 – 28, 1997. http://www. aseansec. org/5880. htm.

[⑤] Lai Foon Wong, p. 380.

[⑥] "Declaration on the Conduct of Parties in the South China Sea. " http://www. aseansec. org/13163. htm.

[⑦] http://www. mofa. go. ch.

地区安全形势面临复杂性,也与"疾病,饥饿,失业,犯罪,社会冲突,政治压迫和环境危害的威胁"等非传统安全问题的出现有关。[①] 2002 年中国与东盟同意发表"中国与东盟在非传统安全领域合作的联合声明"(Joint Declaration of China and ASEAN on Cooperation in the Field of Non-traditional Security Issue)。[②] 一年后,中国与东盟签署《中国—东盟面向和平与繁荣的战略伙伴关系联合宣言》。2003 年,中国加入《东南亚友好合作条约》,与东盟建立了战略合作伙伴关系。

除了安全问题,中国还重视经济领域的合作,考虑到中国于 2001 年加入了 WTO。在 2002 年 11 月第六届中国—东盟领导人峰会上,中国与东盟签署了具有里程碑意义的《中国与东盟全面经济合作框架协议》,标志着在 10 年内建立中国—东盟自由贸易区(CAFTA)的开始。这个想法的内涵是,中国让东盟不必担心中国加入世界贸易组织。2010 年完成后,自贸区将有 180 亿总人口、2 万亿美元的国民生产总值和 1.2 万亿美元的贸易额。[③] 自贸区将成为继欧盟和北美自由贸易区之后的世界第三大市场。

东盟自由贸易区的建立是因为中国于 2000 年推出的中国西部大开发战略。[④] 经过 30 多年的改革开放,东部沿海地区经济发达,造成了东西部的差距。在西部大开发战略中,云南、广西发挥着重要的作用。从中国的角度来看,云南被视为"通向南方的大门"(Gateway to the South),因为云南与缅甸、老挝和越南接壤,并通过湄公河与泰国连接。相较于云南,广西的地位仍很突出,因其是直接的出海通道,并拥有一些深海港,可连接东盟的所有海洋国家。此外,广西与越南有 637 公里的边境线,并有公路和铁路连接南宁与越南。由于其战略地位,广西被视为"通向东盟的桥头堡"(Gateway to ASEAN)。

2006 年 7 月 20 日,环北部湾经济合作论坛(the Forum on Tonkin

---

① "UNDP Human Development Report," 1994, pp. 22 - 23.

② "Press Statement of the Chairman of the 7th ASEAN Summit and the 5th ASEAN + 3 Summit, November 2001." http://www.aseansec.org/5317.htm.

③ "Forging Closer ASEAN-China Economic Relations in the Twenty-First Century",东盟—中国经济合作专家小组提交的报告,2001 年 10 月,第 2 页。

④ Aksornsri Phanishsarn, "Economic Implication of China's 'Go-West' Policy-A view from Thailand," in *ASEAN Economic Bulletin*, Vol. 23, No. 2 (2006), pp. 253 - 265. 西部大开发战略涉及六个省(甘肃、青海、陕西、四川、贵州、云南),五个自治区(新疆、宁夏、西藏、广西、内蒙古)和重庆市。

Economic Cooperation)在南宁举行,广西壮族自治区党委书记刘奇葆提出构建中国—东盟区域一轴两翼(China-ASEAN One Axis Two Wings)新格局的设想,南宁—新加坡经济走廊(the Nanning-Singapore Economic Corridor)是中轴,然后才是泛北部湾经济合作区(Pan-Tonkin Gulf Economic Cooperation)、大湄公河次区域(Greater Mekong-Sub region Cooperation)。[1] 中国称之为中国—东盟"M"型区域经济合作战略。其中泛北部湾经济合作是海洋经济合作,南宁—新加坡经济走廊是陆上经济合作,大湄公河次区域是湄公河流域合作。这三项合作对中国都很重要。如果陆上经济合作(南宁—新加坡经济走廊)能使中国连接6个东南亚国家,即越南、老挝、柬埔寨、泰国、马来西亚和新加坡,海洋经济合作(泛北部湾经济合作)包括中国和8个东南亚国家,即越南、马来西亚、新加坡、印度尼西亚、文莱、菲律宾、柬埔寨和泰国,在亚洲开发银行(ADB)带动下大湄公河次区域合作能够启动的话,中国首次提出了泛北部湾经济合作。大湄公河次区域(GMS)的大多数国家经济规模小,基础设施和经济发展水平低,一旦大多数国家加入了泛北部湾经济合作,则会有大规模、较高层次的经济发展。通过对比,"中国与东南亚岛国的合作肯定会形成新格局,全面推动中国与东南亚之间的合作"[2]。

相较于中国,日本与东盟国家更早建立联系。在20世纪60年代和70年代,日本就开展了与东南亚国家的经济关系。然而,这种关系多由美国操作和管理。[3] 东南亚国家的民族主义对日本区域经济的主导地位造成冲击,越南战争结束后日本走上了一条与亚洲国家的新外交。日本对东南亚国家的新政策是1977年8月18日福田首相在马尼拉提出的,后来成了著名的"福田主义"。该学说有三个要点。首先,不做军事大国,要为东南亚以至世界的和平和繁荣做贡献。其次,日本希望与东盟合作,通过政治、经济和文化交流实现两个实体之间的真正理解。第三,以对等的立场致力于寻

---

[1]　Gu Xiaosong and Huang Yaodong, "One Axis Two wings and China-ASEAN Regional economic Cooperation," in Do Tien Sam (ed.), *ASEAN-China Cooperation in the New Context*, Hanoi: Encyclopedia Publishing House, 2008, pp. 34 - 49.

[2]　He Shengda, "Pan-Beibu Gulf Cooperation in the New Context: From the Perspective of China-ASEAN Cooperation and All-round and Multi-level Way," in Do Tien Sam (ed), *ASEAN-China Cooperation in the New Context*, p. 54.

[3]　William Nester, *Japan and the Third World: Patterns, Power, Prospects*, Basingstoke: Macmillan 1992, p. 121.

求与印支各国的关系。通过福田主义,日本和东南亚经济变得更加相互依存。① 之后大量的外国直接投资(FDI)和官方发展援助(ODA)由日本流入东南亚国家。1977 年也被视为日本和东盟之间的第一次领导人会议年。然而,直到十年后日本和东盟才举行了第二次领导人会议(1987),1997 年的第三次领导人会议。1997 年 1 月在桥本首相访问东南亚国家期间,他提出扩大和深化日本和东盟之间的关系。② 在他的任期内,引入了一系列新机制促进日本与东盟的合作,如日本—东盟发展圆桌会议(Japan-ASEAN Roundtable on Development)(1997),日本—东盟协商小组会议(Japan-ASEAN Consultative Group Meetings)(1998),经济和工业合作委员会(Economic and Industrial Cooperation Committee)(1998)。除了 2002 年和 2003 年,日本—东盟领导人峰会自 1997 年以来每年举行。1999 年,日本提议召开第一次国际打击海盗会议,最终于 2000 年 4 月举行。直到 2004 年日本和东盟才发出关于打击国际恐怖主义的联合声明。同一年日本加入东南亚友好合作条约。此事件表明,一方面,日本有意在安全领域与东盟合作,但另一方面,又取决于美日关系。通过签署东南亚友好合作条约,日本也没有"远远落后于中国"③,中国于 2003 年 10 月签署了该条约。

　　总之,从上面的讨论可以看出,中国和日本之间的相互竞争与对抗不可避免。两国之间依然有一系列问题,如相互猜疑、历史记忆,还有最近的钓鱼岛领土争端。因此,东南亚一体化的前景受到中国和日本之间的竞争和力量平衡的挑战。

## 二、美国重返亚太对东亚一体化是挑战吗?

　　在该地区没有任何一方可以起带头作用的情况下,实力比中国和日本更强大的美国作为一个太平洋国家,似乎已发挥合作推动者的主要角色。美国不仅在 20 世纪 50 至 60 年代促使德国和法国合作,还在 60 至 70 年代

---

① B. Edstroem, *Japan's Quest for a Role in the World*, Stockholm: University of Stockholm, 1988, pp. 88 - 91.

② http://www.mofa.go.jp/region/asia-paci/asean/.

③ Lai Foon Wong, "China-ASEAN and Japan-ASEAN Relations during the Post-Cold War Era," *Chinese Journal of International Politics*, Vol. 1, 2007, p. 385.

促使日本和韩国合作。① 但是,基于以下原因,美国不能促成中国和日本的合作。首先,中国和美国之间的不信任;第二,目前尚不清楚美国是否真的希望推动中日和解与合作;第三,美国认为中国威胁它在东亚的地位。

面对亚太地区的新环境,美国政府宣布所谓的亚太再平衡。2011 年 11 月 17 日美国总统奥巴马在澳大利亚议会发表演讲,宣布美国决定在亚太地区保持存在,这个政策其实布什政府已经开始制定,美国优先考虑从日本到孟加拉湾地区。关于重返亚太政策有不同的观点。首先,前国务卿希拉里·克林顿说:"中国崛起和推进美国的利益之间不存在内在的矛盾。"② 与这种观点不同的是基辛格的看法,他很关心的问题是如果处理不当,是否会引发不可避免的冲突。③

美国重返亚太是一个漫长的过程,但 2009—2010 年是转折点,并且与中国在南海的行动密切相关。正如前面提到的,2009 年 5 月在中国向联合国正式提交了"U 形线",宣称 80% 以上的南海主权,美国参议院通过一项决议,"谴责中国使用武力,强调在南海的航空航海自由"。作为回应,中国官员宣布南海是中国的"核心利益"④,同西藏、新疆和台湾一样重要。⑤

从这个分析可以看出,重返亚太首先并且主要针对的是中国。而且有各种因素推动了美国重返亚太。

首先,根据美国前国务卿希拉里·克林顿所说,21 世纪将是美国的太平洋世纪。⑥ 政治博弈的主战场不是在阿富汗或伊拉克,而是在亚太地区。这里有美国最重要的盟友,包括日本、韩国、中国台湾、菲律宾、泰国、澳大利亚,更不用说潜在合作伙伴如马来西亚、印度尼西亚和越南。因此,一方面加强传统联盟,另一方面同其他国家发展伙伴关系仍然是美国的军事安全战略。

① Phillips Ann L. , "The Politics of Reconciliation Revisited: Germany and East Central Europe," *World Affairs* 163:4 (Spring), pp. 171 - 191.

② Hillary Clinton's Address at the US Institute of Peace, Washington, March 7, 2013.

③ *Foreign Affairs*, March-April 2012.

④ The Australian, November 9, 2010 at www. theaustralian. com. au/national-affairs/china-actions-meant-as-test-hillary-clinton-says/story-fn59niix - 1225949666285.

⑤ Michael Wesley, "What's at Stake in the South China Sea," *Strategic Snapshots*, Lowy Institute for International Policy, July 2012 at www. lowyinstitute. org/publications/what-stake-south-china-sea.

⑥ Hilary Clinton, "America's Pacific Century," *Foreign Policy*, November 2011, pp. 57 - 63.

第二,重返亚太在经济方面似乎同安全方面一样重要。我们还记得2011年11月美国总统奥巴马在夏威夷主持了第19届APEC峰会。在夏威夷的演讲中,奥巴马总统表达了美国进一步谈判跨太平洋伙伴关系(TPP)的兴趣和决心,涉及9个经济体包括澳大利业、文莱、智利、马来西亚、新西兰、秘鲁、新加坡、越南和美国。此外,加拿大、韩国、墨西哥和日本表示他们愿意参加谈判。2012年12月第15轮谈判在新西兰举行。美国明白,他们在东亚经济一体化中没有机会,自1997年以来,中国是东盟+3合作的主导国。自2010年以来在中国—东盟自由贸易区(CAFTA)中,中国也占据主导地位。于2011年加入东亚峰会(East Asia Summit),并通过TPP谈判,美国试图平衡中国在亚太的经济影响力。其中,TPP的最重要的目标是要建立一个替代框架来推进其经济和战略利益,包括服务、投资、贸易,这些美国具有优势的方面。尽管美国发表声明,它的目的是防止太平洋分裂,TPP其实是美国针对中国的政策,因为美国一直声称中国的贸易政策不公平。

总之,对于美国,重返亚洲必须巩固其在亚太地区的传统地位,但对中国来说,这被认为是其和平崛起的一个具有挑战性的障碍。因此,对抗而非合作似乎是亚太地区在未来的岁月里出现最多的情景。

# 三、东盟的作用

东亚的特殊情况表明,中小国家,即东南亚国家—东盟成员国,可以率先通过这样的区域机制,如东盟地区论坛(ARF)、东盟+3(ASEAN+3)、东盟+1(ASEAN+1)促进区域合作。这种说法似乎很有希望,因为中小国家不会滥用权力,而中国和日本都将提供支持。中国、日本和韩国将与东盟国家密切合作,因为他们没有什么可失去的,也没有大的预期收获;他们只能加强其区域地位,在权力竞争中提高他们的影响力。"东亚地区有外部力量的存在,因此一个大国难以成为这一地区的主宰",从这个角度来说,中国、日本、韩国和东盟之间的合作就尤其重要了。①

---

① Shiping Tang, *Leadership in institution building the case of ASEAN+3*, in: Bertrand Fort and Douglas Webber (eds.), ibid. p. 80.

尽管有许多批评,但到目前为止东盟一直在地区政治中发挥不争的作用。20世纪70年代东盟的成员国实际上已经启动东盟联合工业项目;80年代后期它们还同意建立东盟自由贸易区(AFTA)。在此基础上马来西亚总理马哈蒂尔(Mahathir Mohamad)于1990年提出建立东亚经济集团(EAEG)。鉴于面临地区安全挑战,1994年东盟决定成立东盟地区论坛(ARF),有大国参与的多边对话,目标有三个:促进建立信任措施,发展预防性外交和解决冲突。此外,亚洲金融危机爆发后,东盟启动建立东盟+3(中国、日本和韩国)机制,这应被视为东亚地区一体化的一个新的尝试。2003年,东盟通过《东盟协调一致第二宣言》(Declaration of ASEAN Concord II),它由东盟经济共同体、东盟安全共同体和东盟社会文化共同体三部分组成。与世界其他地区不同的是,这里的利益是相互关联的,东亚见证了一个崛起的中国、一个复兴的日本和参与度不断增加的美国。在发展的十字路口,东盟的成功主要是通过不干涉内政和协商一致的原则,管控分歧以及扩大合作帮助成员国保持该地区的和平。东盟的这一主要目标在1967年《曼谷宣言》(Bangkok Declaration),1976年《东南亚友好合作条约》(TAC),2007年《东南亚国家联盟宪章》(ASEAN Charter)和东盟政治—安全共同体蓝图(ASEAN Political-Security Community Blueprint)中得到证实。

在《曼谷宣言》的序言中称:"东南亚国家的首要责任是加强该地区的经济和社会稳定,保障和平和国家发展,坚决抵制区域外势力干涉本区域稳定和安全,根据自己国家的理想和人民愿望保护自己的民族身份。"①

在《东盟协调一致宣言》(ASEAN Concord I)和《东南亚友好合作条约》(TAC)中,东盟一再强调"和平、自由和中立"②(ZOPFAN)的一般原则和"自决、主权平等和不干涉他国内政原则"③。

2007年11月20日东盟成员国在新加坡签署了《东盟宪章》。《东盟宪章》第一条肯定了其宗旨和原则是"维护并加强本地区的和平、安全与稳定"④。第二条突出不干涉与和平解决争端的和平价值观。值得注意的是,

---

① The Bangkok Declaration on the website of ASEAN, www. aseansec. org/1212. htm.

② The Kuala Lumpur Declaration on November 27, 1971, on the website of ASEAN. www. aseansec. org/3629. htm.

③ The Declaration of ASEAN Concord, on the website of ASEAN: www. aseansec. org. 3630.

④ "The Charter of the Association of Southeast Asian Nations," ASEAN Secretariat, Jakarta 2010, p. 3.

《东盟宪章》严格遵守联合国宪章中的禁止"威胁或使用武力"原则。《东盟宪章》从 22 条至 28 条这 7 个条款主题都是"争端的解决",即东盟的作用是"在东盟合作的所有领域内建立争端解决机制"①。不过,《东盟宪章》在"未解决的纠纷"上体现了它的局限性,这些问题"应交由东盟首脑会议决定"②。

"东盟政治安全共同体"(APSC)是在 2003 年《东盟协调一致第二宣言》中提出来的。为了在 2015 年实现这一目标,2009 年 2 月 28 日到 3 月 1 日在华欣(泰国)第 14 届东盟首脑会议上通过了东盟政治安全共同体(APSC)蓝图计划。东盟通过"自由和中立区"战略构想(ZOPFAN, 1971),《东南亚友好合作条约》(TAC, 1976)和《东南亚无核武器地区条约》(SEANWFZ, 1995)实现其目标。东盟不同于其他组织的主要区别是,在《东南亚友好合作条约》、《东南亚无核武器地区条约》、《东盟宪章》和《南海各方行为准则》的指导下,以促进区域团结为准则。更具体而言,东盟政治安全共同体蓝图的第 10 段中明确该共同体包括三个要点:(1)以规则为基础的共同的价值观和规范;(2)共担全面安全责任,把该区域建成一个有凝聚力的、和平、稳定和有弹性的区域;(3)在日益一体化和相互依存的形势下把该区域建成一个充满活力和外向型的区域。③

东盟从建立初期到 1995 年越南加入、1997 年老挝和缅甸加入、1999 年柬埔寨加入的实践表明,东盟在地区的和平与稳定方面所起的作用十分重要。东南亚的发展离不开东盟。创始成员国在冷战时期能够解决它们之间的争端,但是东盟在 20 世纪 90 年代的扩张带来了新的争议,其中一些问题仍然悬而未决。不过,有一点是明确的,是东盟而不是其他大国,可以成功地防止成员国间的战争。20 世纪 90 年代见证了缅甸和泰国之间的紧张关系。④ 自 2008 年以来,因柏威夏寺(Preah Vihear temple)附近地带主权争议,柬埔寨和泰国之间发生了冲突。

---

① "The Charter of the Association of Southeast Asian Nations," ASEAN Secretariat, Jakarta 2010, p. 23.

② "The Charter of the Association of Southeast Asian Nations," ASEAN Secretariat, Jakarta 2010, p. 24.

③ ASEAN Political-Security Community Blueprint, at http://www.aseansec.org/22337.pdf, p. 1.

④ Ramses Amer, "Managing Border Disputes in Southeast Asia," Kajian Malaysia, *Journal of Malaysian Studies*, Special Issue on Conflict and Conflict Management in *Southeast Asia*, Vol. XVIII, No. 1 – 2 (June-December 2000), pp. 37 – 40.

对于冲突管理，东盟成员国更倾向于双边会谈和对话，而不是把争端诉诸国际法庭。然而，这并不包括印尼和马来西亚的情况。两国决定将西巴丹岛（Pulan Sipadan）和利吉丹岛（Pulau Ligitan）的主权争端①提交国际法院，马来西亚和新加坡也是这样处理白礁岛（Pedra Branca/Pulau Batu Puteh）②争议的。

那么，一个重要问题是，东盟解决冲突的机制是否不起作用？东盟成员国是否不能够解决主权争端？在任何情况下，无论东盟成员国是否双边解决它们之间的争端，或者是否把问题诉诸国际法院，可以认为，这与东盟的冲突解决原则和机制是一致的，东盟试图发挥促进者的作用，而不是作为一个解决冲突的角色。越南是实践这种方法的一个例子。自20世纪90年代初，越南与老挝、柬埔寨和中国划清边界。只要不与区域内共同认定的方法矛盾，越南的这种双边方式就是可行的。

但是，当成员国之间存在争端时，东盟可以发挥什么样的作用仍然是个问题。事实上，逐步就管控冲突的框架达成共识是一个漫长的过程。1976年东盟通过了《东南亚友好合作条约》（TAC）。25年后，即2001年7月，东盟通过了高级理事会决策程序规则。高级理事会似乎是东盟的重要机构。2003年，《东盟协调一致第二宣言》重申了它的重要性。2004年东盟又再次重申了高级理事会的地位，并呼吁东盟成员国"使用区域争端解决机制"。"成员国也需要遵从高级理事会的意见。"③

事实是，即使2001年通过了决策程序规则，高级理事会尚未实际发挥作用。这似乎表明还有一些东盟成员国之间相互不信任，它们没有打算把纠纷提交高级理事会。

从分析可以看出，东盟的作用可以从不同的角度来看。首先，东盟可以促进各成员国之间建立更好的关系，而不是扮演第三方调解人的角色。只要成员国需要，东盟将协调成员国之间的纠纷。第二，东盟的作用可以理解为，通过制定规范和通过机制协调成员国，通过规范约束成员国的行为。第

---

① 关于利吉丹岛（Pulau Ligitan）和西巴丹岛（Pulan Sipadan）（印度尼西亚/马来西亚）主权争端的案例，2002年12月17日的判决情况可查询国际法院网站总目录第102个判决 http://www.icj-cij.org/docket/files/102/7714.pdf。

② 关于白礁岛、中岩礁和南礁（马来西亚/新加坡）主权争端的案例，2008年5月23日的判决情况可查询国际法院网站总目录第130个判决 http://www.icj-cij.org/docket/files/130/14492.pdf。

③ ASCPA, pp. 14-16 and 18-25.

三,东盟的作用在于管控分歧的方式,东盟敦促其成员国寻求和平解决方案,而不是强迫或直接干预。总之,不干涉是东盟的根本原则,自成立以来一直没有改变。然而,在实践中,这项原则并没有严格实行,在一些情况下则是柔性规范,如在菲律宾的棉兰老岛(Mindanao)或者印度尼西亚的亚齐省(Aceh)。一般情况下,各成员国可以追求自己独立的外交政策。由于它的不干涉原则和在安全问题上的灵活性,在全球政治变迁的今天东盟已被证明是最有效的区域组织。管理冲突的模式,只有在成员国需求并被其他成员国接受的情况下才可以在东盟框架内使用。

东盟的主要挑战是保持其核心地位和使东南亚国家团结一致。历史表明,只要东盟能够达成共识就能够克服分裂。尽管一个统一的东盟将为整个地区谋利益,但是东盟参与中美竞争可能会分裂东盟。为维护东盟的团结,第一个重要举措是实现区域全面经济伙伴关系(RCEP),这个举措是东盟领导人在 2011 年 11 月的第 19 次峰会期间批准的。区域全面经济伙伴关系预计将包括所有东盟 10 国和它们的外部合作伙伴中国、美国、日本、韩国、印度、澳大利亚和新西兰等有共同经济利益的国家。① 事实上,区域全面经济伙伴关系可以看到东亚自由贸易区(EAFTA,中国支持)和东亚全面经济伙伴关系(CEPEA,日本青睐)之间的妥协。区域全面经济伙伴关系可以看作东盟对外经济关系中的一个关键组成部分,因为它可以在各成员国之间建立紧密的联系,尤其是在其他机制,例如 TPP 和亚太经济合作组织(APEC)并不包括所有东盟成员国的情况下。

在安全问题方面,亚太地区经历了权力的转移,从由美国主导权力到今后几十年的权力平衡,不过美国的实力仍然处于首位。不同的是,亚太今天又成为美国、中国和日本海军的必争之地。面对这种新形势,东盟的主要策略应该是在这两个大国之间取得平衡。到目前为止,东盟已经做了很好的努力。东盟的关键问题是取得共识。所有成员国都应该认识到,这不仅仅是声索国的事情,而是东盟共同的事情。东盟应避免在大国之间进行选择。为了做到这一点,东盟应继续发挥促进者和推动者的角色,开展以东盟为中心的论坛如东亚峰会(East Asia summit),所有国家之间可以相互协商。任何挑衅行为都可能导致多方风险。在任何情况下,东盟国家都应该努力

---

① Sanchita Basu Das, *RCEP: Going Beyond ASEAN + 1FTAs*, ISEAS Perspective, Singapore 17 August 2012, p. 2.

坚持不允许使用或威胁使用武力。东盟应传达的主要信息是他们的长期利益将通过遵守联合国海洋法公约（UNCLOS）才能得以维护。本文多次表明，由于中日对抗的地区现状，美日同盟给东盟创造了机会，让一组小国在区域内发挥其核心作用。

# 四、结　论

从上面的讨论中可以看出，由于各国之间政治、语言、文化、宗教和权力斗争的多样性，东亚安全架构的方式似乎是漫长和艰难的。然而，显而易见的是，东南亚国家经受了考验并继续通过多种尝试寻求区域合作。在政治方面，1967 年《曼谷宣言》、1971 年"和平、自由和中立区"战略构想（ZOPFAN）、1976 年签署的《东南亚友好合作条约》（TAC），以及 1994 年建立的东盟地区论坛，反映出东盟创建东亚新的安全架构机制的尝试。从经济角度来看，在 20 世纪 70 年代东盟还积极启动联合工业项目，在 20 世纪 80 年代后期决定建立东盟自由贸易区。面临亚洲金融危机，东盟变成了东盟＋3，随后通过《河内行动计划》强调经济一体化和安全合作的必要性。进入 21 世纪，面临新的安全挑战，东盟在其第七次首脑会议上发表《2001 东盟反恐联合行动宣言》（2001 ASEAN Declaration on Joint Action to Counter Terrorism）。在第九次东盟首脑会议上通过《东盟协调一致第二宣言》，将于 2020 年建成以安全共同体、经济共同体和社会文化共同体为三大支柱的东盟共同体。

尽管东盟试图推动东亚区域合作，但面临着一些障碍。东盟的内部问题主要在于经济发展的差距、成员之间的共识以及其松散的机制和制度。外部问题则是大国之间的竞争仍然是区域一体化的一大障碍。东盟成员国正在观察中国的崛起、日本的新安全观以及美国的重返亚太政策。东亚地区的未来取决于东盟在多大程度上发挥其中心作用，而中日关系和中美关系的处理也同样重要。

# 中日纠纷及其对东北亚的影响

任　晓*

中日钓鱼岛领土争端再一次成为影响东亚地区安全的一大突出问题。据报道,中国军方向钓鱼岛派遣了侦察机,而这促使日本频繁地派遣军机去监视中国民用和军用飞机的飞行。如果不涉及领土主权问题,两国政府似乎不准备就冲突管理进行谈判。因此,像这样的小插曲连同媒体的报道进一步加剧了潜在的风险。这场危机对东亚地区安全有着多重方面的影响。

## 一、危机再现

钓鱼岛(日本称之为"尖阁列岛")由五个小岛和三个露出地表的岩石组成,陆地面积总计 8 平方公里。它位于台湾基隆东北方向约 186 公里,冲绳西南方向约 445 公里处。

自 1972 年中日关系正常化以来,在过去的 40 年里,两国在双边关系的各个领域都取得显著成就。中日双边贸易额已突破 3 000 亿美元的大关。每天,数十班航班在两国间往返。除此之外,除驻东京使馆外中国政府还在日本的其他 6 个城市设立了总领事馆。而这一事实也突显出了双边交流的热情。20 世纪 70 年代,两国领导人曾就钓鱼岛问题提出了"搁置争端"这一睿智的决定,上述的这一切也因此成为可能。在 2012 年危机爆发前的40 年间曾出现过各种各样与钓鱼岛有关的事件,中日两国均试图以一种冷静的方式来处理这些问题。因此,除了 2010 年 9 月在东海发生的船长撞船事件在当时曾严重影响了来之不易的正处于积极向上状态的中日关系之外,这些事件并没有引发大的问题或危机。

---

* 作者简介:任晓,复旦大学国际问题研究院中国对外政策研究中心主任。
** 原文为英文,徐独羿译。

不幸的是,地理上的临近也可能成为危险的来源。2012 年 9 月,日本政府决定继续实行"国有化"而不是让东京都知事石原慎太郎购岛。一场严重的危机就此爆发。无论从哪个方面来看,"国有化"都意味着"为国家所有"。而在钓鱼岛问题上,"国有化"即意味着钓鱼岛将归日本政府所有,而这个对中国政府来说是完全无法接受的。它迫使中方对日本的这一史无前例的举动做出激烈回应。对中国来说,这是严重挑战现状的一步,就像切香肠一样。人们不禁认为,在 1972 年至 2012 的这 40 年间,日本利用中方在钓鱼岛问题上的克制,事实上逐步加强了对这些岛屿的控制。此外,日本政府在这一问题上的立场也发生了根本性变化,从"默认存在争议"到"中日之间不存在任何领土争端"。对中国人民来说,这无异于蛮横的流氓行为,必须坚决予以回击。甚至日本的主流学者们也对日本政府的这一立场持保留意见。如果中方不对日本的这一举动做出果断反应,那么日本很有可能在日后对钓鱼岛进一步声索主权。毫无疑问的是,日本是打开潘多拉盒子的那一方。至此,中日关系也骤降到自 1972 年以来的最低点。

危机爆发后,时任中国国家副主席习近平负责处理这一问题。他被普遍认为即将接替胡锦涛成为中国的新一任最高领导人。习近平领导了与日本交涉处理该问题的全过程。2013 年 3 月权力交接完成,习近平成了中国的新一任最高领导人并负责国内和外交政策。这意味着中方在钓鱼岛问题上的政策连续性将很强,妥协的空间很小。中国在这一问题上的政策不可能因为领导人换届而发生变化,但这也并不意味着中国方面完全不可能向日本做出任何妥协。

## 二、重要但问题重重的中日关系

长期以来,中国一直把日本视为一个重要邻国并对中日关系给予了高度重视。在 2006 年 9 月(安倍晋三首次担任日本首相)和 2010 年 9 月(撞船事件引发了危机)间,中国政府一直在竭尽全力去改善在小泉政府时期已经恶化了的双边关系。不幸的是,在撞船事件发生后,由于民主党缺乏执政经验,处理不当,一场危机随即爆发。日本 3·11 特大地震后,为了使中日关系回到正常的轨道上来,中国政府开展了"救灾外交"(disaster relief diplomacy)。笔者在驻东京使馆工作时曾参与了这一外交活动,所以对它有第一手的经验。与此同时,两国也已经开始为即将到来的 2012 中日关系正常化四十周年做准备。他们想出了一长串的活动,从高层互访到文化教育交流,为的是培养良好氛围并改善双边关系。让所有人失望的是,随后事情的发展轻易地淹没了这番努力。一场更大更惊人的危机爆发并严重损害了中日关系。中国政府被迫采取一系列反制措施,正如我们自 2012 年 9 月看到的那样。遗憾的是,日本似乎并不明白中方为何如此反应,因而它不太可能从这场危机中吸取教训。目前,两国政府间和学界在这一问题上存在着广泛而根本的分歧。

复杂的国内政治进一步加剧了这一困难局面。因日本军国主义发动侵略战争和大屠杀而产生的悲惨的集体记忆,也因为日本政客多年来一次次无耻地触碰这一伤口,对日关系一直是中国对外政策中的一大复杂而敏感问题。每次只要一有与日本和钓鱼岛相关的事情发生,中国人民就立刻会变得非常情绪化和愤怒。因此,中国领导人和官员根本无法对日本态度软弱。这一点也同样适用于最近这一场危机。中方已派遣军舰在钓鱼岛附近海域进行定期巡逻执法。通过维持在钓鱼岛海域的存在,中国政府希望显示它在这一问题上的决心——在相关海域形成事实上共同管辖和巡逻的新局面来否认日本的"单方面控制"一说。对北京来说,日本必须改变它那让人无法接受的"不存在领土争端"的立场。

中国的另一大国内政策是建立国家海洋事务委员会——一个机构间协调机构,并通过合并几个独立组织来加强国家海洋局(SOA)的作用。而后者显得尤其重要。改革的主要目的在于保留它们作为国家权力工具效率的同时以一种更可控的方式来加强中国的海上执法能力。[①] 2013 年 3 月,全国人大批准了这一重组计划。

2013 年 7 月 22 日,中国政府宣布国家海洋局(SOA)重组完成,新的国家海洋局(SOA)正式挂牌成立。国家海洋局同时也是"中国的海岸警卫队",负责海上执法。在此期间,两国都试图加紧利用退役军舰来增强海岸警卫队的实力,并逐渐将那些退役军舰移交给海岸警卫队。

---

① 详细分析请参见 Andrew Erickson and Gabe Collins, "New Fleet on the Block: China's Coast Guard Comes Together," http://blogs. wsj. com/chinarealtime/2013/03/11/new-fleet-on-the-block-chinas-coast-guard-comes-together。

# 三、防空识别区（ADIZ）

2013 年 11 月 23 日，中国宣布成立东海防空识别区。而这引发了有关各方的一系列反应。日本要求中国撤销这一决定；美国出动了两架 B－52 轰炸机，公然藐视这一声明；韩国继续修改并扩大了它的防空识别区的范围。东亚的紧张局面一触即发。中日两国对东海上空声索的防空识别区都涵盖了钓鱼岛。所有航空器，不论民用还是军用，在进入防空识别区之前都被要求提前通知对方并按照规定程序来证实自身身份，否则将面临"防御性紧急措施"（defensive emergency measures）。

防空识别区是一国的境外空域，并不属于领空。设立防空识别区的目的在于为军方识别迫近航空器是否具有威胁提供足够的反应时间。很显然，中方筹划这件事情已经酝酿了一段时间。宣布的时机当然是由北京方面决定。由于中国的新一代领导人都聚焦在即将到来的三中全会上，这一消息在当时并未被公开。三中全会结束 10 天后官方才正式对外宣布了这一消息。

在东海设立防空识别区是钓鱼岛危机的延续，是中方对日本的一大反制措施，而这源于两国未能建立一个避免冲突和争端管理机制这一事实。令人不解的是：中国政府为什么没有在 2012 年危机爆发后就紧接着宣布建立防空识别区呢？在日本政府"国有化"钓鱼岛后，中方曾采取了一系列措施去制衡日本的行为。因此，宣布建立防空识别区一事似乎也显得顺理成章。

所以，唯一的问题就是这一公告似乎显得十分意外和突然，它还引发了包括美国在内的有关各方的强烈反应。毫不意外的是，在 2013 年 12 月初与中国领导人会面时，美国副总统约瑟夫·拜登表示了美国对中国建立防空识别区这一事件的关切。中国领导人对此重申了中方的立场。鉴于此前美国和日本都已建立了防空识别区，因此中国完全有权合法地去做这件事。目前，世界上已有超过 20 个国家建立了防空识别区，中国也应当享有同样的合法权利。

日本不应该对中国的这一举动感到惊讶。它一定会发生，唯一的问题就是何时会发生。原因就是：建立防空识别区其实是中国对日本在 2012 年

9月"国有化"钓鱼岛（"尖阁列岛"）这一事件的反应的延续。中国政府被日本的"国有化"政策激怒了，它决心绝不会让日本在事实上单方面控制着钓鱼岛。中国政府不断派遣海监船去附近海域巡逻，以制造出一种两国共同但分开巡逻的局面。事实上，中方旨在建立一个新的现状。在这一现状下，中方将会复制日本先前一直在做的那些事情。

日本还是为它在 2012 年 9 月进行的"国有化"钓鱼岛这一拙劣的行为付出了代价。或许中国也是这样。日本不必要和不理智地激怒了中国，完全低估了中方可能的反应，包括它的意志力和决心。对北京来说，日本并没有感激它在未决争端上的克制，反而利用这一点加强了自身对这些岛屿的控制。而这揭露了日本准备进一步霸占这些岛屿的意图。

此外，日本在 44 年前已经建立了防空识别区，其范围远远超过它自称的东海"中间线"。日本的防空识别区距离中国海岸线最近只有 130 公里。日本军机还经常跟踪和监视飞行在国际空域但位于其防空识别区内的中国飞机。钓鱼岛（"尖阁列岛"）危机爆发后，日本军机活动得更为频繁，而这也突显出了中国东海的紧张局势。

随着中国防空识别区的建立，在这个问题上双方目前变得更为"平等"。认为中国不应该建立防空识别区是不公平的，因为这一观点事实上承认只有日本才有权拥有防空识别区。更不用说美国了，它是世界上第一个单方宣布建立防空识别区的国家。日本的行为是单方面的，而中国的行为也是一种"单方面"的宣言。

中国的防空识别区与韩国的部分重叠。重叠部分长 115 公里，宽 20 公里，苏岩礁（韩方称之为离於岛）也在其中。中国主张由于苏岩礁位于水下，因此中韩间不存在领土争端；中韩可以通过划定海上分界线来解决苏岩礁问题。2013 年 12 月 8 日，韩国宣布扩大其防空识别区的范围，苏岩礁位于其中。中方对此表示遗憾。问题是：中国是否本可以在不牵扯韩国的情况下更为谨慎地处理这个问题。

这一纠纷再次突显出了建立危机管理机制的紧迫性，尤其是对日本和中国来说。双方真的需要坐下来讨论一下如何避免在东海发生冲突。

# 四、影　响

鉴于日本此前将钓鱼岛"国有化",中国政府对此不强烈回应并做出让步的余地很小。2012年12月安倍晋三再次当选日本首相并在一年后参拜靖国神社一事使情况变得更糟。安倍挑衅性的言论以及意图修改日本宪法的行为警醒了中国。在这一背景下,中国对原定于2013年5月举行的中日韩三国峰会失去了兴趣。中方领导人对安倍的言论和行为感到厌恶,不愿意在如此消极的环境下与他握手。中日韩三方合作的最高级别活动暂时失去了政治驱动力,而低级别的活动仍在继续。

从根本上来说,日本正面临着一个更大的战略问题——如何适应中国的崛起。自明治维新后日本变得倾向于向外扩张以来,日本一直看不起中国。中国的重新崛起是日本所不习惯的,它必须重新调整自己的心态。对日本来说,这可能是一个十分痛苦的过程,因为从长期来看,中国的崛起将持续向有利于中国自身利益的方向发展。中国的重新崛起对日本现今的对外关系来说可能是最大的一个挑战,是日本政府在今后必须面对的一大趋势。

# 东亚区域共同体的形成：一种日本的视角

东乡和彦*

## 引　言

写作这篇文章的时候,建立东亚区域共同体的设想在一片混乱中看上去毫无希望。东亚地区中日韩三国两两之间的双边关系呈现出多年未见的混乱状态,在这种情况之下,讨论建立一个包含这三国在内的"区域共同体"似乎毫无根基可言。然而,如果我们站在综观全局的高度,以更长远的历史眼光,抓住东亚地区问题的根本因素,那么建立某种意义上的地区共同体是一种历史趋势,是自然、合乎逻辑甚至是有其历史必然性的。我们有必要理解当前混乱迷惑的情况,并找出未来发展的踪迹,从而使政策制定者们以及所有关心建立"区域共同体"的人们的努力能够遵循历史发展的趋势。

在阻碍东亚区域共同体建立的几种局面中,本文将主要关注日本、中国以及两国之间的双边关系。构建一个"区域共同体"的基本因素有哪些? 在这样一个混乱的时期,也许很有必要再次回溯到这个基本问题。借鉴西方国际关系理论的智慧,我将从安全的观点(现实主义视角)、经济相互依赖(自由主义视角)、身份认同(建构主义视角)这几个方面加以分析。与欧洲"区域共同体"建立过程的比较也许能帮助东亚准确估计其在此问题上的立场。

---

　＊　作者简介:东乡和彦,日本京都产业大学世界事务研究所所长。
　＊＊　张舒君译。

# 一、现实主义视角

众所周知，第二次世界大战后欧共体的建立源自于法国永不与德国再次开战的决定。德法的第一次世界大战是一次致命的战争，其所带来的灾难超乎了所有人在 1914 年开战之初的预期。然而，当许多人认为战争带来的可怕和毁坏注定一战将是最后一次全球规模的战争时，仅仅 20 年过去，第二次世界大战爆发了，在这场战争中希特勒显然将法国看作了一个主要战争对象。无须赘言，第二次世界大战给世界带来的伤害在广度与深度上远超一战。不仅德国两次战败，而且法国也有充分理由要严肃考虑，要让欧洲所承受的两次毁灭性经历，尤其是德法两国之间兵戈相向，不能再次上演。在让·莫内（Jean Monnet）和库典赫夫－克里尔格（Coudenhove-Kalergi）的推动下，法国的罗伯特·舒曼为"欧洲共同体"的建立做出了主要贡献。舒曼的基本目标十分现实，即在法国与德国之间建立一个永久和平与和解的基础。1950 年 5 月 9 日，舒曼那个著名的声明是这样开头的："为了欧洲国家的联合，法国与德国之间长久以来的敌对必须解决。无论其中一国采取任何行动，首先要保证两个国家都能参与其中。"[①]

欧洲战争结束的情况，恰巧与第二次世界大战在东亚结束的情形形成对比。太平洋上的这场战争是日本与其他所有国家之间的战争。但是从日本的视角来看，与日本作战的对手之间有着质的区别。接下来从日本视角出发的观点也许不会被那些曾与日本作战的国家所认同，但是，它至少是从日本视角出发的有关战争如何结束的一个有益参考。太平洋战争至少有三个维度，根本原因可以有不同的说法，但是从日本的视角出发，这场战争的开打是因为帝国主义大国之间利益的冲突，其分歧已经无法通过外交谈判予以解决。但是对于日本来说结局却是灾难性的，全面战败后被以美国和其他英联邦国家为主的同盟国所占领。由于战败得如此彻底，长达七年的占领与美国根除日本军国主义和极权主义的政策相匹配，再加上日本民众

---

① 关于罗伯特·舒曼在欧洲一体化过程中扮演的角色参见 Kazuhiko Togo，"The Construction of East Asia Community：Japan-China Relations in Its Background，" Jyo Koukei and Chin Eihou，ed. *Transforming EU and East Asia Community*，Japan Studies Series 7，Taiwan University Publication，2012，pp. 121 - 150。

对于任何意义上的军事与极权的厌恶，后占领时期的日美关系进入了和解阶段，并最终发展为同盟关系。也许可以这样解释，日本打的这场战争如此严酷以至于美国认为不可能跟日本如此再战。麦克阿瑟将军领导下具有争议的占领政策以及最终美国将日本作为其盟友的关键一员，都是罗伯特·舒曼在欧洲倡导的"永不再战"精神的集中反映。

但是和中国情况就不一样了。在日本这边，战争一结束，就陷入了"我们为何会输掉战争"的疑问之中。① 罪恶感的逐步升级，部分是由于东京审判，另外来自于从中国返回的士兵的陈述，这些士兵在1957年成立了他们的协会。日本的许多人士已经取得了这样一种共识，1937年以来的第二次中日战争（即抗战）在过程中逐渐失去目标，随着战争的推进越发深陷不可能的"泥潭"。1951年9月朝鲜战争期间签订的《旧金山协议》，事实上并没有让重要的国家与地区参与。第二次世界大战结束之后27年，日本与中华人民共和国最终在1972年建立了外交关系。这样在延迟了27年之后，1972年最终正式建交前夕的关键年份里，中日两国之间的关系逐渐回暖。周恩来表示，"日本人民也是日本军国主义的受害者"。这种谅解精神也许在东亚最接近罗伯特·舒曼的"永不再战"的精神。日本这边对于关系正常化的长期等待掺杂着愧疚与感激之情，产生了一种对于中日关系正常化的狂喜。1978年缔结的和平友好条约以及1979年上台的大平内阁主持之下的大规模政府开发援助，标志着两国之间的和平友好关系。

但是全盛时期之后，两国关系开始逐渐恶化。早在20世纪80年代，一些历史问题已经开始在两国的历史记忆之间造成了分歧：1982年的教科书事件和1985年的靖国神社事件。但是日本领导层曾试图弥补日渐加深的裂痕，首相宫泽考虑到教科书的出版在亚洲的敏感性而推行新政策，首相中曾根康弘自1986年起不再公开参拜靖国神社。天皇在1992年访华，整个九十年代都维持了政治稳定。21世纪头十年的前半期（2001—2006）首相小泉每年参拜一次靖国神社直接影响了两国的政治方向。

---

① 日本在战败后的反应请参见 John Dower, "Embracing Defeat: Japan in the wake of World War II," *New York*, W. W. Norton & Company, 1999, pp. 485-524.

# 二、自由主义视角

对于区域主义思考的另一个有力视角便是考虑经济因素。没有理由认为经济因素是可以忽视的。大部分普通人所关心的，本着对基本人权的尊重，便是对于物质财富和愉快生活环境的保障。作为形成区域合作的最小束缚，经济因素能够起到作用，最起码不会变成成员国间的分裂因素，在更好的情况下则会成为区域主义形成过程中一个关键的联结因素。舒曼计划的第二支柱归结为煤钢联营的创立并不是巧合。舒曼指出："通过对于煤钢生产的联合控制，为创建欧洲联盟打下共同基础的第一步就实现了。"

事实上，经济区域主义是由 1967 年创立的东南亚国家联盟领衔的。东北亚的主要大国都有理由不主动促进区域团结。在东盟的带领下，区域经济共同体在曲折迂回中不断发展。1989 年亚太经济合作组织（APEC）成立，成员包含 6 个东盟国家以及 6 个发达国家：日本、韩国、澳大利亚、新西兰、美国以及加拿大。1991 年中国大陆与中国台湾加入，1993 年开始每年定期举办峰会。然而在 1998 年的吉隆坡峰会上成员之间产生了严重分歧，美国希望将 APEC 打造为领先于 WTO、能够促进贸易与投资自由的工具，而日本和东盟国家则寻求基于发展水平的更缓慢的共识。自此之后，APEC 停止成为区域经济合作的一个真正动力。

当 APEC 停止发挥推进区域经济合作的功能时，东盟＋3（APT）登上了历史的舞台。一切开始于 1997 年由泰国开始并迅速恶化为东盟国家金融危机的前夕。东盟国家发现它们需要与北边的三个大国进行更紧密的经济合作，便邀请中国、韩国和日本在 1997 年参加其三十周年纪念峰会，自此以后这一框架开始有结构性意义。日本领导的亚洲货币基金（AMF）因美国与中国的反对而终止，但是在 2000 年的清迈峰会上，一项应对金融危机的多边互助协议得以签订。

如今中国的经济崛起看上去似乎是不可逆的。GDP 的年平均增长率在 20 世纪 80 年代是 9.76％，到了 20 世纪 90 年代达到了惊人的 15.47％，很多分析家预期这两组增长在 2000 之后仍会发生（事实证明，在 2000 年以后增长仍然高达 10.29%)①。对亚洲国家来说,美国仍是其主要贸易与投资伙伴,同时跨区域贸易与投资也开始占据更大的比重。

但是,应当作为区域组织架构的经济相互依赖在 2000 年时即被证明是十分脆弱的,彼时中日之间的政治裂痕已经深深影响了该区域。2001 年,小泉首相上台,自此之后,其每年参拜靖国神社的行为深深影响了中日之间的基本信任。很快,事态发展成为两国双边会谈的中止。2005 年,在中国的主要城市爆发了大规模的激烈示威活动,在此过程中,日本政府开始领导构建东盟+6 的区域结构,将澳大利亚、新西兰和印度纳入框架之内,中国对于 APT 走得如此之远持保留态度。2005 年 12 月在吉隆坡举行的第一次 APT 峰会按计划进行,但是与澳大利亚、新西兰以及印度进行的第一次东亚峰会(EAS)则坚决要求采取背对背的形式。奥巴马 2009 年就职时提出了其再平衡战略,将从中东再平衡回亚洲,或者称作"回归亚洲"政策。在其任期之内,与俄罗斯一起做好了成为 EAS 一员的所有必要准备。因此,EAS 现在已经成了东盟+8 的一个实体,看上去似乎领导了与东盟+3 之间的竞争。

正如我们在 APT 与 EAS 的构建过程中所见,似乎构建区域经济共同体的关键要素并不是经济关系而是政治关系。换句话说,仅仅依靠经济相互依赖对于区域共同体的构建并不是十分有效的。相较于经济的基础性作用,政治的因素在日美之间最近关于跨太平洋伙伴关系(TPP)的谈判中得到了体现。TPP 最初是作为跨太平洋战略经济伙伴关系协定(TPSEP)在 2005 年由新加坡、文莱、智利和新西兰组建的。其初衷是保障亚太地区的小国在想法相似的国家之间找到伙伴。但是当布什政府在 2008 年宣布要加入谈判,2010 年 3 月奥巴马政府正式加入澳大利亚、越南、秘鲁的谈判小组之后,以小国家为主要组成单位的类似观点国家集团彻底改变了。马来西亚在 2010 年 10 月加入谈判小组,加拿大与墨西哥 2012 年 11 月加入,最后日本在 2013 年 7 月加入,也许进一步改变了它的性质。奥巴马总统在 2014 年 4 月访问日本。媒体报道着重指出了这次访问的两大亮点:确认了日美之间的安保条约适用于钓鱼岛,并且就 TPP 谈判的基本、具体方式达成一致。前者奥巴马在新闻发布会的口头声明中已经确认并且写在了联合

---

① http://ecodb.net/country/CN/imf_growth.html [April 27, 2014].

声明中。[①] 后者同样在联合声明中得到确认，但仅仅是抽象语言。[②] 直到奥巴马总统离开日本前夕，没有提到任何已经讨论的问题以及维持联合声明的相关协议，而单纯提到经济问题，比如农业或汽车工业。但是谈判的全部动力不能不考虑谁在亚太地区领导贸易与投资这一重要内核。美国还是其他国家，比如中国？正如美国先前决定加入 TPP 谈判并在 2010 年 3 月被接受加入谈判，指明了奥巴马转向亚洲的政策，随之而来便是次年其决定加入 EAS 的政策。

# 三、建构主义视角

从建构主义视角认识东亚区域主义的核心概念便是"身份认同"。这导致了什么是东亚身份认同这一问题的大辩论。当构建欧洲区域主义这一问题产生时，正如我们前面所看到的，基本关切便是战争与和平问题、经济相互依赖问题哪一个才是基础。身份认同并不是一个迫切问题。为什么不是？因为有关国家都是欧洲国家，有着共同的历史、文化、宗教、价值观，总而言之，有着共同的文明基础。它们世界观的基础可以追溯到柏拉图与亚里士多德的希腊哲学、基督教精神以及中世纪的基督教神学。随后欧洲又经历了文艺复兴、宗教改革以及工业革命的动荡时期。凭借着科技力量、物质财富以及军事优越性，以其模糊的欧洲区域定义以及后来的欧美帝国主义之名，开始管理这个世界。两次世界大战都是最先在欧洲大国之间开打，希特勒对犹太人的大屠杀也是欧洲文化本身一种极端反常的演化。在这个意义上，罗伯特·舒曼 1950 年 5 月 9 日关于与德国和解的声明是建立在德国接受 1946 年 10 月纽伦堡审判结果的基础之上的。至于德国对历史的全面承认，仍然需要几个步骤，比如 1972 年维利·勃兰特在华沙的下跪或 1985 年魏茨泽克总统的讲话，但总的来说，德国公开忏悔对于犹太人的大屠杀为新欧洲共同体的构建提供了有效土壤，使得"欧洲身份认同"没有成

---

① "这些承诺适用于日本政府管辖下的所有日本领土"，包括钓鱼岛。在此背景之下，美国反对任何企图破坏"日本政府对钓鱼岛管理权的"单边行动。

② "美国与日本承诺采取大胆且必要的步骤以争取一个高标准的、雄心勃勃的、全面的跨太平洋伙伴关系协议（TPP）。今天我们已经就重要的双边 TPP 问题提出了一个路径。这标志了 TPP 谈判历史上一个重要的里程碑，并且会在更广泛的谈判中注入新鲜的动力。"

为一个主要的绊脚石。

若要对东亚文明发展进行历史分析，不可否认，总的来说，中国、韩国以及日本都生活在一个"华夏中心世界"里。日本过去常通过朝鲜半岛从中国借鉴关键的文明要素，这种借鉴可以追溯到公元前 3000 年以前的夏、殷、周时期。日本本州主岛的南部从公元前 1000 年的绳文时代直到公元前一世纪的弥生时代就已开放。稻谷农业以及青铜武器制作工艺便是那个时期经朝鲜传入日本。中国隋唐时期，公元 400 年建立的日本大和国向这两朝派了遣隋使（Kenzuishi）和遣唐使（Kentoshi）。日本与朝鲜半岛的一系列战争，以及遣隋使、遣唐使们带回的知识，共同给日本带来了马术、汉字、儒家学说、佛教以及被称作律令制的先进政治体系。日本的身份认同首次形成于飞鸟时期（593—710）、奈良时期（710—794）以及平安时期①（794—1192）。与身份认同一道出现的还有帝国的传统，神道，《古事记》、《日本书纪》等最早的历史文献，古诗集《万叶集》，假名的创立，以及像《源氏物语》这样的文学作品，还有如我们今天所见的奈良以及平安时期所有的建筑奇迹。

日本身份认同的第二次发展是在其开始被武士阶级统治的时代。武士这一阶级脱胎于地方的农民，出于保护自身田地的需要，开始拓展其伴随着精神训练的军事艺术。权力中心转移到镰仓（1192—1333），又回到京都（1333—1467）以及一段全国范围各个家族为生存而战的时期（1467—1603）。在此期间，13 世纪时日本文化在日式佛教真言宗信仰与禅宗的形式方面达到了一定高度。天皇一直居住的京都兴起了建筑浪潮。此间，日本也打了两场对外战争，首先是 13 世纪时两次反抗元朝入侵，其次是 16 世纪时丰臣秀吉入侵朝鲜。

日本身份认同的第三阶段是在德川幕府统治时期（1603—1868），在此期间，日本在华夏中心的世界里发展出了一个独特的社会，拥有值得称之为独立文明的文化。这段时期与中国的清朝有些重叠。整个社会由四个阶级呈平行结构进行管理：武士、农民、工匠和商人，垂直管理建立在大名掌管的宗族系统之上，这一形式在德川幕府与江户幕府时期占主导。在这样的平行阶级与垂直管理系统的限制之下，作为日本人的身份认同很难存在。通过闭关锁国系统，整个社会与外面的世界隔绝，只允许一条线上的交流，即出岛（长崎县）与荷兰、松（北海道）与俄国、蜜橘（鹿儿岛）与中国、对马（如今

---

① 平安时期京都是日本首都。

属于长崎县)与韩国。在两个半世纪的时间里,江户时代成功地创建了一个文化丰富的社会,借鉴了宋朝时传入的朱熹理学,丰富了武士道精神,诸如本居宣长、平田笃胤这样的学者重提神道,对出岛引进的荷兰/欧洲文化知识提高了兴趣,经过长时间的和平时期,整个社会变得十分富有,并且能够维持繁荣的精英与大众文化,例如歌舞伎、浮世绘、茶道、花道与能剧。明治维新时期,日本作为亚洲的香格里拉惊艳了整个世界。①

我认为对于接下来在中国和日本发生了什么不再需要长篇大论。但是非常重要且必须提出的是,在日本最基本的身份认同记忆之中,日本是属于华夏中心世界的一个基本组成国家,但却是一个成就了自治地位的独立文明实体。从明治维新时的日本起,经历了最初的犹豫之后,走上了"文明开化"(打开一个新的文明)以及"脱亚入欧"的道路。它试图尽快学会欧洲文明的精华,赢得了两场对抗强大清国与俄罗斯帝国的战争,最终站到了西方大国的对立面,并在1945年被摧毁,回到了明治维新时期。如前所述,太平洋战争的战败深深地影响了日本人的思维,在那之后整个国家将注意力转向美国占领军以及美国价值观主导的经济建设上。但是随着冷战的结束,日本试图赢得经济重建的胜利,被迫面对一个新的议题与议程:"我们从这儿去哪儿? 我们的国家主题将是什么?"

面对这个问题,在我看来只能有一个答案。日本将来的身份认同应当有某些独特的日本性,但是那种日本性应当置于和基于亚洲文化环境。正如江户德川时代的日本,在华夏中心价值的大范围内成功创造了一些属于自己的独特文化。有三个问题会使人们对这一身份认同之辩感到困惑。首先,有一个论点认为,日本两次成功吸收欧美价值是其突出独特的历史,一次在明治维新之后,一次在1945年战败以后,这使得日本成为西方文化与西方价值观在亚洲以及世界其他地方的旗手。历史的这些问题让我们不得不回到那些在日本的激烈辩论,包括日本亚洲主义辩论的真正范围,樽井藤吉的"大东合邦论"(大东亚联合理论),冈仓天心的"亚洲一体论"(一个亚洲),重光葵的"东西友和"(东方和西方之间的和谐),以及最后京都学派试图为日本对抗盎格鲁-撒克逊的战争寻找的哲学解释。答案是复杂的。但

---

① 日本身份认同的历史分析,参见 Kazuhiko Togo, "Japanese National Identity: Evolution and Prospects," in Gilbert Rozman ed., *East Asian National Identities: Common Roots and Chinese Exceptionalism*, Washington, Woodrow Wilson Center Press, 2012, pp. 147-168。

是即使存在这些历史的复杂问题，作者仍不能同意这一简单的论点，即"日本在亚洲是与西方平等的"。历史、文化、思维方式、社会举止、社会价值与个人权利之间的基本关系等，欧美价值观与日本人构建其自身社会的方式之间有着太多的不一样。

第二种论点似乎来源于这样的分析，日本是一个海洋大国，因此其自身利益以及身份认同与美国或大英帝国这样的主要海上大国衔接得很好，但却在与诸如陆上强国中国或半岛力量朝鲜产生了摩擦。但是这一论点似乎并不成立。大英帝国是个完全意义上的岛国，因此也可以说能够与美国关系亲近。但这并不代表大英帝国不能作为一个有着完全身份认同的欧洲国家成为欧盟的必要成员。中国显然在为自己寻求一个作为新兴海洋力量的位置。也许针对"哪种海洋力量"会有严肃的争论，但是当中国开始表达其想要成为一个海洋力量的诉求时，毫无疑问中日能够从这个方面找到共同的身份认同。

第三个问题就是成员资格问题，包容性与排他性。这是一个困难的问题，处理不好就会很快发展为引起激烈抨击的问题。通常情况下，我不会将有意愿在东亚区域合作框架内找到自己正确位置的任何国家排除在外。同时，每一个分析家都要考虑的是在东亚区域共同体构建的过程中已经积累的政治现实。区域共同体的结构可以是复杂且多层次的。这需要所有相关实体都感到满意。但是同时，无论从理论上还是现实上讲，为了探寻具体、务实的解决方案，某种线性考察以及从历史层面对于实质问题的探索可能都有些用处。

从这些角度考察，最密切的区域共同体将建立在基于亚洲或东亚的身份认同之上，迄今为止历史上出现的是东盟＋3（APT），即便在小泉自2001年参拜靖国神社中日关系趋于紧张后，仍从1997年存在到2005年。从"亚洲人"这一观点的支持者的角度看，APT的失败是莫大的遗憾。作为对我上述分析的补充，自1997年至2005年的进一步发展如下：

- 1998年第二次河内峰会上，小渊首相表示要努力尽早实现1997年10月的宫泽倡议宣布的300亿美元。
- 1999年在马尼拉举行的第三次峰会上，小渊首相以及东盟各国领导人们共同发布了一个"东亚合作联合声明"，包含了诸如政治安全与跨国问题这样的问题。
- 同样在这次峰会上，在APT的支持下，小渊首相主动承办了第一次日韩中三方峰会。自此以后,原则上这一框架常规化。

- 2003 年,在巴厘岛举行的第七次峰会上,日本与东盟签订了"全面经济伙伴关系框架"协议,同意在 2012 年之前原则上建立 EPA/FTA。
- 同样在 2003 年,日本、中国和韩国签署了一份促进三方合作的联合声明。其中指出,三方合作是"东亚合作的重要组成部分"。
- 2003 年 12 月,日本在东京主办了东盟—日本峰会,这是东盟历史上第一次在东南亚区域以外举行的峰会。①

在这篇有关建立在东亚历史性身份认同基础之上的东亚区域主义构建的论文写作之际,中日双方似乎都不曾采取行动,以回到两国的历史与文明发展,寻找身份认同的共同土壤。

# 结　语

要解决现在以及未来的东亚区域主义构建问题,作者认为有两个阶段性的方案。首先,似乎存在某些保障创建区域共同体的最基本条件。借鉴国际关系理论的智慧,它们有:(1)成员间足够的信任能够面对国家之间可能存在的任何严重安全威胁。(2)经济的相互依赖是充分条件,在一般情况下是共同体构建能够运作的基础。(3)身份认同的历史、文化及文明意义应当在共同体构建中找到其自然的位置。在这样一个时间点上,我们需要克服一个基本障碍,这个障碍是确保这些条件的主要阻力。在以上列举的所有条件中,日本—中国之间在历史与领土方面的冲突确实带来了破坏性的结果,使得区域共同体建设希望全无。因此,至关重要的是,建议两国在务实的基础上,采取各种措施,在缓解当前紧张局势的同时,找到解决办法。

在这种有必要直接缓解紧张局势的背景之下,作者提出以下指导原则:首先,双方似乎都对对方有很多要求。但是努力必须是相互的,每一方

① 有关近些年区域合作的更多资料请参见 Kazuhiko Togo, "Japan and the New Security Structures of Asian Multilateralism," in Kent Calder and Francis Fukuyama ed. , *East Asia Multilateralism: Prospect for Regional Stability*, Baltimore, The Johns Hopkins University Press 2008, pp. 168 – 197。

都应当试图成为另一方的好的倾听者。这是长久以来人类学到的一条不可辩驳的外交定律。

其次,在历史记忆问题上,在那场侵略中国的战争中,日本是犯罪者,中国是受害者,那么需要保持谦逊态度的应当是日本。日本应当建立并保持基于谦逊态度的立场,并且至少尽其所能来铭记它。如果在罗伯特·舒曼精神的指导之下,中国有意和解,那么,作为对战前日本残暴行径的反对与忏悔的战后日本和平主义,日本坚定接受基于旧金山和约第11条的东京审判的法律结果,1995年指导日本政府谦逊政策的村山声明,都应当是将来予以关注的因素。①

我认为,日中两国处理区域共同体构建的最好途径是,在试图采取具体措施减弱两国在历史与领土问题上的紧张局势的同时,开展文明对话,将共同的历史身份认同以及在接收西方价值观上各自的差异铭记脑中,努力将各自的文明发展方向联系起来。

---

① 村山谈话的当代意义,参见 Kazuhiko Togo edited,*Japan and Reconciliation in Post-war Asia：The Murayama Statement and Its Implications*，New York，Palgrave Macmillan，2013 (Palgrave Pivot Series)。

# 东亚共同体建设与日本的动力和困境

姚　远[*]

2014 年 6 月 21 日,日本前首相鸠山由纪夫在北京召开的"世界和平论坛"上发表演讲,再次呼吁推进东亚共同体的建设,引起国际舆论的关注。鸠山对"欧洲共同体的模式在东亚不可能建立"的观点做出回应,他主张"正因如此,创建东亚共同体才具有更大的价值。也因为存在差异,才能实现优势互补。信息革命已经缩短了海洋的距离,在日益严重的环境问题以及全球化带来的挑战面前,建立东亚共同体的必要性愈发紧迫"[①]。5 年前日本民主党执政时期,鸠山首相积极倡导过东亚共同体建设,得到中韩两国的响应。但随着 2012 年年底日本实现政党轮替,在日本自民党安倍政权极力推进修改宪法解释以允许行使集体自卫权,重提"价值观外交"的同时,日本对东亚共同体的讨论似乎在日本当局的刻意搁置中日趋冷淡。日本东亚共同体政策面临的困境何在? 近些年来中国学者对东亚共同体的建设已经有过很多讨论,但大多数研究往往来自国家间关系的分析视角。而本文认为日本的国内政治因素同样对日本东亚共同体政策具有重大影响,其中日本民族主义和亚洲主义之间的张力、日本政党轮替产生的政策摇摆,都制约着日本的东亚共同体政策的走向。

## 一、东亚共同体建设与大国的驱动

东亚共同体构想的提出,离不开东盟的发动和中日两大国的响应。1990 年,马来西亚前总理马哈蒂尔提出东亚经济一体化构想之后,东亚共同体的建设逐渐成为东亚国家的议事日程。马哈蒂尔在 1990 年建议成立

---

[*]　作者简介:姚远,南京大学政府管理学院副教授。
①　鸠山由纪夫:《建设友爱和平的东亚》,《人民日报》2014 年 6 月 19 日第 21 版。

东亚经济集团 EAEG(East Asia Economic Group)，主张由东盟、中国、日本、韩国进行经济合作。1997—1998 年亚洲金融危机的教训，使人们意识到东亚各国必须加强区域一体化，才能应对全球化带来的风险。1997 年底，东盟与中日韩三国领导人在马来西亚首都吉隆坡召开会议，启动了"10＋3"合作机制。根据韩国总统金大中的提议，1998 年第二届"10＋3"领导人会议决定成立"东亚展望小组"。经过几轮"10＋3"领导人会议的讨论，2004 年第八届"10＋3"领导人会议正式宣布将"东亚共同体"建设作为东亚合作的长期目标。2005 年，第九届"10＋3"领导人会议和首届东亚峰会分别通过了两个《吉隆坡宣言》，再次确认"东亚共同体"建设是东亚合作的长期目标，明确"将继续以东盟与中日韩进程为主渠道"。2009 年，日本首相鸠山由纪夫大力提倡"东亚共同体"建设，得到了中韩两国的积极响应。在2009 年 10 月举行的第二届中日韩领导人会议上，三国承诺"在开放、透明、包容原则基础上建设东亚共同体的长远目标"，东亚共同体的目标被写入了《中日韩合作十周年联合声明》。经过 9 届"10＋3"领导人会议和首届东亚峰会，东亚共同体成为东亚各国的长期目标。

东亚共同体构想能够成为"10＋3"机制的目标，与中日两个区域大国达成一致、积极推动，密不可分。地区内一个或若干个发展水平较高、国家实力较强的大国参与并主导，是推动地区一体化合作的重要条件。欧盟一体化的经验表明，法国和德国两个起到发动机作用的核心大国，在区域一体化进程中起到决定性的意义。在东亚，各经济体的规模大小悬殊，如果没有中国和日本的积极参与，仅靠东盟推动的"小马拉大车"的一体化，显然是难以为继的。作为东亚最重要的两个大国，如果中日两国携手发挥法德在欧盟一体化进程中的"轴心"作用，东亚共同体的建设就会获得强劲的动力。

中国一直是东亚共同体建设的积极倡导者。2004 年 4 月，时任外交部副部长的王毅撰文提出，建立东亚共同体可以作为东亚合作远景目标的设想之一。自 2005 年至 2013 年，中国领导人多次提出推进东亚共同体的建设。2005 年，总理温家宝在出席第 8 次东盟与中日韩领导人会议时表示："确立东亚共同体为 10＋3 合作的长远目标，中国赞成东盟在协商一致的基础上提出的举行东亚峰会的倡议。"[①]此后，温家宝在出席东盟峰会时多次

---

① 《加强合作　互惠共赢——温家宝总理在第八次东盟与中日韩领导人会议上的讲话》，新华社 2004 年 11 月 29 日电。

提出要推动东亚共同体的建设。2008 年,国家主席胡锦涛访日期间发表演讲,表示"推进东亚合作进程和东亚共同体建设,在促进亚洲振兴中实现中日共同发展"。① 2009 年,时任国家副主席习近平会见访华的鸠山首相时,评价东亚共同体构想"符合亚洲一体化进程的大趋势,也是包括中日两国在内本地区各国共同追求的目标"。② 2012 年,中国召开十八大,领导层实现了更替,中国致力推进东亚共同体的目标没有改变。2013 年 10 月,国家主席习近平在印度尼西亚国会发表演讲,提出"中国—东盟命运共同体、东盟共同体、东亚共同体等应该发挥各自优势,实现多元共生、包容共进"。③ 同年,习近平在周边外交工作座谈会上发表讲话,强调"把中国梦同周边各国人民过上美好生活的愿望、同地区发展前景对接起来,让命运共同体意识在周边国家落地生根"④。

## 二、日本参与东亚共同体建设的动力

然而,日本对东亚共同体建设态度并不连贯。20 世纪八九十年代,日本曾积极推动过区域经济合作的制度化。1980 年大平首相带头提出了"环太平洋经济合作构想",提倡的"综合安全保障",重视粮食安全、航路安全等多国间的合作。1997 年亚洲金融危机后,日本发表了"宫泽提案",提供了超过 300 亿美元的经济援助,并提出"亚洲通货基金"的构想,达到了积极效果。日本正式提出东亚共同体的构想,是 21 世纪自民党小泉纯一郎和民主党鸠山由纪夫两位首相执政时期,但两者的主要观点存在分歧。小泉首相2002 年 1 月访问新加坡时提出了"东亚共同体构想",同年通产省提出了东亚商务圈构想,并由小泉在 2003 年东盟＋日本的东京会议上再次提出。2005 年第一次东亚峰会(EAS)上,中方主张应在 10＋3 的框架下建设东亚共同体,但日方主张应加上澳大利亚、新西兰、印度形成 10＋3＋3 的东亚共同体。小泉坚持"价值观外交",强调东亚共同体要共同拥有民主主义和自由以及人权等普遍价值。鸠山首相的东亚共同体则是其"友爱外交"在东亚

① 《国家主席胡锦涛在日本早稻田大学的演讲》,新华社 2008 年 5 月 8 日电。
② 《习近平在京接受日韩主流媒体驻京记者的联合采访》,新华社 2009 年 12 月 12 日电。
③ 《国家主席习近平在印度尼西亚国会发表重要演讲》,新华社 2013 年 10 月 3 日电。
④ 《习近平:让命运共同体意识在周边国家落地生根》,新华社 2013 年 10 月 25 日电。

政策上的延伸。2009 年日本大选中,民主党的选举纲要就把构筑东亚共同体作为该党亚洲外交政策的重点。民主党执政后,鸠山提出把东亚共同体作为在亚洲与美国和欧盟并驾齐驱的世界第三极,表现了高度重视亚洲的姿态。日本外交从唯美国马首是瞻的自民党"日美关系基轴"论,转向民主党超越政治社会制度和价值观差异的以"友爱精神"的东亚共同体建设。但随着 2012 年年底民主党下台,公认自民党内的右翼保守势力代表的安倍晋三第二次执政,日本政府对东亚共同体再次趋于冷淡。

从全球化的角度看,东亚一体化的进程符合包括日本在内的东亚各国的国家利益,在经济、环境、安全等领域都可以带来切实的收益。秦亚青认为,东亚一体化代表了一种社会建构的进程模式,以进程为主的地区多边主义通过规范的扩展和主要国家的社会化,起到了保持地区稳定、促进经济合作的作用。[①] 东亚各国通过深化经济合作,实现互补,可以形成"1+1 大于 2"的"互利多赢"的效果。东亚共同体设想符合应对气候变化等世界环境危机的挑战的要求,可以通过运输能耗和排放较少的地理接近国家之间的区域经济合作,产生更大的合作效益。从安全角度看,实现东亚共同体这个长期目标而努力的过程本身,可获得东亚地区稳定的效果。建设东亚共同体的目标归根到底是一种崇高理想的产物,这个理想就是实现亚洲的复兴,彻底改变近代史上所谓"先进的欧洲,落后的亚洲"的屈辱历史。[②] 早稻田大学教授毛里和子举出近代以来六种定义亚洲的方式,其中包括:"亚洲是由功能取向创造出的,为贸易结构、安全协议提供了基础";"亚洲是一种制度,是为了适应各类机制的发展而产生的"。[③] 而这两者是形成当代亚洲整合的关键,也是包括日本在内东亚各国推进东亚共同体的共同动因。围绕此问题,已经有很多文章对此展开了研究,在此如果做一个简单的概括的话,日本参与东亚共同体建设的动因至少有文化、经济、安全三方面因素。

其一,从历史文化渊源上看,日本与中国、韩国以及东南亚的越南、新加坡等国,有共同的儒家思想的历史文化渊源。对包括日本在内的"汉字文化圈"各国而言,至今在中国、日本、韩国、越南等仍然深有影响的传统儒家思

---

① 秦亚青:《东亚共同体建设进程和美国的作用》,《外交评论》2005 年第 6 期。
② 冯昭奎:《东亚共同体是个好东西》,《世界知识》2009 年第 23 期。
③ Mori Kazuko, "Designing an East Asian Community: Challenges to Contemporary Asian Studies," in Kazuko Mori & Kenichiro Hirano eds., *A New East Asia: Toward a Regional Community*, Singapore: National University of Singapore Press, 2007, pp. 2-3.

想,当代的李光耀提出的"东亚价值观",森鸠通夫在《日本成功之路》中提出的"新儒教概念"等观念,都可以提炼出构建区域共同身份认同的价值观基础。其二,从功能取向的经济动因看,日本已经和东亚区域内经济体形成相互依赖。区域一体化过程,需要区域内主要经济体的经济运行广泛融入区域国际经济体系,具有较高程度的开放性。区域内主要经济体在高度开放条件下形成的对外经济联系,以致形成区域内经济运行与发展的足够内聚力。基本具备了这一开放性与内聚力条件,这是构建东亚共同体最重要的经济基础。[①] 在日本和区域内各经济体之间形成高度的相互依赖的情况下,日本提出东亚共同体构想,可以加强和东亚各国的经济联系,保持日本在东亚经济中的优势地位。其三,对日本而言,通过东亚共同体建立和平解决争端的外交和国际关系新秩序,有利于保障东亚安全。从非传统安全角度看,通过东亚共同体建设,有助于日本和东亚各国在共同打击恐怖主义、海盗,防止大规模杀伤性武器扩散等方面进行合作,促进建立共同应对碳排放和环境保护、粮食和食品安全、大规模传染病、毒品买卖的机制。

除上述积极的动因之外,日本对东亚共同体的态度受制于日本国内政治和对外关系的制约。从日本国内政治的角度看,如何协调民族主义和亚洲主义的关系、日本国内政治的不确定性,都是日本东亚共同体政策目前暂时面临的困境。

## 三、在民族主义和亚洲主义之间的日本

日本的东亚共同体政策面临的第一重困境在于,日本对东亚的身份认同在日趋强劲的民族主义和逐渐复活的亚洲主义之间显得模糊不清。回顾明治维新以来的日本历史,日本的亚洲主义一直与民族主义之间存在着复杂的张力。1880 年代自由民权运动时期到日俄战争前后的 20 世纪初,日本出现过一批亚洲主义的倡导者。以《脱亚论》、《文明概论》著称的福泽谕吉,倡导过"亚洲团结"。樽井藤吉的《大东合邦论》(1893 年),提出日韩两国是"势同唇齿、势同两轮、情同手足、义同朋友",主张以对等、自主自治的联邦国家的形式通过日韩合并建设"大东国","我日韩宜先合并,合纵清国,

---

① 江瑞平:《构建中的东亚共同体:经济基础与政治障碍》,《世界经济与政治》2004 年第 9 期。

以御异种人之侮"。① 日本取得日俄战争的胜利后,日本又滋生了将欧美列强作为竞争对手的野心,日本的民族主义也开始指向与欧美列强对抗。冈仓天心在日俄战争前(1902 年)发表的《东洋的理想》中,提出著名的"亚洲一体,日本是亚洲的精髓"论。他主张亚洲是"体现了共同体的、自然的、和谐的、慈悲的价值的世界",日本有优越的特权地位,即日本是"亚洲文明的博物馆"、"亚洲诸理想的历史"、"亚洲的精髓",因而"完全实现(亚洲的)统一是日本伟大的特权"。② 此后,旧亚洲主义被日本民族主义所吞噬,日本的扩张催生了同欧美对抗"大亚洲主义"。在天儿慧看来,在此时期,作为日本的扩张性民族主义的亚洲主义,它的思想框架朝着将"亚洲的地区利益"从属于"日本的国家利益"的"大东亚共荣圈"的构想发生转变。③ 战前的亚洲主义被扩张性民族主义淹没,最终被扭曲为日本军国主义者发动"大东亚战争"、"亚洲解放战争"等侵略战争的思想渊源。

　　1945 年日本战败后,日本彻底否定了战前的极端民族主义的政治、军事、经济体制和意识形态,制定和平宪法,致力建立现代民主政治。战后的日本知识界素来对民族主义抱有警戒感,认为战前的大日本主义＝军国主义复活。在知识界激烈批判战前民族主义的同时,丸山真男在 1951 年却指出了民族主义对民主化的意义,因为"只有通过对它(民族主义)的发酵地,即强韧的家族主义的社会结构及其意识形态的破坏,才有可能从日本社会的根基开始推进民主化"。④ 80 年代,著名民主主义者清水几太郎在《日本,国家!》一书中,虽然坚持认为战后民族主义,作为以回归现代化或传统为目标的国家意识形态,是一种易同军国主义复活发生联系的某种"危险思想",但他也指出"如果日本不前进为'国家',日本的'社会'也存在危险",因而主张重建"健全的民族主义"。⑤

　　战后的日本,亚洲主义也受到左翼思想家的激烈批判。1945 年以前日本亚洲主义的"亚洲联合",事实上沦为以日本为盟主的"大东亚共荣圈"的思想基础,表现在"日韩合并"、"满洲国树立"、"大东亚战争"等侵略活动。

---

　　① ［日］樽井藤吉:《大东合邦论》,［日］竹内好编《亚洲主义》,东京:筑摩书房,1963 年版。

　　② ［日］冈仓天心:《东洋的理想》,《冈仓天心全集》第 1 卷,东京:平凡社,1980 年版。

　　③ ［日］天儿慧:《亚洲的民族主义和区域主义——全球化背景下的相克和超克》,《世界经济与政治》2008 年第 6 期。

　　④ ［日］丸山真男:《日本的民族主义》,《现代日本的思想与行动》,东京:未来社,1964 年版。

　　⑤ ［日］清水几太郎:《日本成为国家——核的选择》,东京:文艺春秋,1980 年版,第 70 页。

但从上世纪末以来,随着经济全球化的迅速发展,日本社会开始关注区域主义,新亚洲主义得到一些学者的倡导。原洋之助提出,"在这样(全球化、美国单极霸权)的时代潮流中,东亚在往何处去? ……在全球化中感到不安的人们去追求真实的共同体,而一种平衡的、提供了生存意义的区域主义共同体也在复活。日本同亚洲之间'平静的融合'在前进,联合日本、朝鲜半岛、中国、台湾地区形成一个经济共同体,也有充分的可能"。平野健一郎也是东亚共同体的倡导者,他强调人的国际流动的重要性,由于经济发展和交通工具的日新月异,国际流动频率大增,原先以国家为认同对象的"国民"逐渐淡化"国家统合"的性质,向具有普世意涵的"人类"身份靠拢。①

然而,顺应全球化时代区域主义的新亚洲主义仍然只是部分知识分子的理想,并未在日本社会得到普遍的认同。与之相比,日本对于东亚共同体的看法,更受到了民族主义的崛起的制约。日本的民族主义者大致可分为两种类型。第一种如政治家小泽一郎等,他们在推崇"普通国家"的同时,仍基本接受了"东京审判"是战后日本的出发点的结论,与否认历史的极端保守势力保持距离。但另外一种则是将维护宪法九条、接受东京审判等良知派知识分子的立场视为"自虐史观",提出主张"日本是为亚洲的解放而战。太平洋战争是正当的防卫战争"。后者在 80 年代只在部分右翼势力中得到赞同,并未得到知识界和大多数国民的认可,但自 90 年代中期开始尤其是 21 世纪,右翼民族主义甚嚣尘上,在普通民众间也获得更大的响应。当前日本国内"强行参拜靖国神社"、"强行要求唱君之代国歌"、"历史修正主义"、"修改宪法第九条"、"解禁集体自卫权"等问题,均可视为日本保守派民族主义思潮风头强劲的表现。

当代日本民族主义和亚洲主义的张力,使得日本形成共同的普遍的东亚身份认同步履维艰。在建构主义者看来,认同在国际政治中至关重要,从某种意义上建构主义就是身份(identity)政治理论。身份是使事物成为该事物的因素,回答"我或我们是谁?"温特认为,多元安全共同体的形成依赖于集体身份的建立,形成集体身份有四个条件:相互依存、共同命运、同质性和自我约束。② 在欧洲的一体化进程中,德国改变了战前的民族主义和国

---

① [日]平野健一郎:《人的国际移动与国际关系理论》,《国际政治》1988 年第 87 号。
② [美]亚历山大·温特:《国际政治的社会理论》,秦亚青译,上海人民出版社 2000 年版,第 282、430 页。

家认同,法国改变了以国家中心主义和民族主义为特征的戴高乐主义,所以法德能够成为推动欧洲一体化的坚强核心。而英国始终没有认同自己是欧洲的一员,只把自己定位为欧洲大陆的"他者"或朋友,成了欧盟中"最慢的船"。① 相比欧洲,日本社会显然很难说普遍形成了类似德国和法国那样的区域身份认同。2006 年,时任中国驻日大使王毅撰文指出新亚洲主义的困境,"究其原因是因为缺乏推进亚洲主义的基本政治共识和思想基础。同时,由于日本奉行经济优先主义,在外交、安全上依赖美国,中日关系、中印关系未能正常化等因素,导致亚洲主义缺乏主导力量,更缺乏主导力量之间应有的协调"②。

## 四、日本政党政治与东亚共同体政策的摇摆

20 世纪 80 年代末 90 年代初的苏联解体和东欧剧变,使处于东西对峙前沿的日本左翼政治力量遭到极大冲击,"55 年体制"在 1993 年解体。1955 年在美国以及日本财界首脑的大力撮合下,日本主要保守政党实现联合重组,建立了自由民主党。此后,该党利用执政党的有利地位,通过选举制度等一系列正式制度安排,加上"派阀政治"和"模拟政权交替"等非正式制度、惯例的运用,维持了一党长期执政的地位。③ 尽管自民党长期一党独大,仍有左翼革新政党社会党、共产党占三分之一议席,它们影响下的和平运动对保守势力也构成一定程度的制衡。1993 年开始,日本保守势力主导进行了众议院选举区制度改革,将中选区改为小选区比例代表并立制。日本社会党、共产党急剧边缘化,失去了与保守势力相抗衡的能力,日本政党政治终于实现了"总体保守化"。

2009 年和 2012 年虽然实现了民主党和自民党两大保守政党之间的政党轮替,但日本两大主要政党之间不再具备明显的政治对立轴。自民党、民主党和在意识形态方面的总体保守化并无根本区别,两党主要国内政策主张也呈现同质化趋势。在政治上坐标位置与自民党和民主党政党明显不同

---

① 李明明:《建构主义的欧洲一体化理论探析》,《欧洲研究》2003 年第 3 期。
② 王毅:《思考二十一世纪的新亚洲主义》,《外交评论》2006 年第 3 期。
③ 臧志军:《试析日本政党政治的危机》,《复旦学报(社会科学版)》2013 年第 4 期。

的只有日本共产党、社会民主党等个别政党,但势力已相当衰落,无力影响日本国家的未来走向。在日本政治"总体保守化"的大环境下,自民党意识形态更趋保守反共。例如 2010 年自民党的《立党宣言》开篇即宣称该党以"反共产·社会主义、反独裁·专制统治"和"建立日本般的日本"作为立党目标,"1989 年柏林墙的倒塌,1991 年苏联的解体意味着上述目标之一的达成,这也是我党的胜利","截至目前,我党经受了共产主义·社会主义政党为了批判而进行的批判,直视现实,通过以日美安保条约为基础的外交政策维护持久和平,与日本国民一道将日本发展为世界第二的经济大国"。①

尽管自民党和民主党在意识形态和国内政策上存在趋同倾向,但在对外政策上仍有一定的差异。众所周知,日本自民党的小泉内阁和安倍内阁都主张"价值观"外交。2005 年小泉政府之所以主张澳大利亚、新西兰及印度参加东亚共同体,是因为其社会制度与日本相同。2006 年,日本首相安倍晋三与时任日本外相的麻生太郎主张,和日本同样具有尊重自由、民主、人权、法治、市场经济等基本普世价值的国家进行合作的"价值观外交",提出"自由与繁荣之弧"。2012 年年底再度出任首相的安倍晋三于 2013 年 1 月 16 日—18 日访问越南、泰国和印度尼西亚。在与印尼领导人会谈后,安倍发表以"在法律支配下寻求海洋稳定"为中心内容的"日本与东盟外交 5 项原则",即所谓"安倍主义"。安倍重申"价值观外交",声称要"为巩固和扩大自由、民主、基本人权等普遍价值观与东盟各国共同努力","由法律支配,而并非力量支配的自由开放的海洋是公共财产,日方将与东盟各国全力守护这一点。欢迎美国对亚洲的重视"。②

安倍政权不再将东亚共同体作为外交的重心,相反,它致力于宪法再解释、解禁集体自卫权等方面,以强化日美安保同盟。在安倍外交致使中日关系、日韩关系降至历史低点的情况下,日本自民党政权显然既无意愿也无能力再推动东亚共同体的建设。自民党税调会长、日中协会会长野田毅在 2013 年曾质疑安倍提出的"价值观外交"在中国看来就是"对华包围网",使

---

① 《平成 22 年(2010 年)纲领》,日本自民党网站,http://www.jimin.jp/aboutus/declaration/index.html#sec05,访问日期:2014 年 2 月 15 日。

② 《安倍总理大臣的东南亚访问(概要和评价)》,日本外务省网站,http://www.mofa.go.jp/mofaj/kaidan/s_abe2/vti_1301/gaiyo.html,访问日期:2014 年 5 月 15 日。

用这个概念"是不太明智的"。① 已退休的著名外交官田中均怀疑安倍主义
"能否有效",指出"处理国与国的关系有必要从对方的立场考虑"。② 尽管
这样的声音也得到自民党内一批倾向中日友好、主张推进东亚共同体建设
的政治家、官僚机构尤其是外务省的中国学派(China School)的赞同,但主
张同中韩携手推进东亚共同体的力量,已无力左右目前的日本政局。

自民党的执政同盟公明党,在野党民主党、社会民主党、共产党,则是东
亚共同体的倡导者。自民党执政联盟的公明党并不排斥东亚共同体。公明
党是 1964 年以信奉佛教日莲正宗的宗教团体"创价学会"为母体创建的政
党,曾一度标榜自己奉行"中道主义"。2010 年公明党主张"行动的国际和
平主义",继续强化以东盟为基轴的国家间关系,"实现囊括能源问题合作、
振兴旅游业、防止环境破坏和污染扩大等广泛问题的东亚共同体构想"。③

最大在野党、中右翼的民主党曾大力推进过东亚共同体建设。鸠山内
阁执政时,主张建立抑制民族主义的东亚共同体。鸠山由纪夫在《我的政治
哲学》中倡导将以"友爱"为主导创建的东亚共同体作为国家目标,在此过程
中"我们应当以构建新型国际合作框架为目标,克服各国过剩的民族主义,
创建经济合作和安全保障的规则"。④ 民主党在 2009 年竞选中提倡友爱外
交,重点是"以构筑东亚共同体为目标,强化亚洲外交":"尽全力构筑与以中
韩为首的亚洲各国的信赖关系;在通商、金融、能源、环境、灾害救援、应对传
染病等领域确立亚太地区的区内合作体制;与以亚太各国为首的世界各国
积极推进缔结包含劳务、知识产权等广泛领域的经济合作协定和自由贸易
协定。"⑤鸠山内阁执政后,宣称其外交支柱一为"东亚共同体"构想,一为
"对等的日美关系"。

传统革新政党、左翼的社会民主党和共产党都是东亚共同体的支持者。
社会民主党在 2006 年第十次全国大会上提出"以公正的国际经济与和平为

---

① 《野田税调会长批判价值观外交"不太明智"》,产经新闻网站,2013 年 4 月 15 日,http://
sankei. jp. msn. com/politics/news/130415/stt13041521370002-n1. htm,访问日期:2013 年 4 月 25 日。
② 《价值观外交有效吗》,朝日新闻网站,2013 年 7 月 27 日,http://www. asahi. com/
politics/update/0727/TKY201307270008. html,访问日期:2013 年 8 月 18 日。
③ 《2010 年宣言(参议院选举重点政策)》,日本公明党网站,https://www. komei. or. jp/policy/
various_policies/pdf/manifesto2010_a4. pdf,2010 年 6 月 17 日,访问日期:2014 年 4 月 28 日。
④ [日]鸠山由纪夫:《我的政治哲学——学习祖父的"友爱"旗帜》,《杂志 Voice 月刊》,2009
年 9 月号。
⑤ 《日本大选显示出对华政策的积极倾向》,《日本新华侨报》2009 年 8 月 20 日。

基础的亚洲经济圈",主张不能使增长和发展的恩惠只回归给发达国家和特定的企业,要实现通信、贸易、信用交易的公正规则、国际性自然环境保护基准、超越过境的劳动者权利保障、跨国企业活动的国际规制。以此为前提,推进包括东亚共同体构想在内的,以和平和共生为基调的东亚经济圈的建设。① 日本共产党在 2006 年召开二十四大,通过日共中央委员会委员长志位和夫的报告。报告提出:日本共产党决意为在东亚建设不必担心纷争和战争的和平的共同体而努力奋斗。为此,第一要克服对过去侵略战争和殖民进行正当化的逆流。第二,反对对美一边倒,探求建立同亚洲各国的和平关系的大战略。第三,确立不主张使用武力,而是以外交解决问题的态度。第四,不承认任何国家的霸权,以联合国宪章为基础保卫和平秩序。②

因此,涉及如何处理和东南亚各国关系,处理中日关系,以及对待美日同盟的东亚共同体问题,是日本各政党外交政策的争论焦点之一。实际上自民党之外的东亚共同体的倡导者,大多是宪法第 9 条的拥护者,是主张和平主义的政治势力。日本国内政治力量对东亚共同体的争论,某种意义上实际上是战后日本的革新、保守势力对决的历史延续,是各种政治势力围绕宪法第 9 条、日本同盟争论在外交层面的一种体现。一些对东亚共同体的批判声音,也同日本右翼(产经新闻、富士电视台、新历史教科书编纂委员会等)存在某种密切联系。考虑到日本政党轮替的因素,如果未来民主党再次执政,或日本左翼/革新政党重新崛起,日本对东亚共同体的态度,或可能再次趋向积极。

## 五、余　论

日本的东亚共同体政策的摇摆,既体现了日本国内民族主义与亚洲主义的张力,也体现出日本政治中政党轮替带来的影响。东亚共同体的建设,需要形成对东亚(亚洲)的认同,形成共同体认识。要推进这个进程,不仅需要各国在经济、安全等领域推进合作,也需要日本推进符合日本和亚洲各国

---

① 《社会民主党宣言》,日本社会民主党网站,http://www5.sdp.or.jp/vision/vision.htm,访问日期:2014 年 4 月 28 日。

② 〔日〕志位和夫:《在第二次党大会上的中央委员会报告》,《赤旗报》2006 年 1 月 13 日。

利益的区域主义,避免极端民族主义的继续膨胀。天儿慧曾提出调和民族主义和亚洲主义的构想,通过推进各国认同感的多重化塑造东亚的"想象的共同体"。他主张通过认同的多重化(如"既是日本人也是亚洲人"),形成不被民族主义淹没的多重的区域主义的基础,民族主义需要更加开放,全球主义也需要从单纯的美国式市场经济、自由主义变得更加包容、更加和谐,"这应是 21 世纪亚洲各国超越政治、经济、社会的潮流"。①

就日本国内政党政治而言,一直致力推动东亚共同体的民主党,以及社民党、共产党等左翼革新势力能否重新崛起仍是未知数,这给日本的东亚共同体建设带来了不确定性。然而,无论自民党还是民主党,当日本试图进行"自主外交",将外交重心倾向亚洲时,必然引起美国的强烈关注,迫使日本服从日美同盟的安排。美国东亚政策的核心目标是防止地区大国崛起,防止独立的排他性的地区合作,维持美国东亚事务主导权。美国对东亚合作历来持警惕和反对立场,马哈蒂尔的"东亚经济集团"构想、日本的"亚洲货币基金组织"倡议,在一定程度上都主要因为美国的反对而未能落实。当民主党提出重视亚洲以平衡日美同盟的政策时,自然会引起美国的不满。因此日本的东亚共同体政策,深刻反映了日本政治外交中的美国因素。在美国自 2010 年实施"重返亚洲"的战略背景下,安倍政权更是唯美国马首是瞻,继续加强日美同盟,在经济上推动跨太平洋伙伴关系协议(TPP)谈判。从日本政党政治的短期格局来看,以安倍为代表的保守势力仍将执政,在此期间的东亚共同体建设将是令人悲观的。

总之,日本东亚共同体的政策,一方面缺乏亚洲主义的身份认同的基石,另一方面日本国内政治在东亚政策上存在着较大的分歧,而无论哪个政党上台执政,外交政策又不得不受制于美国主导的日美同盟的影响。正如平野健一郎的评论:"日本的确无法握有东亚共同体的主导权,但东亚共同体对日本却非常重要,比方从冲绳的美军基地来看,日本仍然是美国的殖民地,遭其占领。日本如果欲与美国对抗,不得不借助东亚共同体的力量,可是政府还是无法在美国和亚洲之间取得平衡,鸠山前首相失败的外交政策可兹为明鉴。"②

---

① [日]天儿慧:《亚洲的民族主义和区域主义——全球化背景下的相克和超克》,《世界经济与政治》2008 年第 6 期。

② 苏翊豪、石之瑜:《日本东亚共同体思想的当代沿革——文献观点评述》,《国外理论动态》2014 年第 3 期。

# 解读日本与中韩之间的紧张关系

赤羽恒雄<sup>*</sup>

## 引　言

　　东亚目前面临的冲突,包括日本与其近邻中韩两国之间发生的领土争端,无疑都具有深刻的历史原因。因此,如果要解决这些争议,便需要参与争端的各方对争端的原因、后果以及相关史实都抱有同样程度的理解。即便这种理想的状况不能达成,至少也需要争议各方都认同一点:为了各位参与者的共同利益,需要寻求争端的和平解决。不幸的是,这些争端所涉及的道德、法律和政治因素都无比复杂,各个国家对这些争端的立场决定了不可能轻易达成和解。与之相对,各方不断做出单方面的谴责或是回击,正凸显了各国对争端的负责任程度,以及解决争端的方法之间都存在着巨大的鸿沟。而无论是参与争端的各国,或是区域内的其他国家,都没有能力构建一个多边体系,来处理这些争端或是区域内的其他问题。在没有任何区域性机构或者框架处理争端的情况下,这些冲突不断恶化,给各国之间的整体外交关系带来负面影响;而民族主义者们的愤怒有时还会爆发成为激烈的游行示威,使得各国领导人寻求相互妥协的可能性受到制约。

　　本文主要讨论日中与日韩之间紧张关系背后的原因,并对涉及该问题的大部分重要因素进行四个层面的分析:(1) 个人层面(如首相安倍晋三以及他对日本近代史所持有的民族主义观念和修正主义观点);(2) 国内层面(如国内政治环境,其特点包括一系列弱势的领导人、公众之间不断发酵的民族主义和支持防务建设的情绪,以及对中国和韩国的负面看法);(3) 双

---

　　* 作者简介:赤羽恒雄,美国蒙特瑞国际问题研究院东亚研究中心主任。
　　** 邱涛译,张舒君校。

边层面(如日中关系和日韩关系);(4)地区层面(如东亚地区实力平衡的不断变化,包括实际的和人们认知上的实力平衡的变化,尤其是中国崛起以及美国所扮演角色的不确定性;再如东亚诸国经济的深度一体化,尤其是中国、日本、韩国经济相互依存;以及持续存在的美国对地区和平与繁荣的重要意义)。作为结尾,本文简要讨论了若干原则,用以指导日本处理与其东亚邻居的关系。

## 一、道德争论、实用原则与政治需要

冲突是东亚近代史的核心特征。其中最为剧烈的冲突当属19到20世纪日本对其亚洲邻居发动的武力侵略,此外还有太平洋战争,此战从日本偷袭珍珠港开始,而随着1945年美国向广岛和长崎空投两颗原子弹、苏联进攻日本以及随后的日本投降而结束。

第二次世界大战的结束并没有把日本引向与其东亚邻居的全面和解。冷战的开始提前结束了日本与其邻居和好的机遇期,也没给日本时间负起战争罪责。与此同时,冷战造成的阻碍也让东亚地区没能建立起一个所有该地区国家都能参与其中的战后地区格局。直到今天,这两大问题仍悬而未决。

道德上的争议让过去战争的受害者们纷纷要求补偿、赔款,并要求以符合他们历史叙述(historical narratives)的方式解决历史争议。然而,如果这些国家的历史叙述与侵略的加害者的叙述有差别甚至相互矛盾,那么这些受害者所定义的正义就很难得到伸张。此外,由于受害者与加害者双方关于正义具有不同的规范、原则和规则,如果受害者不能说服加害者承担其道德上(或法律上)的责任,那么道德上的争论很难达到理想的效果。与此同时,仅靠道德上的说服,而不能使加害者产生政治上的需求,可能并不足以驱使加害者承担起责任。更有甚者,如果加害者当时的政治环境需要他们不接受这些战争责任,那么和解更无从谈起。换句话说,要解决加害者与受害者之间由于历史原因产生的冲突,并且缓和两者间的紧张关系,除了道德上的说服之外还必须有政治上的激励。

从道德和法律的角度来看待日本与其地区邻居之间的争端,第一个问题便是,这些国家需要有一个共通的准则、原则与规范,使得有关于日本战争行为的道德争论可以诉诸这些规则进行裁定。在对受到日本侵犯的邻国及其公民进行补偿的问题上，时任宫泽喜一（Kiichi Miyazawa）政府官房长官（Chief Cabinet Secretary）的河野洋平（Yohei Kono）曾在1993年发布了一个声明，承认日本军队在第二次世界大战前和第二次世界大战期间参与了把亚洲妇女强制性当作战时娼妓的行为。关于"慰安妇"问题，河野的声明说道："政府要以此为契机，不问出身，再次向所有经历众多苦痛、身心受到创伤的所谓从军慰安妇们表示诚挚道歉和反省之意。"①此声明保证日本不会对历史真相视而不见，将通过历史研究与历史教育长时间铭记这一问题，并不再重复同样的错误。随后1995年首相村山富市（Tomiichi Murayama）发表官方声明，向诸多受到战争苦难的人们，尤其是亚洲人民表示了深刻反省和道歉。首相声明说道：

"我国在不久的过去一段时期，国策有错误，走了战争的道路，使国民陷入存亡的危机，殖民统治和侵略给许多国家，特别是亚洲各国人民带来了巨大的损害和痛苦。为了避免未来有错误，我就谦虚地对待毫无疑问的这一历史事实，谨在此表示深刻的反省和由衷的歉意。同时谨向在这段历史中受到灾难的所有国内外人士表示沉痛的哀悼。"②

这份声明被此后继任的10任首相所认可，包括安倍首相在2007年第一任首相任期时也曾认可此声明。③ 村山政府设立了亚洲妇女基金（Asian Women's Fund），截止到2005年该基金对韩国、中国台湾和菲律宾的285位前慰安妇进行了赔偿。每份赔偿金还附上了日本时任首相的信件，表达反思与道歉。然而，该基金由非政府志愿者管理，基金款项也来自日本公民

---

① "Statement by the Chief Cabinet Secretary Yohei Kono on the Result of the Study on the Issue of 'Comfort Women'," August 4, 1993, Ministry of Foreign Affairs of Japan, http://www. mofa. go. jp/policy/women/fund/state9308. html (accessed March 1, 2014). 据河野声明所说，尽管慰安妇的征募是由私营企业完成的，但在相当多的案例中招募者使用了诱导劝唆的手段，并违背了被征募女性的意愿强制进行征募，甚至有政府官员也参与其中。慰安设施内十分肮脏，"慰安妇"们在其中的生活也受到强行统治。大多数的"慰安妇"来自日本以及日本控制下的朝鲜半岛，而她们的征募、运输以及控制的过程都涉及威逼强迫。

② "Statement by Prime Minister Tomiichi Murayama 'On the Occasion of the 50th Anniversary of the War's End' (15 August 1995)," Ministry of Foreign Affairs of Japan, August 15, 1995, http://www. mofa. go. jp/announce/press/pm/murayama/9508. html (accessed March 1, 2014).

③ "Murayama Says Japan Must Keep His 1995 Landmark Apology as Global Pledge," *Asahi Shimbun Asia & Japan Watch*, February 27, 2014, http://ajw. asahi. com/article/behind_news/politics/AJ201402270073 (accessed March 1, 2014).

的私人捐赠而非政府拨款。因此许多韩国妇女拒绝承认日本的道歉，也不认为补偿金是日本政府的赔偿。

如果日本能够承担其道德义务，那么日本有可能会解决慰安妇问题，让韩国和中国的控诉者们满意，而且并不一定需要承担法律责任。然而对日本政府来说，承担起道德上的责任是很难做到的。与之相反，日本的民族主义者和修正主义者还在给安倍政府施压，要求免除"村山谈话"和"河野谈话"的效力，声称这两份声明都是基于毫无根据的指控而做出的。人们甚至猜测安倍政府会废除这两项声明。① 尽管如此，安倍在 2014 年仍宣布他辖下的政府将会支持这两份声明。② 首相声明说道："我们的国家在过去给许多国家，尤其是许多亚洲国家造成了巨大的伤害和痛苦。有鉴于此，本届内阁将会遵循往届内阁的政策。"③

还有一个问题大概更加严重，这个问题不但引出了针对日本战时恶行的许多道德问题，更使得日中两国无法达成全面和解，那就是南京大屠杀问题。据中国史学家声称，在 1937 年的 12 月，日本军队共屠杀了中国平民多达 300 000 人。日本学者也承认发生过大规模屠杀，但是他们估计的死伤规模在 20 000 到 200 000 之间。2014 年 2 月中国的全国人民代表大会常务委员会议决定，将 12 月 13 日定为南京大屠杀死难者国家公祭日，将 9 月 3 日确定为中国人民抗日战争胜利纪念日。④

日本、中国和韩国都是《公民权利和政治权利国际公约（International Covenant on Civil and Political Rights）》以及《经济、社会及文化权利国际公约（International Covenant on Economic, Social, and Cultural Rights）》

① "Japan To Set Up Team To Look into Kono Statement on 'Comfort Women'," Mainichi Shimbun online, February 28, 2014, http://mainichi. jp/english/english/newsselect/news/20140228p2g00m0dm067000c. html (accessed March 1, 2014); "Abe Says Japan Will Not Annul Apology over Sex Slaves," Mainichi Shimbun online, March 14, 2014, http://mainichi. jp/english/english/newsselect/news/20140314p2g00m0dm067000c. html (accessed March 14, 2014).

② "Japan's Abe Says Won't Alter 1993 Apology on 'Comfort Women'," Reuters, March 13, 2014, http://www. reuters. com/article/2014/03/14/us-japan-korea-idUSBREA2D04R20140 314 (accessed April 1, 2014).

③ "PM Abe Says His Cabinet Upholds Murayama Statement on Japan's Wartime Aggression," Mainichi Shimbun online, March 6, 2014, http://mainichi. jp/english/english/newsselect/news/20140304p2a00m0na004000c. html (accessed March 5, 2014).

④ "China Decides to Make Dec. 13 Memorial Day for Nanjing Massacre," Mainichi Shimbun online, February 28, 2014, http://mainichi. jp/english/english/newsselect/news/20140228p2g00m0dm038000c. html (accessed March 1, 2014).

的缔约国,然而这些都是第二次世界大战后的法律文书,1966 年才被联合国采纳,1976 年才生效。因此,这些公约所确立的法律原则无法追溯应用于日本第二次世界大战前和第二次世界大战时的恶行。然而这些公约可以作为规则的基础,在此之上日本可以为它在过去帝国主义—军国主义时代所犯下的反人类罪行承担起责任。

## 二、首相安倍及其政治议程

安倍晋三目前担任自民党主席,并且第二次担任日本首相。安倍的首届首相任期于 2006 年开始,但是并没有完成任期,而是于 2007 年 9 月 26 日因健康原因辞职。2012 年 9 月,安倍再次被选为自民党总裁,并在 2012 年 12 月下院选举自民党大获全胜之后成为日本首相。

安倍对自己的民族主义理念有着充分的阐述,而他对日本历史的修正主义观点也在他的声明和著作中同样明显地体现出来。在安倍 2006 年出版的著作《致美丽的祖国》(Utsukushii kunie)①,以及该书的更新版,2013 年出版的《致新的祖国:致美丽的祖国完全版》(Atarashii kunie:Utsukushii kunie kanzenban)中,②安倍并没有把自己描述成一个民族主义者,而是一个"保守派"(hoshu)。③ 然而在描述他对一个理想化的"美丽的"日本的构想的时候,他几乎完美地展现了当代日本民族主义者的特征。④ 安倍专著的中心主题是,日本人必须重拾他们在第二次世界大战战败时丢掉的民族自豪感,将战后在自称"进步者"(shinpoha)和"自由主义者"(riberaruha)的影响下渗透到知识界的沮丧情绪彻底抛弃,并尊重本民族在

---

① Abe Shinzo, *Utsukushii kunie* (For a Beautiful Country), Tokyo:Bungei Shunju, 2006.

② Abe Shinzo, *Atarashii kunie*:*Utsukushii kunie kanzenban* (For a New Country:For a Beautiful Country, Complete Edition), Bungeishunju, 2013.

③ Abe, *Utsukushii kunie*, pp. 18 - 19;Abe, *Atarashii kuni*, pp. 22 - 23.

④ 关于我对日本当代"民族主义"的详细叙述,参见以下拙作:Tsuneo Akaha, "'China' in the Contemporary Nationalists' Reconstruction of 'Japan,'" in Gerrit Gong and Victor Teo, eds. , *Reconceptualizing the Divide*:*Identity*, *Memory*, *and Nationalism in Sino-Japanese Relations*, Newcastle upon Tyne:Cambridge Scholarship Publishing, 2010, pp. 72 - 94;and Tsuneo Akaha, "The Nationalist Discourse in Contemporary Japan:The Role of China and Korea in the Last Decade," *Pacific Focus*, Vol. 33, No. 2 (August 2008), pp. 156 - 188。

成百上千年的时间里建立起来的传统。安倍相信人们的自豪感和认同感（identity）应当源于他们从属的国家，并且这种爱国心（aikokushin）应当是人们对其从属之地的爱心（kyodoai）的延续。安倍还认为，如果一个国家能够完全保护该国公民的生命及其维持生计的手段，使之不受国内外天灾人祸的破坏，那么这个国家就能赢得其公民的尊敬。

正如前文提到的，安倍作为日本领导人的第一届任期结束得很突然，而一度站在国家政权顶点的安倍也没能实现其民族主义的抱负。与之相对，安倍的第二届任期则给了他足够的机会恢复他的政治议程。然而，鉴于国内和国际环境都发生了巨大的变化，这次安倍上台后，在安排其政治行动与政策的实施次序和实施时间上面，还是选择了相对务实的做法。

在国内事务方面，2011年3月日本东北部接连发生地震、海啸与核反应堆核心融毁，这三重灾难及其对国家造成的持续的负面影响都需要安倍政府立即给予关注。这其中的挑战包括处理这三重灾难对重灾区人们生活保障造成的影响、净化发生核心融解的东北第一核电站及其周边地区的污染，以及对事故核电站进行关停。除此之外，安倍政府还需应付三重灾难对国家经济造成的爆发性的损害，其中包括为应对经过修订后更加严格的安全措施而关停全国剩余的所有核反应堆，以及能源进口的突然增加导致的国家贸易逆差扩大到前所未有的规模（2012年达到780亿美元）。这些挑战中还有一个重要内容，就是树立3·11事件过后的新能源政策，着重调整日本未来能源供给组合中核能所占的比例。由于绝大多数公众都对安全问题心有余悸，纷纷要求逐步取消对核能的利用，安倍政府不得不在这个问题上小心翼翼。最终，政府宣布将会减少核能的使用，但不会完全剔除核能源，与此同时大力发展包括可再生能源在内的替代能源。

安倍政府所面对的另一大紧要问题便是引领日本经济摆脱持续了超过20年的萧条状态。安倍采取了后来被称为"安倍经济学"的一系列措施，包括传统的经济刺激、激进的货币扩张以及经济结构改革（所谓"三驾马车"）。随着经济议程逐步推进，安倍将重心转向了他的政治议程。他长久以来一直希望能够解除宪法对日本行使集体自卫权的限制，而为了达成这一目标，他积极推动修宪。

在第一任首相任期内，安倍通过了相关立法，为修改宪法的全民公投

(National Referendum)设定了标准程序,①成功地向着修宪解禁集体自卫权的目标迈出了第一步。在他的第二届首相任期内,安倍与自民党内跟他关系密切的要人们一起通力合作,将修宪的提案正式提上了自民党的讨论议程,而这一提案涵盖了对宪法的一系列修正,包括改变宪法第9条,即放弃战争权力的条款。

在 2012 年 12 月重新被选为首相后,安倍重新任命了他在第一届首相任期内设立的顾问团,以便让该顾问团对修宪问题进行讨论和提出建议。②由前驻美大使柳井俊二(Shunji Yanai)领导的这个顾问团主要负责回答如下问题:(1)日本能否在美国受到攻击时通过实施船舶查验来对后者进行协助?(2)如果日本附近区域发生紧急事件,日本能否参与联合国的授权行动?(3)日本自卫队(SDF)能否排除靠近日本海域的水雷?(4)日本能否加入像海湾战争那样的经美国授权的军事行动?(5)当日本遇到武装冲突,但这些冲突经认定并非向日本发动全面进攻的时候,该如何应对?③

安倍最终并没有选择修订宪法,而是改变对宪法第9条的解读方式,即在某些特殊条件之下,日本可以行使集体自卫权。④ 2014 年 2 月,首相在议院辩论中声明,日本无须修改宪法便可行使集体自卫权,只需改变政府对宪

---

① 如果日本要修改宪法,首先需要在国会两个议院中获得三分之二以上多数的赞同票,其次还需举行全民公投(National Referendum),在公投中获得简单多数(simple majority)的赞成票才能进行。新的立法并没有改变上述标准,只是设定了执行修宪的必要程序。

② 该团全称为"关于重建安全保障法律基础的顾问团"(Advisory Panel on Reconstruction of the Legal Basis for Security,又称安保法制顾问团,译名出自新华网相关文章)。

③ Ayako Mie, "Abe Ready for Full-on Military Drive," Japan Times online, March 27, 2014, http://www. japantimes. co. jp/news/2014/03/27/national/abe-ready-for-full-on-military-drive/#. U0MFxl4f9GA (accessed April 6, 2014). 顾问团副主席北冈申一(Shinkichi Kitaoka)提出日本在决定能否行使集体自卫权时应当设立五个条件:(1)当日本的盟国受到攻击时;(2)当忽视某个事态可能会对日本的安全保障带来重大影响的时候;(3)受到攻击的国家明确要求日本行使集体自卫权的时候;(4)首相对局势进行深思熟虑,并征得国会对行使集体自卫权的许可之后;以及(5)第三国允许日本自卫队穿过其领土或领海,以便到达受到攻击的盟国的时候。针对第五个条件,北冈举了个例子,即当美国船只在朝鲜半岛海岸线附近海域受到攻击的时候,日本自卫队是否有穿过韩国领海赶去支援的可能性。北冈还对第二个条件举例,比如当从波斯湾(Persian Gulf)前往日本的石油运输船被截断的时候。(Asahi Shimbun Asia & Japan Watch, February 22, 2014, http://ajw. asahi. com/article/behind_news/politics/AJ201402220052〔accessed February 25, 2014〕)

④ Mie. ibid.

法的解读即可。① 这一声明吓坏了许多议院成员,甚至包括安倍自民党内的一些成员,这些人认为这一长期施行的政策不应简单地因为首相及其内阁的解读不同而发生改变。② 2014 年 9 月安倍重组内阁,任命江渡聪德(Akinori Eto)为防务大臣,而后者正是安倍立法计划的支持者。安倍计划通过实施立法上的改变,使日本即便在自身未受到攻击的情况下,也能够保卫受到武装攻击的盟友。此外安倍还计划修订与日本周边区域紧急事件、海盗行为以及联合国维和行动相关的法律。③

安倍急切希望去除宪法对行使集体自卫权的限制,是因为他计划让日本能够"积极主动地为和平做贡献",而获得集体自卫权正是他为实现该计划所做的努力的一部分。为达成这一目标,日本增加了其 2014 财年的国防预算,使之比 2013 财年国防预算增长了 2.8%,④这也是多年以来该国国防开支第一次有所增长。获得新预算后,日本就能开始新军备的引进,增强其对遥远岛礁的防卫,其中就包括钓鱼岛。⑤ 2014 财年也是一个五年防卫预算增加计划的第一年。该计划于 2013 年 12 月获得通过,一同获准的还有

---

① "PM Abe Gets Vocal about Right to Collective Self-Defense, New Komeito Remains Cautious," Mainichi Shimbun online, February 14, 2014, http://mainichi. jp/english/english/newsselect/news/20140213p2a00m0na013000c. htm. (accessed February 13, 2014).

② 日本内阁法制局负责向内阁成员就宪法与法律问题提供意见。而针对安倍的声明,内阁法制局原局长坂田雅裕(Masahiro Sakata, former director-general of the Cabinet Legislation Bureau)也问道:"为什么宪法可以通过修改解释进行变更,这难道是可以接受的吗?"他还补充道,"如果都这样做,就不需要立法机关,政府可以随心所欲地修改法律了"(坂田的头衔及其发言翻译摘自《环球时报》相关新闻——译注)。("Abe's Zeal on Collective Self-Defense Puzzles Even LDP Members," Asahi Shimbun Asia & Japan Watch, February 21, 2014, http://ajw. asahi. com/article/behind_news/politics/AJ201402210030 (accessed February 25, 2014).

③ 预计将会修订的法律中包括一些条款,将授予日本如下权力:允许日本对朝鲜向美国发射的弹道导弹进行拦截;当美国海军舰船在公海遭到攻击时,允许日本派遣海上自卫队舰船前往支援;如果朝鲜袭击了美国,允许日本在此后对向朝鲜运送武器弹药的船只进行检查;授权日本自卫队人员使用武器解救联合国维和行动参与者(UN PKO members),并授权自卫队人员在外国保护受到攻击的本国国民。(出处同上)

④ Reiji Yoshida, "Defense Spending Hike Covers Pay: Ministry," Japan Times online, December 24, 2013, http://www. japantimes. co. jp/news/2013/12/24/national/defense-spending-hike-covers-pay-ministry/#. U0MPeV4f9GA (accessed April 6, 2014).

⑤ 同上。

日本第一份《国家安全保障战略》①以及新的《防卫计划大纲》。② 新的防卫预算增加计划要求日本于五年内新增 52 辆水陆两栖战车(amphibious vehicles),3 驾无人机(unmanned drones),23 架次世代反潜巡逻飞机(next-generation anti-submarine patrol aircraft),以及 28 架 F - 31A 隐形战斗机(stealth fighters)。③

对于钓鱼岛,安倍首相的个人观点是它无疑属于日本,且毫无谈判的余地,而安倍政府的上述举措似乎也都是由首相的这种个人观点所推动实现的。据安倍说,日本需要的不是谈判,而是"实质的力量"才能保卫日本对这些岛屿的领土主张。安倍表示,日本需要采取一切必要措施维系其对领土内小岛的有效控制,并且坚持日本需要立法对刻意侵犯其主权的外国人进行定罪。此外安倍还声称,必须以实际行动支持其领土主权的主张,要动员更多资源以加强海岸警卫队与自卫队的实力,并且,如有必要,还应将从自卫队退役的军舰船只重新调拨给海岸警卫队使用。④

安倍对日本近代史的修正主义态度也在他的一项政治举动中体现了出来。2013 年 12 月 26 日,首相参拜了饱受争议的东京靖国神社,此举激起了中国与韩国的强烈抗议,甚至连美国都史无前例地表达了"失望"。就连自民党的联合执政党新公明党,其党首也对此表示了遗憾。⑤ 对于参拜供奉了 14 名甲级战犯的靖国神社,安倍本人是这样解释的:"对我的很多批评都是基于一种误解,认为我此举是祭拜战犯的行为。然而实际上我参拜靖国神社是为了向战死者的灵魂汇报今年所取得的成果,并且传达我绝不让人们再次遭受战争磨难的决心。"⑥安倍对于神社和神社内供奉的人物们的个人观点是明确的。在太平洋战争末期为国家而牺牲生命的"神风敢死队

---

① National Security Strategy,译名来自人民网消息——译注

② "Editorial:Defense Buildup Won't Bring Security," Japan Times online, December 19, 2013, http://www. japantimes. co. jp/opinion/2013/12/19/editorials/defense-buildup-wont-bring-security/#. U0MS614f9GA (accessed April 6, 2014).

③ Reiji Yoshida, "Defense Spending Hike Covers Pay:Ministry," Japan Times online, December 24, 2013, http://www. japantimes. co. jp/news/2013/12/24/national/defense-spending-hike-covers-pay-ministry/#. U0MPeV4f9GA (accessed April 6, 2014).

④ Abe, *Atarashii kunie*, p. 249.

⑤ Antoni Slodkowski and Linda Sieg, "Japan's Abe Visits Shrine for War Dead, China, South Korea Angered," Reuters, December 26, 2013, http://www. reuters. com/article/2013/12/26/us-japan-shrine-abe-idUSBRE9BP00Q20131226 (accessed April 2, 2014).

⑥ 同上。

飞行员"(tokkotai)中的许多人就被供奉在靖国神社。在评价这些敢死队员的时候,安倍曾宣称:"面对着即将来临的死亡,这些神风特攻队员们一边思念着他们所爱的人们,同时也在为国家的永恒历史所祈祷。"安倍指出日本战后的繁荣正是建立在这些人的牺牲之上的,并问道:"但是我们作为战后的几代人,是如何对待这些人的呢?我们可曾向这些为了祖国牺牲生命的人们表达敬意?"①在第一届首相任期内安倍并没有参拜靖国神社。恰恰相反,安倍一改过去数十年历任首相就职后第一次出国访问都要前往华盛顿的惯例,而是选择了首次出访去北京与中国领导人进行会晤,以此来表达他修复双边关系的决心,而这种关系正是由于他的前任首相小泉纯一郎在其任期内(2001—2006年)每年都访问靖国神社而受到了破坏。然而后来安倍又曾表态,对他在第一届首相任期内没有参拜靖国神社一事表示深深后悔,并在第二次接任首相职位之前承诺将会参拜这一宗教场所。正如前文所说的,他在2013年12月践行了他的诺言,并引发了国内外的诸多批评。但是,安倍并没有在日本第二次世界大战战败69周年之际再一次参拜靖国神社。据称安倍此举是为了改善东京与北京之间的外交关系,并希望能够在2015年11月在中国召开的亚太经合组织峰会上与东道主习近平主席进行会晤。②

日本当代的许多民族主义者对于日本近代史都保持着一种修正主义的观念。最极端的民族主义者/修正主义者都抱持着一种看法,那就是东京审判是第二次世界大战胜利者所搞的阴谋,目的是将胜利者们的政治审判加诸战败者身上。因此,他们认为东京审判不具备道德上的说服力。他们还认为,"破坏和平罪"、"反人类罪"这些日本战争期间的领导人被指控的罪名都仅仅是战胜国捏造而来,用以惩罚战败国的。由于当时的国际法中并没有设立相关罪名,这些人也不认可用这些罪名对战时领导人进行追溯指控。③即便安倍不赞同这些修正主义观点的字面意义,他至少也认可其中所包含的思想。在安倍专著《致美丽的祖国》中,他引用了某些人的观点,指

---

① Abe, *Utsukushii kunie*, pp. 107 – 108.

② Anna Fifield, "Japan's Abe Avoids Yasukuni Shrine in Hopes of Meeting China's Xi Jinping," *Washington Post*, August 15, 2014, http://www. washingtonpost. com/world/japans-abe-stays-away-from-yasukuni-in-hopes-of-meeting-with-chinas-xi/2014/08/15/f55bdcc8-ba8c-4c94-9ba2-032124c84a9a_story. html (accessed September 1, 2014).

③ Abe, *Utsukushii kunie*, Ibid. , pp. 69 – 70.

出国际法禁止法律追溯应用于法律生效之前的行为,因而东京审判违背了国际法的原则。① 此外,在同一本书中,安倍还断言东京军事法庭所判定为战犯的日本战时领导人从没受到过国内法律的审判,国内法律也从没判定这些人犯有战争罪。因此,安倍指出,只考虑日本法律的话,这些人都不属于战犯之列。② 在安倍与日本一位前外交官合著的《保卫这个国家的决心》(*Kono kuni wo mamoru ketsui*)一书中,安倍又重申了这一观点。③

# 三、国内政治

### 1. 自民党与新公明党的联合执政

在安倍 2012 年 12 月重返首相职位之前,日本的政治局面可以用"脆弱"与"平淡"两个词来形容。在 2006 年开始的六年内日本共发生了如此多的首相轮替:安倍晋三(2006 年 9 月—2007 年 9 月);福田康夫(2007 年 9 月—2008 年 9 月);麻生太郎(2008 年 9 月—2009 年 9 月);鸠山由纪夫(2009 年 9 月—2010 年 6 月);菅直人(2010 年 6 月—2011 年 9 月);野田佳彦(2011 年 9 月—2012 年 12 月)。在这一系列的首相中没有一个能够长久执政,这让日本公众对自民党和民主党都感到幻灭。许多日本人在议院选举中给某个党派投票并不是表示对该党派的支持,而仅仅是为了表达对当时正在执政的另一个党派的不满。这在 2012 年 12 月举行的下院选举中表现得很明显。这些选举的选民投票率只有 59%,是自从第二次世界大战以来的最低点。

现在自民党与新公明党的执政联盟在上下两院都占据了大多数席位,其中上院 242 个席位中占据 135 个,而下院 480 席中则占据 325 席。这也解释了安倍政府为何能越发大胆地实施其政治举措。然而,这绝不意味着安倍政治议程会获得成功。事实上,安倍差得还远呢,在根据其民族主义理想和修正主义观点逐步践行政治变革的道路上,安倍还要克服许多的障碍。

其中一重障碍便是我们前文提到过的,安倍政府需要推进堆积如山的

---

① Abe, *Utsukushii kunie*, Ibid. , pp. 69 – 70.

② 同上,pp. 70 – 71.

③ Abe Shinzo and Okazaki Hisahiko, *Kono kuni wo mamoru ketsui* (Determination to Defend This Country [Japan]), Tokyo: Fusosha, 2006, pp. 70 – 71.

国内议程,其中大部分都与安倍的民族主义或修正主义措施无关。另外一个障碍则是自民党仍未占据议院的三分之二以上席位,因此不能修订宪法。而自民党的执政盟友新公明党则在解除宪法对集体自卫权的限制上面非常谨慎。①

摆在修宪面前的另一道强大阻碍便是缺乏来自日本公众的支持。公众对整体修宪的态度分成了壁垒分明的两派,而对待修正宪法第 9 条的态度也同样保持巨大的分歧。2013 年 4 月 NHK 电视台举办的民意调查显示,41.6％的受访者支持修改宪法而 16％的受访者反对。而在是否应当修改宪法第 9 条的问题上,受访者同样泾渭分明:33.1％的受访者支持修改,29.9％的受访者反对,剩下 31.8％的受访者还拿不定注意。②

而在最近,2014 年 1 月日本共同社(*Kyodo News*)主办的民意调查显示,超过一半(53.8％)的受访者反对行使集体自卫权,而支持者则稍微超出三分之一(37.1％)。③ 2014 年 2 月《读卖新闻》(*Yomiuri Shimbun*)的民调则显示,42％的受访者支持修宪而 41％的受访者反对。④ 而针对集体自卫权的问题,该调查结果是 27％的受访者支持改变对宪法第 9 条的解读方式,而另有 22％的受访者则更希望能够直接修改宪法,让日本能够行使集体自卫权。⑤

---

① 身为新公明党党员的日本国土交通大臣(Minister for Land, Infrastructure, Transport, and Tourism,该职位掌管领域较多,英文名比较复杂,国内通译国土交通大臣——译注)太田昭弘(Akihiro Ota)2 月 12 日在众议院预算委员会(lower house budget committee)上声明:"在安保法制顾问团发布其报告之后,我们两个执政党之间,以及国会内部都必须进一步地深入讨论。"("PM Abe Gets Vocal about Right to Collective Self-Defense, New Komeito Remains Cautious," Mainichi Shimbun online, February 14, 2014, http://mainichi. jp/english/english/newsselect/news/20140213 p2a00m0na013000c. htm. 〔accessed February 13, 2014〕).

② "2012 nen 4 gatsu kemponi kansuru ishiki chosa tanjun shukeihyo" (Opinion Survey on the Constitution, April 2013, Simple Tallies), NHK, http://www. nhk. or. jp/bunken/summary/yoron/social/pdf/130503. pdf (accessed April 9, 2014).

③ "Over Half Oppose Japan Engaging in Collective Self-Defense: Survey," Japan Times online, January 26, 2014, http://www. japantimes. co. jp/news/2014/01/26/over-half-oppose-japan-engaging-in-collective-self-defense-survey/#UuXRIn876SN (January 14, 2014).

④ "42% of Japanese Favor Constitutional Amendment," Asia News Network, http://www. asianewsnet. net/42-of-Japanese-favour-constitutional-amendment-58047. html (accessed April 6, 2014).

⑤ Ibid.

2. 日本公众对中国和韩国的态度

日本制定的对中韩两国的政策不得不对其公众看待这些邻国的观点和态度有所反应。如果说东京的决策者完全听从其公众对邻国的态度来制定政策那就未免有些误导,但即便如此有一点仍然不可动摇,那就是任何重大的政策变动都会刺激公众通过大众媒体甚至议院辩论展开讨论,而议院的议员们,包括首相内阁的成员,都会密切关注舆论情况。从这个意义出发,我们可以说大众的观点和意见能够对日本在各项充满争议的问题上的政策变化产生一定限制。我们要带着这种层面的理解来看待近来日本公众对日中关系和日韩关系的看法。

2012 年日本的内阁府(Cabinet Office)的民调显示,80.6%的受访者对中国的态度是较为不友善或是非常不友善,对中国较为友善或者非常友善的受访者只占 18%。而在 20 世纪 70 年代后期和整个 80 年代,大多数日本人对中国的态度还是非常友善的。1980 年首相官邸(Prime Minister's Office)举行的民调显示 78.6%的受访者都对中国较为友善或是非常友善,只有 14.7%的受访者表示他们对中国持有较为不友善或是非常不友善的态度。很显然,日本民众中对中国持积极态度和消极态度的人的比例发生了彻底逆转。这个逆转的转折点便是 1989 年,当年对中国持赞成态度的受访者比例从上一年的 68.5%骤降至 51.6%,而持否定态度的人则从上年的26.4%猛增至 43.1%。到了 1995 年,持对中国支持态度的人和持反对态度的人,所占比例持平,均为 48.4%。自那以后二者的比重基本保持一致,直到 2004 年否定方人数超过了赞成方。此后双方比例的差距进一步扩大,越来越多的人对中国表现出较为不友善或者非常不友善的态度。[①] 日本公众对中国的态度几乎完全一致地体现了他们对日中关系的看法。因此,从20 世纪 70 年代后期直到 80 年代末,许多日本人认为双边关系较好或非常好。对日中关系持有积极评估的人和持有消极评估的人的比重从 1995 年到2003 年基本持平,而此后则发生了逆转,持消极评价的人在数量上超过了持积极评价的人,直到 2012 年双方差距最大时,92.8%的受访者认为中日关系较差或非常差,而只有 4.8%的受访者持相反意见。[②]

---

① "Heisei 24 nendo gaiko ni kansuru seron chosa"(Public Opinion Survey concerning Foreign Relations, 2012),http://www8. cao. go. jp/survey/h24/h24-gaiko/2-1. html(accessed February 25,2014).

② Ibid.

上述分析引出了许多有意思的问题。在中日贸易和经济联系持续增长的同时,由日本公众对中国态度和他们对双边关系评价所反映出的双边政治关系却一再恶化,怎么会是这样? 两国之间的经济和政治联系呈现了完全不同的动向,而二者之间似乎也并不存在什么因果联系。这个悖论的答案就在于两国对经济利益的实用主义态度。这就是说,日本的各色企业与中国的经济部门通过物质利益为纽带联系在一起,而他们对共同利益的认知与各自政府的政治利益是分隔开来的。与之相反,日本政府与中国政府的政治考量在很大程度上也与经济利益无关。如果真实情况果真如此,那么改善/拓展两国之间的经济联系并不意味着会对逆转东京和北京之间不断恶化的政治关系有所帮助,而政治关系也可能在不对两国经济利益造成严重损害的前提下继续崩溃下去。即便两国的经济利益对政治关系恶化程度的容忍有其极限,我们目前也还没看到这一底线。

日本公众对韩国的态度也在近年来发生了明显恶化。整个 20 世纪 80 年代和 90 年代的大部分时间内,比起对韩国持支持态度的日本人,更多日本人对韩国较为不友善或是非常不友善。然而两边在 1999 年后发生了逆转。此后一直到 2011 年,对韩国持积极态度的人数持续超过持消极态度的人数,2011 年日本政府的民调显示 62.2% 的受访者对韩国持较为友善或非常友善态度,持不友善态度的占 35.3%。而在紧随其后的 2012 年,支持方和反对方突然发生了彻底的逆转,59.0% 的受访者表示了不友善的态度,而只有 39.2% 的受访者仍对韩国持友善态度。发生了什么事?

2012 年 8 月 10 日,韩国总统李明博(Lee Myung-bak)前往竹岛/独岛诸岛参观,这是韩国史上第一次有总统做出此等举措。在参观时,李总统表示:"独岛绝对是我们的领土,值得我们用生命来守护。"[1]这趟出行明显是为了表示他对日本 6 月份发布新的《防卫白皮书》的愤怒,在这份白皮书中日本重申了其对上述岛礁的主权主张。此外,6 月份李总统还撕毁了一份首尔和东京之间即将达成的军事信息交流协议。日本首相抗议了大韩民国(ROK)总统对有争议岛礁的参观,并说道:"这次参观与日本的立场相矛盾,因此让人难以接受。"他还补充说道,这些小岛"无论从历史上还是国际

---

① Choe Sang-hun, "South Korean's Visit to Disputed Islets Angers Japan," *New York Times online*, August 10, 2014, http://www.nytimes.com/2012/08/11/world/asia/south-koreans-visit-to-disputed-islets-angers-japan.html? _r=0 (accessed April 10, 2014).

法理上"都属于日本。① 在同一天日本政府召回了其驻首尔大使。日本公众对韩国持积极和消极看法的双方逆转明显反映了因为岛屿争端而突然恶化的双边关系。事实上,2012 年内阁府的民调显示,对双边关系持消极评价的日本公众比例达到了前所未有的 78.8%,而持积极评价的比例只有18.4%,同样也是历史最低。就在前一年,还有 58.5% 的受访者仍认为双方关系较好或非常好,只有 36.0% 的受访者认为双边关系较差或非常差。②

有意思的是,日本公众对韩国的态度和他们对日韩关系的评价,这些看法在积极和消极两边波动的频度比起他们对中国的类似看法的波动频率要频繁许多。不过,与日本民众对中国的看法一样,日本公众对韩国的亲密感同样也与他们对双边关系的评价走势趋同。

## 四、双边政治关系和安全方面的考量

在当前拉紧日中关系和日韩关系的因素中,关于钓鱼岛和竹岛(在韩国被称为独岛)是最为明显和最具争议的。这些争端给日本政府带来了道德上、实践上和政治上的诸多问题。日本人一贯坚持他们对这些领土的主权主张,并且固持己见地认为这两组岛屿都属于日本。日本的广大民众早已接受和习惯了他们政府的这一立场。

1. 钓鱼岛

对于日本目前实际占有而中国和中国台湾也提出主权主张的钓鱼岛,东京一直否认存在领土争议。就日本人而言并没有什么道德上的问题,因为他们坚信,自从 1895 年该列岛并入日本版图以来,他们一直合法拥有并

---

① Evan Ramstad, "Tensions Rise between Tokyo, Seoul over Islets," *Wallstreet Journal online*, August 10, 2012, http://online. wsj. com/news/articles/SB100008723963904439917045775803813635450026 (accessed April 10, 2014).

② "Heisei 24 nendo gaikoni kansuru seron chosa" (Public Opinion Survey concerning Foreign Relations, 2012), http://www8. cao. go. jp/survey/h24/h24-gaiko/2-1. html (accessed February 25, 2014).

控制这些中国东海上无人居住的岛屿。① 中国则坚称这些岛礁自古以来便是中国的固有领土。②

上述的这些岛屿位于台湾岛和日本八重山列岛（Yaeyama Retto）的中间。③ 从日本的角度看，这八座无人定居的小岛的历史是相对简单的。1885年，冲绳县举行了一次后来被称作冲绳勘测（Okinawa Survey）的全面勘测，发现了无人居住的钓鱼岛，且没有发现这些小岛被中国控制的迹象。1895年，内阁做出了内阁决议（Cabinet Decision），决定正式把这些岛屿列入日本版图，成为西南诸岛（Nansei Shoto）的一部分。④ 第二次世界大战之后，1951年《旧金山合约》（San Francisco Peace Treaty）将钓鱼岛以及冲绳岛置于美军管辖之下，1953年生效。据日本方面表示，在条约签订之前，这些小岛仍无人占据，也没有国家声称这些小岛并不是冲绳的一部分。⑤ 这些小岛此后被美国管辖，并被用作轰炸靶场，直到1971年，在《琉球治权归还协定》（Okinawa Reversion Agreement）的规定下，美国将钓鱼岛与其他西南诸岛地的管辖权一起归还日本。⑥ 尽管美国把管辖权归还给了日本，但是美国政府对主权争端实行"不持立场"（no position on sovereignty）的

---

① 日本政府在外务省网站上对其官方立场做了声明，地址为：The official Japanese position is stated on its foreign ministry's website at http://www. mofa. go. jp/region/asia-paci/senkaku/index. html（accessed April 1，2014）。另请参阅 http://www. mofa. go. jp/region/asia-paci/senkaku/qa_1010. html（accessed April 15，2014），此文包含日本政府对于中国主权主张的反驳。

② 关于中国对该争端的官方立场，参见国务院新闻办公室（State Council Information Office）于2012年9月25日发表的《钓鱼岛是中国的固有领土》白皮书。白皮书全文登于以下地址：http://in. china-embassy. org/eng/zt/diaoyudao/t973434. htm（accessed April 1，2014）。另请参阅 "China-Japan Row over Diaoyu Islands," http://www. chinadaily. com. cn/china/2012Diaoyu/node _1089381. htm（accessed April 1，2014）。

③ Steven Wei Su, "The Territorial Dispute Over the Tiaoyu/Senkaku Islands：An Update," *Ocean Development ＆ International Law*, Vol. 36, No. 1 (2005), p. 46.

④ Ministry of Foreign Affairs of Japan, "Fact Sheet：Position of Japan on the Senkaku Islands," http://www. mofa. go. jp/region/asia-paci/senkaku/fact_sheet. html（accessed October，2012）.

⑤ Kimie Hara, "50 Years from San Francisco：Re-Examining the Peace Treaty and Japan's Territorial Problems," *Pacific Affairs*, Vol. 74, No. 3 (2001), p. 376.

⑥ Koji Furukawa, "Bordering Japan：Towards a Comprehensive Perspective," *Borderlands*, Vol. 26, No. 3 (2011), p. 304.

政策,①认为领土争端应当由中日之间双边解决。②

中国认为这些岛屿一直以来都属于中国,拒绝承认日本对这一地域的主权。中国台湾同样宣称这一地域不属于日本,并且在 1971 年就反对将这些岛屿归还日本。自从美国把这些岛屿归还日本之后,日本就坚称涉及钓鱼岛的地权转让,如中央政府从这些岛屿的个人所有者手中买来三座岛屿并进行出租,以及近期对这些岛屿进行的购买或"国有化",都完全是国内事务。③

这些争端所涉及的可不仅仅是日本、中国和中国台湾之间发生的历史争议、道德争辩和法律争论的合法性问题,引发争端的岛屿附近的海域更具有巨大的经济价值。1968 年,由联合国亚洲及远东经济委员会(United Nations Economic Commission for Asia and the Far Esat, UNECAFE)主持发起了一场地质勘探,发现日本和中国台湾之间的大陆架内可能存在着石油与天然气储备。④ 根据文献记载,在这一发现之前,中国和中国台湾都几乎没有官方地对这些岛屿表示过兴趣。而在 UNECAFE 的报告之后,中国台湾便与海湾石油公司(Gulf Oil Corporation)达成协议开采该区域内的原油,其开采范围中就包含这些有争议的岛屿。⑤ 最终,日本与中国台湾达成协定,将在未来择时探讨相关岛屿的主权问题。然而,在原油发现和其他原因推动下中国大陆也开始主张对这些岛屿享有主权,到了 1971 年,中国

---

① Hara,p. 377.

② 一些日本分析家怀疑,美国之所以把争议岛屿置于日本行政管辖之下,但是在领土主权问题上保持中立,正是为了离间日本和其他争端参与方的关系,以此来满足美国利益的要求。参见 Ukeru Magosaki, "Senkaku mondai ni do taisho subekika?" (How Should We Deal with the Senkaku [Island] Issue) in Ukeru Magosaki, ed., *Kensho: Senkaku mondai* (Examination: the Senkaku Issue), Tokyo: Iwanami shoten, 2012, pp. 19 – 20.

③ Ministry of Foreign Affairs of Japan, "Fact Sheet: Position of Japan on the Senkaku Islands."

④ Min Gyo Koo, "The Senkaku/Diaoyu Dispute and Sino-Japanese Political-Economic Relations: Cold Politics and Hot Economics?" *The Pacific Review*, Vol. 22, No. 2 (May 2009), p. 213.

⑤ 同上。

大陆发表官方声明,声称这些岛屿自古以来便是中国领土的一部分。①

除了周边区域的自然资源外,这些岛屿的区位条件对中国也具有重要的战略价值。这些岛屿是数条关键的大洋航线的必经之路,这些岛屿的拥有者不仅能使用这些航线,同时还可以限制其他国家对这些航线的使用。中国一直想让其军队,尤其是海军,得到进一步的增强与现代化,而一旦掌握了这些关键航线,中国就可以有效地控制这些岛屿的邻近海域,并在冲突发生时阻止其他国家的船舰进入或穿过这一区域。

重要的经济价值、核心的战略区位和主权的争议都让这些岛屿的相关问题变得极为敏感。尤其是日本和中国国内的民族主义思潮都在兴起,这使得两国领导人即便想要改善双边关系,可供选择的方案也非常有限。2008年6月,日中两国签署了一项天然气共同勘探协议,这是两国在关于该问题的双边合作上踏出的第一步。尽管该协议并没有涉及主权问题,它仍然给两国提供了一个实际可行的处理岛屿争端的备选方案,使得两国可以在维持各自主权主张的同时,共同开采该区域内的自然资源。然而,尽管两国已经达成了共同开发天然气储备的协议,在如何履行该协议上中日目前仍未能取得一致。

2010年9月,一艘中国渔船在钓鱼岛海域与两艘正在巡逻的海岸警卫队巡逻舰发生了冲撞,而在一位海岸警卫队队员将事件视频上传youtube后,许多日本人都观看了该视频。② 自那以后,许多日本人都担忧日本对这些领土的行政管理和实际控制会越来越多地受到来自中国的威胁。两年后,日本政府通过从这些岛屿的私人拥有者手中购买的形式"国有化"了三座岛屿。野田政府采取的这一举动,据称其目的是为了防止东京都知事石

① 据日本中国问题专家天儿慧(Satoshi Amako)所言,矿物资源是中国对争议岛屿提出主权声明的原因之一,但不是最重要的原因。天儿慧提出的其他更重要的原因包括中国国内民族主义的崛起,以及中国在本地区战略利益的扩张。参见 Satoshi Amako, "Kii wado wa 'genjo iji'" (The keyword is "Status Quo"), in Ukeru Magosaki, ed., Kensho: Senkaku mondai (Verification: the Senkaku Issue), Tokyo: Iwanami shoten, 2012, particularly pp. 112 – 113. 另请参阅 Amako, Nicchu tairitsu (Japan-China confrontation), Tokyo: Chikuma shobo, 2013, pp. 132 – 133.

② Chico Harlan, "Japanese Coast Guard Membver Admits to Leaking Video of Collision at Sea," Washington Post online, http://www. washingtonpost. com/wp-dyn/content/article/2010/11/10/AR2010111004137. html (accessed April 1, 2014).

原慎太郎(Shintaro Ishihara)推动其由东京都政府购买该处地产的计划。[①]据称,身为民族主义者的石原打算在岛上建设一些设施,以此来表明日本对这些领土的控制,而野田政府担心此举会严重损害日本与中国的关系。[②]

自2010年9月撞船事件之后,为了显示中国实力并展示中国对这些岛屿的管辖权,中国巡逻船曾数次进入这些岛屿附近的争议海域。中国台湾也向该区域派遣了数艘渔船以示对日本主权主张的抗议。日方对此做出的回应则是增加了该区域的海岸警备队部署。[③] 参与争端的各方都走在导火索上,一旦有一方踏错,不论是有意还是无意,都可能引发武装冲突。一旦争端升级为武装冲突,鉴于美国和东京之间的安保条约,美国将不得不站出来保护日本。

为了防止紧张局面的升级这一现实原因,日本政府应当承认关于钓鱼岛问题存在争议。[④] 如果日方仍固执己见拒绝承认争议的存在,那么中国将会继续批评日本对北京所声称的中国领土的控制,中国渔船也会继续在包括争议岛屿附近海域在内的日本专属经济区(exclusive economic zone,EEZ)航行。中国对岛屿周边的日本海域及其上方空域的海事监控活动仍将继续,中日政府船只/飞机也就很可能会发生偶然的甚至有意的碰撞,产生极大风险。日本的许多观察家也提议,应当将该问题提交国际法庭(International Court of Justice, ICJ)裁决,从而剔除争端中的政治因素,让

---

① "Central Government Plans to Buy Senkaku Islands," *Asahi Shimbun Asia & Japan Watch online*, http://ajw. asahi. com/article/behind_news/politics/AJ201207070062 (accessed April 10, 2014); "Ishihara Seeking to Buy Senkaku Islands," Japan Times online, http://www. japantimes. co. jp/news/2012/04/18/national/ishihara-seeking-to-buy-senkaku-islands/#. U0g4yl4f9GA (accessed April 10, 2014).

② "Update: Noda Government to Buy Senkaku Islands for 2 Billion Yen," *Asahi Shimbun Asia & Japan Watch online*, http://ajw. asahi. com/article/special/isles_dispute/AJ201209050013 (accessed April 10, 2014).

③ Julian Ryall & Malcolm Moore, "Chinese Ships Enter Japanese Waters over Island Dispute." *The Telegraph*, September 14, 2012, http://www. telegraph. co. uk/news/worldnews/asia/japan/9542545/Chinese-ships-enter-Japanese-waters-over-island-dispute. html (accessed December, 2012).

④ Sourabh Gupta, "Japan-China Relations: A Grand Bargain over the Senkaku (Diaoyu) Islands," East Asia Forum, http://www. eastasiaforum. org/2013/02/17/japan-china-relations-a-grand-bargain-over-the-senkaku-diaoyu-islands/(accessed April 1, 2014).

国际法来裁定该问题的解决方案。① 2013 年 11 月中国单方面地设立了防空识别区(Air Defense Identification Zone,AIDZ),其范围涵盖中国东海(East China Sea)的三分之二,包括钓鱼岛。中国坚称设立识别区是正当行使自卫权,而日本则对中国的行动表示严重关切,将识别区及相关规则的设定称为"十分危险的行动,单方面地改变了中国东海的现状,将局势升级,并可能引发意外后果"②。美国也表示了类似的关切。③

2. 竹岛/独岛(Takeshima/Dokdo)

关于日本海(Sea of Japan)/东海(East Sea)海域中的竹岛/独岛岛屿,东京声称这些岛屿属于日本,但首尔则表示岛屿属于他们且不存在争议。这些岛礁目前被韩国所控制,但日本声称这些岛屿在历史上被日本人当作前往郁陵岛(Utsuryo Island)途中的暂驻点,且其周围海域被日本人用作捕鱼场,因而也对这些岛屿也提出了主权主张。④ 日本的主权主张是部分基于历史的,日本声称早在江户初年(early Edo period)就对这些岛屿设立了主权。1905 年这些岛屿被纳入岛根县(Shimane Prefecture)的行政管辖范围,并被命名为竹岛。这件事在当时的报纸上有所登载。韩国则坚称,基于

---

① 举例来说,一桥大学(Hitotsubashi University)名誉教授大谷俊介(Yoshio Otani)曾建议中国向国际法庭提出申诉,而日本则在国际法庭进行回应。该提议曾多次被引用。("How the ICJ Might Rule on Japan's Island Standoffs," *Asahi Shimbun Asia & Japan Watch online*, http://ajw. asahi. com/article/globe/feature/ICJ/AJ201304140021 [accessed April 10,2014]).

② "Statement by the Minister for Foreign Affairs on the announcement on the 'East China Sea Air Defense Identification Zone' by the Ministry of National Defense of the People's Republic of China," Ministry of Foreign Affairs of Japan, http://www. mofa. go. jp/press/release/press4e_000098. html; quoted in Jun Osawa, "China's ADIZ over the East China Sea: A 'Great Wall in the Sky'?" Brookings online, December 17, 2013, http://www. brookings. edu/research/opinions/2013/12/17-china-air-defense-identification-zone-osawa (accessed April 12, 2014).

③ 11 月 23 日,国务卿克里说道:"这种单边行动是试图改变中国东海(East China Sea)现状(status quo)的行为。"("Statement on the East China Sea Air Defense Identification Zone," U. S. Department of State, http://www. state. gov/secretary/remarks/2013/11/218013. htm; quoted in Osawa, "China's ADIZ over the East China Sea. ")国防部长哈格尔则声明道"中华人民共和国的这份声明不会以任何方式影响美国在此区域进行军事行动"。("Statement by Secretary of Defense Chuck Hagel on the East China Sea Air Defense Identification Zone," U. S. Department of Defense, http://www. defense. gov/releases/release. aspx? releaseid=16392; quoted in Osawa. )

④ Ministry of Foreign Affairs of Japan, "10 Issues of Takeshima," http://www. mofa. go. jp/region/asia-paci/takeshima/pamphlet_e. pdf (accessed October, 2012).

Ministry of Foreign Affairs of Japan, "The Issue of Takeshima," http://www. mofa. go. jp/region/asia-paci/takeshima/(accessed October,2012).

"无主之地"(terra nullius)原则而将竹岛/独岛划入领土的《岛根县 1905 年第 40 号通告》(Shimane Prefecture Notice No. 40 of 1905)①是无效的。韩国对"无主之地"的说法表示反对，因为此前韩国人就曾居住在这些岛上。②

日本的官方立场则是，韩国对竹岛/独岛的占据是完全非法的。③ 东京曾经数次提议将该争端递交国际法庭裁决，但是首尔一直拒绝该提议。④日本政府暗示将会单方面将竹岛问题递交至国际法庭，但并没有实际这么做。⑤ 日本之所以对这些岛屿的正式归属权感兴趣，是因为根据 1982 年联合国海洋法公约(United Nations Convention on the Law of the Sea, UNCLOS)⑥规定，这些岛屿周围 200 海里内具有海上和司法管辖权(maritime and jurisdictional exclusivity)，且可设为专属经济区。

韩国的立场则是，他们对这些岛屿的主权是无可争议的，因为自从 6 世纪起这些岛屿就是韩国的一部分了。根据 1145 年成书的《三国史记》(Samguk Sagi)，公元 512 年古代朝鲜王国新罗(Silla)征服了于山国(Usan State)并建立起了自己的统治，后者的领土则包括郁陵岛(Ulleung)和于山岛(Usan Islands)，于山岛就是今天的竹岛/独岛。韩国还用李氏朝鲜时代(Joseon period)的政府文书来佐证其历史主张。韩国特别强调了 17 世纪90 年代发生的安永福事件(Ahn Young Bok incident)。该事件中，身为朝鲜渔民的安永福曾两次前往日本，抗议日本渔民进入他认为是朝鲜领土的郁陵岛和竹岛/独岛周围捕鱼。韩国政府声称，由于安向日本当局控诉这一局面，并指出该区域属于韩国(在当时是朝鲜)领土，当时的幕府将军曾颁布禁止前往郁陵岛区域的禁令。然而关于该禁令的颁布时间，在日本仍有着

① Republic of Korea's Ministry of Foreign Affairs and Trade, "Dokdo: Korean Territory Since the Sixth Century," p. 6.

② Seokwoo Lee and Hee Eun Lee, "Overview-'Dokdo: Historical Appraisal and International Justice'," in Seokwoo Lee and Hee Eun Lee, eds., Dokdo: Historical Appraisal and International Justice, Zeist: The Netherlands, 2011, p. 1.

③ Ministry of Foreign Affairs of Japan, "10 Issues of Takeshima."

④ 同上。

⑤ Yomiuri Shimbun, "Takeshima Case to Stay Out of Intl Court This Year," The Daily Yomiuri, December 2, 2012, http://www.yomiuri.co.jp/dy/national/T121201003307.htm (accessed December, 2012).

⑥ Sean Fern, "Tokdo or Takeshima? The International Law of Territorial Acquisition in the Japan-Korea Island Dispute," Stanford Journal of East Asian Affairs, Vol. 5, No. 1 (2005), p. 79.

广泛争议。① 韩国援引这一事件,来表明日本政府曾承认韩国对于竹岛/独岛的管辖。② 此外,韩国还用 1900 年的第 41 道圣旨[Royal Decree No. 41 (1900)]来支持该国的声明,这道圣旨正式把这些岛屿纳入到了江原道(Kangwon province)的行政管辖范围之中。

韩国的立场中牵涉到许多道德元素,这从韩国对 1904 年《日韩议定书》(Korea-Japan Protocol)与《日韩新协约》(Korea-Japan Agreement)的态度中就可以明显地表现出来。韩国表示,在签订上述议定书与协约时,韩国处于弱势无力反对,因而"独岛成了第一块被日本侵略夺走的领土"。③ 1945 年日本接受《波茨坦宣言》(Potsdam Declaration),该宣言使韩国得到解放,且限定日本只能维持对于本州岛、北海道岛、九州岛、四国岛和其他较小岛屿的统治。韩国推断,既然"其他较小岛屿"中没有提到竹岛/独岛,那么日本的统治就无法延伸到这些岛屿。④ 此后,该岛于 1951 至 1952 年间被驻日美军用作轰炸靶场。鉴于 1951 年 9 月的旧金山和约(San Francisco Peace Treaty)中并没有直接提到竹岛/独岛,时任朝鲜总统李承晚(Rhee Syngman)于 1952 年设立"李承晚线"(Rhee Syngman Line),把竹岛/独岛纳入大韩民国版图。尽管美国和日本纷纷抨击李承晚此举违背国际法,然而自此以后,韩国就一直否认竹岛/独岛存在领土争议。

1952 年后,韩国便积极推动,试图建立其对竹岛/独岛的实际占据。政府鼓励其公民前往这些岛屿筑屋居住,或至少让公民通过对该区域的投资而将其住址迁至岛上。自 1965 年至今,罕有公民迁往这些岛上居住,不过

---

① Dokdo-or-Takeshima, "1696 Ahn Yong-bok's second visit to Japan: Part Ⅰ," http://dokdo-or-takeshima. blogspot. com/2007/09/1696-ahn-yong-boks-second-visit-to. html (accessed November, 2012).

② Republic of Korea's Ministry of Foreign Affairs and Trade, "Dokdo: Korean Territory Since the Sixth Century," p. 4, http://www. google. co. kr/url? sa = t&rct = j&q = mofat%20dokdo%20sixth%20century&source = web&cd = 2&ved = 0CCAQFjAB&url = http%3A%2F%2Fwww. mofat. go. kr%2Fwebmodule%2Fcommon%2Fdownload. jsp%3Fboardid%3D9264%26tablename%3DTYPE _ DATABOARD%26seqno%3Df9803100c07c065fcf043ff0%26fileseq%3Dff9066fcf026001fe3025016&ei = s8SAUNjsFbDXigLghYDIAw&usg = AFQjCNGlWNv6ROygEdbQATIDLoDj3Hholw&cad= (accessed October, 2012).

③ Republic of Korea's Ministry of Foreign Affairs and Trade, "Dokdo, Korea's Beautiful Island," p. 8, http://www. korea. net/Resources/Publications/Others/view? articleId = 3111 (accessed October, 2012).

④ Republic of Korea's Ministry of Foreign Affairs and Trade, "Dokdo: Korean Territory Since the Sixth Century," p. 10.

由于韩国政府推动其"独岛永久住址登记运动"（National Dokdo Permanent Address Registration Movement），截至2007年已有2051位居民将其永久住址迁往独岛。[①] 时至今日，这些岛屿上一共有两位永久居民，此外韩国警察也在岛上驻扎。为了扩大其在岛上的实际存在，韩国还对这些岛屿的基础设施建设进行了投资。政府于1995年在岛上建立了一座港口，而1996年则批准游客上岛参观游览。此外，韩国政府还在岛上建立了一座海水淡化厂来为岛上居民提供干净、安全的水源。

虽然日本很愿意与韩国建立一种着眼当下与未来的新型合作关系，并推动在国际法的指导下解决争端，但是韩国的着眼点则是日本于1910至1945年间对整个朝鲜半岛的武力占据。[②] 双方对领土问题及其历史因素的看法大相径庭，使得在竹岛/独岛问题上达成和解的可能性微乎其微。然而，这并不意味着双方之间没有就实际问题开展合作的余地，也不意味着双方不能共同开发争议岛屿附近海域的渔业资源和其他海洋资源。实际上，1998年东京与首尔就成功地协商达成了一项经过修订后的渔业协定，避开了主权问题，并规定要在争议岛屿附近建立联合资源开发区。而在这个联合开发区内，双方都将对触犯该渔业协定条款的本国国民进行起诉和审判。[③]

## 五、实力平衡的不断变化：中国崛起、 区域经济一体化以及美国所扮演的角色

日本在区域内的双边关系同样受到该区域结构特征的影响。本区域在过去二三十年间发生的最重要的变化包括区域经济一体化的不断加深，中国飞速崛起，以及美国在区域内的"再平衡"战略。

---

[①] Dokdo Management Gyeongsangbuk-do Province, "People of Dokdo," http://en. dokdo. go. kr/korean_dokdo_people_of_dokdo. do (accessed October, 2012).

[②] Sean Fern, "Tokdo or Takeshima? The International Law of Territorial Acquisition in the Japan-Korea Island Dispute," p. 79.

[③] 参见 Tsuneo Akaha, "Japan-South Korea Fishery Agreement of 1998: Pursuing Pragmatic Interests without Compromising Sovereignty," in H. N. Scheiber, ed., *The Law of the Sea: The Common Heritage and Emerging Challenges*, The Hague: Netherlands: Kluwer Law International, 2000, pp. 249 - 263。

### 1. 东北亚的经济一体化

影响区域内双边关系的另一大结构特点便是本区域重要经济体之间的相互依赖逐步加深，尤其是东北亚和美国之间的相互联系越发紧密。除了几乎不在本区域内进行贸易的俄罗斯之外，所有的东北亚国家之间都通过贸易和投资紧密相连。2001 年，日本近一半的国际贸易都是与中国大陆、中国香港、中国澳门，韩国、朝鲜、蒙古、俄罗斯等其他东北亚经济体，以及美国所进行的。[①] 而中国的全球贸易中则有超过 37％的部分与其他本区域经济体以及美国有关。韩国与其他本区域经济体的贸易也占到其全球贸易份额中的 40％。与此同时，美国 21％的全球对外贸易都是与东亚国家进行的。而到了 2011 年，日、中、韩、美四国之间的相互贸易分别占到了上述四个国家贸易总量的 46％、40％、46％和 24％，[②] 充分显示了区域内贸易对于这些国家的重要性。

截至 2001 年，美国都是其他东北亚国家/地区最重要的贸易伙伴。美国在本区域内的双边贸易，包括对日本、中国大陆、中国澳门、中国香港、韩国、朝鲜、蒙古和俄罗斯的进口与出口，占据了本区域内总贸易的 30％。日本则是东北亚第二重要的贸易伙伴，其对东亚其他国家的贸易占据东亚区域贸易额的 25％；其后则是中国大陆和中国香港地区，分别占据区域贸易总额的 17％；而后是韩国，其对东亚贸易占东亚贸易总额的 9％。到了 2011 年，中国超越美国和日本，成为本区域内最重要的双边贸易合作伙伴，其本区域内贸易额占区域贸易总额的 33％，随后则是美国（21％）、日本（17％）、香港地区（14％）以及韩国（12％）。[③]

东北亚各个经济体之间还通过投资联系在一起。2011 年日本 36％左右的外商直接投资（foreign direct investment，FDI）[④] 来自于包括美国在内的东北亚投资者。而同年中国的 FDI 中有 60％是来自本区域内。这个数字在中国香港地区和韩国则分别是 46％和 51％。而对于日本、韩国、中国香港这几个区域内三大 FDI 来源地的投资者，东亚经济体也都是十分重要

---

① 本文所指"东北亚"包括美国在内，美国在地理上虽然不属于这个地区，但是对该地区经济有极度的重要性。

② 上述贸易统计数据来自国际货币基金组织贸易方向统计年鉴（IMF Direction of Trade Statistics，annual）。

③ 上述贸易统计数据来自国际货币基金组织贸易方向统计年鉴。

④ 经济学中，FDI 与 ODI 境外直接投资有意义上的区别，因此 FDI 译作外商直接投资——译注。

的投资对象。日本 FDI 的 42% 都投向本区域内经济体,而韩国 FDI 的 53% 和中国香港地区 FDI 的 42% 也都是在本区域内进行的投资。①

上述数字证明了东北亚经济体之间的一体化逐步加深。因此,对贸易和投资流通的重大干扰将会损害区域内的所有经济体。再次值得注意的是,美国对该区域的经济参与度非常高,因此对跨太平洋贸易与投资的阻碍也会对整个地区造成负面影响。

2. 中国崛起

"国家实力"是一个多维概念,需要对其进行综合分析。这些分析既包含定量测量又包括定性评估,国力本身也涵盖自身实力与相对力量,同时还包括"软实力"与"硬实力"的概念。对国家之间"实力平衡"的分析大致上基于两点:首先是衡量国家之间能够用于对彼此施加影响的资源和资产的数量指标,其次是国家对彼此能力和潜力的认知与看法。对东亚国家实力平衡的综合分析大大超出了本论文的范畴,因此在本文中我只关注了中、日、俄、美这四个对东亚实力平衡产生最大影响的国家,对这四个国家的人口数量、经济总量和军事资源做一个比较,从而简单地阐述东亚实力平衡的变化。

一个国家的人口数量展现了该国的生产力以及(作为市场)消费的能力。从这层意义来说,国家人口数量的变动反映了该国社会与经济的活力的变化。中国的人口总数在 1995 年是 12.049 亿,在 2000 年达到 12.626 亿,而到 2011 年则达到了 13.441 亿。日本人口则从 1995 年的 1.254 亿增长至 2000 年的 1.269 亿,但是从 2005 年人口开始减少,至 2011 年人口为 1.278 亿。俄罗斯人口从 1995 年的 1.481 亿降至 2000 年的 1.463 亿,到 2011 年则进一步减少到了 1.43 亿。在此时间段内美国的人口则是稳定增长,1995 年为 2.663 亿,至 2000 年增至 2.822 亿,至 2011 年则达到 3.116 亿。②

在东亚诸国里中国的经济增长最为显著,其 GDP(以当前美元汇率计算)从 1995 年的 7 280 亿美元增至 2000 年的 11 985 亿美元,在 2011 年则达到了 73 219 亿美元,成了世界第二大经济体。日本的经济则在过去 20

---

① 上述外商直接投资(FDI)数据来自国际货币基金组织贸易方向统计年鉴。

② 人口规模的统计数据来自世界银行 http://data.worldbank.org/indicator/SP.POP.TOTL? page=3 (accessed April 13, 2014)。

年一直不景气,GDP(以当前美元汇率计算)从 1995 年的 53 339 亿美元缩水成 2000 年的 47 312 亿美元,而到了 2011 年又恢复至 58 968 亿美元。韩国的 GDP 从 1995 年的 5 171 亿美元增至 2000 年的 5 334 亿美元,而 2011 年则达到 11 145 亿美元。俄罗斯 GDP 1995 年为 3 955 亿美元,至 2000 年缩水到 2 597 亿美元,但此后又经历增长,到 2011 年达到 18 991 亿美元。在整段时间内,美国一直都是世界最大的经济体,其 GDP 从 1995 年的 76 640 亿美元增至 2000 年的 102 897 亿美元,而到了 2011 年其 GDP 达到了 155 338 亿美元。①

中国在 1995 年的军费开支据估算为(以 2010 年美元汇率为基准)208.75 亿美元,2000 年这一数字增至 334.96 亿美元,并在 2011 年达到 1 292.72 亿美元。与之对应,日本的 1995 年的军费开支是(以 2010 年美元汇率为基准)531.2 亿美元,比中国军费开支的两倍还高,但直到 2000 年仅有小幅增长,为 547.85 亿美元,到 2011 年军费开支甚至有所下降,降至 545.29 亿美元。2011 年,中国的军费开支反而比日本开支的两倍还要多。俄罗斯的军费开支则从 1995 年估算的(以 2010 年美元汇率为基准)328.67 亿美元降至 2000 年的 290.14 亿美元。到 2011 年俄罗斯军费开支又升至 641.23 亿美元,超过了日本的军费开支,但仍是中国开支的一半。美国的军费开支在 1995 年为(以 2010 年美元汇率为基准)3 990.43 亿美元,2000 年为 3 820.61 亿美元,而 2011 年则为 6 895.91 亿美元。②

上述数字证实了太平洋两岸都持有的一个观点,那就是中国明显正在崛起,美国相对有所衰落,而这一结构性变化迫使区域内的每一个国家都要重新调整与中美两国之间的关系。这些变化引发了许多关于未来世界格局的猜测,如 8 国集团和 20 国集团(G8 and G20)所扮演的角色,由 2 国集团(中美)牵头对全球问题进行管理的可能性,以及地区组织和机构的作用等等。然而,我们不应忽视,这些关于国家实力的量化标准同样表明,美国仍是世界最强的军事力量,其在东亚的经济影响仍然巨大,且对区域内的主要经济体仍非常重要。我们还要注意的是,尽管日本和俄罗斯双双经历了衰

---

① 国内生产总值(GDP)数据来自世界银行 http://data. worldbank. org/indicator/NY. GDP. MKTP. CD? page=3 (accessed April 13, 2014)。

② 上述军费开支数据来自"The SIPRI Military Expenditure Database," Stockholm International Peace Research Institute, http://milexdata. sipri. org/result. php4 (accessed April 13, 2014)。

退，但前者仍是世界最重要的经济体之一，后者仍具有可怕的军事力量。

3. 美国扮演的角色

很明显，影响日本对外政策和安全考量的最重要的区域因素便是中国的持续崛起，以及中国在其经济和军事实力增长支持下的越发自信的国际行为。

日本对其安全问题越发忧心忡忡，一部分原因也是由于六方会谈（Six-Party Talks）未能在朝鲜无核化问题上取得进展。在过去 20 年间面对朝鲜顽固挑衅的五个国家中，日本可以说是感到压力最大的国家，因为它对朝鲜种种行为的影响力是最小的。由于劫持人质问题陷入僵局，以及正常化会谈没有任何进展，东京也无法对平壤进行金融和经济援助，而这正是日本在这个局面中唯一的潜在筹码。①

无论是中国崛起还是朝鲜无核化谈判无法取得进展，这都不是日本可以掌控的事情。因此，日本不得不向美国寻求道德、政治、安全和外交层面的支持。有迹象显示，华盛顿的确对日本提供了政治、安全和外交上的支持，但是一旦涉及与历史有关的道德问题，华盛顿的这种支持就变得很小了。随着安倍一再地参拜靖国神社，以及政界大佬不断就"慰安妇"问题和日本战争罪责发表争议性言论，华盛顿似乎正在失去耐心，尤其是这段时间东京与北京之间关系还在不断恶化，而关系恶化的原因很大程度上正是由于对靖国神社的参拜。

尽管华盛顿再三发出警告不要参拜靖国神社，安倍仍于 2013 年 12 月进行了参拜，而且正如前文说过的，此举导致了白宫发表官方声明，对安倍的行为表示"失望"。② 在此之前的 2013 年 4 月，副首相麻生太郎也曾参拜靖国神社，此次参拜是他在会见过美国副总统拜登之后不久进行的，而在会见中，拜登刚刚要求过日本谨慎处理历史问题。安倍参拜靖国神社同样也是在会见过拜登之后不到一个月内进行的，在会见中，拜登曾再次要求日本保持克制。2013 和 2014 年，包括许多安倍亲信在内的日本的修正主义者

---

① 关于日本在对朝鲜影响力方面对自身施加的限制，参见 Tsuneo Akaha, "Japan and the Recurrent Nuclear Crisis," in Linus Hagstrom and Marie Soderberg, eds., *North Korea Policy：Japan and the Great Powers*, London：Routledge, 2006, pp. 19 - 37。

② Takashi Oshima, "Reality Check：What the Senkakus Issue Entails for Washington," *Asahi Shimbun Asia & Japan Watch*, February 25, 2014, http://ajw. asahi. com/article/behind_news/politics/AJ201402250009 (accessed February 25, 2014).

发表了一系列言论,否认日本在"慰安妇"问题上是有罪的,而在许多美国人眼中这也削弱了日本的道德立场。在美国加利福尼亚州南部的格伦代尔市(Glendale)有一座描绘了一位慰安妇形象的纪念雕像,用以凸显战时妓院对人权的侵犯。雕像建立时,支持市政府决定的不光有美国的韩裔族群,还有美国的日裔族群。这些人还一起声讨了前来该市要求移除雕像的某些日本地方政客。① 美国众议院还一致通过了一项由加利福尼亚议员麦克·本田(Mike Honda)提出的非强制性决议,要求日本"对日军在殖民时期和第二次世界大战期间在其武装占据的亚洲和太平洋地区强迫年轻妇女成为性奴隶的行为,进行官方的、明确的、不模棱两可的承认、道歉并接受其历史责任"②。

国际社会对于日本在历史相关问题上的立场提出了越来越多的批评。然而这并没有让美国忽略其在东亚的战略利益,以及与日本共同应对该地区实力平衡不断变化带来的挑战的需求。尽管华盛顿试图对北京采取一种务实的态度,其中包括建立双边的军事合作,但美国在日中之间由于钓鱼岛争端所造成的紧张局势中,仍越发明确地表达了其对东京的支持。美国一直抱持着在领土争议中"不选边站"(take no sides)的政策,但美国承认争议领土处于日本管辖之下,并且《美日安保条约》中所规定的美国对日本的义务无论在和平时期还是冲突时都适用于这些岛屿。

2014年4月25日美日东京峰会结束时,奥巴马与安倍发表了联合声明,重申了美国对钓鱼岛领土争议的立场:

"有鉴于我们两国共同面对的安全挑战,美国和日本将在安全磋商委员会(Security Consultative Committee)的指导下增强我们的安全同盟并使之现代化,包括修改《美日防卫合作指针》(Guidelines for U. S.-Japan Defense Cooperation)。美国将其最先进的军事设备部署在日本,并为日本提供所有必需的军事能力,以便达成《日美相互合作及安全保障条约》

---

① Eric Johnston, "U. S. Cities Take Action as Japan Sticks to Denials on War History," Japan Times online, February 27, 2014, http://www. japantimes. co. jp/news/2014/02/27/national/comfort-women-statues-spur-debate/(accessed March 1, 2014). 这尊雕像描绘的是一个亚洲女孩坐在椅子上,旁边还有一个空椅子。这象征着"慰安妇幸存者们还没看到正义得到伸张,便已垂垂老矣,正在迈向死亡"。这尊雕像是为了"悼念第二次世界大战时被强迫充当日军性奴隶(sexual slavery)的来自韩国、中国大陆、中国台湾、菲律宾、荷兰、印度尼西亚等地的超过20万女性(此段文字翻译来自人民网相关报道——译注)"(Jonston)。

② 同上。

(U. S. -Japan Treaty of Mutual Cooperation and Security)中美国所做的承诺。这些承诺延伸至日本管辖的全部领土,包括钓鱼岛。在这种情况下,美国反对任何寻求破坏日本对钓鱼岛管理的单边行动。"①

奥巴马和安倍发布的在同一份声明中,还有如下文字:"美国欢迎且支持日本对于行使集体自卫权的考虑。"②

2014年4月,在访问东京不久之后,美国国防部长查克·哈格尔(Chuck Hagel)也访问了北京,与中国国防部长常万全进行了会谈,并就中国东海与中国南海领土争端所引发的紧张局势交换了一些尖锐意见。中国国防部长表示北京"对钓鱼岛具有无可争辩的主权",并且中国就"主权问题""不妥协、不退让、不交易"。他还说,"中国军队可以做到招之即来,来之能战,战之必胜"。对此哈格尔回应道:"菲律宾与日本是美国的长期盟友","我们与日菲二国各自都有共同自卫条约(mutual self-defense treaties)",并且美国"准备切实承担那些条约规定的义务"。他同时还指责中国单方面地在东海设立防空识别区,加重了区域内的紧张局势。③

即便美国重申其承担美日安保条约规定的法律义务的承诺,让日本政府稍稍松了口气,但日本政府还要担心的是,东京与北京之间越发严重的紧张局势对华盛顿与北京之间的关系造成了影响。此外,日本也不能搞错,美国在中国东海领土争端中采取的姿态,并不意味着美国认可日本不愿完全承认其战争罪行的态度,以及赞同日本虽然不承担法律责任,但是连道德责任也不愿承担的立场。很显然,华盛顿并不打算忽视对本区域建立友好关系造成阻碍的历史问题。举例来说,奥巴马总统在2015年4月25日与韩国总统李明博④共同举行新闻发布会时,打破了他此前就慰安妇问题一直保持的沉默并说道:

"最终,关于韩国和日本在过去的紧张关系,恕我直言,我们中的任何人

① "U. S. -Japan Joint Statement: The United States and Japan: Sharing the Future of the Asia-Pacific and Beyond," April 25, 2014, http://www. mofa. go. jp/na/na1/us/page24e_000045. html (accessed April 28, 2014).

② 同上。

③ Helene Cooper, "Hagel Spars with Chinese over Islands and Security," *New York Times online*, April 8, 2014, http://www. nytimes. com/2014/09/world/asia/united-states-and-china-clash-over-contested-islands. html? smid=fb-share&_r=1 (accessed April 9, 2014).

④ 原文如此。此处可能是指2014年4月25日奥巴马与韩国总统朴槿惠的新闻发布会——译注。

只要回顾历史,比如说看看慰安妇身上发生了什么,就不得不承认这是对人权的可怕的、极端的侵犯。那些妇女被侵犯的方式,即便是在战时,也是令人震惊的。她们应当得到我们的关注;她们应当得到我们的尊重;对于发生的这些事,需要有一个准确和清楚的解释。"①

奥巴马总统强烈要求日本"诚恳和公正地"承认过去的历史,但同时也呼吁日本和韩国"向后看的同时也要向前看,并且……找到解决过去痛苦和悲伤的方法,这是因为……今天韩国和日本民众的利益是如此明确的一致"。他还补充道:"我的愿望是我们能够诚恳地化解过去的一些紧张关系,但同时把目光放在未来所有人获得和平与繁荣的可能性上去。"②

# 六、结论:解决长久以来的争端

对于战后出生的几代日本人来说,他们所学到的本国近代史是不完整的、有选择性的,其叙述也是经过扭曲的。有鉴于此,这些新生代日本人似乎还没有准备好在自己人之间就战争历史开展一场赤膊上阵、毫无保留的讨论;同样的,他们也不愿意听外国政府或批评者对他们国家的过去行径进行无情的、严厉的指责。日本公众在过去近十年间看着一个个领导人来了又走,却没人能为国家的航向把住船舵,因而他们情愿看到一个能够稳定住国家这艘大船的政治领导人,让他把这艘船开回避风港。过去 20 年间国民经济的不温不火也让日本公众感到沮丧,因此他们愿意给新的经济复苏战略一个机会。正是由于这些原因,即便不是所有人都喜欢现在的政府,至少也有相当一部分的日本公众赞同第二届安倍政府关于国家复兴和经济复苏的议程。然而,由于日本公众现在正着眼于其必须优先考虑的国内事务,因而他们总体上不希望看到日本或是外国采取激进的对外政策,以免日本这一叶小舟在处处暗礁的国际关系海域沉没。而日本与其邻国们就历史和领土问题产生的争议正向着对抗的方向步步前进,这让日本公众感到焦虑。

---

① The White House Office of the Press Secretary, "Press Conference with President Obama and President Park of the Republic of Korea," Blue House, Seoul, Republic of Korea, April 25, 2014, http:// www. whitehouse. gov/the-press-office/2014/04/25/press-conference-president-obama-and-president-park-republic-korea.

② 同上。

亚洲这些邻国们彼此间充满仇恨的相互攻讦又唤醒了战争历史的幽灵，这些争吵也激起了复杂的道德问题。对于这些问题，经历过战争的那几代日本人一直试图回避，而这些人也没有教导他们战后出生的儿辈孙辈们去思考这些问题。对于战后出生的日本人来说，不断听到邻国对日本第二次世界大战前和第二次世界大战时种种罪行的指控让他们从对政治的麻木不仁中惊醒过来；而正当他们觉得应当站出来帮助国家摆脱经济上的萎靡不振之时，邻国的种种指控又迫使他们做出艰难的政治决定。正因如此，比起把日本与邻国关系的恶化归罪于第二次世界大战前和第二次世界大战期间本国同胞的所作所为，他们更倾向于认为是邻国的冥顽不化和不断逼迫导致了今天的局面。这种情绪在日本公众对邻国不断下降的评价中明显地反映了出来，而日本民族主义者和修正主义者的抬头也正是利用了这样一种情绪。

当下中国和韩国民众对日本的看法中掺杂了许多的愤怒情绪，而他们对本国领导人政策决定的影响力也不容小觑。与此同时，东亚国家实力平衡的不断变化也在改变着该区域各国领导人对本国利益的考虑。在这种前提下，日本及其邻国究竟应该做什么呢？

日本应当诚恳地面对其战前和第二次世界大战期间的历史所带来的种种道德问题；对于历史原因导致的区域内不断升温的紧张关系，应采取一切必要措施使之得到缓和；而对于那些虽然实际很小却具有重大象征意义的海岛，则应尽一切努力和平解决当前的领土争端。此外，日本与其邻国还应开展对话，共同构建对东亚地区未来的愿景，不能任由恐惧和怀疑引发民族主义的对抗，带来毁灭性的后果。这些任务都是十分艰巨的，对日本及其邻国今后数代领导人的智慧与勇气都是一种考验。

本文此前对日本与中韩之间紧张关系的原因进行了四个层面的分析，而正如这些分析所表明的那样，日本及其邻国需要对每一个层面上可能阻碍冷静对话和国际合作的因素都进行遏制。我们需要让具备良好品德和务实智慧的开明人士站到领导人的位置上去。我们还需要在每个国家都建立开放的政治制度，鼓励国民中的每一部分人都站出来自由公开地发表对于本区域过去与未来的看法和观点。我们需要意见领袖与大众媒体协助打造一个关于民族认同与国家利益的健康的讨论环境，而不是靠人为制造出一个敌人的形象来引导舆论。我们需要具有务实精神，同时受到公众信任的决策者和外交家，能在地区问题的零和问题（zero sum issues）中果断决策，制定出注重共同利益与国际合作的政策。我们需要知识精英在关于区域未来的问题上帮助领导人树立长期和宽广的区域视野,而不是向领导人灌输短期的斤斤计较以及民族主义的狭隘观点。

本文所试图阐述的是区域内一些最严重的问题,如历史问题、领土争端、地区领导权的争夺、区域经济一体化、地区和平与安全等。这些问题都深刻地涉及了日本的历史行径和道德立场,同时对日本当前的政治和经济利益也同样至关重要。因此,本文接下来将针对这些问题给出一系列措施,为这些问题的解决方案提供部分构成要素。①

首先,**对近代史理解上的分歧**是不可避免的。这是因为各国都有其独特的历史经历,这就导致了他们在回首过去时,由于参考的经历不同因而有着不同的理解与启示,从而各自创造和重现出了自己国家独有的英雄与恶棍,并各自有选择性的强调着某些历史事件。然而,只有每个国家都对重大历史事件进行公开的解读与争辩,才能让其民众对其历史获得完整的、细致入微的理解。每个国家都应鼓励国内对历史事实及其牵涉到的道德问题进行讨论,揭示所有重大历史事件中的每一个信息,并将这些信息在其国民及他国公民之间共享。很显然,这些事情说来容易,做起来却很难。某些真相的披露难免会给当前领导人在法律层面、政治层面甚至个人层面造成难以预料的后果。但是,既然国家内部以及国与国之间必须达成和解,那么刻意隐瞒对过去历史事件的道德责任,或对其轻描淡写,只会延误这种和解的达成。对于现代人为建设其社会、地区和国际环境所付出的努力而言,受到自己国家领导人的背叛与受到其他国家的背叛一样,会产生毁灭性的后果。任何国家如果试图影响、改变其邻国对历史的记载,即便其出发点是善意的,其结果也必将是事与愿违,反而造成伤害。对于这种情况而言,每个国家所能做到的最好的事便是通过双边和多边对话,与其邻国们分享自己对历史的理解,以及自己是如何得出这样的历史表述的。在这样的过程中,没有国家会觉得自己受到了轻视、侮辱或是威胁。

第二,**领土争端**是极其难以解决的,无论通过双边手段、多边手段,甚至

---

① 关于日本及其地区邻居如何共同前行的问题,在日本有其他人和我持有相同观点。我因此受到鼓舞,写下这些建议。比如说,请参见 Ukeru Magosaki, "Senkaku mondai ni do taisho subekika?" (How Should We Deal with the Senkaku [Island] Issue) in Ukeru Magosaki, ed., *Kensho: Senkaku mondai (Examination: the Senkaku Issue)*, Tokyo: Iwanami shoten, 2012, particularly pp. 82 - 100。

国际调解、国际仲裁或国际法庭判决，都不会有圆满的结果。这是由于领土争端涉及各国的主权主张，而争端的结果可能会危害到当代领导人执政的合法性，更不要提还可能造成物质利益和资产的损失。大概更为重要的一点则是这类争端所代表的象征意义与感情上的价值，因为这涉及了当下几代人认同感的问题。如果人们把收复领土的要求和失却土地的不满代代相传，那么这些情绪很可能已经成了当代人认同感的一部分。如果因为邻国的不肯妥协，武力压迫，甚至国际裁决，让收复失地的希望破灭的话，可能会助长当代人受到不公正对待的想法。在这种情况之下，最好的选择是让政治领导人们以更为务实的方式处理领土争端，努力防止国家之间在其他方面上的关系受到领土冲突的伤害。一个可能的解决方案便是"搁置"领土主张而着眼于共同开发争议岛屿附近的资源。在这些岛屿上及附近区域联手开发自然资源，或是建立生态公园，或是进行联合科学考察，则可能是另一个实际可行的方案。声明不使用武力解决领土问题以及解除争议领土的军事武装同样也会对缓和有关各国间的紧张局势有所帮助，这样务实的解决方案也引出了许多问题。举例来说，长久以来一直在争议海域捕鱼的渔民，仅仅因为那些理应代表他们利益的政客和外交官们无法找到争端的解决方案，就受到了物质利益上的损失，这样是否公平？争端也使得科学家和环境专家们无法在争议岛屿附近海域进行科学研究，发挥其知识和能力造福社会，这样是否公平？同样的，对我们的子孙后代而言，仅仅因为他们的祖辈父辈没能够为其争端找到切实可行的解决方案，就让他们接受单方面的历史教育，毫不质疑地把他们的邻居看作破坏他们梦想与抱负的敌人，这样是否公平？

第三，关于日本领导人参拜**靖国神社**的问题，他们应当避免在位期间进行参拜。只要他们还担任着公职，那么声称这些参拜宗教场所的行径仅仅是私人事务显然是不可信的。日本政府应当在公开的、非宗教的场合举办纪念仪式来对战死者表示敬意。在这些仪式中，同样也应该对受到日本帝国主义和军国主义荼毒的非日本人进行哀悼，如此一来日本领导人也会有机会公开地道歉、反思，展现出他们对于国家过去行径的悔过，并迎合全世界渴求和平的主流声音。如果日本领导人能够在这样严肃公开的场合表示出诚挚的道歉，那么其他国家的领导人同样也应该接受他们的歉意。

第四，仅仅为过去道歉和赎罪恐怕并不足以赢得邻国的信任。日本应当积极地与其邻国面对面来**建立互信**。在这方面，东北亚国家有许多地方都要向东南亚国家的成功经验学习。2015年,东南亚国家将一同庆祝东盟安全共同体的建立。自从1967年东盟(ASEAN)作为一个地区论坛成立以来,其成员国建立相互信任的努力已经赢得了相当多的和平红利。他们的努力已经帮助东盟成为一个核心机构,而在此基础上又建立了各个层面的旨在推动区域合作的多边机制,包括东盟地区论坛(ASEAN Regional Forum, ARF),东盟10+3(ASEAN+3,又称东盟+中日韩)对话论坛,东盟防长扩大会(ASEAN Defense Ministers Meeting-Plus, ADMM-Plus,简称"东盟10+8防长会"),以及东亚峰会(East Asia Summit)。其中最后提到的东亚峰会不仅包括东盟十个成员国及其最初的对话伙伴中日韩,现在还包括美国、俄罗斯、澳大利亚、新西兰以及印度等国。以东盟为核心的多边对话在建立互信中发挥了重要作用,不但防止了冲突,还拓展了东南亚国家以及其他国家相互之间的经济纽带。东南亚曾是个充斥着冲突的地区,但现在的东盟地区(ASEAN region)正在转变成一个东盟共同体(ASEAN Community)。

第五,东北亚国家应当为其**经济一体化**的彻底程度感到骄傲,而这一成果正是它们通过贯穿全东亚的贸易和投资活动逐步推动达成的。东北亚国家达成这一壮举并不是通过什么自上而下政治导向的区域计划,而是通过市场的力量达成的。由此带来的经济发展和跨国经济纽带不仅促进了公民社会的发展,更带动了跨国家的社会和文化联系。东北亚国家的领导人应当进一步鼓励这种发展进程。他们需要在区域经济合作方面取得更大进展,包括建立双边和多边的贸易及投资机制,以此来加速区域经济一体化的进程。

第六,区域内紧张的局势以及对安全的威胁,包括朝鲜开发核武器与导弹,以及东亚海域的领土争端不太可能会在近期消失。为了防止这些问题可能带来的毁灭性后果,东北亚国家必须与东南亚的相应国家一同建立一个更为有效的多边**安全合作**机制。这种机制必须超越当前以东盟为核心的框架,然而在可见的未来,这种框架出现的可能性微乎其微。与此同时,以美国为核心的中心辐射式体系(hub-and-spokes system)将会继续在维持地区和平与稳定中发挥重要作用。当然,这会让某些地区领导人减少本地区美国存在及其影响力的努力受到挫败,但是直到日本、中国、韩国和美国能最终找到一种可以接受的多边框架来处理各自的不满以及相互冲突的利益问题,我们仍需要以东盟为核心的对话体系和以美国为核心的中心辐射体系相互补充完善,以防止地区内的紧张局势升级为敌对的战争行为。

下 篇

# 演进中的关键议题

# 朝核问题与中美战略共识*

樊吉社**

2013 年 6 月，中美两国元首在美国加州安纳伯格庄园（Annenberg Estate）会晤期间，双方同意构建中美新型大国关系。王毅外长在美国布鲁金斯学会的演讲中以朝核为例，指出"中美应共同努力，争取在亚太热点问题的合作上取得实质性成果。这样既可以为在全球范围内开展战略合作积累经验，又能对外展示中美共同维护地区和平稳定的能力和决心"[1]。

从朝核问题的发生、发展和走势来看，朝核危机很有可能成为检验中美能否建立新型大国关系以及建立何种战略关系的试金石。自 1993 年朝核危机首次爆发迄今的 20 余年中，朝核问题既是助推中美关系的积极因素，又是中美关系的重要挑战。近年来，朝鲜核能力继续提升，如何实现朝鲜半岛的稳定和无核化成为中美两国不得不直面的问题，两国就此问题的互动也日益密切。[2] 中美能否在朝核问题上构建战略共识，共同应对东北亚地区安全挑战，这是本文探讨的主题。

本文将评估朝鲜核能力的现状及其发展趋势、此种发展趋势对中美关系的影响，分析中美在朝核问题上的根本分歧及其原因，进而探讨中美化解分歧、构建战略共识以确保朝鲜半岛的稳定并实现朝鲜半岛无核化的可能途径。

---

  \* 此文已发表于《美国研究》2014 年第 1 期。

  \*\* 作者简介：樊吉社，中国社科院美国研究所战略研究室主任、研究员。

  ① 王毅：《如何构建中美新型大国关系：王毅外长在布鲁金斯学会的演讲》，2013 年 9 月 20 日，参见中华人民共和国外交部网页 http://www. fmprc. gov. cn/mfa＿chn/zyxw＿602251/t1078765. shtm。

  ② 2013 年 6 月，习近平主席与奥巴马总统在"庄园会晤"期间就朝核问题交换意见。2013 年 12 月美国副总统访华期间，朝核成为核心议题之一，中美就此进行了广泛而深入的讨论。参见 "Background Briefing by Senior Administration Officials on the Vice President's Asia Trip," Beijing, China, December 04, 2013, available at：http://www. whitehouse. gov/the-press-office/2013/12/04/background-briefing-senior-administration-officials-vice-presidents-asia。

# 一、朝鲜核能力及对中美关系的影响

朝鲜核能力的发展关系到朝鲜半岛实现无核化的可能性,并会影响东北亚地区安全形势的发展,因而评估朝鲜核能力对于认知朝核危机的地区影响尤为重要。朝鲜的核能力主要是指宁边的钚项目、外界了解极为有限的浓缩铀项目、核试验、导弹能力发展,以及武器化潜力。

首先是朝鲜的钚项目。朝鲜主要通过宁边的五兆瓦反应堆获得钚材料。1980 年朝鲜开始建设该反应堆,并在 1986—1987 年左右建成运行。这个反应堆使用的燃料为朝鲜储量较多的天然铀,经辐照后的燃料棒从反应堆内卸出并后处理可以获得钚材料。根据每年运行时间长短的评估,朝鲜对这个反应堆的乏燃料棒进行后处理每年可以获得 4～8.5 公斤的钚材料。[①] 1993 年 3 月,第一次朝核危机爆发后,美朝通过谈判达成《美朝框架协议》,宁边的核项目包括五兆瓦反应堆被冻结。2002 年年底,第二次朝核危机爆发后,朝鲜随后重启这个反应堆,并对该反应堆卸出的乏燃料棒进行了后处理,获得了可以制造核武器的钚材料。经过数轮六方会谈,朝鲜于 2007 年 7 月关闭了五兆瓦反应堆,封存了宁边的核设施,并在一年后炸毁了这个反应堆的冷却塔。关闭反应堆、炸毁冷却塔都是朝鲜"去功能化"的步骤之一。由于 2008 年年底之后,六方会谈陷入停滞,"去功能化"进程停止。2009 年 4 月,朝鲜因为发射卫星而遭到联合国安理会主席声明的谴责,朝鲜随后宣布退出六方会谈,并将国际原子能机构的监察员赶出朝鲜,自此外界无从获悉朝鲜的核活动。2013 年 4 月,朝鲜宣布调整和变更现有核设施的用途,发展自主的核电工业并从"质"和"量"两个方面加强朝鲜的核力量。这不仅包括重启宁边的五兆瓦反应堆,还包括调整铀浓缩工厂。[②]目前五兆瓦反应堆已经重启,这意味着朝鲜有能力每年分离 6 公斤左右的

---

[①] "Yongbyon (Nyongbyon)," available at: http://www. globalsecurity. org/wmd/world/dprk/yongbyon-5. htm.

[②] "DPRK to Adjust Uses of Existing Nuclear Facilities," April 2, 2013, available at: http://www. kcna. co. jp/item/2013/201304/news02/20130402 - 36ee. html.

钚材料。①

朝鲜在过去分离了多少钚材料依然是一个很有争议的问题,各国专家的评估非常不同。据报道,朝鲜在2007年12月告知美国官员其钚材料库存约为30公斤。② 根据科学与国际安全研究所专家奥尔布赖特(David Albright)的估计,"截止到2007年2月,朝鲜拥有的钚材料库存总量大约为46到64公斤,估计其中大约28到50公斤是分离形态,能够用于制造核武器"。③ 据前美国洛斯·阿拉莫斯(Los Alamos National Laboratory)核试验室主任、现斯坦福大学教授海克(Siegfried S. Hecker)估计,朝鲜可能获得了40到50公斤钚材料,这些钚材料足以制造6到8枚核弹头。④因为朝鲜分别于2006年、2009年和2013年进行了三次核试验,其钚材料库存已经被消耗了一部分。⑤ 目前,朝鲜还在建设一座装机容量为25到30兆瓦的轻水反应堆,如果这座反应堆投入运营,它也有潜力生产钚材料,但利用轻水反应堆获得的钚材料并不如从五兆瓦反应堆乏燃料棒中分离出的钚材料更适宜制造核弹头。

其次是朝鲜的铀项目。对所有朝核问题专家乃至与朝核有关的政府官员而言,朝鲜的浓缩铀项目依然是一个谜。向世界公开其浓缩铀项目之前,朝鲜做了一些政策铺垫工作。2009年4月,朝鲜宣布将为其轻水反应堆建设独立的燃料循环系统,5个月后朝鲜宣布其铀浓缩技术取得重大进展。2010年11月,朝鲜向包括海克在内的斯坦福大学代表团展示了位于宁边的铀浓缩设施。海克教授估计,宁边的该处铀浓缩工厂约有2000台离心机,并且从离心机设施的建设速度、所达到的先进程度以及过去发现的铀浓缩痕迹来判断,他所看到的铀浓缩厂绝非唯一的铀浓缩设施。⑥ 朝鲜宣称此处的铀浓缩设施是为了生产轻水反应堆所需要的低浓缩铀材料,然而很

① "North Korea Can Produce Plutonium for 1.5 Bombs in 6 Months," *Japan Economic Newswire*, April 25, 2009.

② Warren Strobel, "North Korean Nuclear Documents Challenge CIA Assertions," *McClatchy Newspapers*, May 28, 2008.

③ David Albright and Paul Brannan, "The North Korean Plutonium Stock, February 2007," available at: http://www.isis-online.org/publications/dprk/DPRKplutoniumFEB.pdf.

④ Siegfried S. Hecker and William Liou, "Dangerous Dealings: North Korea's Nuclear Capabilities and the Threat of Export to Iran," *Arms Control Today*, Vol.37, No.2, 2007, pp.6-11.

⑤ 在2013年的核试验中,朝鲜使用了钚材料还是高浓铀存在争议。

⑥ 2011年6月,北京,笔者对海克教授的访谈。

多美国专家认为这是朝鲜寻求扩大其核材料库存的第二条道路。

第三是朝鲜的武器化努力。截止到目前,朝鲜已经试爆三个核装置,但这并不意味着朝鲜已经拥有了核武器。将裂变材料武器化并进行核试验仅是制造核武器的第一步,朝鲜还需要将核弹头小化并将其搭载在运载工具上。理论上,朝鲜只要能够制造出核弹头就可以用于攻击,例如将核弹头装载在卡车上运到攻击目标附近引爆或者用飞机投放核弹头,但现代战争条件下,这种核武器的生存力极低,只有将核弹头搭载到导弹上才可算作拥有了"核遏制力"。经过三次核试验,没人怀疑朝鲜将核材料制造成核弹头的能力,朝鲜官员也的确向美国的朝鲜问题专家哈里森(Selig S. Harrison)表示,朝鲜申报的钚材料已经武器化。[1] 朝鲜是否已经掌握了将核弹头小化并将其搭载到导弹上的能力,这仍是一个疑问。中央情报局前官员认为,经过第三次核试验,朝鲜正接近拥有但仍未获得此种能力。[2] 也有专家认为,朝鲜"非常接近将核装置搭载到导弹上的能力"。[3]

除了核能力发展,朝鲜也致力于发展运载能力。各国对朝鲜的短程导弹能力并没有多少质疑,朝鲜还致力于发展中远程导弹技术。2010年10月,朝鲜在阅兵中展示了一种没有经过试验的导弹"舞水端"(Musudan),据估计,其射程在3 000公里。朝鲜还在纪念金日成诞辰一百年的阅兵中展示了陆基机动导弹KN-08。[4] 朝鲜在过去10余年中试射了光明星系列卫星,经历数次失败后终于在2012年12月的试射中获得成功,这被认为朝鲜发展洲际弹道导弹努力取得了重大突破。

纵览朝鲜过去20多年的核项目发展与进展,大致可以对朝鲜核项目的未来发展可能做出几点判断。首先,朝鲜已经累积了足以制造数枚核弹头的裂变材料,朝鲜已经拥有了制造核武器的技术。每当朝鲜对其核武器发

---

① "Chronology of U. S.-North Korean Nuclear and Missile Diplomacy," available at: http://www. armscontrol. org/factsheets/dprkchron.

② "Assessing North Korea's Ability to Weaponize as Kim Jong-un Sends Stark Message," available at: http://www. pbs. org/newshour/bb/world/jan-june13/koreanukes2_04-02. html. April 2, 2013.

③ "North Korea's Latest Nuke Stunt Signals Country Closer to Missile Capability, Experts Say," available at: http://www. foxnews. com/world/2013/02/12/experts-say-north-korea-nuclear-test-important-step-towards-weaponization/. February 12, 2013.

④ Markus Schiller, *Characterizing the North Korean Nuclear Missile Threat*, RAND Corporation, 2012, pp. 32-34.

展项目做出政策宣示时,各国学者和政府官员通常对此持有怀疑的态度,但过去20余年的发展表明,各国专家学者不仅低估了朝鲜"拥核"的意志,也低估了朝鲜制造核武器的能力。其次,朝鲜不但通过宁边的五兆瓦反应堆获得了制造核武器所需的钚材料,而且正在寻求获得裂变材料的第二条道路,此即朝鲜的浓缩铀项目。如果未来朝核问题的僵局继续,朝鲜有能力进一步扩大其裂变材料库存。第三,如果朝核问题僵局继续,朝鲜有潜力实现核弹头"小化",并将其搭载在运载工具上,最终拥有可信的远程核打击能力。

朝核问题历经20余年的外交努力仍未获得真正解决,而朝核却已显著牵动本地区安全形势的发展趋向。如果朝鲜拥核不可逆转,其地区安全影响将极为复杂。首先,因为朝核问题久拖不决,韩国提升自身军事实力的倾向日益明显。近年来,韩国正逐步提升其军事能力,包括增加军费开支、训练和演习等。朝核问题还改变了韩国在导弹防御问题上的态度和政策。韩国曾经对是否发展导弹防御系统犹豫不决,但现在的政策逐渐坚定,并明确提出要建立独立的导弹防御系统,即韩国防空导弹防御系统(Korea Air and Missile Defense,简称 KAMD),并寻求发展分层导弹防御能力。[①] 2012年10月,美韩还达成协议,允许韩国导弹射程从300公里延长到800公里,但有效载荷保持不变,韩国因此拥有了打击朝鲜全境的能力。不仅如此,在天安舰事件和延坪岛炮击之后,韩国还改变了对朝鲜半岛统一的认识,强调朝鲜半岛局势的不确定性,并为可能突如其来的统一机遇做好准备。第二,日本军事力量增强的势头强劲。日本曾经将朝鲜视为首要的安全关切,[②]并因此加入了美国的导弹防御系统。近年来,日本更是以朝鲜的导弹能力和核项目为由,大力拓展与美国的导弹防御合作、大幅增加与美国的联合军事演习,并增加对美国武器系统的采购。如果朝鲜拥核不可逆,日本常规军事力量的发展将获得重要借口,而其国内有关是否发展核武的辩论将更趋激烈,日本以朝鲜拥核为借口决定制造核武器并非不可想象之事。第三,朝核问题久拖不决,以及朝鲜拥核不可逆转

---

① Kim Eun-jung, "S. Korea Seeks Multi-layered Missile Defense Against North," October 15, 2013, available at: http://english. yonhapnews. co. kr/news/2013/10/15/25/0200000000AEN 20131015002500315F. html.

② 作者2010年3月短期访问日本期间,曾走访政府官员、国会议员、防卫大学教授、智库学者和民间团体,受访人员普遍将朝鲜列为首要安全威胁。

的可能让美国军事上重返亚太获得了新的助力。美国不仅调整了针对朝鲜的军事力量部署,将原定部署在波兰的拦截弹调整到阿拉斯加,并计划增加14枚拦截弹,提前在关岛部署终端高空区域防御系统(THAAD)。美国还为促进美日韩三边军事合作搭建平台,进行联合军演,甚至未来实现三国的导弹预警信息共享。

韩国自身军事力量的建设让其更有能力独立应对半岛局势的发展,因此,朝鲜半岛未来出现的任何挑衅行动都有可能诱发军事冲突。朝鲜战争结束60年后,半岛重燃战火并非中美乐见的发展趋势,而朝鲜半岛可能的军事冲突也将让中美陷入如何介入的两难境地。日本军事力量的发展已经导致东北亚的区域军备竞赛,这似乎也非美国所愿。韩国和日本发展导弹防御能力确有针对朝鲜的意图,但如果日本和韩国最终致力于发展分层导弹拦截能力,中国的战略威慑能力将受到消极影响,中国必将采取应对之策。美国将朝鲜作为强化区域和国家导弹防御能力的借口,但这种能力将损害中国的安全利益。不仅如此,朝核问题还成了中美关系中重要分歧之一。2010年美国航空母舰以威慑朝鲜为由进入黄海参加军事演习,遭到中国激烈反对,朝核问题成为中美互疑的来源之一。①

中美两国都不希望朝核危机的僵局继续延续,两国也不希望朝鲜半岛出现新的挑衅事态。如果相关各方当前的政策继续下去,最糟糕的情况有可能是朝鲜半岛的稳定无法维系,朝鲜也不会弃核。因为美国高调重返亚太,中国有理由认为美国所谓"针对朝鲜"的军事举动,包括其导弹防御政策调整、美韩和美日双边以及美日韩三边军事合作等,均损害中国的安全利益。就此而言,中美在朝核问题上的分歧有可能转化成中美之间的矛盾。如果两国在朝核问题上无法深化合作,中美之间的互疑只会加强而不会得到缓解。

---

① Kenneth Lieberthal and Wang Jisi, *Addressing US-China Strategic Distrust* (Washington, DC: John L. Thornton China Center at Brookings, 2012), p. 17, http://www.brookings. edu/~/media/research/files/papers/2012/3/30％20us％20china％20lieberthal/0330_china_lieberthal. pdf.

# 二、中美在朝核问题上的分歧

　　中美两国都致力于防范核武器、核技术、核材料在朝鲜半岛的横向扩散并维护本地区的和平与稳定,因而两国在过去20余年中曾在朝鲜核扩散问题上进行了合作。在第一次朝核危机期间,"中方以自己独特的方式作朝方工作,并敦促有关各方谨慎行事,相互照顾彼此关切,避免采取过激言行使局势失控。在中方的反复劝说下,美朝举行了双边谈判,并着力通过磋商与谈判解决问题"①。在过去10年中,中国主办了旨在解决朝核问题的六方会谈,支持并执行了联合国安理会多个制裁决议。尽管包括中美在内的各国都进行了不懈的外交努力,试图解开朝核问题的死结,却未能阻止朝鲜的横向和纵向核扩散,②天安舰和延坪岛炮击事件甚至将朝鲜半岛拖入一场军事冲突。

　　虽然中美在朝核问题上存在共同利益,有过良好合作,但两国对于如何处理朝核问题存在显著分歧。第一,中美对于如何平衡无核化和半岛稳定两个目标存在分歧,对稳定和无核化的重视程度不同。中国致力于推动朝鲜半岛实现无核化,但同样担忧朝鲜半岛的稳定局势,特别是朝鲜出现不稳定可能产生的地区影响。在既往的中国政策立场中,中国更重视在实现朝鲜半岛无核化过程中维持稳定。美国通过政权更迭的方式解决了伊拉克大规模杀伤性武器扩散问题,却导致了伊拉克政局持续动荡;中国反对任何可能导致朝鲜半岛出现动荡的政策。中国认为半岛无核化和半岛稳定两个政策目标不可偏废,即使中国支持联合国安理会对朝鲜的制裁,也反对过度向朝鲜施压而导致半岛局势动荡。美国将朝鲜实现无核化列为最优先的目标,并且愿意采取任何有助于朝鲜实现无核化的强硬政策。

---

　　①　王晓琳:《中美在军控、裁军与不扩散领域的合作:成就与经验教训》,提交第三届中美军控、裁军和不扩散研讨会的发言,2000年9月13—15日。

　　②　国际原子能机构总干事的报告:《在朝鲜民主主义人民共和国执行保障》,2011年9月2日,参见国际原子能机构网页 http://www.iaea.org/About/Policy/GC/GC55/GC55Documents/Chinese/gc55-24_ch.pdf。

第二,中美在应对朝鲜核扩散问题上的路径也存在显著区别。① 中国强调防扩散问题"必须标本兼治,综合治理"。② 因此,中国敦促美国调整对朝政策,通过政治和外交而非施压、对抗的方式解决朝核危机;主张美朝双边对话或者谈判改善政治关系,消除朝鲜进行核扩散的根源,进而解决朝核问题。美国更愿意"就核论核",直接讨论核扩散问题,并强调对话、谈判、制裁、威胁使用武力、军事打击均为政策选项。美国认为,如果解决不了核扩散问题,政治关系的缓解无从谈起,因而要求中国施压朝鲜,迫其弃核。中国认为核扩散问题首先是政治问题,对于解决朝核问题至关重要,只有达成了政治解决的框架,核扩散问题才可能顺利解决。美国则认为只有解决了核扩散问题,才可能讨论政治解决框架。中美在防扩散问题上的根本逻辑思路分歧阻碍了两国的深度合作:中国批评美国秉持僵硬而强硬的对朝政策,美国则批评中国"袒护"朝鲜,不愿对朝鲜施加足够的压力,并且在执行安理会制裁决议时半心半意。

第三,对于朝核问题与东亚冷战状态的关系,中美两国的认知区别明显。美国将朝核问题定义为狭隘的"扩散问题",并不认为朝鲜"求核"的冲动与朝鲜半岛的"准冷战"状态密切相关。中国则认为朝核问题是冷战遗产的溢出效应,朝核问题不是简单的"朝鲜的核问题",而是"朝鲜半岛的问题",③朝核问题应该放在地区安全框架下处理。冷战已经结束 20 余年,但东亚的冷战状态并无根本性改变,朝核问题与其说首先是一个核扩散问题,不如说首先是一个地区安全问题。如果将朝核问题定义为简单的核扩散问题,那么旨在解决朝核问题的六方会谈很容易被朝鲜理解为五国施压朝鲜弃核的平台,而不会解决朝鲜的合理安全关切。如果将朝核问题定义为地区安全问题,那么有关朝核问题的对话或者谈判应该处理更大的问题,诸如朝鲜所认定的所谓"外部安全威胁"、朝鲜所期待的美朝关系改善、朝鲜半岛和平机制的构建问题等。过去 20 余年的两次朝核危机中,当朝鲜的合理关

---

① 防扩散问题在中美外交议程中重要性的区别、对防扩散问题认知的差别和应对防扩散问题的政策偏好不同可参见樊吉社《中国、美国与防扩散:重建共识、增进合作》,载黎弘、刘易斯·邓恩、拉尔夫·科萨主编《构建长期稳定、合作的中美战略关系》,世界知识出版社,2013 年版,第305—307 页。

② 中华人民共和国国务院新闻办公室:《中国的军控、裁军与防扩散努力》,2005 年 9 月,北京。

③ 另见朱锋《六方会谈:"朝核问题"还是"朝鲜问题"?》,《国际政治研究》2005 年第 3 期,第28—38 页。

切得到重视,危机能够得到缓解甚至解决,如 1994 年签署的《美朝框架协议》;反之,即使朝核危机能得到管控,六方会谈能够达成阶段性成果,却不可能彻底解决朝鲜核扩散问题,如 2003 年以来的六方会谈。中美在朝核问题上存在分歧的实质是,两国对朝鲜半岛乃至东北亚未来的地区安全机制存在不同的设想,两国对于彼此在此种地区安全机制中的作用认识有别。从这个意义上讲,中美在朝核问题上的分歧其实是中美关系基本状态的反映,即彼此欠缺战略互信,仍存相互防范之意。

第四,美国应对朝核问题的政策没有尊重或者照顾中国的利益。60 多年前,中国派遣志愿军参加朝鲜战争,自此以后中朝维持了较好的双边关系。中国在朝鲜半岛拥有地缘政治利益、安全利益和经济利益,而朝鲜半岛的任何不稳定状态均可能损害这些利益。朝核问题任何形式的最终解决方案均不应无视中国的这些利益,或者至少要保证中国的相关利益。多数情况下,中国在朝核问题上的政策选项并非非此即彼,而是在稳定与无核化之间寻求平衡。因此,中美寻求一个应对朝核问题的平衡方案,兼顾中美各自的利益关切,而不是不切实际地期待中国毫无保留地满足无论美国还是朝鲜的要求。

# 三、朝核问题与中美战略共识

过去 10 余年中,两国在朝核问题上的政策均未能取得成效,关键原因是中美无法就解决朝核问题的根本框架达成共识,即对朝政策是推动政权更迭还是推动政权转型? 奥巴马总统第一任期最初的对朝政策被称为"战略耐心"政策,现在则更像"后果管理"政策,即为朝鲜拥核不可逆转做好准备。[①] 积极推动朝鲜政权更迭未必是当前美国对朝政策的核心目标,但奥巴马政府的政策似乎是等待朝鲜崩溃。如果美国对朝政策是为了主动地推动朝鲜政权更迭或者被动地等待朝鲜崩溃,朝鲜不可能主动弃核。朝鲜政权更迭或者政权崩溃也许能够解决朝核问题,但其溢出效应将深度损害东

---

① "后果管理"政策包含三项内容:一是通过制裁和施压迟滞朝鲜核能力和导弹能力的发展;二是通过与韩国和日本的合作,以及美国在东北亚军事力量的调整,防范朝鲜挑衅;三是通过与其他国家合作遏阻朝鲜可能的核与导弹扩散。

北亚各国的安全利益,中国不可能支持美国的此种政策。中国在过去 10 多年中致力于推动朝鲜实现政权转型,即朝鲜通过改革和开放缓解外部安全环境,进而降低寻求核能力的需求和意愿,最终实现朝鲜半岛无核化。中国这种对朝政策如果没有美国的支持,同样很难取得成功。

那么,在中美两国致力于构建新型大国关系或者新型合作关系的大背景下,两国能否重建在朝核问题上的合作? 中美能否在朝核问题上达成战略共识对于回答这个问题至关重要。中美不可能在涉及朝核问题的所有细节上达成共识,但两国非常有必要在如下三个核心问题上达成战略共识:首先,无论朝核问题当前僵局继续,还是朝鲜继续增强其核与导弹能力,这都不符合中美两国安全利益;其次,中美两国在朝核问题上的利益与核心关切不同、应对朝核问题的政策偏好不同,但两国能够求同化异,中美增进合作与协调有助于新型大国关系的构建;第三,两国应该在朝核问题恶化之前合作管控朝核危机,通过这种合作就朝核问题的最终解决模式和最终解决方案达成基本共识。两国过去的对朝政策未能取得成效,中美有必要尝试新的政策思路。新的政策思路至少应该包括:共同改善朝鲜的外部安全环境,支持朝鲜的"软着陆",推动朝鲜政权转型而非政权更迭或者政权崩溃。

第一,中美均应该从过去的防扩散案例中学习经验和教训。冷战结束以后,在防扩散问题上已经出现了多个或成功或失败的案例。苏联解体之后,白俄罗斯、乌克兰和哈萨克斯坦继承了前苏联的核武器,但这三国随后同意放弃核国家地位,将各自拥有的核武器转运到俄罗斯,并签署《核不扩散条约》。三国选择放弃核武器的原因各有不同,但其共性在于,这些国家认识到保留前苏联的核武器并不符合它们的国家利益,无助于其安全环境的改善;美国和俄罗斯的外交努力以及经济援助也在推动三国弃核的过程中起了重要的作用。南非秘密发展了核武器能力,但最后决定放弃核武器。南非能够自愿弃核则部分是因为其内外安全环境的改善,部分是因为南非期待融入国际社会。利比亚虽然并不像前苏联三国或者南非那样实际拥有了核武器能力,但利比亚过去曾经致力于获取大规模杀伤性武器能力。经过美、英与利比亚的秘密谈判,卡扎菲选择放弃其大规模杀伤性武器项目,融入国际社会。前述五国是防扩散取得重大成就的案例,印度和巴基斯坦则属于防扩散努力失败的案例。1998 年印、巴相继进行数次核试验,并因此受到国际社会的严厉制裁,但这些制裁并没有能够迫使印、巴放弃核武器。印、巴成了虽然不被国际社会承认,但事实上拥有核武器的国家。伊拉克曾经致力于发展大规模杀伤性武器,经过一场战争,伊拉克进行核扩散的危险消除了,但美、伊都付出了不菲的代价。

上述这些案例中,战争可以解决核扩散问题,缓解涉嫌扩散国家的外部安全环境同样能够解决核扩散问题,制裁和孤立的效用则非常有限。具体到朝核问题,战争显然是一个不可能的选项。60 年前朝鲜半岛那场血腥冲突的记忆犹在,没有哪个国家支持通过军事手段解决朝鲜的扩散问题。同样,朝鲜被美国及其盟国、安理会制裁多年,也被孤立于国际社会之外多年,但这未能迫使朝鲜放弃核选择。各国尤其美国应从过去或成功或失败的防扩散案例中吸取经验和教训,并反思应对朝鲜核扩散的政策选项。

对朝鲜而言,它也许同样能从过去的防扩散案例中吸取经验和教训。朝鲜已经进行了三次核试验、进行了数次卫星发射,但它却日益孤立于国际社会。2013 年 3 月底,朝鲜宣布采取经济发展和增强核力量的"并举"战略,①似乎将工作重心从先军政治转向经济与军事并重,甚至以经济发展为主。但是,如果朝鲜的外部安全环境无法改善,朝鲜很难将工作重心转移到经济建设上来,朝鲜更不可能同步追求经济发展和军事力量建设两个重要目标。如果朝鲜不愿回到谈判桌,并继续其核项目甚至采取挑衅行动,朝鲜面临的外部压力将进一步增强。不仅如此,如果朝鲜半岛再次出现类似天安舰事件或者延坪岛炮击的危机,韩国将很难继续保持克制。就此而言,朝鲜延续当前的政策并不符合其国民利益和国家利益。因此,各国有必要调整各自在朝核问题上的政策,鼓励朝鲜在核问题上学习三个前苏联国家、南非和利比亚的榜样,而不是走向印、巴或者伊拉克的道路。

第二,美国应该重新审视其对朝政策。朝核危机历经 20 余年,检视美国对朝政策的发展演变,可以发现美国曾经在防范朝鲜核扩散问题上采取过非常成功的政策。第一次朝核危机期间,美国平衡运用"胡萝卜"和"大棒"政策,在处理朝鲜核扩散问题的时候考虑了朝鲜合理的安全关切和政治诉求,因而两国能够达成《美朝框架协议》,将朝鲜位于宁边的核设施冻结。如果当时美国在改善美朝关系方面采取了更为积极的政策,也许就不会出现第二次朝核危机。同样,在第二次朝核危机期间,由于小布什总统在第一任期采取了非常强硬的外交姿态,朝鲜因此不再接受《美朝框架协议》的约

---

① "DPRK Unveils Twin Goals of Economic Construction, Nuclear Capability," March 31, 2013, available at: http://news.xinhuanet.com/english/world/2013 - 03/31/c_132274938.htm.

束,重启宁边的五兆瓦反应堆,对该反应堆卸出的乏燃料棒进行后处理,累积了制造核武器的钚材料,并在 2006 年 10 月进行了首次核试验。小布什总统在其第二任期微调了美国对朝政策,朝核问题朝着解决的方向迈进了几步,但却没能阻止朝核问题的反复。《美朝框架协议》之所以部分成功地限制了朝鲜进一步横向甚至纵向扩散其核能力,关键在于该协议包含了缓解美朝关系的内容。[①] 过去 10 余年中,美国对朝政策之所以失败,关键在于美国不愿意满足朝鲜的安全和政治需求。朝鲜一再将其发展核武器归因于美国对朝的"敌对政策",但一直并没有对"敌对政策"做出界定。2012 年 8 月 31 日,朝鲜外交部发布的备忘录长文诠释了美国"敌对政策"的内涵。这个备忘录毫不隐讳地称美国"拒绝承认朝鲜是一个主权国家,不愿意在国际社会中与朝鲜共处",这就是美国对朝鲜的"敌对政策"。[②] 未来无论美国对朝政策出现何种变化,如果无法解决朝鲜的此种关切,很难说服朝鲜主动、彻底地弃核。

第三,中美双方的学者或者官员有必要对朝核问题进行联合评估,评估朝核问题对双边关系的影响。这种联合评估应该着眼于探寻过去 20 余年中两国在朝核问题上的政策成败得失,以及其中蕴含的经验与教训,并且对如下与朝核密切相关的问题做出回答:朝核问题仅仅是一个扩散问题,还是一个地区安全问题? 朝核问题是一个朝鲜无核化的问题,还是一个朝鲜半岛无核化的问题? 应对朝鲜核扩散时,是否应该考虑朝鲜的合理关切? 美国对朝鲜挑战的政策回应是否损害了中国的安全利益? 中美能否接受一个有核武器的朝鲜? 中美是否能够接受朝核成为双方相互指责的根源之一? 中美是否应该推动朝鲜的政权转型,进而消除朝鲜拥核的根本动因? 这种评估的归宿应该是讨论中美双方在朝核问题上的利益或者核心关切,并探讨中美能否相互照顾对方关切,进而增进在朝核问题上的合作与协调。

第四,如果中美能够在上述问题上达成基本共识,中美非常有必要为朝

---

① "Agreed Framework of 21 October 1994 between the United States of American and the Democratic People's Republic of Korea," International Atomic Energy Agency, INFCIRC/457.

② "DPRK Terms U. S. Hostile Policy Main Obstacle in Resolving Nuclear Issue," Korea News Service, August 31, 2012, available at: http://www.kcna.co.jp/item/2012/201208/news31/20120831 - 21ee.html.

鲜的政权转型创造条件。[1] 从过去 10 余年中朝鲜国内的政策行为来看,朝鲜希望在经济发展和对外开放方面有一些新的举措。例如,2002 年,朝鲜成立了新义州特别行政区,这被视为朝鲜进行经济改革的尝试之一;2004 年,板门店附近的开城工业园区开始运作;2009 年,朝鲜推行货币改革;从 2010 年起,金正日在去世之前曾经数次访问中国,足迹遍及中国南北,考察多种产业;过去几年,中朝还达成协议共同开发和管理罗先经济贸易区和黄金坪、威化岛经济区。近年来朝鲜的高层人事安排以及国内考察活动也体现了发展经济的热望。

对朝鲜而言,能否采取改革和开放的政策将受到两个至关重要因素的影响:如何将朝鲜的工作重心和资源配置从先军政治转向发展经济、如何在改革和开放的过程中维持国内政治稳定。美朝的敌对状态和朝鲜半岛的停战状态如果不是朝鲜发展核武器的唯一原因,也是至关重要的驱动因素。如果美朝政治关系无法改善,朝鲜很难为政府工作重心的转移找到适当的理由,朝鲜也很难将资源分配重心从军队转到经济发展。如果美国能够在解决核问题的过程中给朝鲜提供改善双边关系,乃至最后建立外交关系的希望,朝鲜实现政权转型的希望将大大增加。美朝之所以能够通过谈判解决第一次朝核危机、朝鲜之所以能够较为认真地执行《美朝框架协议》,[2]该协议的政治内容显然是最重要的影响因素。同样,中国自从 20 个世纪 70 年代开始改革开放,期间经历了"摸着石头过河"的多个阶段,累积了丰富的经验,在发展经济的同时维持了国内的政治稳定,中国显然能够为朝鲜改革开放过程中可能出现的国内政治稳定问题提供良好的建议。

第五,中国支持任何有助于彻底解决朝核问题的谈判形式,并支持相关各国在谈判解决朝核问题的过程中讨论如何彻底终结东北亚的冷战遗产,谈判一个和平条约来取代停战协定。迄今相关各国已经尝试过双边会谈、秘密磋商、三方会谈、四方会谈和六方会谈来解决朝核问题。双边会谈与多边会谈并非相互排斥的关系,如果协调得当,反而可以相辅相成,相互促进。当然,既往的朝核问题谈判史表明,双边会谈达成的谅解、共识或者协议可

---

① 本文个别观点在《中国、美国与防扩散:重建共识、增进合作》一文中有过概略分析,本文根据形势发展更新并细化了相关的分析。详见樊吉社《中国、美国与防扩散:重建共识、增进合作》,载黎弘、刘易斯·邓恩、拉尔夫·科萨主编《构建长期稳定、合作的中美战略关系》,第 310—311 页。

② 有关该协议的执行情况,详见樊吉社《美朝框架协议评析:兼论美对朝鲜的不扩散政策》,载《国际政治研究》2003 年第 3 期,第 14—24 页。

能因为各自的解读而难以执行,多边会谈则可能因为参与者众多、议题分散而稀释核心议题,并难以达成共识。因此,未来美朝可以双边谈判核心问题,但达成的协议应该通过六方会谈这个平台获得最终确认。与此同时,任何有关东北亚地区安全安排的会谈必须包括中国、美国和朝韩双方。其他国家可以介入这个进程,并为东北亚地区安全安排的形成做出贡献。中、美、朝、韩四方可以尝试激活 20 世纪 90 年代曾经进行过的四方会谈,六方会谈则可以为四方会谈达成的共识、声明、协议或者条约提供支持,使之持久有效。

第六,如果中美协同相关其他国家尝试了各种帮助朝鲜进行经济改革、实现政权转型的努力,而朝鲜一意孤行采取挑衅行动,中美亦有必要协调应对立场。无论是通过联合国安理会以多边形式还是以单边形式应对朝鲜挑衅,中美之间的充分协商和协调至关重要,从而避免中美在朝核问题上的分歧被朝鲜利用,并导致朝核问题上的矛盾转化为中美之间的纷争。如果朝鲜拥核难以逆转,中美很有必要深化在"打击核恐怖主义全球倡议"(Global Initiative to Combat Nuclear Terrorism)框架下的合作,并就东北亚可能出现的局势动荡进行对话和交流。

# 美国精英眼中的南海问题

薛　力[*]

南海争端是国际关系中的一大热点,已经成为中国与东盟整合的一大障碍,在某种程度上,还被认为是中国和平崛起的一块试金石。高度复杂的南海争端不大可能在短期内得到解决,但从不同的角度分析这一问题,有助于我们深化对这一问题的认识,从而推动这一问题的逐步解决。

南海争端中的声索国包括中国、越南、马来西亚、文莱、菲律宾五国。印度尼西亚虽然没有控制南海岛礁,但其主张的专属经济区有 5 万平方公里进入中国的九段线。中国大陆与中国台湾则是南海争端中的两个当事方。因此,南海争端实际上涉及"六国七方"。在下文中,把上述五个东盟声索国简称为"东盟五国"。此外,日本、印度、韩国、俄罗斯、欧盟、美国等南海区域外国家在南海也有自己的利益,高度关心南海问题的走向,都力图在南海争端中发挥自己的影响力,其中美国的影响力尤其值得注意。美国虽非南海争端的声索国,但作为唯一的超级大国,其对南海局势演化的影响力甚至超过了某些声索国。美国所采取的"局内旁观"政策,使得美国成为南海争端中实际上的"第八方"。

美国的对外政策是由精英主导的,美国智库对外交政策的影响力已经被公认,"旋转门"现象就是有力证据。许多时候,政府做决策就是在由各个智库提供的"政策建议菜单"中进行选择。如奥巴马第一任期内放弃布什的单边主义转而推行"巧实力外交",就是基于战略与国际研究中心巧实力委员会的一项研究成果。[①] 而美国新安全中心的合伙创始人库尔特·坎贝尔

---

[*] 作者简介:薛力,中国社科院世界经济与政治研究所国际战略研究室主任。

[①] 巧实力委员会由前副国务卿理查德·阿米蒂奇与约瑟夫·奈领导,在 2007 年发表的一份报告中,提出美国在对外政策中要结合软实力与硬实力以形成巧实力,以此应对全球恐怖主义威胁。

在 2008 年的一份报告中提出了亚太战略再平衡的政策主张,①他 2009 年出任负责亚太事务的助理国务卿后,奥巴马政府在 2010 年就推出了亚太战略再平衡政策。美国的南海政策同样受到智库研究成果的强烈影响,不少研究南海问题的学者参与国会听证会,如 2012 年 9 月美国国会举行的南海问题听证会就邀请战略与国际研究中心的葛来仪作证。

为了考察美国的南海政策,本人 2012 年年底对一些智库的专家进行了录音访谈,这些专家都比较熟悉南海问题,经常以国会作证、发表研究报告、接受媒体采访等方式表达自己的观点。有些人还是前政府官员。

由于时间与能力的限制,笔者只能选择一些专家进行访谈,这些身居主要智库的专家,既有对华比较友好者,也有经常批评中国者,还包括亲台人士。他们的观点大致体现了美国人在南海问题上的"光谱"。很明显,他们的一些看法是中国人所不能同意的,但他们的表述有助于我们了解美国精英如何看待南海争端,以及持这种看法的原因。这有助于我们从中国以外的视野了解南海争端,也有助于我们制定更有效的南海政策。

访谈的对象为 14 人,其中美国国防大学 1 人、海军战争学院 1 人、布鲁金斯学会 3 人、战略与国际研究中心 3 人、霍普金斯大学高级国际问题研究院 4 人、斯汀生中心 1 人、美国华人全国委员会 1 人。14 人中有 2 人为华人。

下文中所引用的材料主要来自笔者的录音整理,其中 2 个访谈对象对录音材料进行了审核。文中的错漏之处,由笔者负责。

# 一、如何看待国际法与历史性权利在解决南海争端中的作用

在 14 个受访专家中,2 人表示不了解国际法与中国主张的历史性权利,②1 人认为中国可以主张历史性权利(historical rights),但应该以 1982年通过的联合国海洋法公约(以下简称"公约",英文简称为 UNCLOS)为基

---

① 坎贝尔等人在 2008 年 6 月发表了研究报告《平衡权力:美国在亚洲》,认为小布什时期美国的战略偏重于伊拉克与阿富汗,这削弱了美国向亚太地区进行重大能力转移的能力,影响了美国传统上在亚太地区平衡权力的能力。

② 2012 年 12 月 11 日与 12 日访谈记录。

础,再加上历史性权利,而不能历史性权利优先于"公约"。① 其他 11 位都认为,解决南海争端只能基于国际法,尤其是联合国海洋法公约,而不能基于历史性权利。他们认为,国际法为国际海洋争端的解决提供了比较客观、公平的平台,被称为"海洋宪法"。"公约"已经被大部分国家所接受,目前有162 个缔约方,包括中国与东盟五国。历史性权利是个模糊的概念,各方都可以有自己的解读。CY 教授认为,历史不能成为解决主权争端的指导原则(guides)。② KJ 教授认为,依据历史可以主张的权利太多了,应该对历史采取友好、可操作的态度,中国的历史权利主要基于陶片(pottery sherds)般零碎的九段线资料(nine lines materials),这些资料互相矛盾,很难成为强有力的主张。③ DL 教授认为,有多种类型的历史,每个国家都有自己不喜欢的历史依据,中国拣(pick)的是自己喜欢的历史依据,其他争端国也是如此。一般说来,历史依据不是处理领土争端的好方法。④ DB 教授认为,各方的历史主张都有一定的道理,但是,如何在解决争端中使用是个问题。他强调,"公约"并不解决岛礁的主权归属问题,那要通过谈判或者国际法律机构的裁决。公约仅仅是依据岛礁来确定与之相关的经济权利(economic claims)。也就是说,主权针对岛屿,而 UNCLOS 针对水域。⑤

"六国七方"中,越南与菲律宾在 2009 年后放弃了对历史性权利的强调,主张以国际法尤其是"公约"为基础解决南海争端,东盟五国因此实现了立场一致。中国则坚持,除了国际法外,还要考虑历史性权利。中国台湾在1993 颁布的《南海政策纲领》中,认为南海是"历史性水域"。⑥ 在 2005 年停止(suspended)《南海政策纲领》后官方没有宣布新的立场,可能依然坚持这一立场。⑦ 从上可知,11 位美国专家的意见与东盟五国的立场一致,2 个专家未表态,1 个专家有条件地支持中国的立场。

---

① 2012 年 11 月 14 日访谈记录。
② 2012 年 12 月 11 日访谈记录。
③ 2012 年 12 月 21 日访谈记录。
④ 2012 年 12 月 12 日访谈记录。
⑤ 2012 年 12 月 12 日访谈记录。
⑥ 《南海政策纲领》前言第二段提道:"南海历史性水域界线内之海域,我国拥有一切权益……并愿依国际法及联合国宪章和平解决争端。"
⑦ 2013 年 10 月 26 日的访谈中,Z 教授依据自己的研究与调研,得出这一结论。2013 年 10 月 24 日的访谈中,S 教授也持同样观点。S 教授还提到,中国台湾国际法学界多数学者一直不认为南海属于历史性水域,但这一观点在 1993 年颁布的《南海政策纲领》中并没有被采纳。

## 二、南海争端的解决应该通过多边谈判还是双边谈判解决

专家们认为,南沙海域争端涉及多个国家,双边谈判无法处理,必须在多边框架下进行谈判,西沙、黄岩岛、东沙海域争端只涉及两个国家或者三个争端方,可以考虑在双边框架下谈判解决。他们表示,理解中国主张在双边框架下解决争端的立场,也理解东盟声索国力量比较小,谋求在多边框架下解决争端是很自然的。

总体来看,专家们认为,多边框架是解决南海争端的现实途径,尤其是涉及南沙争端时。一些专家还提出了一些操作建议。KJ 教授谈到,多边与双边并不绝对互相排斥,为了兼顾各方的立场,操作上可以采取多边与双边相结合的方式。比如,借用东盟会议这个多边平台,就具体议题进行实质上的双边谈判,把各个双边谈判中达成的共识再拿到多边场合进行再协调,最后达成各方都能接受的协议。① XHP 谈到,中国坚持双边谈判立场,可能是担心多边框架下会遭到"群狼"围攻。他觉得这是不必要的,中国力量强大,没有人能强迫中国接受某些条款。多边框架下的谈判对崛起的中国是必要的历练,中国应该学习在多边框架下把别人的观点糅合到自己的方案中,从而引导争端的解决,躲避多边谈判不是办法。②

## 三、南海各方行为宣言与南海行为准则

受访专家们承认,2002 年签署的《南海各方行为宣言》对于保持南海地区的稳定发挥了重要的作用,但他们也注意到,"宣言"没能防止争端方采取一些改变现状的行为,如声索国在其所占领的岛礁上修建更多的建筑物。特别是,2009 年之后南海局势变得紧张。他们认为,主要原因在于,"宣言"属于政治声明,对各方行为不具有约束力(binding)。为此,有必要制定具有较强约束力的新规则,以约束各方的行动,防止冲突的发生。《南海行为

---

① 2012 年 12 月 21 日访谈记录。
② 2012 年 11 月 14 日访谈记录。

准则》就是这方面的尝试。他们强调,"准则"旨在规范各方的行动,并不涉及南海岛礁的归属。现在各方所占领的岛礁的最终归属,交给国际机构进行仲裁是一种方式,但并非最佳方式。就南海岛礁而言,更好的方式是,通过有关各方的谈判来决定归属。

针对中国主张的"先进行功能领域合作,积累经验,逐步导向'准则'"的立场,受访专家均不支持。他们认为,过去几年的历史表明,功能领域的合作未能防止南海局势变得紧张,结果是,南海正在发生某种军备竞赛。[①] XHP 认为,中国可能担心制定"准则"后被捆住手脚,这是否意味着中国试图在变得强大后,将不按照规则办事? LC 认为,中国迟早要接受"准则",中国应谋求制定公正的准则,但不宜拒绝制定准则,这对中国不利。[②] DL 认为,中国的上述立场是在玩"文字游戏"(word game),表明中国不想解决问题,如果中国真的想解决问题,就会主张先达成一些原则,然后同有关方进行谈判解决争端,就像在陆地边界争端中所做的那样。[③] AL 认为,不仅仅是东盟五国,所有东盟成员国都希望尽早制定"准则"。根据他的了解,客观地看,东盟现在提出的一些准则草案相当不错,但中国可能不喜欢,部分原因是,中国认为美国在背后操纵准则的制定。但据他的了解,美国并没有刻意卷入,在美国涉入南海争端方面,东盟是主动的(initiative)一方。[④]

概括而言,受访专家们赞成制定《南海行为准则》,而且越早越好。认为这有助于南海局势的稳定,以及防止单方面改变现状的事情发生。

# 四、关于九段线问题

专家们一致认为,最大的问题是九段线的内涵不清晰,中国政府从来没有就此做出明确的声明。中国国内对九段线的性质也有不同的看法,有的认为是边界线,有的认为是历史性权利线,有的认为是岛屿归属线。这让外界产生疑虑:中国为什么不给出清晰的界定? 是否想依据自己的实力与需要来界定九段线的内涵? 南海是主要的国际海上通道之一,如果按照有些

---

① 2012 年 12 月 11 日上午访谈记录。
② 2012 年 12 月 18 日访谈记录。
③ 2012 年 12 月 12 日访谈记录。
④ 2012 年 12 月 14 日访谈记录。

中国人所认为的那样,九段线是海上边界线,意味着线内是中国的内水。这是对国际公认的航行自由的重大挑战,将直接或间接影响到全世界 80% 的商业活动。[①] 而且,航行自由是美国海军自从 1783 年成立以来捍卫的核心价值(core values),或者说根本利益(fundamental interest)。[②] 因此,美国肯定不能接受"九段线是中国的海上边界线"的主张。如果说中国现在并没有妨碍九段线内的航行自由,其他国家依然会担心九段线主张所蕴含的意图(intent)。区域内的许多国家与美国都认为,中国主张九段线,是试图对线内岛礁与水域进行主权控制(sovereign control)。这是其他国家所不能同意的。[③] 即使中国仅仅主张拥有九段线内的所有岛礁,九段线也不会被国际法所承认。有的专家还进一步指出,即便画出九段线的蒋介石现在活着并坚持这种主张,美国也不会承认。[④]

很明显,美国专家们都认为九段线缺乏合法性,它仅仅是在水上画出来的一条线,其内涵不清晰,从而构成了外界的疑虑。他们主张,中国有必要向国际社会清晰地表明自己的具体主张,以及九段线究竟是什么意思。[⑤]

# 五、南海油气开发

专家们注意到,中国在南海的油气开发限于珠江口与海南岛附近海域,迄今没有在南沙海域开采油气。有的专家认为中国这种克制不会再保持多久了,中国的能源公司为了完成提升产能的目标,将不得不开发南沙油气资源。[⑥] 针对东盟五国都在南沙海域开采油气,一位专家谈到,由于地质结构的原因,越南、马来西亚、文莱的油气开采产量较大,菲律宾的产量很小。虽然有部分油气在九段线内,但不大可能有九段线内油气产量的数据,因为,这些国家都不承认九段线,认为是在自己的海域开采油气。一些大的能源信息公司如 IHS 等可能会有南海能源开采的数据,但非常昂贵。[⑦] 美国有

① 2012 年 12 月 10 日访谈记录。
② 2012 年 12 月 12 日访谈记录。
③ 2012 年 12 月 10 日访谈记录。
④ 2012 年 12 月 12 日访谈记录。
⑤ 2012 年 12 月 17 日上午访谈记录。
⑥ 2012 年 12 月 17 日上午访谈记录。
⑦ 2012 年 12 月 11 日下午访谈记录。

些政府机构如传统资源服务处(conventional resources service)收集全世界的能源信息,也可能会有关于这些议题的详细信息。①

专家们都赞成共同开发,但也提到:在什么地点？股份如何分配？这些问题不解决,很难进入实质性操作阶段。现有的南沙油气开发都是东盟国家单边进行的,但马来西亚与文莱正尝试共同开发。②

针对中国国内"以单边开发促共同开发"③的主张,专家们没有表示赞成,认为还是要先达成某种协议再开采为好,如果中国在南沙海域强力推进单边开采,做法虽然可以理解,但预期肯定会引起其他国家的强烈反弹。其中一位认为,东盟五国会因此认为,中国根本不关心其他国家的利益与主张,从而引发进一步的矛盾。④ 中国可能会与菲律宾合作,但很难与越南合作。⑤ 越南与菲律宾虽然希望把尽可能多的国际能源公司拉入南海油气开发,但参加招标的许多是小公司,因为大公司业务遍布全球,担心涉入争议区的开发会影响自己在中国的利益。⑥ 另一位则认为,或许可以签署协议停止在争议区的开采,至少不扩大开采,以免把事情复杂化。⑦

## 六、海峡两岸在南海的合作

这取决于合作的种类。如果是政治主张,即两岸提出联合的主权主张,两位专家对此不表态。一位专家认为,基于相似的历史渊源,两岸可以进行适当的合作,尤其是在国民党执政时期。⑧ 其他专家都认为两岸难以进行政治合作。他们给出了不同的理由。有的认为,中国大陆不会同意中国台湾参与南海问题多边谈判,台湾即使参加也发挥不了什么作用。⑨ 大多数

---

① 2012年12月18日下午访谈记录。
② 2012年12月11日下午访谈记录。
③ 中国国内南海研究界有一种主张:中国不能一直不开发南沙油气,可以像其他沿岸国家那样进行单边开发,以此促使其他声索国参与到共同开发中来。
④ 2012年12月11日上午访谈记录。
⑤ 2012年12月17日上午访谈记录。
⑥ 2012年12月11日下午访谈记录。
⑦ 2012年11月14日下午访谈记录。
⑧ 2012年12月18日下午访谈记录。
⑨ 2012年11月26日访谈记录。

的看法是,大陆希望能获得台湾的支持以加大自己的力量。问题在于,进行多边谈判时,如果台湾方面出席,将面临种种法律、概念定义问题,操作起来非常困难,此外,美国也会反对台湾这么做。[①] 民进党与岛内主流民意都会反对这种主要有利于大陆的做法。[②] 台湾无法借此扩大国际生存空间,谈判争取到的新岛礁也很难落到台湾头上,大陆反而可能要求分享太平岛的主权,台湾方面因而积极性不高。[③]

多位专家提到,在南海主张上,两岸各做各的比较好,也比较现实。[④] 大陆没有必要把台湾牵扯进来,那样会把事情复杂化。[⑤]

如果不涉及政治合作,而仅仅是在一些具体的功能领域进行合作,大部分专家认为是可能的。一位提到,大陆的中海油(CNOOC)与台湾的中油公司(CPC)在台湾海峡已经有一些合作。[⑥] 两位认为,两岸联合勘探是可行的,但必须很小心地操作,目前为止的操作都不张扬(explicit)。[⑦] 一位认为,在其他国家没有提出异议的南海海域,两岸合作进行能源开发是可能的,但在南沙海域,只有太平岛周围200海里范围内有可能。[⑧]

实际上,《南海政策纲领》的"实施纲要"部分,在"两岸关系"项下列出了两点内容:"配合国家统一纲领研拟相关对策与计划;研究两岸涉及南海问题有关事项。"另外,在"资源开发"项下列出了"探讨合作开发之可能性",主办单位是"经济部"与"农委会",协办单位则包括"陆委会"等四个。可见台湾方面至少在2005年之前并不排斥两岸合作进行南海能源开发。但到目前为止,仅仅限于东沙岛北部海域。陈水扁2008年在太平岛上发表的"南海倡议"中提出了"南海未来应以环境保护取代主权争议,以生态存续代替资源掠夺"。[⑨] 基于他的"台独"立场,大陆没有给予回应。

总体上,专家们对"台湾缺乏积极性提出联合主张、两岸能源合作只能谨慎运作"的判断大致符合实际情况。

---

① 2012年12月11日上午访谈记录。
② 2012年11月14日下午、12月12日访谈记录。
③ 2012年12月14日下午访谈记录。
④ 2012年12月12日上午、14日下午访谈记录。
⑤ 2012年12月12日下午访谈记录。
⑥ 2012年12月11日下午访谈记录。
⑦ 2012年12月14日下午、18日下午访谈记录。
⑧ 2012年12月17日上午访谈记录。
⑨ 薛颖杰:《陈水扁登南沙推销所谓"南海倡议"》,《环球时报》2008年2月3日。

# 七、美国在南海的角色与作用

美国是全球唯一的超级大国,奥巴马又提出了"转向亚洲"、"再平衡"等亚洲政策,因此,声索国在处理南海问题时,都无法忽视美国的作用。那么,美国精英如何看待南海问题呢?"维护南海的航行自由"与"南海争端应该和平解决"两点是受访专家共同强调的。而且,他们中的大部分认为,专属经济区的名称意味着沿岸国家在这一水域内仅仅享有与经济相关的主权权利,而不包括水文勘探、情报收集、军舰通行等,因此,美国军舰在领海基线12海里以外的活动适用于"航行自由"原则。① 一位专家还举例说明,冷战时期美国如何用航空母舰测试某东盟国家限制这一行为的政策主张。② 这类活动除了专属经济区外,还涉及飞行器在 12 海里以外空域的行动。一位专家提到,美国军方把这类叫做航行自由行动(a Freedom of Navigation Operation or FONOP)。③ 另一位则提到,冷战期间,美苏军舰都抵达离对方领海基线 12 海里④的海域进行情报搜集活动,中国海军穿越宫古水道、在夏威夷附近海域的活动也显示,随着海军力量的发展,中国对专属经济区内军舰活动的立场也在发生变化。⑤

但是,他们也注意到许多国家对这种权利有不同的看法,为了顾及沿岸国家对安全的关注,美国海军应当适当控制军舰活动的频次。⑥ 基于中美的实力地位以及可能发生的冲突,双方应该就此进行沟通并达成共识。对于美国海军是否会为黄岩岛而战,四位被问到这个问题的专家中,两位认为会,一位认为不会,一位认为要看情况定。⑦

前国务卿希拉里 2010 年夏天在河内曾经提到南海事关美国的国家利益,但没有具体涉及南海在美国国家利益中的重要程度:是关键利益、重要

---

① 2012 年 12 月 11 日、12 日、19 日访谈记录。
② 2012 年 12 月 21 日下午访谈记录。
③ 2013 年 11 月 23 日中国宣布设立东海防控识别区后,美国派出两架飞机进行的穿越飞行似乎可以看作 FONOP 的新例证。
④ 在美国没有把领海从 3 海里扩展到 12 海里时,甚至可以抵近到 3 海里。
⑤ 2012 年 12 月 19 日晚上访谈记录。
⑥ 2012 年 12 月 19 日晚上访谈记录。
⑦ 2012 年 12 月 10 日、11 日、17 日、19 日访谈记录。

利益,还是一般性利益?笔者在战略与国际研究中心 2012 年 6 月底主办的一次南海问题会议上,曾经向负责东亚事务的助理国务卿库尔特·坎贝尔提出这个问题,他说外交官不回答这个问题。在 12 月 10 日的访谈中,笔者再次提到这个问题,那位受访专家也没有回答,但认为希拉里说的是首要利益(primary interest),他本人认为这意味着非常非常重要的利益(very very important interest)。

对于中美海军是否需要签订进一步的协定以避免发生严重冲突。有的认为现有的协议(MMCA,中美海上军事安全磋商机制)就可以了,不需要更多的协定。有的认为还是要进一步升级、细化现有的协议,避免因为误判、理解差异等发生冲突,比如,可以就美国情报搜集船在南海的活动达成共识,毕竟,各国海军为了保持自己的作战能力,都需要做一些情报搜集工作。①

多位受访者认为,最近几年中国在处理海洋争端上变得强硬(assertive)了,2012 年发生的南海争端事件中,给他们的印象是中国欺负(bully)了东盟声索国,中国的行动让东盟声索国感到害怕,因而向美国靠拢。美国无意主动介入南海争端,许多情况下是东盟声索国主动要求美国介入。②

## 八、俄罗斯、日本、印度、欧盟等区域外大国在南海的角色与地位

专家们普遍认为,这些区域外大国重视的是商业利益与航行自由,在解决南海争端上所能发挥的作用很有限。俄罗斯与越南有传统关系,与其他南海国家关系有限,虽然其内心可能不希望中国统治(dominate)南海,但总体上在南海的影响力有限。③ 日本涉入南海争端有为自己在东海争端中获取支持的考虑。④ 但日本看重的是商业利益,不会希望南海紧张升级到战

---

① 2012 年 12 月 10 日、11 日访谈记录。
② 2012 年 12 月 10 日、11 日、12 日、17 日、18 日访谈记录。
③ 2012 年 11 月 14 日下午访谈记录。
④ 2012 年 11 月 14 日下午、26 日上午访谈记录。

争或者准战争状况,从而影响到自己的商业利益。① 印度不顾中国的反对,与越南合作勘探南海油气,这是印度"向东看"政策的一部分,也有"回应"中国海军进入印度洋的考虑。② 印度在加快与东盟的合作,在南海的影响力在上升,因为,随着南亚铁路与东西高速干道的开通,印度会加快融入东亚的进程。③ 欧盟在南海争端中的作用几乎可以被忽略。

有的专家也提到,如果因为中国采取实质性动作(如强化在黄岩岛与西沙的军事设施)而导致中美冲突,日本、欧盟等区域外国家虽然做不了什么,印度也不会因此派兵越过喜马拉雅山,但他们会非常非常反感(very very upset),这显然不利于中国的国际形象。④ 中国需要朋友、需要国际社会对自己外交政策的理解,在缺乏国际理解与朋友的情况下,采取一些激进的做法,会给中国今后的国际地位与对外关系带来大的挫伤。⑤

## 九、对东盟声索国、中国、美国未来应对南海争端的政策建议

专家们比较一致的看法是:签署南海行为准则是必要的,他们强调,行为准则并不涉及岛礁归属问题,而是针对各方的行为,防止冲突的发生与升级。他们认为,美国与东盟声索国都赞成签署南海行为准则,中国有必要调整这方面的立场。从长远看中国大概会接受南海行为准则。

针对美国下一步应如何处理南海问题,专家们普遍认为,应该由声索国自己去解决,美国不应该主动介入,至多扮演幕后协调人的角色。重返亚洲不仅仅是美国的意愿,许多东盟国家也希望如此。⑥ 有必要明确两点:美国将永久保持在东亚的存在,但中美应互相尊重对方在同一地理空间中的关键利益。⑦ 美国不应该把中国的崛起看作对自己的挑战和威胁。⑧ 美国南海政策的目标包括航行自由、和平解决争端与维护美国海军的利益三个方

---

① 2012 年 11 月 14 日下午访谈记录。
② 2012 年 12 月 12 日上午访谈记录。
③ 2012 年 12 月 18 日下午访谈记录。
④ 2012 年 12 月 10 日下午访谈记录。
⑤ 2012 年 12 月 19 日晚上访谈记录。
⑥ 2012 年 11 月 14 日下午访谈记录。
⑦ 2012 年 12 月 19 日晚上访谈记录。
⑧ 2012 年 12 月 18 日下午访谈记录。

面,但应小心行事,一方面要防止被小国拖入到一些问题中去,另一方面则要说服中国不要对小国的行为做出剧烈的反应。① 如在黄岩岛争端中,美国一方面加大对菲律宾的支持,另一方面也要求菲律宾不要过于刺激中国。② 有的则主张明确《美菲共同防御条约》是否适用于南海争端(如黄岩岛争端),认为保持模糊性会导致更多的意外事故,因为各方对此有不同的解读。③ 美国在南海的行为是积极的(active),但属于反应性的(reactive),中国的行为将影响美国在这一地区参与的程度,如果中国能处理(manage)好与东盟的关系,东盟较少要求美国进行干预,那么,美军在这一地区扩展的势头将会改变。④

专家们认为,对东盟声索国来说,下一步主要是:保持多边对话与谈判,推进南海行为准则的落实。在油气共同开发、渔业资源分享方面寻找合作的途径是很重要的,有助于各方建立信任。⑤ 有专家认为,东盟国家通常会避免在中美之间选边站。但有的专家注意到,有的声索国在对抗中国上比较积极,认为这些国家应避免过度刺激中国,如果是因为这些国家的原因导致中国做出强烈反应,美国未必能如其所愿地施以援手。⑥

对于中国,专家们提到,过去几年尤其是 2012 年,中国的海洋政策是在不必要地制造敌人,促使东盟声索国向美国靠拢,这其实并不符合中国的利益。⑦ 他们认为,美国、东盟以及其他一些国家都把中国处理南海问题的方式,看作一块试金石(litmus test),从中观察中国未来怎样使用其日益增强的综合实力,是否真正奉行和平崛起。⑧ 地理位置对中国的崛起不利,这决定了中国必须与海权大国结成伙伴,以确保海上通道安全的稳定,并获得资源与市场。这是关键。⑨ 未来几年,中国在南海问题上可做的事情很多:清晰九段线的内涵消除外界的疑虑,淡化对历史性权利的强调,改变对南海行为准则的态度并积极推进其进程,依据联合国海洋法公约来确定自己的南

① 2012 年 12 月 12 日下午访谈记录。
② 2012 年 11 月 14 日下午访谈记录。
③ 2012 年 11 月 26 日上午访谈记录。
④ 2012 年 12 月 17 日上午访谈记录。
⑤ 2012 年 12 月 17 日上午访谈记录
⑥ 2012 年 12 月 11 日上午访谈记录。
⑦ 2012 年 12 月 17 日上午访谈记录。
⑧ 2012 年 12 月 11 日上午、12 日下午访谈记录。
⑨ 2012 年 12 月 19 日晚上访谈记录。

海主权主张,在渔业合作、油气开采、生物保护等功能性领域与其他声索国进行合作,等等。

# 结　语

从前面分析的九个问题可以看出,美国精英对南海问题的看法,显然不同于中国,而比较接近于东盟五国的观点,如尽快制定南海行为准则、以国际法特别是联合国海洋法公约为基础处理南海争端、九段线缺乏国际法基础。但东盟国家也反对外国军舰在自己专属经济区进行情报搜集等活动,这方面与中国的立场比较接近。

东盟声索国的立场也有不一致之处,如在油气开采上,越南采取了邀请尽可能多的国际石油公司参与开发的策略,文莱与马来西亚则基本上采取"闷声开采"的方式,而菲律宾则采取了大肆渲染、把矛盾扩大化的做法。

中国在 2013 年以来对南海问题的处理上,大致执行的是"管控分歧、强化合作、冷落菲律宾"的策略。南海局势在 2013 年比较稳定,比较引人注目的只有 12 月初发生的美国海军"考本斯"号军舰事件。

中国作为奉行独立自主和平外交路线的大国,拥有指定外交政策的自主权,不大可能因为外国的压力而调整外交政策。但中国外交政策与时俱进既是常态也是必要的。习近平同志提出在外交中要坚持正确的义利观,而周边外交在中国外交中的分量越来越重,对东盟国家的外交是中国周边外交的可能突破点,因此,中国的南海政策,不但要利于实现自己的国家利益,还要能被东盟声索国所理解与接受、在世界上体现中国作为区域大国的担当。从这个角度看,美国精英的观点对我们制定下一步的南海政策具有一定的参考价值。

# "跨太平洋伙伴关系协定"与中国的选择

舒建中*

近年来,美国主导的"跨太平洋伙伴关系协定"及其谈判引起了中外学术界的广泛关注和讨论。鉴于"跨太平洋伙伴关系协定"谈判是亚太地区最重要的谈判之一,同时也是影响亚太政治经济关系发展的重要因素,因此,分析美国主导"跨太平洋伙伴关系协定"的战略意图及其对中国的影响,权衡中国的政策选择,无疑具有重要的现实意义。

## 一、美国主导"跨太平洋伙伴关系协定"的战略意图

从源头上讲,"跨太平洋伙伴关系协定"源自"跨太平洋战略经济伙伴关系协定"。早在 2005 年 6 月,亚太经济合作组织成员国文莱、新西兰、新加坡和智利就签署了"跨太平洋战略经济伙伴关系协定"并于 2006 年正式生效。2008 年 2 月,美国宣布参与"跨太平洋战略经济伙伴关系协定"框架下的贸易谈判,"跨太平洋伙伴关系协定"谈判初现端倪。2009 年 11 月,美国总统奥巴马提出扩大跨太平洋伙伴关系计划,积极推动其他亚太国家参与谈判进程,"跨太平洋战略经济伙伴关系协定"正式更名为"跨太平洋伙伴关系协定"。

2010 年 3 月,"跨太平洋伙伴关系协定"第一轮谈判在澳大利亚举行,2011 年 11 月,"跨太平洋伙伴关系协定"谈判各方达成《加强贸易与投资、支持就业、经济增长与发展:跨太平洋伙伴关系协定纲要》,其涵盖的领域除贸易自由化之外,还纳入了美国设定的诸多新议题,包括竞争政策、金融服务、政府采购、知识产权、环境保护、劳工标准等。① 截至 2013 年,"跨太平

---

* 作者简介:舒建中,南京大学历史系副教授。
① 王联合:《TPP 对中国的影响及中国的应对》,《国际观察》2013 年第 4 期,第 67 页。

洋伙伴关系协定"进行了 17 轮谈判,在此期间,加拿大、墨西哥、秘鲁、澳大利亚、马来西亚、越南和日本等亚太经合组织成员国先后参与谈判,并就"跨太平洋伙伴关系协定"的大部分条款达成共识,由此标志着"跨太平洋伙伴关系协定"谈判取得重大进展。

**"跨太平洋伙伴关系协定"谈判进程**

| 时间、地点 | 主要谈判议题 |
|---|---|
| 第 1 轮谈判:2010 年 3 月,澳大利亚 | 关税减让,非关税贸易壁垒,电子商务 |
| 第 2 轮谈判:2010 年 6 月,美国 | 市场准入,原产地规则,技术性贸易壁垒,服务贸易以及知识产权问题 |
| 第 3 轮谈判:2010 年 10 月,文莱 | 投资自由化,政府采购,金融服务、劳工和环境标准,竞争政策 |
| 第 4 轮谈判:2010 年 12 月,新西兰 | 投资自由化,贸易政策规章 |
| 第 5 轮谈判:2011 年 2 月,智利 | 原产地规则,关税减让,劳工和环境标准,竞争政策,政府采购透明度 |
| 第 6 轮谈判:2011 年 3 月,新加坡 | 动植物检验检疫规则,原产地规则,中小企业发展,贸易和投资政策 |
| 第 7 轮谈判:2011 年 6 月,越南 | 金融服务,知识产权,通信服务,原产地规则,技术性贸易壁垒,竞争和市场准入 |
| 第 8 轮谈判:2011 年 9 月,美国 | 知识产权,市场准入,技术性贸易壁垒 |
| 第 9 轮谈判:2011 年 10 月,秘鲁 | 原产地规则,投资自由化,服务贸易 |
| 第 10 轮谈判:2011 年 12 月,马来西亚 | 知识产权,原产地规则,服务贸易的市场准入 |
| 第 11 轮谈判:2012 年 3 月,澳大利亚 | 动植物检验检疫规则,原产地规则,环境保护,竞争政策,通信服务,政府采购,知识产权,金融服务 |
| 第 12 轮谈判:2012 年 5 月,美国 | 市场准入,环境保护,政府采购,原产地规则,动植物检验检疫规则,金融服务 |
| 第 13 轮谈判:2013 年 3 月,新加坡 | 动植物检验检疫规则,技术性贸易壁垒,政府采购,知识产权,环境和劳工标准 |
| 第 14 轮谈判:2013 年 5 月,秘鲁 | 动植物检验检疫规则,服务贸易 |
| 第 15 轮谈判:2013 年 7 月,马来西亚 | 知识产权,环境保护,劳工标准 |
| 第 16 轮谈判:2013 年 8 月,文莱 | 关税减让,知识产权,国有企业,环境与劳工标准 |
| 第 17 轮谈判:2013 年 12 月,新加坡 | 关税政策,知识产权,政策竞争,政府采购 |

在"跨太平洋伙伴关系协定"的谈判中,美国从一开始就竭力推进"山姆大叔"的贸易议题,全方位主导谈判议程,"跨太平洋伙伴关系协定"谈判亦为美国在亚太地区施展更强有力的领导权提供了更大的地缘政治空间。① 进而言之,美国积极主导"跨太平洋伙伴关系协定"与其亚太战略布局是紧密相连的,既有经济方面的诱因,更有政治和战略意图的考量。

从经济上讲,美国主导并推动"跨太平洋伙伴关系协定"谈判的主要目的就是加强与亚太国家的自由贸易关系建设,拓展美国在亚太地区的出口贸易渠道,构筑以美国为中心的亚太区域经济秩序,维护美国在亚太地区的经济利益。

亚太地区,尤其是东亚地区经济发展势头强劲,经济发展增速超过世界平均水平,成为全球经济增长的新引擎。与此同时,亚太地区对于美国经济亦具有重要意义,是美国主要的出口市场。据统计,亚太地区吸纳了美国60％的工业制成品,72％的农产品及 39％的服务贸易。另一方面,美国却长期游离于东亚区域经济合作机制之外,这与美国力图拓展亚太市场的经济战略明显不符。在这种背景下,"跨太平洋伙伴关系协定"就成为美国开拓亚太市场的手段,在美国的亚太经济战略中占据了关键性的地位。② 与此同时,通过构筑"跨太平洋伙伴关系协定"的制度规则框架,美国还力图架空东亚经济合作领域业已存在的东盟"10＋1"、东盟"10＋3"、东盟"10＋6"等区域性机制,以及东亚国家间的双边合作机制,扭转被排除在东亚经济合作之外的不利局面,③寻求在亚太经济合作中进一步强化美国因素,确立美国在亚太地区经济贸易制度建设中的主导地位。因此,"跨太平洋伙伴关系协定"谈判成为美国在亚太经济合作中植入并夯实美国因素、维护美国经济利益的一个突破口。

更为重要的是,美国主导"跨太平洋伙伴关系协定"谈判还有深层次的战略考量,其战略目标就是维护美国在亚太地区的领导地位。具体地讲,美国力推并主导"跨太平洋伙伴关系协定"及其谈判进程的战略考量主要有

---

① Christopher M. Dent, "Paths ahead for East Asia and Asia-Pacific Regionalism," *International Affairs*, Vol. 89, No. 4, 2013, p. 972.

② Ashley J. Tellis, "Balancing without Containment: A U. S. Strategy for Confronting China's Rise," *The Washington Quarterly*, Vol. 36, No. 4, 2013, p. 115.

③ 邓海清:《从政治视角浅析美国的 TPP 霸权战略》,《太平洋学报》2013 年第 5 期,第 44 页。

两点:

首先,美国力推"跨太平洋伙伴关系协定"的一个重要战略目的就是以"跨太平洋伙伴关系协定"为样板,塑造美国主导的自由贸易区的新范式。在世界贸易组织"多哈回合"陷入僵局的同时,区域性贸易机制的建设却出现加强的趋势。美国的意图就是:通过"跨太平洋伙伴关系协定"谈判,在区域层面确立新的贸易规则,包括服务贸易自由化、知识产权保护、劳工标准、环境保护标准等,进而在主导跨太平洋贸易制度的同时,以区域性贸易规则影响全球性多边贸易体系的规则改革与制度建设,维护美国在多边贸易体系中的主导地位。从这个意义上可以讲,"跨太平洋伙伴关系协定"是美国全球贸易战略的重要组成部分。[1]

其次,美国积极寻求推进"跨太平洋伙伴关系协定"的另一个战略目的就是进一步强化美国在亚太地区的存在,重振美国在亚太地区的战略领导地位。一方面,通过"跨太平洋伙伴关系协定"谈判,美国力图将东亚纳入美国主导的亚太秩序之中,[2]建立美国主导的统一的合作机制,塑造以美国为中心的亚太新秩序。因此,"跨太平洋伙伴关系协定"是美国为重振其亚太支配地位而采取的具有实质性意义的战略举措,借助于"跨太平洋伙伴关系协定",美国力图为确保并加强其亚太主导地位夯实经济基础,[3]同时将"跨太平洋伙伴关系协定"作为重振美国亚太领导地位的制度支撑。更为重要的是,"跨太平洋伙伴关系协定"还是美国亚太再平衡战略的经济支撑点,美国力图以"跨太平洋伙伴关系协定"谈判为契机,将亚太国家的经济与美国更加紧密地捆绑在一起,强化亚太国家与美国的相互依赖关系,进而全面深化与亚太国家在政治、外交、安全等诸多领域的合作,在更高层次以及更广阔的领域拓展美国的战略影响力,提升美国在亚太地区的领导地位。

总之,美国主导的"跨太平洋伙伴关系协定"可谓一箭双雕:美国既希望借此掌控亚太经济合作新规则的领导权,又力图转移东亚整合的方向,其战略目标就是将亚太国家引领并纳入到美国主导的亚太区域制度框架之中。[4]

---

[1] 樊勇明、沈陈:《TPP与新一轮全球贸易规则制定》,《国际关系研究》2013年第5期,第7页。

[2] Jinsoo Park, "Regional Leadership Dynamics and the Evolution of East Asian Regionalism," *Pacific Focus*, Vol. 27, No. 2, 2012, p. 313.

[3] 杜兰:《美国力推跨太平洋伙伴关系战略论析》,《国际问题研究》2011年第1期,第48页。

[4] 张蕴岭:《寻求推进东亚合作的路径》,《外交评论》2011年第6期,第10页。

## 二、"跨太平洋伙伴关系协定"对中国的影响

作为一个正在生成的区域性合作机制,"跨太平洋伙伴关系协定"表明亚太经济合作面临新的格局。鉴于美国主导"跨太平洋伙伴关系协定"具有经济和战略动因,其对亚太地区政治经济关系发展的影响已经引起了广泛讨论。作为亚太地区的一个重要国家,"跨太平洋伙伴关系协定"对中国的影响尤其值得关注。

从经济上讲,美国和东盟均是中国重要的贸易伙伴,且亚太地区对中国经济亦具有极其重要的意义,但中国目前尚被排斥在"跨太平洋伙伴关系协定"谈判之外,在亚太经济版图中有被孤立之虞。因此,"跨太平洋伙伴关系协定"生效后所产生的贸易转移效应将对中国造成极大的负面影响,在中国对外贸易依存度仍然居高不下的情况下,其最直接的影响就是挤占中国的出口市场,导致中国出口减少,进而有损中国在亚太地区的经济利益。

自改革开放以来,发展对外贸易成为中国拉动经济增长的重要途径,因此,对外贸易对于中国经济而言可谓利益攸关。更为重要的是,亚太地区在中国的对外贸易中长期占据举足轻重的地位。根据中国商务部的统计,中国对美国、东亚国家等亚太国家的出口约占中国出口总额的50%,美国是中国第二大贸易伙伴,东盟则位居第三。因此,亚太地区对中国贸易和经济发展的重要性不言自明。正因为如此,随着美国主导的"跨太平洋伙伴关系协定"的发展,中国在亚太地区的贸易将受到直接冲击,美国有可能将其大部分进口由中国转向"跨太平洋伙伴关系协定"的其他成员国,"跨太平洋伙伴关系协定"其他成员国也会将其主要贸易对象由中国转向美国;更为重要的是,随着"跨太平洋伙伴关系协定"及其规则的形成,中国的亚太贸易将面临不公平的竞争环境,其最重要的后果就是影响中国经济的持续稳定增长。[①]

与此同时,"跨太平洋伙伴关系协定"谈判还将对中国的自由贸易协定战略产生严重的不利影响,迟滞中国自由贸易协定战略布局的步伐。世纪

---

① 沈铭辉:《跨太平洋伙伴关系协议(TPP)的成本收益分析:中国的视角》,《当代亚太》2012年第1期,第32页。

之交以来,中国更加积极地参与区域经济合作,大力实施自由贸易区战略,同亚太国家签订了一系列自由贸易协定,自由贸易区战略成为中国积极参与区域经济合作的重要方式。目前,在参与"跨太平洋伙伴关系协定"谈判的国家中,一些国家已经同中国签订双边自由贸易协定,比如新加坡、新西兰、智利和秘鲁;而日本、韩国、澳大利亚等是正在或者即将与中国进行自由贸易协定谈判的国家。鉴于此,在美国主导的"跨太平洋伙伴关系协定"介入亚太经济合作的背景下,中国的自由贸易区战略将面临挑战。由于美国仍然是世界最强大的国家,美国高调主导"跨太平洋伙伴关系协定"将影响亚太国家的贸易发展走向,强化亚太国家对美国市场的依赖。亚太国家对"跨太平洋伙伴关系协定"的兴趣一旦大于同中国谈判自由贸易协定,不仅会严重迟滞中国自由贸易协定的战略布局进程,而且会从两个方面影响中国的自由贸易协定战略:(1)相关国家以加入"跨太平洋伙伴关系协定"作为同中国谈判自由贸易协定的筹码,进而提高要价,挤压中国的谈判空间以及中国在亚太地区的正当利益空间;(2)已经加入"跨太平洋伙伴关系协定"的国家在与中国进行双边自由贸易协定谈判的时候,将以"跨太平洋伙伴关系协定"的高标准制衡中国,从而增加中国推进自由贸易协定战略的难度。

从政治上讲,美国以"跨太平洋伙伴关系协定"谈判为平台,在密切同亚太国家的经济联系的同时,亦进一步强化了与亚太国家的政治关系。因此,"跨太平洋伙伴关系协定"谈判是美国以多边方式制度性介入亚太政治经济事务的一个重要标志,同时也是美国分化中国与亚太国家政治经济合作、约束中国影响力的战略举措。① 与此相对应,中国在亚太地区政治事务中的建设性作用将受到抑制,进而削弱中国在东亚一体化进程中的影响力。

随着中国经济的发展和国力的提升,中国在东亚地区的影响力逐步扩大,在地区事务中发挥着越来越重要的作用,积极推动东亚一体化进程。正是在中国的有力支持下,东亚一体化在最近十年发展迅速,东盟"10+1"、东盟"10+3"、东盟"10+6"等区域性机制日益走向成熟,合作成效显著。在美国看来,东亚一体化的发展削弱了美国在全球经济最具活力和最具发展前景地区的影响力,在损害美国经济利益的同时,更会危及美国在亚太地区的

---

① Ann Capling and John Ravenhill, "Multilateralising Regionalism: What Role for the Trans-Pacific Partnership Agreement?" *The Pacific Review*, Vol. 24, No. 5, 2011, p. 559.

主导权,甚至危及美国的全球主导地位。在此背景下,美国宣称 21 世纪将是美国的太平洋世纪,凭借主导"跨太平洋伙伴关系协定"谈判以期制度性地介入东亚事务,其战略目标就是以"跨太平洋伙伴关系协定"为基础构建亚太合作新机制,拆散东亚经济领域正在形成的共同规则雏形以及中国所致力推动的东亚区域经济合作进程,①稀释中国日益增强的地区影响力,进一步巩固美国与亚太传统盟国的伙伴关系。与此同时,凭借"跨太平洋伙伴关系协定"催生更具制度性和约束力的贸易关系,美国还可以从战略维度对亚太地区格局进行深度整合,强化美国与有关国家的政治合作,将贸易影响力转化为政治影响力,维护美国在亚太地区的主导地位。

总之,由于中国目前仍然被排除谈判之外,"跨太平洋伙伴关系协定"将对中国产生不利的影响。一方面,"跨太平洋伙伴关系协定"的发展将挤占中国的出口市场,迟滞中国经济的持续稳定发展。另一方面,"跨太平洋伙伴关系协定"还将压制中国在亚太地区所发挥的积极的建设性作用,削弱中国对亚太事务的影响力。鉴于此,中国必须认真加以应对。

# 三、中国的应对之策

自第二次世界大战结束以来,美国已经从经济、政治、军事等诸多方面深深卷入了亚洲事务,在亚太地区拥有强大的影响力,而美国构筑的亚太同盟体系则是美国发挥影响力的政治基础,因此,在亚太地区建立任何将美国排除在外的合作机制都是不现实的。同样,中国既是一个发展中大国,同时也是在亚太地区具有重要经济地位和影响的国家,因此,任何将中国排斥在外的亚太合作也不可能取得积极进展。诚然,美国主导的"跨太平洋伙伴关系协定"确有制衡中国的战略考量,中国与亚太国家的经济贸易合作面临更加复杂的局面,但作为一个新兴大国,中国必须正视挑战。面对"跨太平洋伙伴关系协定"的发展,任何置身事外甚至针锋相对的立场均不可取。恰恰相反,对于"跨太平洋伙伴关系协定",中国应当秉持开放态度,并择机加入谈判,因为只有参与,才会拥有发言权和影响力,才有可能化被动为主动。

---

① 高程:《从规则视角看美国重构国际秩序的战略调整》,《世界经济与政治》2013 年第 12 期,第 92 页。

通过在"跨太平洋伙伴关系协定"谈判中融入中国因素,以期化解"跨太平洋伙伴关系协定"给中国带来的不利影响,进而为中国赢得有利的政策空间。

具体地讲,中国参与"跨太平洋伙伴关系协定"谈判应立足于以下政策和战略考量:

第一,通过参与谈判,影响谈判进程和规则制定。中国可以凭借日益增强的经济实力和影响力,通过参与"跨太平洋伙伴关系协定"谈判,调整并推进有关的谈判议程和规则设置,进而影响"跨太平洋伙伴关系协定"的规则建构。

不容否认,"跨太平洋伙伴关系协定"谈判正呈现出顺利推进之势,在此背景下,中国应当考虑择机加入谈判,以期在新的经济规则制定中占据一席之地。一方面,通过参与谈判,中国可以直接了解"跨太平洋伙伴关系协定"的谈判程序与规则,进而制定有利于中国的谈判策略和方案。另一方面,鉴于"跨太平洋伙伴关系协定"的规则框架尚处于拟定时期,中国应通过参与谈判以便有效影响规则的谈判与生成,包括谈判议程、成员范围和进程速度等,[1]防止亚太区域经济合作中出现对中国不利的制度规则,最大限度地维护中国的利益。

第二,通过参与谈判,展示亚太合作的利益追求和政治意愿。中国应以参与"跨太平洋伙伴关系协定"谈判为契机,积极推进亚太经合组织框架下的贸易自由化进程,坚持多样化和包容性的经济合作理念,进一步展示中国加强亚太经济合作的政策立场。

应当看到,经过多年的努力,东亚区域经济合作已经取得积极进展,但由于政治、历史等诸多方面的原因,东亚区域合作始终未能实现有机整合,各种形式的双边或区域合作机制大量重叠,"意大利面条碗效应"(Spaghetti Bowl Effect)突出,因此,建立统一的东亚区域经济合作机制一直是有关国家追求的目标。从这个意义上讲,"跨太平洋伙伴关系协定"谈判为整合亚太区域经济合作提供了一个新契机,协调并整合亚太地区的自由贸易协定亦是"跨太平洋伙伴关系协定"的重要目标。[2] 作为亚太地区的重要成员,中国应当充分利用这一契机,通过参与谈判,进一步向亚太国家

---

① 盛斌:《美国视角下的亚太区域一体化新战略与中国的对策选择:透视'泛太平洋战略经济伙伴关系协议'的发展》,《南开学报》(哲学社会科学版)2010 年第 4 期,第 79 页。

② Christopher M. Dent, "Paths ahead for East Asia and Asia-Pacific Regionalism," p. 976.

展示推进区域经济合作的开放立场和政治意愿,在亚太区域整合中发挥与自身实力相对称的作用,避免因置身事外而失去对亚太合作的影响力。

第三,通过参与谈判,进一步增进中美关系。鉴于美国是"跨太平洋伙伴关系协定"的主导国家,中美关系又是世界上最重要的双边关系之一,因此,中国应通过参与"跨太平洋伙伴关系协定"谈判,拓展与美国的合作领域,增进中美相互依赖关系。

一方面,自中国改革开放以来,中美两国经济合作不断加深,中美经济贸易对话日益频繁,相互依赖关系日益密切,在中国经济实力逐步增强的背景下,中美关系已形成合作竞争的格局。另一方面,亚太地区是中美两国利益重叠最复杂,因而也是最易产生利益冲突的地区,因此,"跨太平洋伙伴关系协定"对中美关系至关重要。随着"跨太平洋伙伴关系协定"的发展,美国有可能将"跨太平洋伙伴关系协定"的规则和标准带进中美双边谈判的议程,利用国有企业、政府采购、知识产权、环境保护、劳工标准等议题向中国施加压力。为避免在双边谈判中单方面承受美国的压力,中国应当择机加入"跨太平洋伙伴关系协定"谈判,联合在具体问题上同中国持有相同或相近立场的国家,共同制衡美国,运用多边途径化解美国的压力,同时以多边谈判为契机,进一步拓展与美国在经济领域的全方位合作,深化中美关系。

第四,通过参与谈判,运用新的贸易规则推进中国的改革进程。中国的改革已经进入深水区,国有企业改革是大势所趋;面对巨大的环境压力,调整并优化产业结构、实现可持续发展同样刻不容缓。"跨太平洋伙伴关系协定"中的国有企业条款和环境保护条款可以对中国的国有企业改革以及产业结构调整形成倒逼机制,有利于助推中国的改革进程。

自改革开放以来,中国的改革进程和经济发展均取得了令人瞩目的非凡成就,但从长远来看,中国经济若要保持持续稳定的发展势头,打破国有企业的过度垄断、提高环境保护标准、完善知识产权保护制度等均是中国必须面对的现实问题,从这个意义上讲,"跨太平洋伙伴关系协定"涉及国有企业、环境保护和知识产权的高标准与中国长远的发展和改革目标并不矛盾。恰恰相反,美国主导"跨太平洋伙伴关系协定"谈判的现实,实际上形成了一种倒逼机制,推动了中国国内对经济结构调整和产业转型升级的共识凝聚。① 进而言之,参与"跨太平洋伙伴关系协定"的相关谈判可以为中国的改革提供一定的外部压力,以国际规则的约束力排除改革的相关阻力,进一步深化中国的改革进程,扩大市场开放,为中国在更高层次上参与国际经济合作创造条件。

总之,面对"跨太平洋伙伴关系协定"的发展,中国不应采取回避态度,而应择机加入谈判进程,其理由是:一旦"跨太平洋伙伴关系协定"完成谈判,被排斥在外的中国不仅不能影响谈判进程,而且还将蒙受巨大的经济和政治损失。如果到那时再选择加入,中国势必面临全盘接受"跨太平洋伙伴关系协定"所有条款并付出重大代价的风险。另一方面,如果在"跨太平洋伙伴关系协定"完成谈判之前选择加入,中国就可以同亚太其他国家一起共同影响谈判进程与议题,参与规则制定,避免陷入被动地位。② 因此,中国的选择不是是否加入"跨太平洋伙伴关系协定"谈判的问题,而是择机加入的问题。同样值得注意的是,对于"跨太平洋伙伴关系协定"而言,如果将中国这样一个亚太新兴大国排除在外,"跨太平洋伙伴关系协定"的完整性将遭遇质疑,并且会损害亚太区域合作的进程,因此,"跨太平洋伙伴关系协定"的真正发展从根本上讲离不开中国的参与。

---

① 刘中伟、沈家文:《跨太平洋伙伴关系协议(TPP):研究前沿与架构》,《当代亚太》2012 年第 1 期,第 58 页。

② 沈铭辉:《东亚合作中的美国因素:以"泛太平洋伙伴关系协定"为例》,《太平洋学报》2010 年第 6 期,第 63 页。

# 东北亚能源合作的未来

盖伊·克里斯托弗森\*

## 引　言

东北亚将从更深入的能源合作中获益,而将这种合作用制度框架组织起来则将促进跨境基础设施建设。在过去 20 年间,该地区已提出多个倡议,但都没有形成中国、俄罗斯、日本、韩国和朝鲜之间的能源合作机制。这些倡议之所以从未实现,是因为该地区每个国家都对东北亚地区秩序有自己的展望,并显示出它们各自对应该如何组织能源关系的特定理解。

对于该地区的能源合作机制无法建成的原因还有其他解释,包括将该地区分裂开来的充满敌意的历史遗产、各异的政治体系以及互不相同的国内政治。一些学者认为,权力均衡是东北亚机制形成的前提条件。[①] 一些学者认为东北亚的地区"组织赤字"需要外部行为体的参与才能建成合作机制,如美国、联合国亚太经社理事会(UNESCAP)或东盟(ASEAN)。[②] 其他学者则认为,跨国公民社会组织(CSOs)可以在促进地区合作机制的制度化,以及创建国内—地区联系从而越过国家之间的关系等方面扮演重要

---

\*　盖伊·克里斯托弗森(Gaye Christoffersen),南京大学—约翰斯·霍普金斯大学中美文化研究中心教授。

\*\*　张舒君译。

①　Gilbert Rozman, *Northeast Asia's Stunted Regionalism*: *Bilateral Distrust in the Shadow of Globalization*, Cambridge: Cambridge University Press, 2004.

②　Niklas Swanström, "Regional Cooperation and Conflict Prevention," in *Conflict Prevention and Conflict Management in Northeast Asia*.

角色。①

通过这些文献我们可以看出,关于地区机制的建立有两种基本途径:
(1)第一轨道的自上而下路径。这一路径既需要该地区各国领导人的政治
意愿,同时东北亚能源机制的社会构建也需要"观念的实践"(ideational
practices)——定期的展望声明、充满符号政治的会议、不计其数的宣言;
(2)或者自下而上的路径,包括在某些特定功能领域开展实用且具体的合
作项目,可以是地区层次的项目,也可以是由私人部门或第二轨道团体倡导
的项目,从而潜移默化地促进合作。

与这些准则不同,本文的分析将会显示,东北亚能源合作的广泛愿景以
及相关尝试之所以难以实现,一个主要原因在于,第一轨道层面没有形成建
立机制的地区共识。每一个东北亚国家在某种程度上都曾试图担当制度建
设者的角色,并基于其对地区秩序的展望将自己置于该地区能源机制的核
心地位。但是,各国都无法说服其他东北亚国家承认其领导地位。此外,那
些寻求领导角色的国家在很大程度上不愿意提供国际公共产品,或为建设
东北亚能源机制所花费的资金承担责任,而这些是成为领导者的前提条件。

正如接下来的讨论所显示的那样,仅仅狭隘地关注第一轨道、自上而下
的层面来评估东北亚石油与天然气合作的前景是极具误导性的。一个更广
泛的视角能够描绘出更加精确的图景,包括对某些功能领域的那些更小的
合作项目的检视——这些合作项目有可能成为更大的地区项目的基础。检
视这些倡议需要评估东北亚国家曾参与的大量自下而上的第二轨道能源倡
议,以及更广泛的东亚及亚太组织——如亚太经合组织(APEC)、东盟地区
论坛(ARF)、东盟+3,以及它们的能源工作组。

此外,虽然一些东北亚制度化的尝试与努力并没有成功,却为广泛的地
区经验贡献良多,或者加强了共同体认知从而促使地区合作从观念走向行
动。在评估时也应该把这些尝试与努力包含在内。值得注意的是,一些倡
议并没有失败,只是暂时休眠。这些制度被称为"僵尸倡议"(Zombie

---

① Sung Chull Kim, "Introduction: Multilayered domestic-regional linkages," in *Regional Cooperation and Its Enemies in Northeast Asia: The Impact of Domestic Forces*, Edward Friedman and Sung Chull Kim, eds., New York: Routledge, 2006, p. 5.

initiatives)——暂停生命,既没有完全死亡也没有完全重生。① 换句话说,"僵尸倡议"提供了一个可能再生的框架——在未来的某一时刻赋予新的意义和内容。这一更加广泛的路径,包括第一轨道和第二轨道项目、失败的机制以及僵尸倡议等,为未来东亚和亚太能源机制中可能产生的东北亚能源机制提供更系统更全面的理解框架。

这一分析路径得出的结论便是,建设一个石油与天然气合作的制度化机制并非不可能。但是,相比于一个综合的、统一的东北亚能源机制,该地区更可能产生的是一个"能源机制混合体"——由正式的国际机制和非正式网络混合而成的、联系松散又相互重叠的多个机制。② 机制混合体并不一定是只由逐渐发展的制度变革进程而形成的。比如斯蒂芬·克拉斯纳(Stephen Krasner)就曾提出,制度变革反映了"断续平衡"(punctuated equilibrium)的模式,不断地在静止阶段与革新阶段之间摇摆。③ 反映到国际关系领域,断续平衡模式试图解释大量国际组织——也就是"机制混合体"——的制度性变革。

在过去的 40 多年间,杰夫·科尔根(Jeff Colgan)、罗伯特·基欧汉(Robert Keohane)以及蒂斯·格拉夫(Thys Graaf)也把这一概念应用到对全球能源机制混合体中制度性变革的经验性分析上。他们认为,主要行为体之间的利益同质性导致在现存制度内形成了路径依赖以及渐进式变革,最终导致了累积起来的不满需要得到回应。一次能源危机带来的冲击促使国家创建新的机制以应对这一危机。④ 对冲击的这一看法与肯特·卡尔德(Kent Calder)以及闵夜(Min Ye)关于政策制定的论题不谋而合——危机能够创造关键时刻与机遇,从而使其朝着新的方向发展。朝鲜核试验与导弹试验等外交政策行为的必然结果便是东北亚不断累积的不满以及阶段性

---

① "僵尸倡议"这一短语源于 APERC(亚太能源研究中心),*Understanding International Energy Initiatives in the APEC Region*,Tokyo:APERC,2007,www. ieej. or. jp/aperc/2008pdf/2008 ... /APERC_2008_UIEI2. pdfSimilar。

② Jochen Prantl, *Cooperating in the Energy Security Regime Complex*, MacArthur Asia Security Initiative Policy Working Paper, No. 18, August 2011.

③ Stephen Krasner, "Approaches to the state: Alternative conceptions and historical dynamics," *Comparative Politics* 16 (1984), pp. 223 - 246; see also Krasner, "Sovereignty: An Institutional Perspective," *Comparative Political Studies* 21 (1988), pp. 66 - 94.

④ Jeff D. Colgan & Robert O. Keohane and Thijs Van de Graaf, "Punctuated equilibrium in the energy regime complex," *The Review of International Organizations* Volume 7 Number 2 (2012), pp. 117 - 143.

危机,这促使其他东北亚国家考虑建立制度化机制作为回应。

在介绍了断续平衡、利益同质性以及以危机来推动制度革新等可供选择的路径之后,本文将表明,东北亚的制度设计更可能及可行的方式也许开始于一小部分国家在"少边"(mini-lateral)项目上进行合作,标准及行为规范的数量都有限。在地区能源合作的背景之下,鉴于消费者与生产者视角的分野,这些规范将反映双方的观点。这一自下而上的途径认可各国在提供国际公共产品的动机上的不同。一个"少边"集团更容易在提供国际公共产品的问题上达成共识。其他国家没有参与进来或成为搭便车者的事实,并不一定会阻碍这一合作模式。由于"少边"集团在本质上是临时的过渡性安排,为了应对不断累积的不满或危机,它们很有可能成为制度革新的基石,并逐渐发展成为某些范围更大、更持久的机制。①

本文评估了过去将东北亚制度化的努力,假定了路径依赖理论,即,之前的组织经验会限制接下来制度设计的可采用选项。本文还假定危机能够创造某些关键时刻,从而促使新机制的创建。② 目前塑造东北亚能源思想的危机包括 2008 年金融危机、日本福岛核事故以及朝鲜正在制造的危机。2014 年乌克兰危机已经影响了俄罗斯对东北亚的天然气供应。美国北部的页岩气革命已经为东北亚创造了关键时刻,为液化天然气(LNG)的进口拓宽了选择。

因此,本文认为,现存的第一/二轨道东北亚"少边"合作机制之一可以成为东北亚能源机制的核心。为了论证这一观点,本文首先试图鉴别各国采取的关键举措。虽然由于一些国家已经成为联合协定的利益相关者,这些举措并不总是清晰明了,但本文仍对它进行了分析。本文也会通过考察这些发现来确定哪一种"少边"合作机制最有可能成为能够应对各类潜在事态发展的东北亚能源机制的核心,并具有扩展至可容纳东北亚所有六国的能力。

① Scott Barrett, *Why Cooperate? The Incentive to Supply Global Public Goods*, Oxford: Oxford University Press, 2007, pp. 22-46.

② Yasumasa Komori, "Asia's Institutional Creation and Evolution," *Asian Perspective* Vol. 33 No. 3 (2009), pp. 151-182.

# 一、美国倡议:朝鲜半岛能源开发组织

美国政策分析家斯科特·斯奈德(Scott Snyder)认为,朝鲜半岛能源开发组织(KEDO)是"北太平洋地区多边合作的一个不恰当、不充分、不完整的制度化模型,KEDO 也无意代表北太平洋地区的多边合作,但是它是东北亚'功能性多边主义'最具制度化的实际例子"。[①] KEDO 于 1995 年创立,以执行 1994 年美朝框架协议。这是一个需要多边机制来执行的双边谈判协议。日本和韩国加入了美国的行列,同意承担 KEDO 的花费,其他几个国家之后也加入进来并在资金提供方面做出贡献。中国和俄罗斯也受到邀请加入这一组织,但两国拒绝参与。[②] 中国确实曾鼓励朝鲜签署框架协议。但是北京宣称,中国在该机制之外反而能够更好地为 KEDO 做出贡献。

作为对朝鲜冻结和废除其核项目的回报,KEDO 将资助和建设两座 1150 兆瓦的轻水反应堆(LWRs),并且每年提供 50 万吨重燃油,直到那些反应堆能够发电为止。2002 年,朝鲜宣称的核武器项目削弱了 KEDO 的影响力,2006 年它正式关闭。KEDO 仍然保留一个网站提供一些重要文件的链接。[③] 对东北亚能源合作可能性的悲观评估就来自于 KEDO。

但是,KEDO 作为其他地区倡议的孵化器,是一项非常有价值的遗产。比如,卡尔德也曾提到过,1995—2002 年间,KEDO 的积极影响包括,通过 1999 年成立的美日韩三边协调与监察小组(TCOG),促进三边关系的发

---

[①]　Scott Snyder, "The Korean Peninsula Energy Development Organization: Implications for Northeast Asian Regional Security Co-operation?" *North Pacific Policy Papers* 3 (2000), www. iar. ubc. ca/programs/pastprograms/PCAPS/pubs. html.

[②]　关于 KEDO 如何建立的精彩讨论,参见 38 North Video, "Reflections on KEDO: Ambassador Stephen Bosworth, Joel Wit and Robert Carlin," produced by Jenny Town, US-Korea Institute at SAIS, Johns Hopkins University, http://38north. org/2012/07/kedointvw. See also Robert Carlin, Joel Wit, and Charles Kartman. *A History of KEDO* 1994—2006 (Center for International Security and Cooperation: Freeman Spogli Institute for International Studies, July 18, 2012)。

[③]　http://www. kedo. org/.

展。① TCOG 成为六方会谈之前与之后的协调机制。此外,在 KEDO 其他成员——美国、韩国、朝鲜和中国——之间展开的四方进程也在 20 世纪 90 年代末出现。从 KEDO 中习得的"合作习惯"为接下来的"六方进程"的开展贡献良多。

六方会谈的历史及其失败已广为人知。美国希望中国在鼓励朝鲜参与六方会谈中扮演领导角色。一些中国学者对会谈抱有很高期待,希望它能够为建设东北亚安全机制提供基础。但是,正如江忆恩(Alastair Johnson)关于这一问题的研究表明,虽然该地区各国都期待中国的决策者通过参与类似于东盟地区论坛这样的地区集团而得到社会化,但这些决策者们在多边思维的训练上仍然不够。② 此外,即便中国愿意担当机制建设的领导者,它也不愿意提供国际公共产品。

中国方面认为,美国应该为六方会谈制度化的失败负责。比如,清华大学教授孙学峰认为,六方会谈面临的主要挑战便是中国与美国"共治"的努力的失败。③ 中国人民大学教授时殷弘通过评估中国从六方会谈中得到的经验教训,得出了 2007 年 1 月之后华盛顿在六方进程中边缘化北京的结论——他指的边缘化很可能便是美方加强 TCOG 的行为。时认为,这一进程的其他国家最终沦为为美国决策盖橡皮图章的角色。④ 美国只关注朝鲜无核化的结果,而中国却希望塑造这一进程,虽然它仍然处于学习摸索多边进程的阶段。

六方会谈制度化方面的进步体现在,2007 年 2 月 13 日的联合声明同意成立特定任务工作小组。日本和美国的工作小组致力于实现与朝鲜双边关系的正常化;该地区其他国家则希望在其他进程中担任领导者角色。中国领导了一个朝鲜半岛无核化的工作小组;俄罗斯牵头了一个工作小组来

---

① Kent Calder,"The Geopolitics of Energy in Northeast Asia," www. iea. org/work/2004/seoul/Kent_Calder. pdf.

② Alastair Johnston,"Socialization in International Institutions: The ASEAN Way and International Relations Theory," in *International Relations Theory and the Asia-Pacific*, G. John Ikenberry and Michael Mastanduno, eds. , New York: Columbia University Press, 2003, pp. 107 - 162.

③ Sun Xuefeng,"The efficiency of China's multilateral policies in East Asia (1997—2007)," *International Relations of the Asia-Pacific* vol. 10 (2010), pp. 515 - 541.

④ Shi Yinhong,"Perceptions of Inherited Histories and Other Discussion Relating to East Asian Cooperative Security," Council on Foreign Relations Northeast Asia Security Architecture project, December 2009.

建设东北亚和平与安全机制;韩国组织了一个经济与能源合作(EEWG)的工作小组。韩国是领导 EEWG 的最佳选择:作为一个中等强国,韩国最有动力建设能源机制,因为它将从中获益最多。通过地区会议与联合研究项目,韩国能源经济研究所已进行多种努力以便促进共识的产生。EEWG 原本承担运送重燃油到朝鲜的任务,但这一合作小组希望通过制度化来扩展其经济与能源议程。①

2009 年 4 月 5 日的朝鲜导弹试验以及 2009 年 5 月 25 日的核试验导致联合国安理会 1874 号决议的产生,朝鲜宣布他们将不再返回六方会谈。但是,六方会谈作为一种进程继续存在;工作小组的持续活动表明,在应对一系列共同的安全挑战上,地区合作的制度化取得了某种程度的进展。②

这些进程也受到一个第二轨道项目——由圣地亚哥加利福尼亚大学的谢淑丽(Susan Shirk)教授创建的东北亚合作对话(NEACD)——的支持,这一对话在朝鲜终止会谈的时候为其提供了重要的连续性。NEACD 于 1993 年开始,每年都邀请政府官员定期会面,进行非正式的坦率交流,到目前为止已经举行了 19 次会谈。1996 年的首尔会谈应北京之要求,讨论了能源需求的安全隐患。2006 年的东京 NEACD 会议在六方会谈被暂时搁置的情况下,为各国政府的谈判代表提供了一个交流平台。NEACD 已经召集了多个能源专家,但似乎还没有建立任何东北亚能源项目。

因此,虽然美国的倡议,即 KEDO,通常被认为是制度化的失败例子,但它促进了其他倡议的产生,包括三边协调与检察小组(TCOG)、四方会谈、六方会谈以及 EEWG。而且,在第一轨道合作进展不顺利的时候,第二轨道项目能够促使各方针对广泛的地区安全问题继续对话并保持合作。KEDO 为东北亚建立了路径依赖,即朝鲜能源需求应该被纳入接下来的能源机制之中。

---

① Stephan Haggard and Marcus Noland, *A Security and Peace Mechanism for Northeast Asia: The Economic Dimension.* Peterson Institute for International Economics, Policy Brief Number PB08-4, April 2008.

② Scott Snyder, "North Korea's Nuclear and Missile Tests and Six-Party Talks: Where Do We Go from Here?" Testimony before the House Committee on Foreign Affairs Subcommittee on Asia, the Pacific, and the Global Environment Subcommittee on Terrorism, Nonproliferation and Trade, June 17, 2009.

## 二、中国的五国能源部长级会议

对中国在东北亚能源机制中所扮演的角色很大程度上都是负面评价居多。有很多因素导致如此结果,但是也许最重要的是中国那些有权势的国有石油公司(NOCs)的行事作风。这些石油公司认为,通过与其他消费国进行激烈竞争而不是合作才能获得最大收益。

但尽管如此,中国国家发展与改革委员会(NDRC)中的能源改革者仍提倡举办五国能源部长级会议,并得到美国和日本的积极参与。五国能源部长级会议开始于 2006 年,目的是协调石油需求总量占世界 42% 的五个最大的石油进口国,即美国、中国、日本、印度和韩国的战略石油储备(SPRs)。①

中国对多边能源机制的推动引起相互矛盾的解读。日本学者秀隆吉松(Hidetaka Yoshimatsu)认为,中国在东盟＋3 以及东亚峰会中对东亚地区能源倡议的反应非常消极,因为其中大多数倡议都是由日本提出的。他断定,北京推动五国能源部长级会议是为了取代日本提出的这些倡议。② 但是,中国分析家却认为,五国能源部长级会议显示出,北京有意愿与其他石油净进口国合作来维护共同的能源安全。③

中国并没有完全规避多边能源合作。它曾与联合国发展计划署(UNDP)合作,提出图们江发展规划。这一地区倡议于 20 世纪 80 年代末首先在第二轨道团体内部进行讨论,因为这一地区呈现出某种地区劳动分工的现象:俄罗斯的石油与天然气、中国的劳动力、日本的投资与技术。在 2009 年朝鲜退出该项目之前,现在被称为大图们江倡议(GTI)的图们江规

---

① 这一部分来源于 Christoffersen, "East Asian Energy Cooperation: China's Expanding Role," *China and Eurasia Forum Quarterly*, Volume 6, No. 3 (2008), pp. 141 - 168, 以及 Christoffersen, "U. S. -China energy relations and energy institution building in the Asia-Pacific," in *China and East Asian Regionalism: Economic and Security Cooperation and Institution-Building*, Suisheng Zhao, ed., New York: Routledge, 2012。

② Hidetaka Yoshimatsu, "Sino-Japanese Relations and Cooperative Institutions in Energy," Graduate School of Asia Pacific Studies, Ritsumeikan Asia Pacific University, Working Paper Series v. 7 (2011), p. 17.

③ Bo Kong, "Governing China's Energy in the Context of Global Governance," *Global Policy* v. 2 (September 2011), p. 61.

划,包括中国、俄罗斯、南北朝鲜和蒙古——这是一个"少边"集团,因为美国和日本并没有参加。2006—2015 GTI 战略行动计划显示出该项目在能源合作方面具有长久利益,并将为地区能源规划提供基础,直到 2015 年。①

此外,在五国能源部长级会议开始之前,中美两国已经进行了长达 30 年的双边能源合作,并在这一过程中逐渐加深其制度化程度,开展了众多第一轨道与第二轨道的合作项目。由于中美两国政治危机不断,在国内政治影响之下合作程度较低,当政府层面的互动微乎其微之时,两国的双边能源合作由第二轨道开展,从而保证了这一合作的持续与稳定。第一轨道往往受到第二轨道的影响。如,2005 年 6 月美中石油与天然气行业论坛(第二轨道)结束后不久,就召开了首届美中能源政策对话(第一轨道)。② 美国副国务卿罗伯特·佐利克(Robert Zoellick)在 2005 年 9 月的一次演讲中提及能源问题时,要求中国在国际体系中担当负责任的利益相关者,包括在新创建的亚太清洁发展和气候伙伴关系中与美国开展合作,与国际能源署合作建设战略石油储备,以及在新创建的美中能源政策对话中开展积极合作。③

中国学者曾指出,中国没有由政府机构即能源部,来协调其双边或多边能源外交的进行。国家缺乏能力,无法从国际层面来经营中国的石油产业,也缺乏能源政策的连贯性,这导致能源不安全。④

2006 年 12 月 15 日,首轮中美战略与经济对话(SED)得以召开。美国能源局长博德曼(Bodman)出席了该对话。紧接着 SED,中国便主持召开了五国能源部长级会议。这是美国提倡建立的首个多边能源机制,是一个包括印度、日本、韩国以及美国在内的石油消费国之间的多边机制。国家发展与改革委员会主任马凯为开展能源合作提出六点倡议,包括节约能源与提高使用效率、战略石油储备建设合作、能源信息更加透明、保护海上能源

---

① Ruslan Gulidov, "Energy Cooperative Activities in NEA under the Greater Tumen Initiative," in *The Report of the International Expert Workshop on Northeast Asia Energy Cooperation*, Northeast Asia Economic Forum, Korean Energy Economics Institute, September 14, 2009, pp. 58 – 63.

② http://www.uschinaogf.org/.

③ "Whither China: From Membership to Responsibility?" Robert B. Zoellick, Deputy Secretary of State, Remarks to National Committee on U. S. -China Relations, September 21, 2005, New York City.

④ Zha Daojiong and Hu Weixing, "Promoting Energy Partnership in Beijing and Washington," *The Washington Quarterly* Vol. 30 No. 4 (autumn 2007), p. 109.

运输线路、能源供应与能源结构多元化以及维持国际石油市场的稳定。① 这六点倡议被写入五国能源部长级会议发布的联合声明里。

2008 年 6 月第二次会议紧接着 G-8 能源部长级会议召开，提出了一系列能源安全原则，并将其纳入几周之后于 2008 年 6 月 17—18 日在华盛顿召开的第四届中美战略与经济对话的联合声明中。② 这一双边对话会议也创建了美中十年能源与环境合作框架。该双边框架被认为是从之前签署的这些多边协议中"孵化"而来，只是在双边层面又重申一下而已。

伊藤川昭(Shoichi Itoh)认为，2006 年 12 月的五国能源部长级会议也对加强中日双边能源合作产生了影响。两国于 2006 年 12 月的部长级会议上签署了关于能源储备与环境问题的双边理解备忘录。紧接着在 2007 年 4 月，中日两国的能源部长进行首次政策对话。发布的联合声明承认，两国之间的合作加强了东亚能源安全。③

2008 年以来，五国能源部长级会议似乎退出历史舞台了，变成一个失败的机制或休眠的倡议。但即使是作为失败的机制，它仍然对东北亚路径依赖的形成有所贡献。一些能源专家认为，如果俄罗斯和朝鲜能够加入进来，五国能源部长级会议便可转变为生产国—消费国对话机制，从而能够成为东北亚能源机制的基础。④ 2006 年，中国前任国家主席胡锦涛开始意识到在五国能源部长级会议的经验基础上提高中国能源外交能力的重要性，从而将能源安全作为中国外交议程的重点。⑤

2011 年以来，虽然中国继续参与东北亚能源对话，但中国政府对国内外分析家们有关东北亚多边能源合作倡议的讨论似乎并无兴趣。最近关于

① "Joint Statement of the Five-Country Energy Ministers' Meeting," December 16，2006，http：//www. gov. cn/misc/2006 - 12/16/content _ 471001. htm；Japan Agency for Natural Resources and Energy. *Joint Statement of Energy Ministers of the People's Republic of China，India，Japan，the Republic of Korea and the United States*，Aomori，Japan，7 June 2008，http：//www. enecho. meti. go. jp/english/080602. htm.

② U. S. Treasury Department，"U. S. and China Deepen Their Economic Relationship，" June 19，2008，http：//www. america. gov/st/texttrans-english/2008/June/20080619150836 xjsnommis0. 2596334. html.

③ Shoichi Itoh，"China's Surging Energy Demand：Trigger for Conflict or Cooperation with Japan?" *East Asia* v. 25 n. 1 (2008)，pp. 79 - 98.

④ Mikhal Herberg，"Energy Competition and Energy Cooperation in Northeast Asia，" *Energy Security Cooperation in Northeast Asia*，Routledge，2015 forthcoming.

⑤ 王海云、徐勤华：《能源外交概论》，北京：社会科学文献出版社 2012 年版，第 4 页。

东北亚能源合作的出版物都避免讨论多边主义。[①]

# 三、日本的东亚能源共同体

作为石油与天然气的净进口国,日本则是从迫切需要消费国之间进行对话的供应安全的角度来处理能源安全问题。日本仍然过度依赖从中东进口的石油,并且使供应渠道多元化的努力也归于失败。相比于依赖途经波斯湾与马六甲海峡等交通咽喉要道的海上运输,与俄罗斯之间的石油与天然气管道被认为是更加安全的供应渠道。

日本的东北亚天然气与管道论坛(NAGPF)是一项东北亚能源基础设施建设倡议。1997 年 10 月 21 日,一个日本智库——亚洲管道研究协会(APRSJ)——正式启动了这一论坛,日本、中国、韩国、蒙古和俄罗斯成为其会员国。日本在 NAGPF 中的政治目标是,通过管道建设与俄罗斯发展长期稳定的关系。[②] 由于俄日政府间关系受到领土争端的限制,所以 NAGPF 的组织问题含混不清,使其具有了第二轨道倡议的表象。

NAGPF 的最初想法来源于 1993 年,那时莫斯科和北京开始讨论建设中俄输油管道的问题。在 1995 与 1996 年的国际会议上,开始讨论需要启动一个论坛以达成管道建设方面的共识,NAGPF 就此成立了。

NAGPF 将其自身定位为由其成员资助的非政府公民社会组织(CSO),成员具有广泛的地区代表性,包括:来自中国的亚洲天然气与管道合作研究中心(AGPRCC);来自蒙古的矿产资源与石油管理局(MRPAM);韩国的泛亚洲天然气与管道协会(KPGA);俄罗斯联邦的亚洲管道研究协会(ROSASIAGAS)。

APRSJ 是 NAGPF 的秘书处。其他东北亚国家的组织由其各自的政府资助。1998 年,NAGPF 希望得到 APEC 能源部长们同意的旨在推动基础设施建设的天然气倡议能够与 NAGPF 的东北亚目标相联系相融合,但这一想法没有实现。最终,NAGPF 的讨论将扩展至将液化天然气厂囊括

---

① Bo Kong and Jae Ku, eds. *Energy Security Cooperation in Northeast Asia*, Routledge, 2015 forthcoming.

② Fereidun Fesharaki, Kang Wu, and Sara Banaszak, *Natural Gas: The Fuel of the Future in Asia*, Analysis from the East-West Center, No. 44, June 2000.

在内。日本与俄罗斯达成协议,在东西伯利亚油气管道的终点科济米诺港(Kozmino)建设一个液化天然气厂,然而政治问题阻碍了这一进程。

NAGPF 会议每两年举办一次。东北亚跨区域管道还没有建成,但其他一些目标已经实现,比如地区认知共同体的东北亚共识建设、俄罗斯石油天然气管道已经建成——东西伯利亚—太平洋(ESPO)以及库页岛—哈巴罗夫斯克—符拉迪沃斯托克管道。亚太能源研究中心(APERC)宣称,NAGPF 已经通过研讨会和讨论实现了信息共享和能力建设。至少有四个关于东北亚能源基础设施建设长期展望的联合研究项目,毫无疑问会促进共同理解和共识的产生。这些观念项目对东北亚能源合作可行性的地区认知产生了重要影响。

NAGPF 在东京举行了 2009 年会议,在乌拉巴托举办了 2011 年会议。该组织的愿景项目,即"东北亚天然气基础设施的长期展望",有一个 2009 年版本。NAGPF 目前处于日本新潟的东北亚经济研究所(ERINA)的组织之下。① 虽然 NAGPF 已经建成了某种地区共识,即东北亚能源基础设施建设合作是一个合乎逻辑的想法,但作为一个第二轨道组织,它通常被日本分析家认为缺乏对政府能源决策的影响力,因此应该被视为一个失败的机制。②

2002 年 1 月日本首相小泉纯一郎宣布,东京计划以东盟＋3 作为框架建设一个亚洲能源共同体。在这之后出现了一个第一轨道的东北亚地区框架。东京的计划将为所有东北亚国家创造一个"国际公共产品",即地区能源安全。东京作为这一国际公共产品的提供者,将在这一对日本国家利益、地区安全与稳定至关重要的领域承担地区领导角色。它是一个能源净进口国的消费国对话,并不包括俄罗斯和朝鲜。

日本能源经济研究所与中国发改委旗下的能源研究所以及韩国能源经济研究所联系密切。这三个研究所为东盟＋3 提供能源专业知识。

日本的能源规划者们长久以来就认为,只有亚洲地区作为一个整体尤其是中国的能源安全得到保证之后,日本才能获取能源安全。将日本对能源安全的这一认知扩展开来的挑战就是,需要将中国和东盟社会化,使其融

---

① Kazuhiko Ohashi, "Activities to Realize Regional Energy and Environmental Securities by NAGPF," presented at the Third Japan-Russia Energy and Environment Dialogue, May 2010.

② Shoichi Itoh 对于作者理解 NAGPF 提供了许多有价值及见地的理解。

入到集体共享的地区能源机制规范之中。中国的能源规划者们尤其具有根深蒂固的民族主义与自力更生思维。同时,也不能指望美国支持这一想法,所以需要把它排除在外,直到该机制建成为止。

2001 年夏天,能源与自然资源咨询委员会为日本经济产业省(METI)制定了一份报告,建议"将日本的能源安全置于亚洲地区整体能源安全之中"。[1] 日本外务省于 2001 年 8 月发表了一份关于日本能源外交的声明,宣布日本需要通过国际组织——如 IEA、APEC 能源工作小组——以及双边能源协商来提升其能源安全。[2]

鉴于美日两国不对称的安全关系以及日本是否要提升其军事角色的问题,两国所采取的保障能源安全的途径有很大不同。如果美国被切断石油供应,美国会强调市场和单边军事行动的作用而不是地区组织。日本的能源安全规划备受批判,包括散落在很多部门之间的美国国防部净评估办公室,认为其缺乏军事成分。[3]

小泉关于东亚能源共同体的想法在 2003 年 1 月他访问莫斯科之时受到削弱。他表示,俄罗斯的输油管道 ESPO 延伸至太平洋而不仅仅通向中国符合日本的利益。从此开始了中日围绕俄罗斯石油所进行的公开争论。实际上针对是否应该与中国竞争俄罗斯石油的问题,日本政府内部严重分化。亲俄派主张日本应该增加对俄罗斯石油的投资,而"国际主义者"认为应该加强与亚洲国家尤其是中国的合作。[4]

俄罗斯国内也发生了分化,俄罗斯石油运输公司(Transneft)主张太平洋管道,而俄罗斯石油公司(Rosneft)更倾向于中国管道。由于俄罗斯针对管道问题所表现出的游移不定增加了中国的不安全感,所以针对是否可以依靠俄罗斯管道来增加其能源安全的问题,也没有达成共识。针对 ESPO 的斗争降低了人们对俄中日三边形成东北亚能源机制核心的期望。

---

[1] "Editorial: Energy security requires all Asian nations' cooperation," *Asahi Shimbun*, August 2, 2001, www.asahi.com/english/op-ed/K2001080200582.html.

[2] 日本外务省, *Issues of Japan's Energy Diplomacy: Approaches for Energy Security*. August 2001, www.mofa.go.jp/policy/energy/diplomacy.html.

[3] Robert Manning, *The Asian Energy Factor: Myths and Dilemmas of Energy, Security, and the Pacific Future*, Council on Foreign Relations Book, New York: Palgrave, 2000, p.160.

[4] Shoichi Itoh, "The Geopolitics of Northeast Asia's Pipeline Development," in *Pipeline Politics of Asia: The Intersection of Demand, Energy Markets, and Supply Routes*, NBR Special Report No.23, September 2010.

在启动东北亚石油论坛(NEAPF)的过程中日本也扮演了主要角色,虽然该论坛的首次会议于 2001 年在中国大连举行,而且被描述为中日韩石油管理部门基于东盟＋3 制度化形式寻求建立共识的机制。这三国均有身为净进口国的焦虑。

2003 年,日本努力为东北亚能源合作构建"合作规则",这是由 IEEJ 提出的,其中建议:中日竞争仅限于商业层面,而政府层面的合作将继续进行;东北亚每一个国家都应意识到地区能源合作是国际公共产品;每个国家都不应该搭便车,以及地区制度设计必须实现双赢和共同繁荣。

2003 年 11 月,NEAPF 会议又进行其他努力来为东北亚能源机制的形成制定规则。根据一位日本分析家的说法,东北亚地区框架应该考虑到俄罗斯石油与天然气的上游和下游,通过相互同意的方式来开发俄罗斯的资源。日本、中国和韩国在能源政策制定上应达成共识。

2006 年,NEAPF 论坛举办于中日竞争俄罗斯管道之际,所以针对"能源共存"的理念以及建构共存而不仅是合作的议程,实现的期望值较低。[1]

2006 年 6 月,中日竞争的结果就是,东京采取了更为民族主义的战略购买石油与天然气,它在一份名为"能源综合战略"的文件中表示,将增加日本公司海外开采的石油总量至石油进口总量的 40％,并加强与石油生产国的双边关系。同时,日本的第二个国际战略"亚洲能源与环境合作战略"提出,在多边组织中促进能源节约、清洁能源和战略石油储备等方面的合作。[2]

2009 年在东京举办的 NEAPF 会议继续强调多边合作。例如,日本石油协会主席敦促各国通过提升能源效率促进东北亚能源安全合作、通过技术合作确保石油生产国稳定的石油供应、通过加强地区产品贸易来更有效率地利用东北亚炼油能力,以及通过限制投机资金的流入来维持稳定的石油市场价格。[3]

中国石油天然气总公司副主席也针对东北亚合作发表讲话。他表示,

---

[1]  Dr. Ken Koyama, IEEJ, *Co-existence Scenarios of North East Asian Energy Consuming Countries*, July 2006.

[2]  Kenji Horiuchi, "Russia and Energy Cooperation in East Asia," in *Russia and East Asia: Informal and Gradual Integration*, Tsuneo Akaha and Anna Vassiieva, eds., Taylor & Francis, 2014, p. 166.

[3]  Akihiko Tembo, "Overview of Current Japanese Oil Industry and Important Issues in NE Asia," Northeast Asia Petroleum Forum, October 26－27, 2009.

确保石油供应稳定是所有东北亚国家的共同利益,这需要各国政府与石油公司一起努力、共同合作来建设东北亚能源体系。他建议中日韩应在以下几个领域加强合作:联合石油勘探、共享石油运输、研究与开发(R&D)、共同解决针对亚洲的优质油定价问题、帮助中国建设战略石油储备,以及在能源节约方面开展合作。[①] 他的目标是建设中日韩三边合作机制,而不是将东北亚作为一个整体,从而将日本和韩国从美国盟友的身边拉开,削弱美国在东北亚的影响。

中国石油研究所的副主任认为,东北亚合作问题讨论了十年都没有结果,但2008年金融危机却创造了机遇。2008年金融危机之后,俄罗斯在东北亚能源合作问题上变得更加通情达理,这为建立东北亚地区联合石油储备系统提供了机会,而这一系统是东北亚多边能源机制的核心要素。[②]

中国发言人所主张的是在东盟＋3的框架内开展能源合作,中日韩三边机制构成东北亚能源机制的原始核心。该论坛建议建立第二轨道研究小组来促进制度化。

2011年,NEAPF在首尔举办,讨论了不稳定的中东局势以及原油价格,同意"石油消费国寻求战略合作以及协调行动是极其重要的"。[③] 俄罗斯能源专家作为观察员出席了此次论坛,并阐释了东俄罗斯石油发展问题。会议讨论了LNG与东北亚之间的贸易,但俄罗斯与韩国之间原本规划的天然气管道并没有被提及,因为它被认为还不成熟,无法作为讨论主题。[④]

日本因此在多个地区能源合作倡议中担当领导角色:东北亚天然气与管道论坛(NAGPF)、以东盟＋3为框架基础的亚洲能源共同体、东北亚石油论坛(NEAPF),以及中日韩三边机制。但是,日本政府在处理与中国和俄罗斯的能源关系时出现了分歧。北京逐渐远离多边能源合作,影响了日本对中国的期待。日本对混合组织——即融合众多政府与民间倡议——的

---

① Mr. Wang Yilin, Vice President, CNPC, Honorary Director of Petroleum Economics Commission of Chinese Petroleum Society, "Deepening Energy Cooperation, Facing Challenges Together," Northeast Asia Petroleum Forum, October 26 - 27, 2009.

② Ms. Zhang Yinghong, Deputy Director, Global Resources and Strategic Research, RIPED, CNPC, "Northeast Asian Energy Situation and Multi-lateral Cooperation Outlook," Northeast Asia Petroleum Forum, October 26 - 27, 2009.

③ Institute of Energy Economics Japan, *Japan Energy Brief*, no. 16 (November 2011), p. 8.

④ 同上,p. 9.

依赖,也导致其政治承诺具有模糊性。此外,所有的日本倡议都有某些共同点:它们都促使东北亚产生某种共识,即能源合作是可取且可行的;它们均将美国排除在东北亚地区架构之外,以及它们都依赖俄罗斯的石油与天然气,虽然俄罗斯只参与了 NAGPF。但是由于与俄罗斯存在国内政治与领土争端,日本还没有在第一轨道层面实现任何能源合作倡议。

## 四、韩国的东北亚政府间能源合作协同机制

东北亚的大国,俄罗斯、中国和日本,可以迅速卷入资源竞争并将能源资源作为地缘政治战略的手段。这是从中日竞争俄罗斯输油管道 ESPO 的事件中得到的经验。一位韩国分析家表示,中国和日本都无法通过地缘政治竞争来增加其能源安全,但两国在第一轨道层面却都无法从传统的行为模式转变为更加合作的安全模式。① 韩国对中日竞争的分析总的来说有些太过负面,影响了东亚制度化进程。②

韩国能源经济研究所(KEEI)的一个研究员认为,东盟和 APEC 采取的自上而下促进地区能源合作的方式可以作为东北亚遵循的模板——形成政治共识、创建机制框架、建立合作实体、联合研究可行性、开发和实行地区项目。他认为这将最终发展成东亚地区能源共同市场。这是一种自上而下的方式,因为地区政治框架的存在先于地区能源项目的产生几十年。自下而上的途径可开始于具有商业基础的地区能源项目,然后为那项具体项目建立多边合作框架,当它开始管理一个实际项目时,制度化进程便会加快。③

作为中等强国,韩国从东北亚能源机制中获得的收益要高于其强邻。小国没有能力参与地缘政治的能源竞争,这促使它们通过多边机制寻求能源安全。结果,韩国坚持不懈地追求东北亚能源合作的制度化框架,即东北

① Jaewoo Choo, "Energy Cooperation Problems in Northeast Asia: Unfolding the Reality," *East Asia* 23, 3 (Fall 2006), pp. 91 - 106.

② Jae Cheol Kim, "Politics of Regionalism in East Asia: The Case of the East Asia Summit," *Asian Perspective* Vol. 34 No. 3 (2010), pp. 113 - 136.

③ Ji-Chul Ryu(韩国能源经济署), *Opportunity for energy cooperation in Northeast Asia*, http://www.unescap.org/esd/energy/dialogue/cooperation/soc1.asp.

亚政府间能源合作协同框架。在 2001 年的一次讨论会上,韩国呼吁国际组织,如联合国亚洲及太平洋地区经济与社会委员会(ESCAP)以及国际能源署(IEA),为这一机制提供制度化支持。ESCAP 是秘书处。首尔也举办第二轨道会议来讨论和克服阻碍地区大国参与能源机制的因素。俄罗斯已经加入,但中国和日本没有。韩国将在另一个小国那里得到支持,即蒙古。

在东北亚能源合作第二轨道工作小组的一次会议上,一位韩国分析家坦率地指出了几个问题:主要大国在能源问题上的竞争过于激烈且不愿采用合作性的多边方式;中国已提出双边安排;俄罗斯的地缘政治倾向表明它更喜欢亚洲竞争而不是亚洲合作;美国不支持东北亚合作框架,因为这可能会削弱美国在该地区的影响;中等国家蒙古和韩国过于依赖其强邻提供的地区基础设施。[①] 为了使该合作机制获得动力,韩国需要自己承担领导角色。

2005 年 11 月由 UN ESCAP 主持、在乌兰巴托举办的关于韩国倡议的会议上,首次高级官员委员会(SOC)接受了东北亚政府间能源合作协同机制,并提出了一项东北亚能源合作项目(ECNEA)。此外,还组建了能源规划与合作工作小组(WG-EPP)以识别可能的未来合作活动。该工作计划将由 KEEI 与各国伙伴研究所协调实行。中国的回应是提议该组织只行使有限功能,同时增强双边能源合作。KEEI 的一个参与国建议制定一项更广泛的地区合作议程,并呼吁举办会议以决定是采取自下而上(如 EU 和 IEA)还是自上而下(如 ASEAN 和 APEC)的方式实现多边能源合作。该计划得以成功实现的要件已经存在:高级官员委员会、规划工作小组、进行数据收集的研究所 KEEI、第二轨道团体,还有一个国际组织 UN ESCAP 来协助制度化进程。

UN ESCAP 是一个严厉的监督者。2007 年 12 月,它对东北亚能源合作(ECNEA)进行了批评,并提出多个挑战:低透明度、没有基准以及长期战略、短期计划都是临时的,中国和日本没有正式加入,以及 ECNEA 倡议没

---

① Kyung-Sool Kim,(研究员,CERNA,KEEI),小组讨论论文"Geopolitics and Energy Cooperation in Northeast Asia: Perspectives from the UA and Northeast Asia," 2006 Working Group on Energy Cooperation in Northeast Asia organized by the Northeast Asia Economic Forum (NEAEF),February 2006,Honolulu.

有与东北亚的其他倡议进行协调。① 2009 年，WG-EPP 制定了五年战略规划。

2009 年 9 月在乌兰巴托举行的 SOC 会议讨论了 KEEI 针对 2009 年各工作小组所做的报告，包括：实现东北亚政府间能源合作协同机制的五年战略规划、加强制度性安排、评估该机制的贡献对东北亚能源合作的重要性，以及邀请中国和日本成为该机制的正式成员国。五年战略规划计划，自 2011 年起研究可能的石油与天然气管道项目，并在 2014 年前制定出投资计划。SOC 也讨论了大图们江倡议的能源合作行动。②

虽然缺少中国和日本的参与，但韩国对这一倡议的领导具备某些要件。从积极的方面来看，俄罗斯参与了东北亚政府间能源合作协同机制，这可能是因为韩国所提倡的项目实际上是生产国与消费国之间的对话。俄罗斯的参与赋予这一"少边"机制以成为更广泛的地区能源机制核心的潜力。

## 五、俄罗斯的东北亚能源合作路径

自 20 世纪 90 年代初苏联解体开始，俄罗斯一直是机制的使用者而不是创造者。俄罗斯偶尔也在中日两国的地区项目中扮演搅局的角色。作为东北亚的唯一净出口国，俄罗斯的利益与东北亚其他国家不同，俄罗斯对于能源安全的理解也是不同的，它更关注与其他消费国在相互依赖的基础上以尽可能的高价保证"需求安全"。俄罗斯构想的这一相互依赖是为了便于俄罗斯侵入消费国下游市场。③ 俄罗斯通过生产国与消费国之间的对话来寻求稳定的世界石油市场价格以及稳定的需求。对于俄罗斯来说，东北亚能源机制应该是生产国与消费国对话的核心，在此基础上扩展成为一个更

① Pranesh Chandra Saha, Chief, Energy Resources Section, ESDD, UNESCAP, *Energy Cooperation in North-East Asia (ECNEA)：Overview and Strategies for Energy Cooperation*, December 2007, planet. unescap. org/esd/energy/dialogue/cooperation/documents/WG-EPP3/MrSaha-EnergyCooperation-NEA. ppt.

② Fifth Session of the Senior Officials Committee on Energy Cooperation in North-East Asia, Ulaanbaatar, Mongolia, 17 – 18 September 2009, http://www. unescap. org/esd/energy/trade_and _cooperation/cooperation/soc5.

③ *The Brookings Foreign Policy Studies Energy Security Series：The Russian Federation*, Washington, D. C. ：Brookings Institution, October 2006.

大的框架,从而对世界石油市场价格产生影响。加强东北亚能源关系的主要驱动因素是开发俄罗斯远东地区,该地区继续投资、基础设施建设以及与国家经济的更好融合。[①]

在莫斯科为 2012 年举办于符拉迪沃斯托克 APEC 峰会做准备时,俄罗斯在亚太地区的外交活动增加了,俄罗斯积极成为机制的创造者。2012年 APEC 会议是俄罗斯兜售其亚洲安全共同体模式及轮廓、地区架构以及俄罗斯在其中所扮演的角色的机会,俄罗斯 CSCAP 成员宣称该机制将"解决"目前的地区架构中的混乱情况。[②] 此外,由于 ESPO 管道的建设拉近了俄罗斯与位于滨海边疆区的科兹米诺湾之间的距离,俄罗斯对东北亚能源项目的兴趣有所增加。

2010 年,俄罗斯科学院能源研究所的一位分析家提出了一个东北亚能源合作的想法,认为东北亚需要一个反映生产国与消费国利益的地区体系,一个生产国与消费国之间的对话。他主张,俄罗斯人希望从主要的石油生产与运输公司得到专业技术与投资,从而使俄罗斯公司更容易进入东北亚市场,并"将东北亚国家融入统一的亚欧能源体系之中"。[③] 后一种主张建议将东北亚与中亚连接起来,俄罗斯在中亚地区的领导地位更加突出,从而更有可能进行进一步的地缘政治操作。但是,生产国视角的相对缺乏是东北亚能源机制建设所缺少的要素。

俄罗斯的行为源于其根深蒂固的恐惧感,担心俄罗斯会成为中国、日本和韩国工业化永久的原材料附属品,因为俄罗斯自身正在经历去工业化,对东北亚经济依赖程度非常高。[④] 根据 IEA 的评论,俄罗斯政策制定者过于仰赖石油财富的租金,回报周期很短,而在石油生产与基础设施建设等方面

---

① Boris Saneev and Dmitry Sokolov, "Russia's energy development in Eastern Siberia and the Far East and relations with East Asian countries in the energy sector," in Akaha and Vassilieva, pp. 181 - 182.

② Georgy Toloraya, CSCAP Russia, "Russia in Asia and the Pacific," East Asia Forum, August 26th, 2010, http://www. eastasiaforum. org/2010/08/26/russia-in-asia-and-the-pacific/.

③ Vyacheslav Kulagin, Energy Research Institute of the Russian Academy of Sciences, "The East as the New Priority of the Russian Energy Policy," *Northeast Asia Energy Focus* Vol. 7 No. 1 (spring 2010).

④ 有关俄罗斯问题的更多讨论,参见 Christoffersen, "Russia's Breakthrough into the Asia-Pacific: China's Role," *International Relations of the Asia-Pacific* Vol. 10 No.1(January 2010), pp. 61 - 91.

的长期投资不足,所有这些都导致供应不安全。① 莫斯科在普京领导之下所进行的令人闻风丧胆的石油公司国有化,尤其是"尤科斯事件"事件,使得投资者失去了对俄罗斯投资制度的信心。

俄罗斯也表现出对双边安排而不是多边机制的钟爱,这一倾向让人担心俄罗斯还没有或者不能被东亚/亚太多边主义规范社会化。这一印象来自于中日争夺俄罗斯 ESPO 管道,这一竞争是由莫斯科鼓动的。东西伯利亚太平洋(ESPO)输油管道的第一阶段于 2009 年 12 月开始。这一段的 ESPO 从泰舍特(Taishet)到斯科沃罗季诺镇(Skovorodino),途经大庆。ESPO 第二阶段将延伸到滨海边疆区的科兹米诺湾。2009 年 11 月发布的"2030 年俄罗斯能源战略"授权勘探和开发东西伯利亚以及俄罗斯远东的油气资源。一些分析家认为中日对 ESPO 的争夺已经结束,从而使俄罗斯的能源战略去政治化。② 此外,俄罗斯已经加入 WTO,这将为俄罗斯的能源贸易行为施加规则限制。

表明俄罗斯行为可能发生转变的标志是,俄韩两国在东北亚"少边"组织,东北亚能源合作协同机制中共同承担领导角色,并关注俄韩天然气管道的建设。建设俄韩天然气管道的想法来自于 1991 年提出的沃斯托克计划(Vostok Plan)。③ 2003 年美国曾考虑通过俄韩管道、使用库页岛一区(Sakhalin I)的埃克森美孚国际公司的天然气来结束朝鲜核项目的手段,但并没有实行。④

俄韩项目最后在 2008 年 9 月莫斯科双边峰会上达成协议,国有的韩国天然气公社(Kogas)以及俄罗斯天然气工业股份公司(Gazprom)签署了理解备忘录。但是在南北朝鲜关系陷入紧张之时,该项目被迫暂停,等待朝鲜

---

① Stefan Hedlund, "Rents, Rights, and Service: Boyar Economics and the Putin Transition," *Problems of Post-Communism*, vol. 55, 4 (July/August 2008), pp. 29 – 41.

② Shoichi Itoh, "Moscow's Energy Strategy toward Northeast Asia: Can Russia Realize Its Potential?" February 2010, Kennan Institute, Woodrow Wilson Center.

③ Keun-Wook Paik, *Pipeline Gas Introduction to the Korean Peninsula*, Korea Foundation Project "Energy and Environmental Cooperation in the Korean Peninsula," London: Chatham House, January 2005.

④ Keun-Wook Paik with Glada Lahn and Jens Hein, *Through the Dragon Gate? A Window of Opportunity for Northeast Asian Gas Security*. Chatham House Briefing Paper December 2012, p. 8.

半岛重新恢复稳定。①

俄罗斯已经成为这一项目的保证人,因此将自己视为东北亚地区国际公共产品的提供者:减少能源贫乏以及减轻朝鲜半岛的紧张局势。这可能就是德米特里·特列宁(Dimitri Trenin)曾提出的关于俄罗斯应该在未来扮演何种角色的现实范例,他想象的俄罗斯要有能力帮助解决争端并愿意提供国际公共产品。② 该项目为俄罗斯提供了一条不依赖中国和日本而进入亚太地区的路径。这将为俄罗斯的能源出口开辟新的市场,并刺激俄罗斯远东经济的发展。

第三轮俄韩战略对话于2011年11月23日在首尔召开,讨论了如何解决朝鲜半岛的核问题以及三重项目:一条经过朝鲜进入韩国的俄罗斯天然气管道、在同样的路线上进行电力传输,以及俄罗斯与南北朝鲜之间的铁路网。③ 俄罗斯提议在未来就管道项目问题举行俄、朝、韩三边对话。

2011年11月俄罗斯总统梅德韦杰夫与韩国总统李明博举行双边峰会之后,俄韩天然气管道项目获得了动力。梅德韦杰夫再次向李保证,俄罗斯将通过管道来承担供应中断的责任。俄罗斯天然气公司(Gazprom)为其与韩国天然气公社的合作制定了路线图,并于2011年9月得到双方同意。这一宏伟计划起草于2012年3月至2013年9月之间;施工计划开始于2013年;天然气将从2017年开始运输。朝鲜领导人金正日于2011年8月表示支持这一管道项目。2011年12月金正日死后,新任领导人金正恩表示朝鲜将继续支持该项目。该天然气管道将提供足够的天然气以满足朝鲜的需求,并通过收取转运费增加国家收入。

虽然朝鲜是俄韩天然气管道的主要受惠者,但金正恩政府要求收取的转运费非常不合理。该项目可能绕开朝鲜继续进行,在符拉迪沃斯托克与韩国之间铺设海下管道。中国不支持俄韩管道,并提出铺设山东到韩国或大连到韩国的替代性路线。北京于2012年2月向韩国国家石油公司(KNOC)提出,山东路线是一项更加稳定的替代性选择。中国路线也会阻

---

① "Three-Party Projects May Normalize Korean Peninsula—Medvedev," *RIA Novosti*, November 9, 2010.

② Dimitri Trenin, *Post-Imperium: A Eurasian Story*, Washington, DC: Carnegie Endowment for International Peace, 2011.

③ 俄罗斯联邦外交部, "Third Round of Strategic Dialogue between the Russian Federation and the Republic of Korea," November 23, 2011, www. mid. ru/brp _ 4. nsf/.../C2C95AF60E25D30F442579520043FB0C。

止俄罗斯的影响扩张至朝鲜半岛从而取代中国的影响力。到 2012 年年末为止,韩国针对多种替代性路线发生了意见分化。2012 年,美国北部的页岩气也成为韩国另外一个更加稳定的选择。

2014 年 4 月,俄罗斯免除了 100 亿美元的朝鲜债务,希望这一举措会促进两国关系的发展,并加速俄韩天然气管道协议的达成。由于乌克兰危机有可能中断俄罗斯对欧洲的天然气出口,所以莫斯科急切地希望开发东亚天然气市场。

# 六、东北亚能源对话

UN ESCAP 于 2012 年 11 月在韩国仁川组织了"东北亚次区域协商会议",作为 2013 年 5 月在符拉迪沃斯托克举办的第一轨道部长级会议亚洲与太平洋能源论坛(APEF)的准备会议。该会议将东北亚能源认知共同体的主要参与者聚集到一起。东北亚会议的目的是促进亚太地区能源战略共识的建设。

日本和中国的会议代表没有提出实质性的想法。一个日本的会议代表关注国内危机,表示日本在福岛之后还没有形成新的基础能源规划。核能源的作用还没有盖棺定论。基础能源规划在 2014 年 4 月才会被完成和采用。日本的会议参与者强调东北亚合作的必要性,并反复重申 NAGPF 在促进东北亚天然气基础设施建设方面的作用。

中国的关注点集中于中国在该地区的双边合作,通过连接中国与俄罗斯、中亚、缅甸以及近海来获取石油与天然气,连接朝鲜以获取煤炭,形成了多个"能源通道"。这些能源通道存在于以中国为中心的地区秩序的内环。[1] 另一个中国展示者也强调双边能源合作。他建议建立一个共享的东北亚石油储备(SPR),这是五国能源部长级会议的最初理念,以及建设跨界能源基础设施,却没有具体提及中国将会如何从双边项目转变为多边基础设施建设。[2]

---

[1]  Gao Shixian, UN ESCAP, *Report of the Meeting*, *Sub-regional Consultation Meeting for East and North-East Asia Preparation for the Asian and Pacific Energy Forum* (APEF), 12 and 13 November 2012, Incheon, Republic of Korea.

[2]  Ou Xunmin, "Energy Cooperation Strategy of China," in ibid.

韩国承担更多的领导角色。韩国的顾问们为会议准备了一份背景文件，集中指出东北亚的组织赤字：东北亚需要类似于 APEC EMM 的第一轨道层次的部长级会议，那将改变东北亚能源合作的政治指令，减少针对能源的地缘政治竞争；仍然缺乏制度框架以及基础设施，阻止了东北亚合作的实现。东北亚需要通过更新现有的制度框架或创建一个新的框架来实现一个"更加有效的制度设计"；东北亚能源合作应该通过制度化网络体系与 APEC 以及东盟＋3 的合作项目联系起来。①

东北亚会议报告指出，能源合作的可能性是巨大的，但是合作的收益还没有为各成员国清晰地观察到。报告同时也指出，现有的大量东北亚能源合作倡议都没有实现这些目标。② 该会议报告于 2013 年 5 月提交给亚太能源论坛。APEF 的回复建议东北亚继续发展能源专家之间的沟通网络以增强合作，如，继续建设东北亚能源认知共同体，并促进跨界能源基础设施以及电力运输网的建设。

# 总　结

虽然综合性的东北亚地区能源机制还没有建立起来，但存在着几个正在起作用或即将出现的能源合作"少边"项目。这些相互竞争又相互重合的混杂物，松散地与第一轨道以及第二轨道层面的机制联系起来，从而构成了即将浮现的东北亚"能源机制混合体"。它们在未来能够发展成一个统一、综合的地区能源安全机制吗？

关于东北亚利益的共同性，华丽辞藻过多，而不断涌现的大量新能源倡议却表明事实并非如此。每一个东北亚国家都试图将其项目制度化为一个地区机制，但没有一个项目能够涵盖所有东北亚国家。韩国是东北亚能源合作协同机制的推动者，但中国和日本没有加入。美国领导了 KEDO 倡

---

① Jae-Seung Lee & Jungmin Yu, "North-East Asian Perspectives on the Challenges to Energy Security and the Sustainable Use of Energy," *Sub-regional Consultation Meeting for East and North-East Asia Preparation for the Asian and Pacific Energy Forum* (APEF), 12 and 13 November 2012, Incheon, Republic of Korea.

② UN ESCAP, *Report of the Meeting*, *Sub-regional Consultation Meeting for East and North-East Asia Preparation for the Asian and Pacific Energy Forum* (APEF), 12 and 13 November 2012, Incheon, Republic of Korea.

议,但中国和俄罗斯没有加入。日本牵头了很多东亚项目,但美国和俄罗斯没有加入。中国创建的五国能源部长级会议没有进一步发展成中国版的东北亚能源倡议。虽然中日两国经常讨论东北亚机制的形成规则,但两国的能源竞争似乎是没有任何规则限制的斗争。中国没有加入俄朝韩"少边"机制,并试图削弱它,但是这一机制并没有完全对中国关闭大门。目前在讨论组织东北亚的问题时,令人惊讶的是,一些失败的机制——如 KEDO、五国能源部长级会议——经常重新焕发活力,或其中一些概念与实践被某项新的倡议所覆盖和借鉴。这就是形成东北亚能源机制混合体的路径依赖。

东北亚双边能源关系还没有形成地区机制的核心。虽然美中能源合作在过去三十年间所取得的制度化成果对建立五国能源部长级会议有所助益,但并非所有的双边能源关系都考虑过促进更广泛的地区制度化。到目前为止,中俄石油关系就缺乏成为东北亚地区机制基础的能力。[①]

值得注意的是,自 20 世纪 80 年代以来一直存在的理念就是,东北亚能源机制应该包括,所有东北亚国家合作共同满足朝鲜的能源需求。最近的一次尝试是俄韩天然气管道倡议。中国抵制大多数东北亚多边能源倡议是另一个不变的特点。大多数没有中国参与的东北亚能源倡议都会加强朝鲜对中国的独立性。

中国的一些政策制定者呼吁结束东北亚的组织混乱。如,国家发展与改革委员会的张建平曾建议建立一个统一的体系,因为大量的地区能源合作倡议,尤其是日本、中国与韩国相互竞争的那些倡议,并没有使东北亚能源供应与需求更加稳定。找到所有这些东北亚倡议中的共同之处有助于建立一个"统一的多边政府间能源合作机制",同时也可以吸引第二轨道的公民社会组织、研究机构以及私人企业的帮助。[②]

中日韩三边机制具有很多特质使其成为东北亚能源机制核心的最有力竞争者。但是,东北亚石油论坛(NEAPF)还没有具体实施这些项目。虽然

---

[①] Christoffersen, "Crouching Oil Dragons-Hidden Gas Bears: Sino-Russian Oil & Gas Relations in a Northeast Asian Energy Community," in *Dalnii Vostok Rossii i severo-vostochnaya azia [Russian Far East and Northeast Asia]*, Sergey Sevastionov, ed., (Vladivostok 2002), pp. 39 – 58.

[②] Zhang Jianping, "Post-Economic Crisis: Rebuilding Energy Supply & Demand Equilibrium in Northeast Asia," in *The Report of the International Expert Workshop on Northeast Asia Energy Cooperation*, Northeast Asia Economic Forum, Korean Energy Economics Institute (September 14, 2009), p. 23.

NEAPF 在 2009 年通过了很多提议,但中日钓鱼岛/"尖阁列岛"争端以及韩日竹岛/独岛争端削弱了这一三边机制。

在 2014 年这个有利时机下,似乎俄韩天然气管道项目可以成为一项成功的倡议,可以成为"少边"机制的核心,然后融合其他东北亚能源项目从而形成东北亚能源架构。俄韩项目填充了其他倡议所缺失的部分——它是一个生产国与消费国之间的对话、有具体的项目、有领头者愿意提供国际公共产品保护管道。这就是一个长时间以来都处于休眠状态的倡议,既没失败也没成功,有时看起来像是一个僵尸倡议,但最后很有可能得以实现。

深化(由此加强关注点以及一致性)更容易通过地区"少边"机制设计的某项具体项目来获得。当"少边"机制取得了清晰的一致性与目标,它就可以进一步扩展,接纳新成员。现存的"少边"机制,如美韩日、中日韩以及俄韩朝,都有可能成为东北亚机制的基石。

建立一个充满凝聚力的东北亚多边能源机制似乎遥不可及。东北亚能源机制的理念仍然是该地区的跨国"能源分析家认知共同体"的共识。但是,东北亚国家之间持续存在的对地区秩序的竞争,表现在相关能源倡议上的竞争,阻碍了东北亚多边能源机制的形成。该地区更有可能出现的是"能源机制混合体",融合正式的国际机制与非正式网络体系,松散地相连、相重合。

# 缩略词

| | |
|---|---|
| APERC | 亚太能源研究中心 |
| IEI | 国际能源倡议 |
| KEDO | 朝鲜半岛能源开发组织 |
| APEC | 亚太经济合作组织 |
| ASEAN | 东南亚国家联盟 |
| ARF | 东盟地区论坛 |
| ASEAN＋3 | 东盟＋中国、日本、韩国 |
| TCOG | 三边协调与监察小组 |
| EAS | 东亚峰会 |
| EEWG | 经济与能源合作工作小组 |

| | |
|---|---|
| KEEI | 韩国能源经济研究所 |
| NEACD | 东北亚合作对话 |
| APEC EWG | 亚太经合组织能源工作小组 |
| IEA | 国际能源署 |
| APEC ESI | 亚太经合组织能源安全倡议 |
| UNDP | 联合国发展规划署 |
| ADB | 亚洲开发银行 |
| GMS | 大湄公河次区域互联体系 |
| GTI | 大图们江倡议 |
| TAGP | 跨东盟天然气管道 |
| APG | 东盟电力网 |
| APP | 亚太清洁发展与气候伙伴关系 |
| IEEJ | 日本能源经济研究所 |
| ACE | 东盟能源中心 |
| NAGPF | 东北亚天然气与管道论坛 |
| NDRC | 国家发展与改革委员会 |
| NEAPF | 东北亚石油论坛 |
| UN ESCAP | 联合国亚太经济与社会理事会 |
| ECNEA | 东北亚能源合作 |
| SED | 中美战略与经济对话 |
| SCO | 上海合作组织 |
| ERINA | 东北亚经济研究所 |
| CSCAP | 亚太安全合作委员会 |
| WG-EPP | 能源规划与合作工作小组,东北亚政府间能源合作协同机制 |

# 中日韩非传统安全合作与东亚共同体的构建

魏志江*

中日韩三国为东北亚地区的重要国家,三国在地区乃至全球合作机制内,展开了经济、政治、安全、社会、文化等多方面的合作,尤其是非传统安全领域取得了一系列重要的进展。中日韩三国的非传统安全合作,不仅成为中日韩三国合作的重要领域和基础,而且,也可以弥补东亚共同体"核心区"缺位的状况,有助于建立对东亚区域的集体认同感。因此,中日韩三国的非传统安全合作,对于构建东亚共同体,并化解当下矛盾日显的中日韩三国关系,具有重要的意义。

## 一、中日韩非传统安全合作必要性与可行性分析

首先,中日韩非传统安全合作符合全球化和区域一体化的趋势,对于跨国境的区域安全问题,必须通过有关国家的跨国境区域合作才能解决。美国自由主义学者约翰·鲁杰(John G. Ruggie)认为:"一个问题之所以具有国际性的特点,在于这样的问题在单个国家的疆域常常无法得到有效的处理,成本和收益也因而越出国家的限制进入外部领域。这些外部效应是如此重要,以至于不协调多边行动,将无达到国内的政策目标。"[①]显然,中日韩三国金融、能源、环境生态、公共卫生、食品安全、防震减灾、海难救助等领域存在着跨国境的普遍非传统的安全威胁,这些威胁成为跨国境的区域性安全威胁,仅仅依靠单个国家是无法应对诸如此类的非传统安全威胁的,这就需要中日韩三国必须加强区域合作。因此,在全球化和区域一体化的时

---

* 作者简介:魏志江,中山大学亚太研究院教授兼韩国研究所所长。

① 约翰·鲁杰(John G., Ruggie):《多边主义》,苏长河等译,杭州:浙江人民出版社 2003 年版,第 57 页。

代,中日韩三国必须重视日益凸显的非传统安全威胁,将如何应对非传统安全问题纳入本国的外交政策中,加强区域性甚至全球性的非传统安全合作。东亚地区的区域化进程要求中日韩必须在非传统安全上开展合作。随着东亚区域一体化的发展,作为该地区内的重要国家,中日韩三国的相互依赖程度日益加深,三国都需要进一步扩大在各个领域的交流与合作。

其次,中日韩三国由于缺乏政治互信和战略信赖,以军事安全为基础的传统安全合作的不足,必须发挥非传统安全合作的"外溢"功能,培养战略互信,并以非传统安全合作寻求彼此共同的安全利益,并作为化解中日韩三国岛屿海疆争端的重要途径。英国哥本哈根学派代表人物巴里·布赞(Barry Buzan)认为:冷战结束后,东亚地区随着民族主义和宗教的兴起,被冷战长期掩盖的领土领海争端成为威胁东亚地区安全的主要因素,未化解东亚地区区域安全化的趋势。他提出了著名的"区域安全复合体"理论,即采用物质主义和建构主义混合的研究方法,以区域为聚焦点,以安全相互依存为基本前提,阐述了由权力分配主导的物质结构和友善—敌意模式主导的社会结构组成的区域安全结构及其结构变化。以国家—区域—区域间—全球作为安全研究多层次的动力,军事—政治—经济—社会—环境为多领域的议题"国家—非国家"作为多样性的国际行为体和从"冲突形态"—"安全机制"—"安全共同体"的连续统一的进程。其理论依据是一方面国际安全是相互关联的事情,即体系中所有国家和其他行为体都被纳入一种"安全相互依存"的全球网络关系之中,但由于多种威胁带来的不安全更易于短距离传播,大多数国家和其他行为体对相邻国家和其他行为体的恐惧超过了对更远距离的国家和其他行为体的恐惧,而这种"安全相互依存"的常规规模是一种以区域为基础的安全聚结——"区域安全复合体",即区域层次成为国家安全与全球安全互动的末端和绝大多数安全行为体的发生地;另一方面,冷战的结束开启了区域自主管理自身事务的新可能性和现实的必要性,使区域合作成为世界政治经济的重要特征,这种介于国际体系和国家等行为体之间的区域层次已成为安全研究的切入点。这种以区域为聚焦点的"安全相互依存"成为"区域安全复合体"理论的基本前提和核心观点。因此,中日韩三国作为东亚区域的一部分,存在着安全领域的相互依存,并呈现出军事、政治、经济、社会和环境等安全问题综合化的趋势。而中日韩三国安全结构的变化也影响着东亚区域安全结构的变动,并推动以安全相互依存为核心的东亚安全区域的发展。尤其是冷战的结束,东亚区域的安全冲突主要来源于领土的争端,包括日韩的独岛(竹岛)和中日的钓鱼岛争端等。但是,巴里·布赞的区域复合体理论要求东亚国家在推动东亚区域经济一体化的基础上,还可以通过谋求经济发展和公共安全的"外溢"功能和领土之间的合理平衡来增强区域合作的整体互补性,并通过增强和平的环境建构和消除暴力因素来避免领土冲突等不测事件发生。布赞认为:经济的相互依赖和安全议题的多样化相互依存,是东北亚和东南亚合并为一个"区域安全复合体"的基本因素,由于主权观念,领土争端成为东亚国家尤其是中日韩间最重要的冲突,而且,领土的冲突使一国难以控制并向国外扩散,乃至第三方介入干预。因此,任何单个国家都难以基于国内稳定的政策考量而单方面谋求改善安全政策,包括解决主权和领土争端。布赞的区域安全复合体理论,通过将与邻国的领土、主权等安全争端融入一种区域形态,以减弱边界的作用,从而成为化解这种紧张关系的理想办法。所以,中日韩三国在非传统领域的安全合作,就成为具有将敏感的领土争端融入区域形态以化解其紧张强度的重要途径。①

最后,非传统安全合作是加强中日韩三国战略互信的主要手段和推动亚洲区域一体化的政治外交基础。非传统安全合作有着明显的"外溢"效应,即在政治上,能够增强中日韩三国的政治信任和战略信赖;在经济上,能够寻求扩大中日韩彼此贸易和投资的共同利益;而在军事安全上,更能够弥补中日韩三国传统安全合作的不足。由于非传统安全合作属于低级政治领域的合作,政治敏感性相对较低,而涵盖的领域广泛,随着多样性的非传统安全领域合作的逐渐扩大,最终产生叠加的"外溢"效应,外溢到高级政治领域,有助于增强中日韩三国的政治和战略互相信赖,并推动中日韩三国在传统的军事和安全领域的合作。

由于中日韩三国特殊的历史和现状,以及美国因素,使得中韩、中日两国在传统安全领域的合作进展与经济合作相比严重滞后,中韩虽然建立了战略合作伙伴关系,但是战略信赖度还不高,尤其是传统的安全合作较为滞后。而中日两国虽然是战略互惠关系,但是,迄今为止,尚未建立有效的传统安全合作的机制。相对来说,日韩之间传统安全合作成果较为丰富,但也

---

① 以上内容,参见巴里·布赞、奥利·维夫《地区安全复合体与国际安全结构》,潘忠岐等译,上海人民出版社,2010年1月版,并参见郑先武《安全复合体理论与东亚安全区域主义》(上、下),《现代国际关系》2005年第1期、第2期。

由于历史和领土的争端而发展颇为曲折。因此,进一步发挥非传统安全合作的"外溢"效应,以改善和推动中日韩传统安全合作的进展,加强三国的区域安全对话和建立多边安全综合保障机制,推动中日韩三国的非传统安全合作,显然具有重大意义。

就中日韩三国非传统安全合作的可行性来看,第一,三国在维护东亚地区和平与稳定等问题上存在共同利益,尤其是非传统安全的跨国境合作有助于扩大三国在东亚的共同安全利益,为三国在非传统安全领域的合作提供了最大的动力。第二,三国在资源、资金、技术和市场等方面具有很强的互补性,而此种经济上的关联性,成为三国非传统安全合作的基础。第三,三国政府高度重视三国非传统安全合作,并为其提供了政策支持。一系列的双边与多边协议都体现了三国政府对非传统安全合作的重视和积极促进的态度。最后中日韩三国地缘相邻,在多领域的安全议题上具有相互依存性,从而有助于三国形成非传统安全合作的有关机制。

因此,中日韩非传统安全合作具有重大的必要性和可行性。中日韩三国在金融、能源、环境保护、公共卫生、食品安全、反恐、反走私和反毒品交易、打击非法移民、防震减灾、海难救助、海洋安全等方面具有区域安全的相互依存性,因而,三国应该加强非传统安全合作,以化解目前三国存在的领土和海洋划界的争端,将领土、划界纠纷融入区域安全合作的形态,以减轻边界的作用,从而扩大三国在安全领域的共同利益,并以中日韩为主导建立东亚区域安全共同体,以形成以非传统安全合作为核心的综合安全的多边保障机制。

## 二、中日韩三国非传统安全合作的主要现状

非传统安全概念最早正式引入中国始于 1994 年,随后中国学者开始了有关非传统安全理论的研究。① 其中,余潇枫教授的研究成果颇为丰硕。就非传统安全的定义,余教授从景象、波及范围层次、来源等方面对非传统安全进行了全面考察,并认为,非传统安全是指由非政治和非军事因素所引

---

① 余潇枫、李佳:《非传统安全:中国的认知与应对(1978—2008)》,《世界经济与政治》2008 年第 11 期。

发的、直接影响本国和别国乃至全球发展、稳定和安全的跨国性问题以及与此相应的一种新安全观,指的是"免于由非军事武力所造成的一切生存性威胁"。① 另有学者从传统安全与非传统安全区分的五个问题和五个驱动力来界定非传统安全的含义。② 还有学者指出,指涉对象的深化、领域的扩展,以及对安全的理解是非传统安全区别于传统安全的地方。③ 总之,非传统安全是相对于传统军事政治安全来说的,其安全概念是传统安全概念的扩展。

关于非传统安全的"问题领域"也存在很大的争议。有学者将其分为五大类:一是人类为了可持续发展而产生的安全问题,包括环境安全、资源利用、全球生态问题以及传染性疾病的控制和预防;二是人类社会活动中个体国家或者个体社会失控失序而对国际秩序、地区安全乃至国际稳定所造成的威胁,包括经济安全、社会安全、人权、难民等问题;第三类是跨国界的有组织犯罪,如贩卖人口、毒品走私等;第四是非国家行为体对现有国际秩序的挑战和冲击,最典型的是国际恐怖主义;第五类是由于科技发展以及全球化所产生的安全脆弱性问题,例如网络安全、信息安全以及基因工程安全。④

中日韩三国峰会机制的形成,为三国经济、政治、安全以及文化、社会等全方位的合作提供了制度保障,尤其是在非传统安全领域的三国合作,已经成为三国在东亚进行安全合作的基础。中日韩三国在东亚金融、环境、生态保护、防震减灾、反恐、反毒品走私和非法移民以及海难救助等方面均展开了多方面的有效合作。本文仅就中日韩三国在金融安全、环境保护、防震减灾、能源安全、公共卫生和食品安全、反恐、反毒品走私和海难救助等八个方面的非传统安全领域的合作现状作如下分析:

1. 金融、债券合作

近年国际金融市场出现较大波动,世界经济形势严峻,仍面临诸多不确定因素。作为对东亚金融领域具有决定性影响作用的中日韩三国,需要加大地区财经合作的努力,维护地区甚至全球的金融稳定。在"清迈倡议"的

---

① 余潇枫、李佳:《非传统安全及其对中国发展的启示》,《观察与思考》2007 年第 20 期。
② 巴里·布赞:《论非传统安全研究的理论架构》,《世界经济与政治》2010 年第 1 期。
③ 琳娜·汉森:《非传统安全研究的概念和方法:话语分析的启示》,《世界经济与政治》2010 年第 3 期。
④ 朱峰:《"非传统安全"解析》,《中国社会科学》2004 年第 4 期。

基础上,三国在金融合作以财长机制为主,在建立区域危机救助和防范机制、促进亚洲债券市场发展等方面取得了重要进展。①

"清迈倡议"是三国金融安全合作历史中的一个里程碑。2000 年 5 月 6 日,在泰国清迈召开的亚洲开发银行年会上,东盟十国和中日韩三国财长就东亚地区财政金融合作,特别是在东盟十国和中日韩三国(10+3)的机制下建立"双边货币互换机制"达成共识,并发表联合声明,也称"清迈倡议"。其主要内容为:在亚洲地区发生短期资本急剧流动等情况下相互提供干预资金,以应付紧急之需;交换经济和外汇方面的信息;建立一个预防新的货币危机的监督机构;建立一笔备用贷款基金,估计达到 200 亿至 300 亿美元,各国出资额将按照外汇储备额比例分摊。② 迄今为止,清迈倡议是亚洲货币金融合作所取得的最为重要的制度性成果,它对于防范金融危机、推动进一步的区域货币合作具有深远的意义。

2003 年 6 月 22 日,在泰国清迈举行的亚洲合作对话(ACD)外长会议上,亚洲 18 国的外长发表了关于亚洲债券市场发展的《清迈宣言》,表明了各方致力于发展亚洲债券市场的共同意愿。③ 2007 年 11 月 20 日,中日韩第八次会晤上,通过了《2007—2017 年东盟与中日韩合作工作计划》,在三国金融合作上,继续强调了清迈倡议和监督机制等。④ 2008 年 5 月 4 日东盟和中日韩财政部长同意,为筹建中的共同外汇储备基金出资至少 800 亿美元,以帮助参与国抵御可能发生的金融危机。⑤

在中日韩三国领导人会议以及财长会议中,金融债券合作成果显著。2010 年 5 月 29 日至 30 日,第三次中日韩领导人会议通过的《2020 中日韩合作展望》中表示将进一步加强金融主管部门的协调,努力通过鼓励三国金融机构相互进入对方市场来加强金融合作,以应对国际金融市场的变化。⑥ 2011 年以来,在中日韩财金合作框架下,加强以下三方面的合作:一是在完善清迈倡议多边化(CMIM)区域危机救助机制的基础上,积极推动 CMIM建立危机防范职能;二是进一步推动亚洲债券市场发展倡议(ABMI)取得

① 《中日韩合作(1999—2012)》白皮书(全文),北京,2012 年 5 月。
② 辛涛、李祺:《清迈协议迈向东亚货币合作的起点》,《北方经贸》2006 年第 4 期。
③ 同上。
④ 《2007—2017 年东盟与中日韩合作工作计划》,新加坡,2007 年 11 月。
⑤ 新浪网,http://finance.sina.com.cn/j/20080505/15094830255.shtml。
⑥ 《2020 中日韩合作展望》,韩国,2010 年 5 月。

进展;三是大力推动10＋3财金合作未来重点领域研究,目前研究工作已取得进展。① 2012年5月13日,第五次中日韩领导人会议中通过了《第五次中日韩领导人会议关于提升全方位合作伙伴关系的联合宣言》,表示三国将共同努力推动地区财经合作,确保地区金融市场稳定,实现地区可持续发展。鉴此,对清迈倡议多边化资金规模扩大一倍、提高与国际货币基金组织贷款规划的脱钩比例和引入危机预防功能等,以进一步加强清迈倡议多边化。同时进一步加强亚洲债券市场倡议及成功启动10＋3宏观经济研究办公室的经济监测活动。促进三国外汇储备部门相互投资对方国债,进一步加强包括信息共享在内的合作,从而强化三国之间经济关系。②

2012年5月3日,在菲律宾马尼拉举行东盟与中日韩(10＋3)财长和央行行长会议。会议就全球、区域经济金融形势以及各国应对措施交换了看法,并就加强清迈倡议多边化危机应对能力达成共识。各方同意将清迈倡议多边化资金规模扩大一倍至2 400亿美元,且各方出资份额不变;与国际货币基金组织贷款规划的脱钩比例从20%提高到30%,并延长救助资金使用期限。会议决定将现有危机解决机制命名为清迈倡议多边化稳定基金。会议同意新建地区危机预防功能,并将其命名为清迈倡议多边化预防性贷款工具。③ 另外,自2012年起,三方财长会议改为财长央行行长会议。

2. 环境合作

三国环境合作持续稳定发展,成果主要汇集于中日韩以及东盟＋中日韩领导人会议以及环境部长会议中。

2010年第三次中日韩领导人会议通过的《2020中日韩合作展望》中表示,三国将合作加强地区海洋环境保护,努力提升公众减少海洋垃圾的意识,重申落实西北太平洋行动计划框架性防止海洋垃圾的"区域海洋垃圾行动计划"的重要性。④ 2011年第四次中日韩领导人会议还通过了《通过可再生能源和能源效率合作实现可持续增长》声明,表明三国在上述文件基础上为实现绿色低碳增长开展合作。⑤ 2011年4月28日至29日在韩国釜山举

① 《中日韩合作(1999—2012)》白皮书(全文),北京,2012年5月。
② 《第五次中日韩领导人会议关于提升全方位合作伙伴关系的联合宣言》,中国北京,2012年5月。
③ 中国人民银行网站,http://www.pbc.gov.cn/publish/goujisi/300/2012/201205070933 49286956886/20120507093349286956886_.html。
④ 《2020中日韩合作展望》,韩国,2010年5月。
⑤ 《通过可再生能源和能源效率合作实现可持续增长》,东京,2011年5月。

行第十三次中日韩环境部长会议,会议通过了《第十三次中日韩环境部长会议联合公报》。① 10 月 19 日第十届东盟——中日韩环境部长会议在柬埔寨金边举行,与会各方继续开展区域合作,推动绿色经济发展。②

2012 年 5 月中日韩第五次领导人会议在北京召开,会议通过《第五次中日韩领导人会议关于森林可持续经营、防治荒漠化和野生动物保护合作的联合声明》,三国决定加强中日韩三国在森林可持续经营、防治荒漠化和野生动物保护领域的合作。同时,第十四次中日韩环境部长会议,签署了《中日韩环境标志一体机共同认证规则协议》、《中日韩环境标志互认认证程序协议》和《中日韩互认实施规则协议》等三项环境标志合作与互认协议。会议通过了《第十四次中日韩环境部长会议联合公报》,表明中日韩环境合作已经迈上了新的台阶。

3. 自然灾害应对

近年来自然灾害频繁,三国高度重视并积极推进灾害管理合作。在灾难面前,中日韩三国相互扶持,同舟共济,共同应对自然灾害。

2010 年,在《2020 中日韩合作展望》中,三国表示将充分利用中日韩三国灾害管理部门负责人会议等现有机制和机构,分享与灾害有关的信息、政策和技术,以共同有效应对自然灾害,减少东北亚灾害风险。③

2011 年 3 月日本地震期间,中韩领导人慰问灾区民众,展现了三国同舟共济、守望相助的睦邻友好关系;在中日韩第四次领导人会议中,联合宣言涉及灾害管理,考虑到关东大地震,日本政府承诺同中、韩及国际社会分享在核事故和地震中吸取的经验教训,决定按附件推动有关合作;④10 月 28 日召开的第二届中日韩灾害管理部门负责人会议上,中日韩将在共享灾害信息和巨灾风险研究成果、共同构筑灾害风险防范体系等方面开展密切合作;⑤10 月,中日韩三国在北京联合举办了东亚地震研讨会,会议形成《北

---

① 中华人民共和国中央人民政府网,http://www. gov. cn/jrzg/2011 - 04/29/content_1855405. htm。

② 中华人民共和国中央人民政府网,http://www. gov. cn/gzdt/2011 - 10/20/content_1973798. htm。

③ 《2020 中日韩合作展望》,韩国,2010 年 5 月。

④ 《第四次中日韩领导人会议宣言》,东京,2011 年 5 月。

⑤ 中华人民共和国中央人民政府网站,http://www. gov. cn/jrzg/2011 - 10/28/content_1980665. htm。

京共识》,并决定启动东北亚地震、海啸和火山联合研究项目。①

2012 年《第五次中日韩领导人会议关于提升全方位合作伙伴关系的联合宣言》中,认识到三方就应对潜在的大规模地震、海啸和火山爆发开展合作的重要性。三国考虑到三国间不断增长的贸易量和旅游者数量,交流气象观测和天气预报数据的重要性,鼓励在世界气象组织框架内就开展区域气象数据交流的途径进行讨论。为进一步推进中日韩地震科技合作,中国地震局今年将在北京召开第六届中日韩地震减灾会议,并开始实施东北亚地震、海啸和火山联合研究项目。②

4. 能源资源以及核安全

**能源资源合作**

2011 年以来,在第四、五次中日韩领导人会议中,针对能源资源的合作仅作重要性的重申,鼓励在此领域的合作与对话,没有出现新的实质性内容。中日韩三国在 APEC 第十九次领导人非正式会议于 2011 年 11 月在美国夏威夷召开期间,三国与有关国家围绕"紧密联系的区域经济"的主题,在关于能源安全等分议题上展开讨论,会议发表领导人宣言。③ 此外,中国、日本和韩国政府 2012 年 3 月 13 日在法国马赛举行的第六届世界水论坛上签署了三国水资源合作备忘录,标志着三国水资源合作进入新阶段。④

**核安全合作**

三国核安全合作形成了中日韩核安全监管高官会机制。中日韩核安全监管高官会已经成为亚洲国家在核安全监管领域的良好合作机制和信息交流平台,为促进本地区核安全做出了积极贡献。⑤ 2011 年 11 月在东京召开的第四次中日韩核安全监管高官会上,三方签署了"中日韩核安全合作倡议"。⑥ 在《第四次中日韩领导人会议宣言》中三国重申核安全领域合作的重要性,明确了在核安全领域的合作。⑦ 2012 年 3 月 26 日至 27 日第二次

---

① 《中日韩合作(1999—2012)》白皮书(全文),北京,2012 年 5 月。

② 《第五次中日韩领导人会议关于提升全方位合作伙伴关系的联合宣言》,北京,2012 年 5月。

③ 新华网,http://news. xinhuanet. com/world/2011 - 11/14/c_122273159. htm。

④ 中华人民共和国中央人民政府网站,http://www. gov. cn/jrzg/2012 - 03/14/content_2091232. htm。

⑤ 《中日韩合作(1999—2012)》白皮书(全文),北京,2012 年 5 月。

⑥ 人民网,http://politics. people. com. cn/h/2011/1201/c226651 - 2652505599. html。

⑦ 《第四次中日韩领导人会议宣言》,东京,2011 年 5 月。

核安全峰会在韩国首都首尔举行,重点讨论加强核安全的国家措施和国际合作等议题,会后通过《首尔公报》。①

5. 反恐合作

恐怖主义威胁国际安全,中日韩三国在反恐磋商合作中互利共赢。三国将继续紧密合作,消除恐怖主义的威胁。2011、2012年第四、五次中日韩三国领导人会议中都重申反恐合作的重要性,加强协调合作对根除恐怖主义至关重要。因此,2011年3月,中日韩首次反恐磋商在韩国济州岛举行,三方重点就国际和地区反恐形势及三方具体领域合作等交换意见。②

6. 反跨国犯罪

中日韩重视对跨国犯罪行为的打击合作,中日韩执法部门在东盟地区论坛、东盟与中日韩打击跨国犯罪部长级会议以及东盟警察组织中合作密切。2010年发表的《2020中日韩合作展望》中,三国探讨了建立"三国防务对话"机制的可能性,以加强安全对话,促进三国防务或军事人员的交流合作;在三国警务部门间建立紧密的合作机制,以共同应对国际犯罪,提升三国警务合作;并在地区层面有效应对包括涉毒犯罪在内的毒品问题的必要性,将加强在该领域的三方合作。③

2011年6月28日,根据中韩两国警方商定,第八次中韩警方工作会晤在北京举行。会晤期间,双方相互通报了涉及两国的电信诈骗、网络犯罪、毒品走私、刑事犯罪、侵犯知识产权犯罪等领域的情报信息,就进一步加强务实执法合作达成共识。会晤后,双方签署了《中华人民共和国公安部和大韩民国警察厅第八次警方工作会晤纪要》。④ 在10+3框架下,三国根据《2007—2017年东盟与中日韩合作工作计划》,要在国内和国际法可适用框架内,加强包括杜绝给公职腐败分子提供避风港的反腐合作;支持东盟实现2015年东盟无毒品目标;在引渡和司法互助方面,加强执法机构间合作;加强执法机构间打击贩卖人口的合作,积极支持全面实施《东盟打击贩卖人口特别是妇女和儿童宣言》;加强包括执法机构间打击和制止网络犯罪的合作

---

① 人民网,http://world.people.com.cn/GB/1029/42354/17493811.html。
② 《中日韩合作(1999—2012)》白皮书(全文),北京,2012年5月。
③ 《2020中日韩合作展望》,韩国,2010年5月。
④ 中华人民共和国公安部网站,http://www.mps.gov.cn/n16/n1252/n1867/n2677/2835390.html。

及互助,并考虑各国在制定有关应对网络犯罪法律方面的需要。①

**7. 海难救助**

中日韩三国隔海相望,在海洋安全救助合作上有着便利的地缘优势。2011 年《第四次中日韩领导人会议宣言》确认:为保障海上安全,加强三国搜救领域合作的重要性,期待三国密切相关合作。② 2012 年《第五次中日韩领导人会议关于提升全方位合作伙伴关系的联合宣言》中,进一步表明欢迎中国和日本就海上搜救协议达成原则共识,重申加强三国搜救合作以确保海事安全的重要性。③ 此外,在其他国际机制中,中日韩海上救助合作也积极开展。如 2011 年 7 月,ARF 第 18 届外长会在印尼举行《ARF 海上安全工作计划》等文件,开展亚太国家友好合作,共同营造和平稳定、平等互信、合作共赢的地区环境。④ 在《2007—2017 年东盟与中日韩合作工作计划》中,三国将加强海上合作,通过执行有关国际和地区条约和协定以及加强信息共享,开展技术合作,如有关部门人员互访和搜救及其他领域的人员培训,加强有关航行安全的海上合作;按照国际法加强合作,打击海盗、武装抢劫船只、劫机和走私等犯罪活动。⑤

**8. 公共卫生与食品安全**

中日韩三国互为近邻,人员和货物贸易频繁,加强在卫生领域的非传统安全合作具有十分重要的意义。目前,三国卫生合作形成了部长年度会晤机制和高官不定期会晤机制。三国先后签订《中日韩关于共同应对流感大流行合作意向书》、《中日韩三国卫生部关于共同应对流感大流行的合作备忘录》、《中日韩三国卫生部共同应对流感大流行的行动计划》等文件。2010 年 11 月 21 日,第四次中日韩卫生部长会议在韩国济州岛举行。三国卫生部通过中日韩卫生部长会议机制加强了在流感大流行、食品安全、临床研究、自然灾害卫生应急等领域的协调与合作,开展了一系列合作活动;⑥

---

① 《2007—2017 年东盟与中日韩合作工作计划》,新加坡,2007 年 11 月。
② 《第四次中日韩领导人会议宣言》,东京,2011 年 5 月。
③ 《第五次中日韩领导人会议关于提升全方位合作伙伴关系的联合宣言》,北京,2012 年 5 月。
④ 中华人民共和国外交部网站,http://www.fmprc.gov.cn/chn/pds/gjhdq/gjhdqzz/lhg_2/。
⑤ 《2007—2017 年东盟与中日韩合作工作计划》,新加坡,2007 年 11 月。
⑥ 中华人民共和国中央人民政府网站,http://www.gov.cn/gzdt/2010 - 11/23/content_1751399.htm。

2011年11月举行的第五届中日韩三国卫生部长会议,重点讨论了慢性非传染性疾病防控等合作议题,并发表了联合声明;①10月18日上午,中国卫生部、日本厚生劳动省和韩国保健福祉部在北京举行了福岛核泄漏卫生应对研讨会。会上日本专家介绍了针对2011年3月特大地震海啸导致福岛核电站泄漏采取的各种卫生应对措施,特别是在食品安全方面的措施。②

随着卫生部长会议机制的建立,中日韩卫生合作领域扩大到食品安全领域。三国先后举办了多届中日韩食品安全论坛。③2009年11月23日,第三届中日韩三国卫生部长会于日本东京举行,签署了《中日韩三国卫生部关于食品安全的合作备忘录》;④2010年第四届三国卫生部长会议上,陈竺部长还与韩国保健福祉部部长陈寿姬签署中韩两国卫生部关于食品安全标准合作的谅解备忘录;2011年第五届三国卫生部长会议继续重申加强食品安全方面的合作;2012年《第五次中日韩领导人会议关于提升全方位合作伙伴关系的联合宣言》中,重申有关产品安全的措施应符合WTO/SPS和WTO/TBT协议的要求,增进人民健康福祉。⑤

综上八个领域合作现状来看,中日韩三国非传统安全合作发展至今,各领域已经建立起或正在建立相对完善的合作机制。合作以会议与宣言为契机与指导,在中日韩三国政府的政策支持下,新的成果不断涌现。另外,虽然不同领域合作程度不同,但整体上中日韩三国非传统安全合作水平呈现不断提升的趋势。

从另一个角度来看,中日韩一些领域的非传统安全合作尚未形成稳定的合作机制,仍需三方继续加强协商与合作,推动合作水平提升至新的台阶;一些领域的合作虽处于稳定水平,但由于缺乏新的发展内涵,使得在这些领域的合作重复性凸显,动力不足;另外由于中日韩三国自身的争端与矛盾,或领土问题的敏感性问题等等,使得中日韩非传统安全合作发展道路并非一直顺利。因此我们并不能因现有成绩而忽视问题的存在,中日韩三国仍要在非传统安全合作中付出巨大的努力。

① 中国新闻网,http://www.chinanews.com/jk/2011/11-13/3456646.shtml。
② 中华人民共和国卫生部网站 http://www.moh.gov.cn/publicfiles/business/htmlfiles/mohgjhzs/s3582/201110/53185.htm。
③ 《中日韩合作(1999—2012)》白皮书(全文),北京,2012年5月。
④ 人民网,http://medicine.people.com.cn/GB/16230321.html。
⑤ 《第五次中日韩领导人会议关于提升全方位合作伙伴关系的联合宣言》,北京,2012年。

## 三、中日韩三国非传统安全合作对东亚共同体构建的意义

关于东亚共同体的构建,学术界大致可以分为以下三种模式,即外溢论(spillover):主要集中讨论中日韩三国的经济合作向政治安全合作的功能外溢;辐辏论(hub and spokes):主要讨论美国主导下的大国协调与东亚多边安全合作;拓展论(ASEAN way):主要讨论以东盟现有的"东盟方式"为基础,逐渐拓展到整个东亚地区。综合来看,辐辏论是第二次世界大战后东亚安全合作模式的真实写照,但因中美日大国协调的进展缓慢而日益显得力不从心。外溢论是为仿效欧洲联盟的成功实践而提出的东亚安全模式,但是忽略了东亚与欧洲发展模式的不同,以及中日韩三国间超越经济合作以外的复杂关系长期处于停滞状态。最被看好的是拓展论,学界认为东盟地区安全机制可以逐渐整合其他次区域的安全合作机制,最终实现东亚安全共同体,但本文认为该模式仍然难以成为东亚安全共同体构建的基础。

首先,金融危机以来,东亚地区合作逐渐形成了"四轮并进"的态势,即包括东盟国家间合作、东盟分别与中日韩三国的合作、中日韩合作以及东盟与中日韩合作。其中,转动最慢的却又同时是最重要的一个轮子是中日韩三国合作。[①] 现今东亚区域合作主要由区域内总体实力较弱的东盟来充当主导力量的角色,对于"东盟方式"进一步成为"亚洲方式",大家似乎抱有一种乐观的态度。"东盟方式"、"东盟规范"对于东盟的启动是有意义的,但是东盟是由东亚区域中的中小国家组成,其实力只占整个区域总体实力的一小部分,其经济实力不足以与中日韩相抗衡,其所占有的政治资源也不如中日韩,更不可能协调区域内大国之间的关系,东盟地区论坛体现东盟国家达成的一致外交战略倾向,它"只管理问题,不处理问题"[②],另一方面,中日韩三国在东亚安全共同体实际构建过程中,却一直处于话语强势、实质缺位的现实。有效的区域合作机制需要有一个起着驱动作用的"核心区",主要是指该区域内具备足够的经济、政治和文化吸引力的核心主导国,比如法德之

---

① 金熙德:《中日韩三驾马车起步?》,《世界知识》2009 年第 2 期,第 42—43 页。
② 唐小松:《三强共治:东亚区域一体化的必然选择》,《现代国际关系》2008 年第 2 期,第 10—15 页。

于欧盟、印尼之于东盟,对于东亚安全共同体而言,中日韩三国正是拥有足够经济和政治资源的核心区。因此,中日韩三国"核心区"的缺位,显然不利于东亚安全共同体构建。因此,如何解决中日韩三个地区大国力量变化而引发的相互猜疑,使之建立起互信措施,最终成为地区安全合作的领导核心,无疑是东亚共同体构建成败的关键。唯有三国逐渐打破"政冷经热"的局面,推动相互之间的互信与合作,才能成为东亚共同体构建的核心,在该权力结构下构建有效的机制,为其他国家起到示范的作用,逐渐营造良好的互信环境,通过中日韩三国的合作,才能弥合内在威胁、增强处理多边议题的区域意识,才能推进东亚安全共同体的建设。

其次,中日韩非传统安全合作有助于形成国际合作的机制。东亚目前虽有诸如东盟、10＋3 以及中日韩峰会等多边机制,但尚未形成持续、有效的主导机制。作为东亚唯一一个渐趋成形的具有国际组织架构的地区安全合作组织,东盟"只有一个激励成员国工作与合作的框架协定,即便是其最具机制性的秘书处,也仅限于组织、协调和执行东盟有关的活动"①,而东亚峰会和东盟地区论坛等更是只存在着论坛性质的组织架构。机制不在于多少,而在于驾驭机制的能力,这很大程度上体现为制裁机制的强制力,而这与东亚的现状又是不相符的,究其根源是由于在常规机制内,中日韩三国都并未作为共同的主导力量达成共识,而东盟国家并不具有与强制制裁机制相匹配的实力,它对区内的问题都无能为力,遑论协调中日韩间的政治纠纷,这无助于改善信息质量和减少信息的不对称性、减少彼此担心,而致使行为体选择欺骗战略多于合作战略、选择压制与反压制多于对话与共赢。因此,中日韩非传统安全合作,整合中日韩三国区域合作思路,为东亚安全共同体注入强大的区域主导力量,并建立规范化且具有一定强制力的国际机制。

最后,中日韩非传统安全合作,有助于形成东亚共同体的集体认同。温特指出:"安全困境就是缺少集体一致的身份认同和共有的知识,行为体的共有知识使它们有着高度的相互信任,它们之间存在利益冲突,但是它们都相信可以通过和平途径予以解决,结果就是安全共同体。"②无疑,中日韩应该是东亚安全共同体构建过程中的潜在主导力量,三国在区域范围内既有经济合作的优势,也有政治与安全合作的需求,而且有着在悠久交往过程中

---

① 郑迎平:《欧洲与东亚安全合作模式的差异评析》,《现代国际关系》2008 年第 7 期,第 8—14 页。
② 亚历山大·温特:《国际政治的社会理论》,秦亚青译,上海人民出版社 2008 年版,第 424 页。

形成的对儒家文化的相互认同,应当取代东盟成为东亚地区安全共同体的驱动力量,改变目前东亚安全共同体无核心主导的现状。笔者认为在非传统安全威胁日益突出的情况下,需要重视安全共同体面对的非传统安全威胁,避免过分强调"国家之合作必然是对抗第三国"的思维,为东亚国家之间矛盾重重的安全背景提供了一个对安全共同体成功构建的展望。如果说欧洲产生的是文化价值的相近与超越民族国家的区域意识,东盟产生的则是基于区域外挑战与冲击而产生的区域意识,那么建立在中日韩三国基础上的东亚安全共同体则将是基于应对共同命运威胁的区域认同意识。

实际上,所谓"安全共同体"本来并不局限于指"狭义的军事安全",相反,"安全共同体"之"安全"是一种传统军事安全和非传统安全的集合,共享的认同(shared identity)和共同体感(we-ness 或 we-feeling)[1]是其特征,与东亚安全共同体的构想描述颇为相近。所以本文认为"东亚共同体"设想并不是一个具有里程碑式的设想,但却可以认为东亚共同体的构想体现的是一种政治哲学上微弱的建构主义转向,由于安全威胁、安全命运、安全手段的地区化,获得安全的方式也已经在发生微妙的非传统安全转向,安全成为一个比和平更为宽泛的概念[2],这提示我们需要将更多的目光投向中日韩非传统安全合作领域,关注东亚区域和平的积极方面,并因应时机适时地推动或参与安全共同体的构建,这对于构建东亚共同体,化解当下矛盾日显的中日韩三国关系,无疑具有重要的研究意义。

综上所述,中日韩三国作为东北亚区域的重要国家,虽然已经展开了多方面的非传统安全合作。但是由于历史、海洋权益和岛屿争端、美国因素的牵制以及三国政治制度、价值观等的差异,中日韩三国的战略互信度严重不足,尤其是传统安全合作存在较大的战略疑虑。因此,中日韩三国的非传统安全合作的发展趋势存在一定的不确定性和障碍。但是,我们也应该看到,中日韩三国非传统安全合作不仅可以弥补东亚共同体"核心区"缺位的状况,而且有助于建立对东亚区域的集体认同感。因此,中日韩三国的非传统安全合作,对于构建东亚共同体,并化解当下矛盾日显的中日韩三国关系,具有重要的意义。

---

① 另有专家将 we-ness 或 we-feeling 译为"群我意识",在此选择"我们感"这一翻译,因为在大多数的中文文献中均采用此一翻译。

② 参见阎学通《和平的性质——和平≠安全》,《世界经济与政治》2002 年第 8 期,第 4—9 页。

# 中国经济有多稳定？

保罗·阿姆斯特朗-泰勒[*]

中国的经济增长一直以来建立在投资与出口上。为了支持增长，政府将金融市场畸化，比方说始终保持汇率的低水平。这导致了债务的急剧增长，尤其是在影子银行业。这篇论文考察的是因此债务带来金融危机的风险。结论认为风险是可控的，中国有意愿转向一个更加可持续发展的、慢一些的增长方式。

# 引 言

在过去的数年中，经济学家与投资者们对于中国发生金融危机风险的担忧呈持续增长状态。担忧有房产泡沫——在中国许多城市房价所占的收入比相较于其他国家非常之高（Ahuja, Cheung, Han, Porter, & Zhang, 2010；Economist Intelligence Unit, 2011；Yu, 2011）。最近，担忧转向了金融业，尤其是在影子银行业（Bank of America—Merrill Lynch, 2014；Barclays, 2014；Credit Suisse, 2013；JP Morgan, 2014；Nomura, 2014；Federal Reserve Bank of San Francisco, 2013）。

最近金融风险的诱因之一便是中国的增长模式。1978 年以来，增长模式就建立在出口与投资之上。为了支持增长，政府以各种方式介入金融市场。汇率干预保证了便宜的货币以及出口竞争力。与这篇论文更为相关的是，金融监管通过建立在存款收入基础上的消费压低银行借贷利率，促进了投资以及政府借贷。另外，一些借贷者（最明显的是国有企业

---

* 作者简介：保罗·阿姆斯特朗-泰勒（包尔泰）（Paul Armstrong-Taylor），南京大学—约翰斯·霍普金斯大学中美文化研究中心教授。

** 张舒君译。

与地方政府)在贷款上获益于政府默许的保证。这消除了借贷者的信用风险并鼓励给风险项目投资。政府试图通过限制银行贷款来控制债务增长。然而这一举措没有放慢债务增速,而是将借贷由银行转向了影子银行。

低利率与隐性担保增加了金融风险。它们导致了某些得到中央政府或地方政府支持的特定行业的产能过剩(例如太阳能业以及造船业)(Zhang & Zhang, 2013)。这些贷款许多也许是拖欠的。[①] 一些地方政府也许也借了很多还贷预期很低的项目贷款(Lu & Sun, 2013)。或许最重要的是,低利率支持了房地产业与投资业的迅速成长(Nomura, 2014)。考虑到房地产业在经济中的核心角色,房产崩盘的可能性成了一个关注点。

尽管这篇论文的论点是当前的金融风险是可控的,但是这并不意味着历史增长方式是可持续的。中国必须减少其经济扭曲,并更多地依赖其国内消费以保持未来的增长。令人鼓舞的是,近期的改革提议似乎都朝着这一方向发展,尽管这些改革面临许多技术、经济和政治的挑战。即使成功了,改革也将带来可以预期的增长放缓,作为中国一个更平稳的过渡。将来的增长率将会接近5%不到10%(Pettis, 2014)。

金融危机通常伴随着债务的快速增长。在中国,最近的债务增长主要是通过影子银行板块(Credit Suisse, 2013),因此本文将专注于这一板块。影子银行的简单定义为,一个复制银行业功能的系统,尤其在信用创造方面,但其本身不是银行,所以不受银行业规则的约束。影子银行与银行业有着不同的风险。一方面,其倾向于在不同类型的投资者中间分散风险而不是集中于少数几个银行。这种风险分散方式使得它更容易管理。另一方面,松散的管理也许会带来更大的风险,保证金的缺乏(实际上在大多数国家的银行业都已消失)使得影子银行的运行更有可能。

在本文中,我将探索中国影子银行系统的本质,解释其为何如此,探讨其将给中国人带来的风险(与收益),总结政府现有的以及拟议中的政策回应,并评估中国的金融危机可能带来的国内及国际经济影响。

---

① 2014年3月4日,超日太阳能为首家拖欠债务偿还的中国公司。

# 一、中国的影子银行——规模与增长

尽管在中国没有简单的治理影子银行的方法，但是其规模看上去似乎很大且呈增长态势。表一显示了中国影子银行的增长估计。该图表使用了影子银行的一个包容性措施——信贷总量和银行贷款之间的区别。通过这一措施，影子银行在 2012 年年底时达到大约人民币 23 万亿，约占 GDP 的 44%（Credit Suisse，2013）。代表了经济总量中的全部信贷，约 25%，且增长速度快于银行信贷。

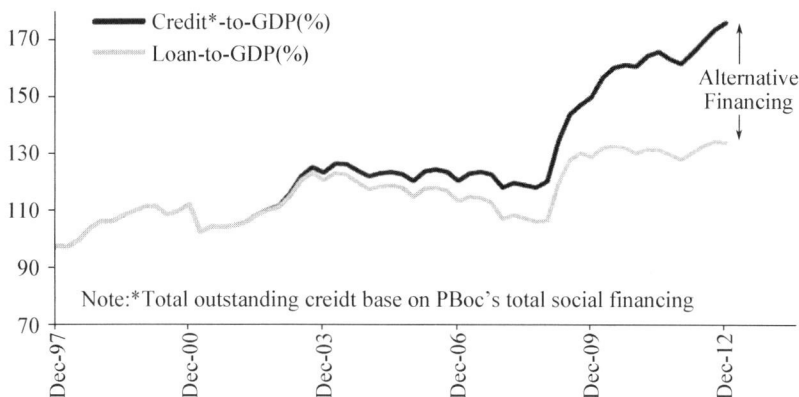

表 1　中国的信贷增长与影子银行

资料来源：Credit Suisse（2013），材料基于中国人民银行以及 CEIC。

尽管中国的影子银行系统在绝对数量上占优势，但是对于经济规模或传统的银行体系来说仍不是那么大。表 2 显示了中国影子银行与其他国家相比在规模上的估计。所有的估算都在 GDP 的 25%—60%的范围之内。这低于发达国家水平，甚至低于全球平均水平。

在一个国际化的基础上，中国的影子银行与银行系统关联不大。摩根大通估算影子银行系统的资产大约等于传统银行系统资产的 30%。这大体上少于其他国家的平均水平（50%），或其他新兴国家市场（比如，南非达到 66%，墨西哥 56%）。

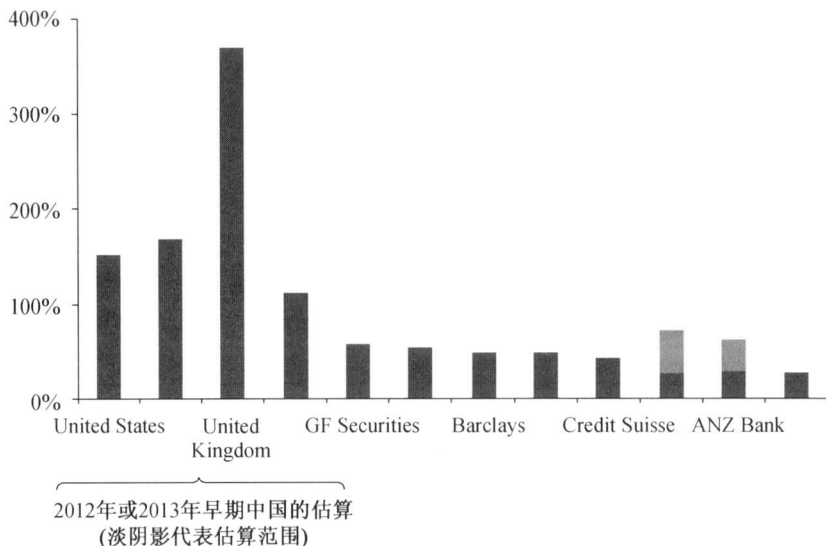

2012年或2013年早期中国的估算
(淡阴影代表估算范围)

表2 中国影子银行系统的国际比较

资料来源:旧金山联邦储备银行(2013),瑞士信贷(2013)。

1. 中国影子银行的结构

尽管在与其他国家比较时发现影子银行系统看上去并不庞大,但是如果它的结构比其他国家的该系统更具危险性,那么它仍然应当成为一个关注点。表3以产品类型划分了影子银行体系。

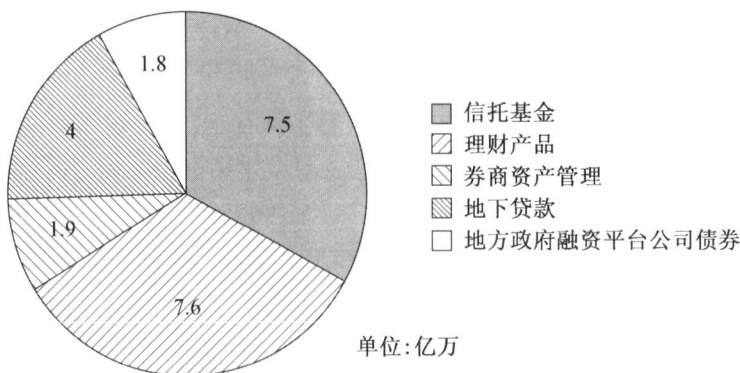

- 信托基金
- 理财产品
- 券商资产管理
- 地下贷款
- 地方政府融资平台公司债券

单位:亿万

表3 中国影子银行业结构

资料来源:瑞士信贷(2013)。

· **404** ·

以这种方式估算,信托基金以及理财产品占了影子银行系统约三分之二。这些十分相似。都是从投资者处拿钱再用来借给(直接或者通过买债券的方式)公司或地方政府。都是银行使用的手段来给投资者提供更高的回报,并规避借贷限制,但保持金融独立,因此也是在资产负债表之外的。同样的产品在其他国家也很普遍,包括美国。它们在功能上类似于购买债券的共同基金,但是其持有还有风险,也时常是隐藏的。

地下借贷由借款给公司的私人借贷组成网络——经常通过个人关系。这些网络发展得很好的地区通常个体经济繁荣,由于私企有渠道能够贷到款。最著名的例子便是浙江省的温州市。

地方政府的融资平台是由地方政府建立起来的公司,以绕过地方政府的借款限制。除了最近的一些例外,地方政府是不允许直接借贷的。为了应对这个规定,通过成立有地方政府资产作支撑的公司来借款并投资,支持地方政府政策(通常是基础设施建设)。

券商资产管理的贷款是通过产生让投资者购买股票保证金或卖出股票。这在其他国家很普遍,但在中国直到 2010 年才宣告合法。

2. 影子银行增长的原因

中国影子银行业的崛起是对银行业系统限制与监管的回应。在过去的数年中,中国多次提高了银行的存款准备金利率。这限制了银行可以用来借贷的存款。然而,借贷需求——尤其是地方政府和制造业——持续强劲。另一方面,银行通过提高存款利率来防止吸引更多资本借贷。[①] 这两方面意味着存在着想要在高利率点借款的借贷者以及想要更高回报的储户。但是银行不可以在前者与后者之间传递资金。影子银行抓住这一商机迅速发展了起来(Kim,2014)。[②]

3. 影子银行的风险

影子银行的增长并不完全是一件坏事。它使得储户可以得到相比于存银行的收入保障更高的回报,也使得一些原本无法实施的投资能够得以运作。

然而,风险是存在的。金融危机以来中国的信贷增长十分迅速。信贷

---

① 直到最近,在利率可能被贷款吸收问题上仍然有限制,这一举措鼓励借贷给安全借款者(尤其是国有企业和有政府支持的实体),而不是更有风险的借款者(例如中小型企业)。

② 这可以和其他国家的影子银行比较,比如美国,经常会牵扯到规避监管。

迅速增长带来能源资产价格升值有时会导致一场金融危机,因此有些关切是合情合理的。

如果债务支持投资比债务本身利率回报更高,那么它就能平衡财富并不会带来风险。另一方面,如果债务用来支持回报很少的投资——低于利率——那么就会有人承担相应的损失。由于信息不可查,很难估算影子银行体系资金支持的投资的质量。然而,显然很多贷款都是贷给地方政府以支持基础设施建设,或是用于房地产公司的开发。这两种形式的贷款都是有风险的。

地方政府官员也许会面对非商业性的优惠而致使他们投资低回报的项目。例如,一名地方官员的政绩也许是依赖其地区的 GDP 增长率。低回报投资在短时间内也许能够促进 GDP 增长,而官员希望在长期成本到来之前就能够得到升迁。

根据中国国家审计署的统计,在 2010 年,仅有四分之一的地方政府借贷能够从项目收益中获利。对其余大部分来说,地方政府计划使用其他的资金,尤其是土地买卖的收益,来偿还债款。

大部分地方政府债务要求在 2014 年偿清。例如,陕西省过半债务要求在 2013 年年底或 2014 年偿清,而山西省的指标则超过 40%（Qi,2014）。大部分这样的债务,已经或将会累积。2014 年年初,中国国家发展改革委员会正式批准了这一债务延期（Rabinovitch,2014）。债务累积也许避免了短期内的债务拖欠,但是却可能导致借款者与贷款者均低估了借贷风险而带来过度借贷的问题。

不像地方政府债务,建设贷款历史以来均运行得很好。一般情况下房价增长总是比利率增长更快,所以房地产公司在还债方面没有任何问题。然而,有一些理由让我们相信这样的价格增长也许不会持续。

首先,房价已经与收入和借贷高度关联。举例来说,在一些城市(包括北京和上海)2010 年时租价比已超过 40（Wu,Gyourko,& Deng,2012）。与美国相比,美国房产泡沫高峰时租价比为 27,意味着非常低的租金回报。

其次,高房价的支持也许来源于其他投资机会的缺乏。随着银行提供的房产利率为负,股市在 2007 年崩盘,糟糕的公司治理以及海外投资的限制,房产(甚至房价虚高)也许是最好的选择。然而,已经提议的金融自由化也许能创造更多有吸引力的其他投资,并且,这也许能够引起房价下跌,而投资者可以从中获利。

这些观点大部分也可以应用于传统银行业，但是影子银行也许更具风险，有如下两个原因——两者都来源于企图规避传统银行业的监管。

首先，因为影子银行一般情况下不受银行业综合报告的要求，也就不那么透明。这意味着，政策制定者没有意识到问题的规模与本质的时候，风险就已经产生。如上所述，一些机构已经估计了中国影子银行体系的规模，因此规模也许是透明的。然而，我们对于已经产生的借贷的风险仍缺少很好的数据。

其次，不像银行系统，影子银行系统的投资者们不受存款保险的保护，这给银行运行（或者说影子银行运行）带来了更大的风险。银行与影子银行均有着资产（长期贷款）与负债（短期存款）之间成熟的不匹配。即使资产超过了贷款的价值（因此银行是有偿还能力的），如果很多储户同时提出要回他们的钱，它能够面对如此的资产流动性问题。如果储户担心一家银行的安全（有可能是因为其他银行的破产），这种情况最有可能发生。存款保险去除了储户失去他们投资的风险，因此他们更不可能急于取出存款。在存款保险之前，银行运营十分普遍；自从存款保险的问世，银行运营就变得非常少了。因为影子银行系统没有明确的存款保险计划，它更多依赖于银行运营。

当面临金融危机时，政府紧急援助影子银行是有可能的，但却不是一定的。这种不确定性使得影子银行相较于银行风险更大。

# 二、国内政策

## 1. 预先政策

不像美国政府面对次贷危机，中国政府几年前就已经意识到影子银行存在的问题，并采取了措施来降低风险。例如，2010 年 8 月，中国银行业监管委员会出台了对于银行信托的限制（Credit Suisse, 2013）。银行信托是影子银行的一种形式，银行出售理财产品给它的顾客，由银行决定的借款人通过信托受益。通过这种方式，银行能够避开其能够贷款的数额以及它能够提供给顾客回报的限制。

尽管这些限制确实减缓了银行信托的增速，而信托的总体增速却没有放缓。影子银行有很多形式，巨大的收益刺激了有关组织去寻找不受限制的形式。带来的结果就是,监管起不到作用。监管者在一个地区也许能够"重拳出击",在其他地区就不一定了。

减缓影子银行增长的一个更有效的方法也许是降低其收益。金融自由化——比如,银行能够提供更高的存款利率——能够帮助降低影子银行相较于银行的优势。这样的改革方式已经被提出了,但是它们面临着反对,并且需要时间才能得以实施。

2. 明斯基的大政府和大银行

已经估计过危机的风险之后,现在我要转而考虑其影响。一场危机将怎样影响中国以及全球经济?

海曼·明斯基(Hyman Minsky),一位直到最近才被主流所重视的经济学家,因为其金融危机诱因理论而著名:金融不稳定假设。然而,他也研究了什么类型的经济体能够抵御危机这一问题(Minsky, 1994)。他的结论是,有着"大银行"(愿意扮演最后贷款人的中央银行)以及一个"大政府"(愿意使用循环计数财政政策来支持财政体系的政府)的经济体,能够改善危机所带来的影响。在金融危机之下,我简单考察这一理论,并将其应用于中国。

金融的主要任务是将资本转换为富有成效的投资。如果金融机构不愿意或不能够完成这一任务,金融危机就可以对经济的其他方面产生大的影响。但是如果它能够持续发挥作用,影响会小一些。在大萧条中,银行借贷和其他金融形式急剧减少。因此,公司无法投资也不能雇佣工人。这进一步损伤了经济并不鼓励银行借贷。在最近发生的次贷危机中,金融体系持续作用,因此对于经济的影响少了很多。

政府和中央银行的政策很大程度上解释了这种差异。在大萧条期间,政府与联邦储备银行对于金融体系采取了放任自流的方法。结果导致很多银行破产,没有破产的也拒绝贷款。然而,在最近的危机中,联邦储备银行以及联邦政府均积极地支持了金融体系。

联邦储备银行参与了量化宽松,第一步就参与了购买不良资产,例如银行抵押贷款支持的证券。伯南克(Ben Bernanke),经济危机期间的美联储主席,是大萧条问题的领军学者以及那个时期联邦储备政策的批评者,所以他的上任很好地避免了再犯同样的错误。与此相似,联邦政府实施了问题资产救助计划(TARP),购买或保障了失去重要价值的银行资产。这些政策均提高了银行的资产负债平衡并减少了银行破产的风险——允许并鼓励他们借贷。金融政策领域，政府可以做得更多。相比较于快速的减少地方政府以及联邦政府赤字，美国采取更多的金融刺激的话，本可以恢复得更快。

尽管如此，金融危机之后的经济比大萧条期间好很多，这可以看作支持明斯基的理论的。

从这方面讲，中国看上去似乎可以很好地应对这一危机。主要银行都是国有的，有着可以抵御银行破产的政府保障。因此，在经济危机中，金融体系也许能够继续运作——尽管影子银行业会出现混乱。另外，以直接的方式或是通过大型国有企业，政府是主要的雇主和投资者。因此，它可以抵消个体经济领域的任何收缩。中国政府不仅能够应对这一危机，它显然也愿意这么做。金融危机之后，中国遭受了出口急剧减少，给经济带来了消极影响，政府采取了积极的经济刺激计划和信贷扩张，使得经济很快得到了恢复。因此，相比较于其他大多数国家，中国也许能够更有效地抵御危机。

从消极的一面看，期待政府提供这种支持也许会提高道德风险。如果个体户相信政府将会拯救经济，那么会刺激他们承担更多的风险。这种冒险更容易造成危机。这也是影子银行崛起的众多因素之一。

# 三、国际风险蔓延

如果中国真的遭遇了危机，那么它将通过两种方式影响其他经济体：贸易与金融联系。中国是世界最大出口国以及第二大进口国。[①] 由于内需降低导致的进口减少将影响其他国家的出口，进而影响到他们的经济。另一方面，由于其封闭的资本账户，中国与其余的世界有着有限的资本联系，金融蔓延（比如随着美国次贷危机而来的影响）可能同样也是有限的。

在负增长时期内，我发现了金融联系比贸易联系在发达国家间传播GDP震荡更为重要的证据。另外，贸易赤字国家的衰退相较于剩余国家的衰退，在其他国家的增长上有着更大的影响。这些发现表明，中国的危机也许不会像世界其他地方那么重要，正如中国的经贸规模所展现的那样。

---

① 尽管一些进口是出口生产的输入，但并不是十分依赖国内经济。

**对东亚国家的影响**

尽管很难估计中国发生金融危机对其他国家的可能影响,但是我们仍能够猜测哪些国家最有可能受到影响。表 4 和表 5 表明了中国和其他东亚国家在贸易和金融方面的联系。

表 4 比较了中国出口值所占 GDP 的比重。如果发生了危机,这些出口很有可能会降低。例如,美国的次贷危机之后,在近些年每年持续增长超过 20% 之后,中国的出口下跌了大约 15%——约占整个趋势的三分之一。如果相似的情况发生在中国的出口上,对于东亚经济体的影响将会十分重要——从蒙古 GDP 的 15% 到日本 GDP 的 1%。[①]

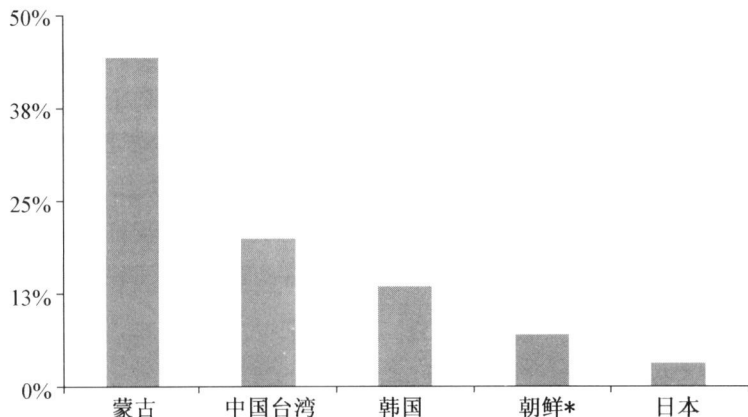

**表 4　中国出口所占 GDP 的百分比**

资料来源:作者根据美国中央情报局世界概况提供数据的估算。

＊有关朝鲜的数据也许并不可信

表 5 比较了银行借贷所占中国 GDP 的百分比。正如所预期的一样,中国台湾是与中国金融联系最密切的经济体,任何金融风险的蔓延对它的打击都将比韩国或日本更为强烈。然而,值得指出的是,即使是中国台湾承受的金融风险,与其他国际金融联系相比仍不够大。例如,日本给美国的银行借贷约占其 GDP 的 17.8%——比中国台湾借给中国大陆、中国香港、中国澳门的还多。

---

① 这种背面式算法粗略的计算,忽略了几个问题。例如,增长也许会被净出口(出口—进口)影响。如果进口随出口下跌(正如次贷危机后中国发生的一样),可感知的影响将会比估计的小。另一方面,这种估算方法没有考虑次级影响。如果中国的衰退引起日本的衰退,后者也会影响中国台湾(举个例子)。

如果中国真的遭遇了一场危机,传播很有可能发生在贸易领域而不是金融领域,并且(除了蒙古)中国台湾将会是东亚经济体中受影响最严重的。

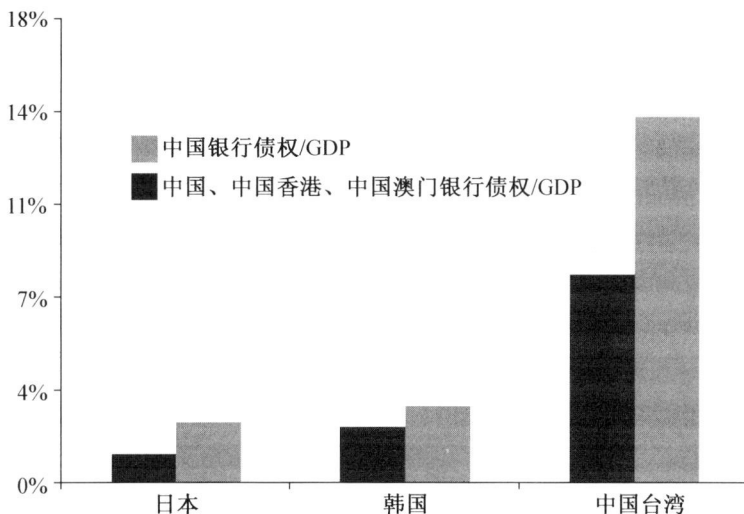

表 5　中国的财务风险

资料来源:作者根据国际清算银行及世界银行数据估算。

＊无法得到蒙古与朝鲜的数据

# 结　论

从这一分析中无法得出很简单的结论。影子银行的债务在近些年迅速增长,非常不透明,也许已经是过度或无效投资了。一方面,这与其他国家并无太大关联,中国政府看上去有着很强的应对危机能力。其他与中国有着密切经贸联系的东亚国家,任何衰退都毫无疑问会影响他们。另一方面,除了中国台湾是部分例外,金融联系更少,所以直接的金融风险是低的。对于中国影子银行业的关切是合理的,但是风险并没有一些人所认为的那么严重。

然而,这并不意味着中国可以回到要求大量投资的旧的增长模式。这样的增长只可能由债务领域不可持续的增加所支持。因此,中国应当看到影子银行板块现存的问题,作为一个转变到更缓慢的、基于稳定内需之上的新的增长模式的重要信号。政府已经提出了几项支持这种转变的政策。无论面临怎样的阻碍,中国都应当确保这些政策得到实施。

# 中国周边外交:困境与出路[①]

曹云华　刘　鹏[*]

2013 年 10 月中国召开了首次周边外交工作座谈会,这表明中国的周边外交受到前所未有的重视,也隐含着中国的周边外交面临着诸多挑战。尽管中国早在 20 世纪 90 年代就提出了"周边是首要"的外交战略,并在 2003 年的十六大上提出了"与邻为善、以邻为伴"的周边外交方针;但中国周边外交的效果与中国的预期仍有较大的差距。本文拟对当前中国与周边国家的关系中存在的问题进行分析,探寻这些问题产生的原因,并结合当前中国提出的"一带一路"[②]倡议来分析这一倡议的提出能否实现中国周边外交的目标。

中国的周边外交主要指的是中国针对邻国的外交。中国的邻国包括了 14 个与中国陆地接壤的邻国和 6 个与中国隔海相望的邻国。[③] 中国是所有大国中周边形势最为复杂的大国,这也提高了中国周边外交的难度。朝核问题、南海问题、东海问题、中印领土争端、印巴冲突、阿富汗问题、中亚"三股势力"等问题使中国的周边形成了一道"动荡弧",尽管目前这些问题大多并没有恶化,但这些问题的解决都是非常困难的,而且很难保证这些问题在某些情况下不会进一步激化。也正是在这一背景下,周边外交对中国的重要性进一步凸显。

缅甸是中国的重要邻国,当前中缅关系的转变也是中国周边外交的缩

---

　　* 作者简介:曹云华,暨南大学国际关系学院/华侨华人研究院教授。刘鹏,云南财经大学印度洋地区研究中心讲师。

　　① 基金项目:教育部人文社科重点研究基地重大项目"海外排华、反华的演变及其应对"(13JJD810003);2013 年度云南省哲学社会科学规划项目青年项目"印度洋地区安全机制与中国的印度洋安全战略"(QN2013030)。

　　② "一带一路"即 2013 年中国提出的"丝绸之路经济带"和"21 世纪海上丝绸之路"的简称。

　　③ 如与中国在陆地接壤的 14 个邻国是俄罗斯、哈萨克斯坦、吉尔吉斯斯坦、塔吉克斯坦、蒙古、朝鲜、越南、老挝、缅甸、印度、不丹、尼泊尔、巴基斯坦、阿富汗;6 个与中国隔海相望的国家是日本、韩国、马来西亚、印度尼西亚、文莱、菲律宾。

影,因此本文将以中缅关系的转变为例说明中国周边外交面临的挑战。

# 一、当前中国与周边关系的困境

正如前文所述,中国有 20 个陆海相邻的邻国,中国与这 20 个国家的关系差异化很大,试图将中国与周边国家的关系纳入同一分析框架是困难的,也很难做到精确。但仔细梳理中国与周边国家的关系,还是可以发现有些共同的特征。

1. 经济关系与安全关系的分裂

中国与 20 个邻国的经济联系普遍较为密切,已经实现了经济相互依赖,但中国与这些邻国的安全关系却普遍较为冷淡;中国与邻国的经济关系和安全关系存在着明显的不一致。

中国与邻国的双边贸易可以从一定程度上反映中国与邻国密切的经济关系。根据中国的统计口径,2013 年与周边 20 个邻国的双边贸易总额为 10 991.79 亿美元,占中国当年进出口贸易总额的 26.42％。① 在中国的 20 个邻国中,中国是其中 10 个国家的最大贸易伙伴,分别是日本、韩国、俄罗斯、越南、印度、哈萨克斯坦、缅甸、朝鲜、蒙古、尼泊尔;中国是其中 5 国的第二大贸易伙伴,分别是马来西亚、印尼、巴基斯坦、吉尔吉斯斯坦、老挝;是其中 2 国的第三大贸易伙伴,分别是菲律宾、塔吉克斯坦。(见表 1)也就是说中国是绝大多数邻国最重要的贸易伙伴,中国与邻国之间存在着密切的贸易往来。

表1　2013 年中国与邻国双边贸易额

单位:亿美元

| 国别 | 进出口总值 | 中国在该国国际贸易中的地位 |
| --- | --- | --- |
| 日本 | 3 125.53 | 第一 |
| 韩国 | 2 742.48 | 第一 |
| 马来西亚 | 1 060.75 | 第二 |
| 俄罗斯联邦 | 892.13 | 第一 |

① 国务院发展研究中心统计数据库。

（续表）

| 国别 | 进出口总值 | 中国在该国国际贸易中的地位 |
|---|---|---|
| 印度尼西亚 | 683.55 | 第二 |
| 越南 | 654.82 | 第一 |
| 印度 | 654.71 | 第一 |
| 菲律宾 | 380.66 | 第三 |
| 哈萨克斯坦 | 285.94 | 第一 |
| 巴基斯坦 | 142.19 | 第二 |
| 缅甸 | 101.50 | 第一 |
| 朝鲜 | 65.57 | 第一 |
| 蒙古 | 59.56 | 第一 |
| 吉尔吉斯斯坦 | 51.38 | 第二 |
| 老挝 | 27.41 | 第二 |
| 尼泊尔 | 22.54 | 第一 |
| 塔吉克斯坦 | 19.58 | 第三 |
| 文莱 | 17.94 | 第十 |
| 阿富汗 | 3.38 | — |
| 不丹 | 0.17 | — |

数据来源：整理自国务院发展研究中心统计数据库。

与相对密切的经济关系相比，中国与邻国的安全关系则要复杂得多。除了朝鲜、巴基斯坦对中国存在着单向的安全依赖，有着"准同盟"的安全关系外；其他邻国与中国的安全关系都有着各种各样的问题。中印之间存在着近10万平方公里的领土争议；中日之间存在着领土和领海争议；中越、中菲之间存在着领海和岛礁争议。俄罗斯与中亚诸国之间存在着准同盟关系；美国与日本、韩国、菲律宾是同盟体系；阿富汗属于美国的被"保护国"，其他诸国如蒙古、越南等也存在着在安全上借重美国的情况。即便是刚刚与美国走向关系正常化的缅甸，也开始与美国开展安全领域的合作。

2. 传统安全与非传统安全分裂

中国与邻国的关系除了在经济与安全领域有明显的差异，在安全领域内部，在传统安全议题和非传统安全议题之间也有明显的差异。

在传统安全领域，两国间的军售可以一定程度反映出两国的关系，此处拟以中国与周边邻国之间的军售关系来衡量两国在传统安全领域的关系。

鉴于朝鲜、巴基斯坦与中国有着"准同盟"的安全关系，印度、日本、越南、菲律宾与中国之间存在着领土或领海争议，俄罗斯是世界第二武器出口国，韩国、阿富汗与美国存在安全同盟关系，不丹尚未与中国建交，因此，本文只分析中国与其他10个邻国的军售关系。根据斯德哥尔摩国际和平研究所的统计，2003—2013年间，中国的武器出口量居世界第六，仅次于美、俄、德、法、英。① 而根据国际武器交易数据库的统计，2003—2013年间，在与中国有正常安全关系的10个邻国中，有5个邻国没有从中国进口过任何武器，分别是：文莱、蒙古、哈萨克斯坦、塔吉克斯坦、吉尔吉斯斯坦；此外，中国是马来西亚的第十一大武器来源国，是印尼和尼泊尔的第五大武器来源国，是缅甸的第二大武器来源国，是老挝的第一大武器来源国。（见表2）也就是说，在中国的20个邻国中，有10个邻国与中国的传统安全关系不正常，有5个邻国没有从中国进口过任何武器；仅与印尼和尼泊尔保持了较为正常的武器交易。因此，可以说中国与周边邻国的在传统安全方面的合作面临着较多的问题。

表2　中国周边十个邻国的最大武器来源国（2003—2013年）

| 国别 | 第一 | 第二 | 第三 | 第四 | 第五 | 中国 |
|------|------|------|------|------|------|------|
| 文莱 | 德国 | 美国 | 法国 | 荷兰 | 丹麦 | 0 |
| 缅甸 | 俄罗斯 | 中国 | 乌克兰 | 塞尔维亚 | 印度 | 第二 |
| 印度尼西亚 | 俄罗斯 | 韩国 | 荷兰 | 法国 | 中国 | 第五 |
| 老挝 | 中国 | 乌克兰 | 俄罗斯 | 加拿大 | | 第一 |
| 蒙古 | 俄罗斯 | | | | | 0 |
| 尼泊尔 | 印度 | 俄罗斯 | 白俄罗斯 | 波兰 | 中国 | 第五 |
| 哈萨克斯坦 | 俄罗斯 | 乌克兰 | 以色列 | 美国 | 西班牙 | 0 |
| 吉尔吉斯斯坦 | 俄罗斯 | 哈萨克斯坦 | | | | 0 |
| 塔吉克斯坦 | 俄罗斯 | | | | | 0 |
| 马来西亚 | 俄罗斯 | 德国 | 法国 | 西班牙 | 意大利 | 第十一 |

数据来源：归纳整理自 The SIPRI Arms Transfers Database, Stockholm International Peace Research Institute, http://portal. sipri. org/publications/pages/transfer/splash。

---

① The SIPRI Arms Transfers Database, Stockholm International Peace Research Institute, http://portal. sipri. org/publications/pages/transfer/splash.

在非传统安全方面,尽管缺乏详实的统计数据支撑,但中国与邻国在这些方面的合作也有较多的亮点。中国与邻国印度在跨境河流方面的合作已经取得了一定的进展,2006 年两国建立河流专家级谈判机制,截至 2012 年年底,中印跨境河流专家级机制已经举行了六次会议谈判,通过谈判,中方同意向印方提供跨境河流的水文数据。① 中印在气候变化等方面也有着密切的合作。中国与中亚邻国通过上海合作组织在打击"三股势力"方面有着深入的合作;与中南半岛邻国的老挝、缅甸等国在替代种植、打击人口贩卖和毒品走私方面也有着多年的合作。

3. 制度化水平较低

在中国与周边国家的关系中,尽管双边的贸易、投资、人员往来在逐步密切,但区域一体化水平却处于较低的水平。从西欧以政治动机和制度化为特征的一体化到东亚以市场驱动的低制度化为特征的一体化,共同构成了世界区域主义的实践图景。② 中国与周边国家经济联系的密切虽然具备了约瑟夫·奈所谓的"复合相互依赖"的一些特征,但这种复合相互依赖并没有使中国周边关系走出"权力制衡"逻辑,周边国家在经济上搭中国便车的同时,都试图引进外部力量来实现"离岸平衡"。最新的案例是缅甸,在美缅关系走向正常化之后,缅甸引入美国发挥"离岸平衡"的作用。经济领域的共同利益并没有从利益共同体上升的安全共同体,甚至安全困境军备竞赛有那样不断增加的趋势。除了上海合作组织外,其他方面的安全乏善可陈,制度化的安排也很少。

# 二、中国周边困境出现的原因

中国与周边国家关系的困境使中国多年经济快速发展的实力并没有转化为对外的影响力。部分境外媒体甚至用第一次世界大战前的德国来形容当前的中国。我们认为当前中国周边外交困境的出现既与中国当前的外交结构有关,也与中国在国际上的权力失衡有关。

---

① 刘鹏:《中印在跨界河流上的利益诉求与相互依赖——以雅鲁藏布江—布拉马普特拉河为例》,《南亚研究》2013 年第 4 期,第 44 页。

② 李金潼、朱旭:《东亚区域主义的缘起与未来》,《国际政治科学》2012 年第 3 期,第 124 页。

### 1. 一元对多元

中国是单一制国家,传统上外交一直由中央政府的外事部门负责。随着中国崛起成为世界大国,中国与外部世界的联系越来越密切,不管是否愿意,中国都将越来越广泛深入地介入国际事务。此外,周边各国参与外交事务的主体越来越多元,除了中央政府之外,地方政府、立法机构、企业、非政府组织、国际非政府组织、媒体、工会、智库、公众,甚至个人都参与到外交事务,并试图发出各自的声音。中国国内强政府、弱社会的格局及传统上"外交无小事"的思维定式使中国参与对外交往的主体相对单一,当相对单一的主体面临周边邻国多元化的主体时,就会显得力不从心。如果这些不同主体对中国的利益诉求相同,还相对较好应对;如果这些不同利益主体对中国的利益诉求不同,特别是该国的中央政府较弱或者合法性不足时,则我们缺乏应对这类问题的多元主体和经验。

尽管当前我国开始逐步重视其他主体在外交方面的作用,但国内强政府、弱社会的格局导致了我国其他社会组织发育不足,不具备对外交往的能力。即便是当前开展的民间外交、公共外交,实际上也是由官方或半官方机构主导,无法与周边国家的相关主体开展有效的交流。得在下文以中缅关系为案例的分析中,这一问题展示得非常明显。

### 2. 国际合法性

在中国的周边邻国关系中,周边邻国在与中国发展经济关系的同时,都试图发展与美国的关系。不管是否出于美国的主观意愿,周边国家都把发展与美国关系作为其平衡中国的首选。除了地缘政治这一无法改变的因素外,还有哪些因素是中国无法提供给邻国而美国却能提供的呢?在冷战后的世界中,美国成了世界唯一的霸主,并成为"国际合法性"的"唯一提供商"。而"国际合法性"恰恰是中国无法提供的。向美国寻求"国际合法性"成了中国诸邻国共同的诉求。而正是由于美国掌握了"国际合法性",所以各邻国向中国求发展,向美国求安全。

在冷战期间,由于美苏两个超级大国的存在,美苏两大国都是国际承认和"国际合法性"的供应商。冷战后的世界中,美国是世界霸主,其在世界的霸主地位不仅仅体现在经济总量等硬实力方面,而且还体现在其软实力方面。美国成了国际合法性的唯一"供应商"。没有美国的认可,缅甸不仅难以获得西方世界的接受,而且还无法获得世界主要国际组织的支持和援助。在颜色革命后,美国已经发展出了一套成熟的"广场革命"模式。资助国内反对派指责他国不民主—组织广场示威—官方镇压—出现留学事件—外部施压制裁—实现政权更迭。颜色革命其实可以模式化运作,就像流水线生产一样,可复制性极高。[①] 有了这种可复制的颜色革命模式,中国周边国家如果没有美国的认可,则可能面临着政权颠覆的危险。除了朝鲜之外,中国目前无法为邻国顶住美国的压力而提供国际合法性。这也就是说中国的大国地位是一种不全面的大国地位,在经济上强大,但在其他方面却相对较小。这也是导致中国周边外交困境的原因之一。

## 三、案例分析——中国的缅甸困境

2009 年以来,美国与缅甸关系由敌对迅速实现了正常化,其速度之快出乎很多人的"意料"。2010 年,缅甸大选后,缅甸解禁媒体、释放政治犯、允许昂山素季及其领导的民盟参与缅甸政治进程,缅甸的民主化与美缅关系的正常化形成了快速而高效的互动。伴随着缅甸民主化、美缅关系正常化的是"果敢事件"发生、密松水电站的叫停、缅北战事重开,"缅甸难题"成了中国周边外交困境的新案例。

中缅关系有着中国与周边国家关系的所有特征:多年来中国一直是缅甸最大的贸易伙伴、最大的投资来源地和主要的武器来源国,中国也是缅甸最主要的对外援助来源国;同时由于中国坚持不干涉内政原则,中国也是缅甸最主要的国际支持来源国。在美国及其西方对缅制裁时期,可以说中缅之间的政治、经济、安全关系都有着良好的互动,但美缅关系改善后,虽然官方一再宣称中缅关系仍是"胞波友谊",但缅甸对华政策的"越南化"、"蒙古化"[②]似乎很难避免。

1. 国际合法性是缅甸转变对美政策的关键因素

了解缅甸对外政策的利益诉求是理解缅甸对华、对美外交的基础,也有助于理解为什么不掌握国际合法性,导致了中国周边外交困境。研究缅甸对外政策的利益诉求首先要知道缅甸的国家利益是什么,其自身是如何界

---

① 吴迪:《民主沦为大国博弈工具》,《联合早报》2014 年 4 月 11 日,http://www.zaobao.com/forum/views/opinion/story20140411 - 331181。

② 指缅甸的对华政策可能与越南、蒙古的对华政策相似,即经济上搭中国的便车,安全上戒备中国。

定的。缅甸官方并没有类似的文件公开。各国的宪法一般都集中反映了本国的利益诉求和本国的基本制度，因此可以尝试从缅甸宪法①（2008 年版）和缅甸的外交实践出发尝试归纳缅甸对外政策的利益诉求。2008 版的宪法虽然是军政府主导下制定的宪法，但也可以说它部分反映了当前执政的缅甸当局对缅甸国家利益的界定。从缅甸宪法和外交实践来看，缅甸的对外政策的利益诉求应该包括以下几点：

（1）维护缅甸的主权与独立

维护主权和独立是缅甸对其他国家外交政策的利益诉求。作为一个小国和曾遭受殖民侵略的国家，缅甸在对大国的外交中对主权和独立问题特别敏感。缅甸宪法在序言中就写明"1885 年，由于帝国主义殖民者的侵略，国家主权完全丧失。各族人民齐心协力，用鲜血和生命开展了反对帝国主义和正确民族解放的斗争，于 1948 年 1 月 4 日重新建立了主权国家"②。缅甸宪法第一条就规定"缅甸是一个主权独立的国家"③。

1947 年到 1988 年间，缅甸与美国维持了正常的外交关系。这一时期正处于美苏冷战时期，按照意识形态"选边站"是很多中小国家的做法，但缅甸在这一时期的外交中却保持了对中美苏三个大国都中立的外交政策。缅甸独立后初期执政的吴努政府虽然保持了与社会主义中国的良好关系，但其出发点并不是意识形态，而是缅甸的主权与独立。吴努虽然接触马克思主义较早，并曾翻译了包括《资本论》在内的马列主义著作的片段④，写过"我是一个马克思主义者"⑤文章。但吴努一贯反对共产主义，认为"共产主义是违背神灵旨意的"⑥。1947 年到 1962 年间，吴努政府虽然宣称是资本

---

① 缅甸独立后，先后出台过三部宪法，一部是 1948 年制定的缅甸联邦宪法，一部是 1974 年制定的缅甸社会主义宪法，现行宪法即 2008 年制定的宪法是第三部宪法，即《缅甸联邦共和国宪法》。

② 《缅甸联邦共和国宪法》（2008），李晨阳、古龙驹译，《南洋资料译丛》2009 年第 1 期，第 60 页。

③ 《缅甸联邦共和国宪法》（2008），李晨阳、古龙驹译，《南洋资料译丛》2009 年第 1 期，第 61 页。

④ 李晨阳：《军人政权与缅甸现代化进程研究（1962—2006）》，香港：香港社会科学出版社有限公司 2009 年版，第 119 页。

⑤ 贺圣达：《缅甸史》，北京：人民出版社，1992 年，第 392 页，转引自李晨阳《军人政权与缅甸现代化进程研究（1962—2006）》，香港社会科学出版社有限公司 2009 年版，第 119 页。

⑥ 赵维扬：《吴努简介》，《东南亚资料》1982 年第 3 期，第 95 页，转引自李晨阳《军人政权与缅甸现代化进程研究（1962—2006）》，香港社会科学出版社有限公司 2009 年版，第 119 页。

主义国家,但却与社会主义国家中国、苏联保持了友好关系,并与中国共同倡导提出"和平共处五项基本原则";在 1953 年因为国民党在缅部队问题主动要求停止资本主义国家美国对缅经济援助并将该问题提交联合国安理会。1962 年政变上台的奈温军政权虽然宣称建立社会主义国家,并颁布了社会主义宪法,但 1962—1970 年间却与同为社会主义的中国交恶,而与资本主义的美国保持了正常的外交关系。(见表3)1948 年到 1988 年间,缅甸为了维护自己的独立和主权,避免介入美苏之争,先后几次主动要求美国停止对缅援助。1988 年后,美国虽然对缅甸的制裁不断加大,但缅甸也没有因为美国的制裁而改变自身的政策。可以说缅甸认为当前不结盟和中立的外交政策是维护自身独立和主权的最佳方法,因此,缅甸不仅在对美外交中坚持了这一点,在对其他国家的外交中也是这样的。缅甸宪法也对这一点进行了明确的规定:"国家奉行独立、积极的不结盟外交政策,致力于维护世界和平与各国之间的友好交往与合作,奉行国家间和平共处的各项原则。"[1]

### 表 3  美缅、中缅关系时间谱系

| 缅甸政局 | 中缅关系时间谱系 | 美缅关系时间谱系 |
| --- | --- | --- |
| 1947 年到 1962 年吴努政府时期 | 1950 年中缅建交 | 1947 年美缅建交 |
| | 1948 年到 1961 年,和平共处 | 保持正常外交关系 |
| 1962 年到 1988 年奈温军人政权时期 | 1962 年到 1970 年,关系恶化 | |
| | 1971 年到 1988 年,关系改善 | |
| 1988 年到 2009 年苏貌—丹瑞军人政权时期 | 1988 年到 20 世纪 90 年代后期,对华"一边倒" | 1988 年到 2009 年美国不断加大对缅制裁 |
| 2009 年至今吴登盛时期 | 20 世纪 90 年代后期至今,对华友好的同时,加快发展同印度、东盟等国的关系。 | 2009 年后美缅关系逐步正常化 |

---

① 《缅甸联邦共和国宪法》(2008),李晨阳、古龙驹译,《南洋资料译丛》2009 年第 1 期,第 64 页。

（2）维护缅甸的民族团结和国家统一

缅甸官方认定的民族就有 135 个，缅甸的民族问题是困扰缅甸和平与发展的根本问题之一。缅甸宪法基本原则的第一条就是"国家将维护联邦不分裂、保持民族团结不破裂"①。不管是在吴努时期，还是在军政府时期，缅甸都力图解决境内的少数民族问题。即使是在 2009 年之后，缅甸也还是不顾美国的反对，先后通过武力解决了果敢问题、沉重打击了以基督教为主要信仰的"顽固派"克钦独立组织（KIA）。虽然实行所谓的"联邦制"，但缅甸宪法明确规定"缅甸联邦共和国所辖省、邦、联邦直辖区、民族自治地方等所有的国家领土组成部分在任何时候都不允许从国家分裂出去"。② 缅甸对外政策的重要目标是实现外国政府不支持缅甸境内的民族地方武装的分裂活动。2011 年以来，缅甸若开邦的佛教徒和穆斯林之间多次发生暴力冲突③，造成数百人伤亡。尽管有人权人士要求美国对缅甸施压，要求缅甸保护境内穆斯林，但美国政府并没有做过多表示。即便是昂山素季在接受英国广播公司采访时，也否认佛教徒对穆斯林施暴，认为这不利于民族团结。

（3）追求缅甸的国际承认

国际关系中承认的对象是一种国家行为或对外政策行为、国际组织中的代表权/资格、国家发展道路和国家政治认同。④ 美国对缅甸的制裁虽然从实际效果来看并没有达到美国所追求的制裁目标，即迫使军政府垮台、昂山素季为代表的民主派上台，但美国对缅甸的制裁却使缅甸面临国际承认的危机。如果说在冷战期间这一问题还可以通过在美苏之间维持中立、左右逢源而缓解的话，那么冷战后美国成为唯一超级大国后，美国对缅甸的拒绝承认就不仅仅代表了美国的态度，而且还代表了整个西方绝大多数国家和绝大多数世界主要国际组织的态度。国际关系中的承认包括三个方面：

---

① 《缅甸联邦共和国宪法》（2008），李晨阳、古龙驹译，《南洋资料译丛》2009 年第 1 期，第 61 页。

② 缅甸联邦宪法第十条，参见《缅甸联邦共和国宪法》（2008），李晨阳、古龙驹译，《南洋资料译丛》2009 年第 1 期，第 62 页。

③ 孙广勇：《缅甸奸杀案引爆佛教、穆斯林教派暴力冲突》，《环球时报》2012 年 6 月 6 日，http://world. huanqiu. com/roll/2012 - 06/2790897. html（访问日期：2013 年 9 月 25 日）。

④ 赵俊：《国际关系中的承认：合法性与观众成本》，《世界经济与政治》2011 年第 4 期，第 86 页。

主权(空间)承认、制度承认、身份承认①。美国与缅甸在缅甸建国后的 1947
年就建立了外交关系,实现了美国对缅甸的主权承认,但随着 1988 年美国
政策的转变,制度承认和身份承认都是缅甸希望得到,但美国却不愿给予
的。国家追求承认的根本原因是承认关涉国家和政权的合法性。

(4) 促进国内发展

现代国家的基本职能之一是为本国的经济发展和人民生活的改善提供
必要的公共产品,这些公共产品除了国内良好的基础设施、完善的公共服务
外,还包括开放的国际商品、资本和技术市场。缅甸宪法也规定"国家的经
济制度为市场经济制度、国家致力于提高人民生活水平和各方面投资的增
长、国家将全力提供技术、资金、设备、原料等条件,推进工业的繁荣"②。缅
甸多年来的发展没有太多的起色,1987 年缅甸成为世界最不发达国家。第
二次世界大战结束后,缅甸的发展水平大致与泰国相当,但到 2012 年,缅甸
和泰国已经处于了两个不同的世界。2012 年泰国的 GDP 是缅甸的 6.9
倍,人均 GDP 是缅甸的 7.4 倍,人均寿命比缅甸长 8.45 年,人均受教育年
限比缅甸长 3 年;而缅甸的贫困人口数量占比却是泰国的 4.2 倍,全国
32.7%的人口生活在贫困线以下。(见表 4)因此,发展国内经济改善民生
是缅甸紧迫的任务。美国作为世界上最大的经济体是缅甸发展必不可少的
外部条件,缅甸发展所需的资金、技术、市场、援助都受美国很大的影响,因
此缅甸对美政策的利益诉求还包括寻求美国的支持以发展国内经济。美国
也确实曾经为缅甸提供了大量的援助。以 2011 年不变美元(Constant US
Dollars)计价,1947 年到 2011 年间,美国共向缅甸提供了 13.38 亿美元的
经济援助和贷款,其中包括禁毒和难民救助的款项;同时还向缅甸提供了
5.41 亿美元的军事援助。2009 年美缅关系转暖后,缅甸除了得到美国重新
提供援助、解除市场封锁的承诺外,在美国的默许下欧洲国家、日本、韩国还
先后免除了缅甸大量的债务并为缅甸提供了新的援助和贷款;世界银行、亚
洲开发银行等国际组织也重新恢复了对缅甸的援助和贷款。2009 年以来,

① 空间/主权承认尤其表现在国家间的外交承认,外交承认是国家进入国际社会的基本条
件;制度承认主要体现为国家对国际制度和他国制度的态度,涉及国家对制度公正性的认知;身份
承认即国家自我认同塑造手段的承认。关于该问题的详细论述,请参见赵俊《国际关系中的承认:
合法性与观众成本》,《世界经济与政治》2011 年第 4 期,第 79—89 页。

② 缅甸联邦宪法第 30 条、第 35 条、第 36 条,参见《缅甸联邦共和国宪法》(2008),李晨阳、古
龙驹译,《南洋资料译丛》2009 年第 1 期,第 63—64 页。

大量资本、技术和跨国公司开始向缅甸汇聚，缅甸的经济发展也随之好转。

表4  2012年缅甸与泰国部分指标对比

| 国家 | GDP | 人均GDP | 贫困人口数量占比 | 人均寿命 | 人均受教育年限 |
|------|------|---------|-----------------|---------|---------------|
| 缅甸 | 531.4亿美元 | 1 400美元 | 32.70% | 65.6 | 9 |
| 泰国 | 3 656亿美元 | 10 300美元 | 7.80% | 74.05 | 12 |

数据来源：整理自CIA The World Factbook，https://www.cia.gov/library/publications/the-world-factbook/geos/bm.html。

从上文的归纳来看，缅甸对外交往有四项利益诉求，分别是维持独立、维护团结、赢得国际合法性、促进发展。从中缅交往的实际来看，除了中国无法给予缅甸国际合法性之外，在其他三个方面都是缅甸通过与中国交往可以获得的。国际不承认对缅甸政府的重要性在于它会逐步销蚀缅甸政府的国内合法性。缅甸军政府通过政变上台本身就无法解决合法性危机，国际不承认会进一步瓦解其在国内的执政合法性。因此不管是民选的吴努政府还是缅甸军政府都需要得到国际承认，而在冷战后的单极世界中，没有美国的国际承认，在国际上的处境将是非常艰难的。

此外，2007年，颜色革命的缅甸版"藏红花革命"已经上演，虽然没有取得成果，但由于美国掌控了"国际合法性"，并且有一套成熟的可以通过"国际合法性"来实现颜色革命的模式，因此如果无法获得美国的认可，很难保证"藏红花革命"第二季不会上演。也就是说，如果没有"国际合法性"，缅甸其他三个方面的利益诉求也面临着很大的威胁。

在当前的国际格局中，中国还不是"国际合法性"的供应商，而且中国自身的"国际合法性"也面临着美国的"认证难题"。因此，缅甸为了获得美国在"国际合法性"方面的认证，调整对美政策是必然的。

2. 中国缺乏与缅甸多元化的沟通渠道导致中缅关系可能出现较大波动

缅甸民主改革前后最显著的变化是缅甸国内参与、影响对外决策的主体多元化。在军政府时期，缅甸对外交往的主体是以军政府为主的缅甸中央政府。缅甸民主改革后，影响缅甸政策及中缅关系的包括了以下的力量：以昂山素季为代表的全国民主联盟，以88世代学生组织为代表的其他前反政府政党，民族地方武装，解禁后的媒体，之前处于地下、半地下的非政府组织,国外非政府组织,生活在国外的之前被缅甸政府认定为的"异见人士",以及声称代表民众利益的各种民间组织。正如前文所述,我国对外交往方面的权力主要集中在中央,其他社会团体和社会组织参与对外交往的能力是非常有限的,这导致了我国对外交往主体的单一,对外交往的手段相对有限。这种情况如果只是与对方的中央政府交往,则基本可以应对,但如果他国国内面临政局变动、主体多元化的局面,则我国就会面临一对多的局面。

以对中缅关系影响较大的密松电站和莱比锡铜矿为例,尽管都获得了缅甸军政府的支持,但我们对缅甸国内其他利益团体的影响非常有限。参与缅甸反坝运动的有四股主要力量,其中国内和国际非政府组织是反坝运动的主导者、推动者和最积极的支持者。[①] 缅甸河流网、萨尔温观察、掸邦萨帕瓦环境组织等非政府组织的推动最终导致缅甸形成了全民反坝。[②] 目前,缅甸不仅存在着反坝组织,还有反铜矿组织、反油气管道组织。尽管,我国已经意识到仅仅和军政府打交道已经不牢靠了,但我们现在进行的公共外交、民间外交实际上仍然是中国的半官方机构通过缅甸官方机构做缅甸民众的工作。缅甸民地武也是影响中缅关系的重要力量,但由于不干涉内政原则,我国尽管对部分民地武有一定的影响力,但如何应用这种影响力仍是一个难题。位于泰缅边境大量的缅甸难民不仅是缅甸反政府力量的聚集地,也是西方向缅甸输出影响力的重要据点。针对利益多元化的缅甸,我国以中央政府为主体的外交方式面临着很大的挑战。

国际合法性和一元对多元这两个问题不仅存在于中国对缅甸的外交中,而且是中国周边外交面临的共性问题,只是因为缅甸的民主改革和中缅关系的变化使这一问题显现得更为明显。


## 四、"一带一路"在周边关系中的作用


2013年中国提出了建设"丝绸之路经济带"和"21世纪海上丝绸之路"的倡议,预计这一倡议将成为未来一段时间中国外交的重要突破点。"一带

---

① 王冲:《缅甸非政府组织反坝运动刍议》,《东南亚研究》2012年第4期,第77页。
② 关于这些非政府组织的详细论述可参见王冲《缅甸非政府组织反坝运动刍议》,《东南亚研究》2012年第4期。

一路"提出后,国内各省份将其当作了提高各自省份在中国战略布局中的地位,争取中央的项目和资金支持的重要抓手,强调自身在"一带一路"中的重要性。类似的讨论和争夺掩盖了"一带一路"提出的外交考量,不利于"一带一路"倡议的充实和实施。我们认为当前亟须讨论的是"一带一路"倡议如何能够破解当前中国的外交困局,特别是中国周边外交的困局。

目前,中国政府将"一带一路"定位为"倡议",说明"一带一路"具有两个鲜明的特点:开放性和可塑性。目前还处于为这一倡议丰富内容,形成行动方案的阶段。正是因为"一带一路"具有很强的可塑性,因此应将其与当前中国的周边外交相结合,应将"一带一路"倡议进行建设性塑造,以缓解当前中国的周边外交困境。中国当前周边困境的两个原因分别是中国无法提供国际合法性和没有多主体的外交格局,因此对"一带一路"的设计也要着力克服这两个局限性。

1."一带一路"的成员国资格应是开放性的

由于中国与周边国家的体量差别巨大,再加上缺乏有效的地区制度安排,在中国与周边国家合作中,周边国家更关心的是合作的相对收益问题。合作收益的平均分配显然是很难实现的,在这种情况下保持合作机制的开放性,吸引更多的国家参与合作机制就可以缓解各国对相对收益的关注[①],有助于促进合作。

2."一带一路"的议题范围应涵盖经济、安全议题

中国与周边国家的合作中,经济合作与安全合作总是无法同步,周边国家在搭中国经济便车的同时,试图通过美国的"离岸平衡"实现对中国的安全制衡。出现这种现象的原因是,周边国家担心自己在合作中的相对收益较少,而中国有可能将多得的收益转化为军事实力而威胁自己。在这种情况下,扩大议题的范围,使参与国之间在不同议题之间形成复杂的利益链接,实现在议题之间的交叉,在合作中实现各个议题之间的相互制约平衡有助于缓解当前中国与周边合作中安全与经济议题的脱节现象。

3."一带一路"的参与主体应包括国家和非国家行为体

中国周边困境出现的原因之一是除了政府之外,国内其他行为体的外交能力羸弱,无法有效地与国外开展合作,施加影响。"一带一路"倡议要转变以往国际合作中政府单打独斗的局面,从一开始就要吸纳非政府行为体

---

① 朱杰进:《国际制度设计:理论模式与案例分析》,上海人民出版社 2011 年版,第 39 页。

参与"一带一路"的构建。智库、企业、各类社会都应该参与,形成一个从高级政治议题到非传统安全议题的综合性的制度安排,鼓励各类组织和机构通过这一平台开展对口的交流与合作,提高对外交往能力。

4."一带一路"要在培育成为"国际合法性"的供应商上有所作为

冷战后的世界,美国携西方世界以"历史终结论"为依据,成了"国际合法性"的唯一供应商,对没有其"国际合法性"认证的国家,以颜色革命的模式推行"广场革命"。"一带一路"的目的是合作共赢,打造利益共同体①,最终要以"和平、友好、开放、包容、互利共赢"②的丝绸之路精神形成价值共同体,形成新的国际合法性来源地。

中国周边外交中存在的问题既与我国的外交结构有关,也与冷战后国际关系的国际格局有关。"一带一路"倡议的提出为我们主动建构中国的周边外交和周边秩序提供了平台,利用这一开放性平台,我们应该以构建命运共同体和价值共同体为最终目标,以利益共同体为手段,实现中国周边外交的突围。

---

① 王毅:《"一带一路"为亚洲振兴插上两支翅膀》,外交部网站 http://www. mfa. gov. cn/mfa_chn/zyxw_602251/t1135313. shtml。

② 张业遂:《建设"一带一路" 打造中国对外开放升级版》,国务院新闻办网站 http://www. scio. gov. cn/zhzc/6/2/Document/1367285/1367285. htm。

# 编者后记

随着中国的崛起和美国战略重心的东移,亚洲,尤其是东亚地区政治经济格局与国际秩序的变迁和发展趋势,已成为当前世界政治中的一个焦点问题。近年来,中国领导人大力倡导"人类命运共同体"理念,表达了中国追求和平发展的愿望。作为亚洲国家,中国首先要在本地区努力践行这一新理念。2015 年博鳌论坛年会的主题就是"亚洲新未来:迈向命运共同体",中国国家主席习近平在开幕式上还就此发表了主旨演讲,引起举世瞩目。亚洲的"新未来"当然有赖于亚洲各国的共同努力和广泛合作。因此,我们非常需要加强与亚洲邻国以及相关域外国家的沟通和交流,充分了解他们在亚洲政治、经济、安全等领域的主要关切以及他们对于地区合作的见解与设想。

有鉴于此,2014 年 5 月 9—11 日,南京大学—约翰斯·霍普金斯大学中美文化研究中心主办了题为"构建东亚地区共同体"的国际学术研讨会。本书即是此次学术对话的一个主要成果,系从众多会议论文中筛选而成,且大多在会后经作者修改和完善。这部论文集有三个主要特点:

其一,作者来源广泛。包括了日本、韩国、印度、越南、新加坡等亚洲邻国以及美国、澳大利亚等区域外国家著名高校与研究机构的学者。中国学者大部分是来自国内重点高校以及中国社会科学院等重要研究机构的学科负责人与学术骨干。

其二,涉及的议题也相当广泛。中外学者围绕东亚"地区主义"及"东亚共同体"建设的理论与实践展开讨论,并就东亚国家如何加强交流与合作、发展互利共赢的睦邻友好关系进行学术对话。主要议题包括:"东亚共同体"的各种思想观念与理论模式;地区秩序与大国关系;区域外国家的影响或作用;东亚政治、经济与安全合作的现状与前景;东南亚东北亚次区域合作;东盟在东亚区域合作中的作用,以及,经济、贸易、防扩散、海洋争端、能源安全等传统与非传统安全热点问题。实际讨论内容并不限于东亚,而是涉及整个亚洲乃至亚太地区。

其三,内容充实、观点新颖。许多作者都是相关领域的知名学者,对论题有长期、深入的研究和独到的见解。大部分文章都是内涵丰富、形式规范的学术论文而非一般时事评论,既具有学术理论意义,也具有现实参考价值。

在这次会议的组织,尤其是国外学者论文的收集整理和编辑方面,中美中心的艾大伟(David Arase)教授做出了重要贡献,在此向他表示感谢。此外还需要说明的是,这次会议的部分成果还将以《中国崛起与东亚秩序变迁》为题在美国出版一个英文版(David Arase, ed., *China's Rise and Changing Order in East Asia*, Palgrave, 2017)。不同的是,英文版由于篇幅上的限制仅收录 14 篇论文,中文版则收录了 26 篇。

不言而喻,学术讨论旨在通过相互交流,增进理解,缩小分歧,扩大共识,求同存异,并不以立场一致、意见统一为出发点,而况本书的作者许多来自不同的国家,他们的文化背景、观察角度和关注重点自然与我们有所不同。论文的作者所表达的只是他们个人对有关问题的看法。有些观点我们未必能够认同,却不妨作为他山之石。作为编者,我们主要是在体例统一、注释规范、文字校雠等方面做了一些努力。个别作者采用了不同的注释模式,由于技术上的困难,我们无法做到完全统一,只好顺其自然。另外,大部分论文原稿为英文,翻译工作系由多人完成,尽管采用了互相校译的方式,但由于任务繁重,时间仓促,加上语言能力和知识水平的局限,错漏之处在所难免。敬请读者谅解并批评指正。

**2016 年 5 月 1 日于南京**